"十四五"职业教育国家规划教材

会计基础

（第四版）

KUAIJI JICHU

周会林 主 编
韦元民 李迎新 副主编

东北财经大学出版社 大连
Dongbei University of Finance & Economics Press

图书在版编目（CIP）数据

会计基础 / 周会林主编．—4版．—大连：东北财经大学出版社，2023.12（2025.12重印）

ISBN 978-7-5654-5049-5

Ⅰ．会…　Ⅱ．周…　Ⅲ．会计学-高等职业教育-教材　Ⅳ．F230

中国国家版本馆CIP数据核字（2023）第253889号

东北财经大学出版社出版

（大连市黑石礁尖山街217号　邮政编码　116025）

网　　址：http://www.dufep.cn

读者信箱：dufep@dufe.edu.cn

大连天骄彩色印刷有限公司印刷　　东北财经大学出版社发行

幅面尺寸：185mm×260mm　　字数：456千字　　印张：20

2023年12月第4版　　2025年12月第6次印刷

责任编辑：周　欢　　责任校对：刘贤恩

封面设计：原　皓　　版式设计：原　皓

定价：49.00元

教学支持　售后服务　　联系电话：（0411）84710309

如有印装质量问题，请联系营销部：（0411）84710711

第四版前言

编者参照教育部颁布的《中等职业学校专业教学标准（试行）财经商贸类（第二辑）》中的“会计专业教学标准”，组织编写了本教材的第一版。本教材在第一次修订后第二版出版，经教育部审定通过，被评为“十三五”职业教育国家规划教材；而第二版修订后的第三版教材，经江苏联合职业技术学院教材审定委员会审定通过，被评为“江苏联合职业技术学院院本教材”。2023年，第三版教材又被教育部评为“十四五”职业教育国家规划教材。

党和国家要求我们坚持教育优先发展、科技自立自强、人才引领驱动，加快建设教育强国、科技强国、人才强国，坚持为党育人、为国育才，全面提高人才自主培养质量；全面贯彻党的教育方针，落实立德树人根本任务，培养德智体美劳全面发展的社会主义建设者和接班人。

为了适应时代发展变化，体现教学改革的最新成果，我们对第三版教材进行了及时的修订。第四版教材在编写过程中，每个项目之后都加入了“思政案例”。同时，编者力求以“能力本位”课程观为主导，以理实一体化为原则，以系统化会计知识和核算能力训练两条教学主线的融合为切入点，以重构课程知识体系和能力训练体系为重点，以体现时代性、立体性和动态性为要求，从而达到以学生为主体，有创新、有特色，适应职业教育财经专业教学的开发目标，使学生具备基本会计核算能力。

本教材主要依据最新的会计准则及国家现行有关会计、税收法律制度的规定，按照三年制中职和五年制高职会计类专业人才培养方案的要求，努力吸收会计学科教学科研的前沿成果，重点结合教师实际教学的经验总结编写而成，突出实用性、通用性、交互性和操作性等特点，特别强调会计核算操作技能的培养和训练。

本教材包括十个项目，每个项目下设“学习目标”和“项目导学”，项目下的任务包括“任务描述”“知识储备”“任务实施”等部分；同时根据教学需要，精心设置了“温馨提示”“知识拓展”“知识链接”“幽默一刻”等小栏目。另外，还编有与本书配套的辅导教材《会计基础习题集》(第四版)，供老师和学生使用。

本教材具有如下特色：

1.针对性强

在编写过程中，通过对典型公司企业业务流程的分析调研，涵盖了公司企业的筹资、采购、生产、销售、利润分配等基本经济业务的账务处理。

2.实践性强

突出实用性、适用性、应用性，在理论与实践相结合的基础上，适当压缩理论知识，扩展实践内容，注重培养学生的实践操作能力。

3.内容新颖

在编写中融入了新知识、新内容。比如，将降低后的增值税税率、最新的财务报表准则等内容融入到本教材中。

4.难易适度

本教材主要满足五年制高等职业教育会计专业的教学需求，对基础理论的讲解以应用为目的，以必要、够用为度，内容深入浅出、通俗易懂。

5.教材设计贴近实际业务

在教材的结构设计上，以处理公司企业某个月完整的经济业务为主线，将会计基本理论知识、实践操作技能有机地融合起来，以完成任务的形式来编排，达到教学目的。

6.校企合作，及时更新，适用面广

本教材由江苏联合职业技术学院南京财经分院和厦门网中网软件有限公司联合开发，采用最新的会计科目、资产负债表和利润表，便于学生知识的更新和巩固。

本教材由江苏联合职业技术学院南京财经分院周会林担任主编，洛阳职业技术学院韦元民、兴安职业技术学院李迎新担任副主编。南京财经分院徐晓云、金兢也参与了编写。参与本教材编写的各位作者均来自会计相关专业教学一线，他们有着丰富的课堂、实训教学工作经验。全书由徐州财经分院郑在柏教授主审。

本教材主要适用于五年制高等职业教育财经类专业，也适用于三年制高等职业教育、中等职业教育财经类专业，也可以作为会计从业人员的学习用书。由于时间仓促，编者水平有限，书中难免有不足之处，望广大同仁不吝赐教，在此深表谢意。

编　者

2023年9月

目　录

项目一　走进公司企业·认知会计概念

学习目标

★知识目标

•了解企业经营流程、会计对象与目标、会计核算方法

•理解会计基本职能、会计基本假设

•掌握企业概念、公司概念、会计概念

★能力目标

•能区分权责发生制和收付实现制在确认收入、费用上的区别

项目导学

本项目将帮助你了解公司企业，认知相关会计基本知识。主要学习企业的概念、组织形式、生产工艺流程和经营流程；会计的概念、职能和基本特征；会计的对象、目标和基本假设；会计基础、核算方法和会计信息质量要求。

本项目的具体任务包括：

任务一　认知公司企业、了解企业经营流程

任务二　认知会计基本知识、理解会计基本假设

任务三　认知会计基础、了解核算方法

任务四　认知会计信息使用者、掌握会计信息质量要求

任务一 认知公司企业、了解企业经营流程

任务描述

借助南京星光雨刮器有限公司，走进公司企业，了解企业的概念、组织形式、生产工艺流程和经营流程。

南京星光雨刮器有限公司是生产、销售雨刮器的制造型企业，主要生产和销售有骨雨刮器和无骨雨刮器两种产品，生产所需材料主要有天然橡胶、聚四氟乙烯、雨刮器骨架等材料。

该企业类型：有限责任公司；法人代表人：王维；开户银行：交行江宁支行；银行账号：33011809032591；企业地址：南京市江宁区竹山路239号；联系电话：025-86109759；税务登记：一般纳税人，增值税税率13%；会计工作人员：会计机构负责人秦岭、会计员陈兰、制单员孟军、出纳员杨梅、复核（审核）员秦岭。

> **温馨提示**
> 本书中的任务，主要以“南京星光雨刮器有限公司”作为典型企业进行举例。

知识储备

一、企业的概念

企业是指以营利为目的，运用各种生产要素（土地、劳动力、资本、技术和企业家才能等），向市场提供商品或服务，实行自主经营、自负盈亏、独立核算的具有法人资格的社会经济组织。

法人是指依照法定程序成立并能独立地行使法定权利和承担法律义务的社会组织。法人应当具备下列条件：依法成立；有必要的财产或者经费，有自己的名称、组织机构和场所；能够独立承担民事责任。

二、企业的组织形式

按照财产的组织形式和所承担的法律责任，企业可划分为独资企业、合伙企业和公司。

（一）独资企业

独资企业，即个人出资经营、归个人所有和控制、由个人承担经营风险和享有全部经营收益的企业。以独资经营方式经营的独资企业承担无限经济责任，破产时业主的个人财产必须用于偿还企业所欠债务。我国的独资企业属于私营企业。

（二）合伙企业

合伙企业是指由两个或两个以上的自然人通过订立合伙协议，共同出资经营、共负盈亏、共担风险的企业组织形式。我国合伙组织形式仅限于私营企业。

以上两类企业属自然人企业，出资者对企业承担无限责任。

（三）公司

公司是企业法人，有独立的法人财产，享有法人财产权。公司以其全部财产对公司的债务承担责任。

依照《中华人民共和国公司法》的规定，公司是指有限责任公司和股份有限公司，具有企业的所有属性。因此，凡公司均为企业，但企业未必都是公司。公司只是企业的一种组织形态。

有限责任公司是指根据《中华人民共和国公司登记管理条例》的规定登记注册，由五十个以下的股东出资设立，每个股东以其所认缴的出资额对公司承担有限责任，公司以其全部资产对其债务承担责任的经济组织。

股份有限公司是指将全部资本划分为等额股份，股东以其认购的股份为限对公司承担责任，公司以全部财产对公司债务承担责任的法人。

三、企业的生产工艺流程

生产工艺流程，是指在生产过程中，劳动者利用生产工具将各种原材料、半成品通过一定的设备、按照一定的顺序连续进行加工，最终使之成为成品的方法与过程。遵循的原则是技术先进和经济上的合理性。

四、企业的经营流程

不同类型企业的经营流程各不相同。以南京星光雨刮器有限公司为例，该公司是一家生产、销售雨刮器的企业，属于制造型企业。企业的经营流程包括供应过程、生产过程和销售过程三个阶段。

（一）供应过程

供应过程是指企业的货币资金转变为生产储备资金的过程，是为生产产品采购和储备原料的过程，表现为货币资金的减少，储备资金的增加。

（二）生产过程

生产过程是指从投料开始，经过一系列的加工，直至成品生产出来的全部过程，是耗用材料形成产品的过程，表现为储备资金的减少，生产资金的增加，以及生产资金的减少，成品资金的增加。

（三）销售过程

销售过程是产品进入流通阶段，也是企业的生产耗费通过市场取得补偿并实现利润的阶段。产品销售过程是通过对企业生产产品的销售，收回货款来实现企业产品价值的过程。在产品销售过程中，企业一方面要按照合同向购买方发货，另一方面与购买单位办理结算，收回货款和增值税销项税额，确认收入的实现和计算应缴纳的相关税额，结转产品销售成本，支付产品的广告费、展览费、运输费、保险费、装卸费等销售费用，并确认产品销售利润。

企业经营流程如图1-1所示。

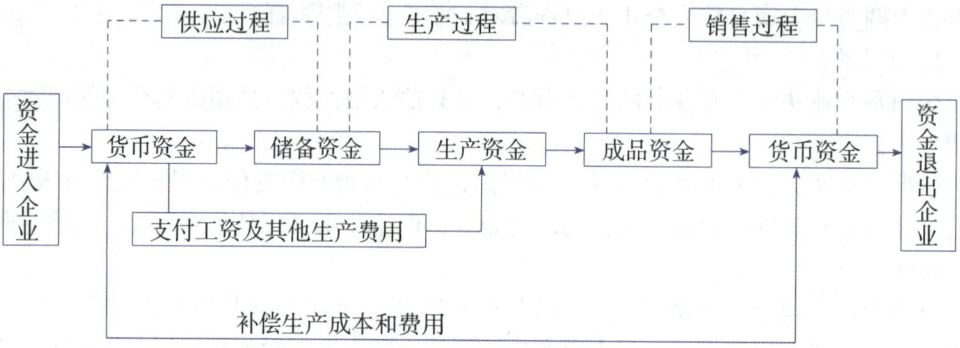

图1-1 企业经营流程图

任务实施

【练习1】简述南京星光雨刮器有限公司的组织形式及各自的特点。

【练习2】通过网上查阅资料，简述南京星光雨刮器有限公司的生产经营流程。

任务二 认知会计基本知识、理解会计基本假设

任务描述

认知会计的概念、基本特征、职能、对象与目标、基本假设。

知识储备

一、会计的概念

会计是以货币为主要计量单位，采用专门的方法，核算和监督一个单位经济活动的一种经济管理工作。

本教材依据《企业会计准则》对企业经济业务进行会计处理。

企业的会计工作主要反映企业的财务状况、经营成果和现金流量，并对企业经济活动和财务收支进行监督。

二、会计的基本特征

会计的基本特征见表1-1。

三、会计的职能

会计的职能是指会计在经济管理活动中所具有的功能。会计的基本职能是核算和监督。会计的拓展职能有预测经济前景、参与经济决策和评价经营业绩。

表1-1　会计的基本特征

关键词	基本特征详细描述
会计本质	会计是一种经济管理活动，它属于管理的范畴
信息系统	会计是一个经济信息系统
货币计量	会计是以货币作为主要计量单位。除货币计量以外，还可运用实物计量（千克、吨、米、台、件等）和劳动计量（工作日、工时等）。但只有借助于统一的货币计量，才能取得经营管理上所必需的连续、系统、综合的会计资料
基本职能	核算和监督
会计方法	会计采用一系列专门方法（会计核算方法、会计分析方法和会计检查方法）

（一）基本职能

1. 会计核算职能

微课

辨析企业经济业务活动

会计核算职能是指以货币为主要计量单位，对特定主体的经济活动进行确认、计量和报告。会计核算环节见表1-2。

表1-2　会计核算环节

关键词	详细描述
确认	运用特定会计方法，以文字和金额同时描述某一交易或事项，使其金额反映在特定主体的财务报表之中
计量	用以描述某一交易或事项的金额
报告	对特定主体的财务状况、经营成果和现金流量情况以会计报表的形式向有关方面提供信息

2. 会计监督职能

会计监督职能是指对特定主体的经济活动和相关会计核算的真实性、合法性和合理性进行监督审查。会计监督是一个过程，它分为事前监督、事中监督和事后监督。

真实性审查是指检查各项会计核算是否根据实际发生的经济业务进行。

合法性审查是指检查各项经济业务是否符合国家有关法律法规，遵守财经纪律，执行国家的各项方针政策，以杜绝违法乱纪行为。

合理性审查是指检查各项财务收支是否符合客观经济规律及经营管理方面的要求，保证各项财务收支符合特定的财务收支计划，实现预算目标。

3. 会计基本职能之间的关系

会计核算是会计监督的基础，没有会计核算提供的会计信息，会计监督就失去了依据；会计监督是会计核算资料的保证，只有会计核算而没有会计监督，就难以保证提供会计信息的质量。

（二）拓展职能

除了前述两个基本职能外，会计还具有预测经济前景、参与经济决策和评价经营业绩等拓展功能。

1.预测经济前景

预测经济前景是指根据财务会计报告等信息，定量或者定性地判断和推测经济活动的发展变化规律，以指导和调节经济活动，提高经济效益。

2.参与经济决策

参与经济决策是指根据财务会计报告等信息，运用定量分析和定性分析方法，对备选方案进行经济可行性分析，为企业生产经营管理提供与决策相关的信息。

3.评价经营业绩

评价经营业绩是指利用财务会计报告等信息，采用适当的方法，对企业一定经营期间的资产运营、财务效益等经营成果，对照相应的评价标准，进行定量及定性对比分析，作出真实、客观、公正的综合评价。

四、会计的对象与目标

企业的各项经济活动都与会计工作相关，但相关的内容并不都是会计工作的内容。通常，凡是特定主体中能够以货币表现的经济活动，都是会计对象，它是会计核算和监督的内容。例如，南京星光雨刮器有限公司销售汽车雨刮器，这项经济活动可以用货币来加以表现，所以这项经济活动就是会计对象。

（一）会计对象

会计对象是指会计核算和监督的内容，具体是指社会再生产过程中能以货币表现的经济活动，即资金运动或价值运动。会计核算的内容主要包括：款项和有价证券的收付；财物的收发、增减和使用；债权、债务的发生和结算；资本的增减；收入、支出、费用、成本的核算；财务成果的计算和处理。

（二）会计目标

会计目标又称会计目的，是要求会计工作完成的任务或达到的标准，即向财务会计报告使用者提供与企业财务状况、经营成果和现金流量等有关的会计信息，有助于财务会计报告使用者作出经济决策。

五、会计基本假设

会计基本假设是企业会计确认、计量和报告的前提，是对会计核算所处的时间、空间环境等所作的合理设定。会计基本假设包括会计主体、持续经营、会计分期和货币计量。

（一）会计主体

会计主体是指企业会计确认、计量和报告的空间范围，即会计核算和监督的特定单位或组织。

明确会计主体，才能划分会计所要处理的各项交易或事项的空间范围。主要是将会计主体的交易或事项与会计主体所有者的交易或事项以及其他会计主体的交易或事项区分开来。

会计主体与法律主体不是一个概念。法律主体一定是会计主体，但会计主体不一定是法律主体。一般而言，总公司、分公司、母公司、子公司和企业集团均可以是会计主体，而分公司、企业集团却不是法律主体。

（二）持续经营

持续经营是指在可以预见的未来，企业将会按当前的规模和状态继续经营下去，不会停业，也不会大规模削减业务。

会计核算上所使用的一系列的会计处理方法和原则都是建立在持续经营基础上的。以此为基础，会计主体将按照既定的用途使用资产，按照既定的合约条件清偿债务。同时，企业会计人员以此为基础选择会计政策和方法。

（三）会计分期

会计分期是指将一个企业持续经营的生产经营活动划分为一个个连续的、长短相同的期间，以便分期结算账目和编制财务会计报告。

会计分期的目的在于通过会计期间的划分，将持续经营的生产经营活动划分成连续、相等的期间，据以结算盈亏，按期编报财务会计报告，从而及时向财务会计报告使用者提供企业的财务状况、经营成果和现金流量等信息。由于会计分期，才产生了本期与非本期的区别，出现了预收预付、应收应付、计提折旧、分期摊销等会计处理方法。

在会计分期假设下，会计期间分为年度和中期。我国的会计年度自公历1月1日起至公历12月31日止。中期是指短于一个完整的会计年度的报告期间，通常包括半年度、季度和月度。

（四）货币计量

货币计量是指会计主体在会计确认、计量和报告时以货币作为计量尺度，反映会计主体的经济活动。

企业的会计核算应以人民币作为记账本位币。业务收支以外币为主的企业也可以选择某种外币作为记账本位币，但编制的财务会计报告应当折算为人民币。在境外设立的中国企业向国内报送的财务会计报告，也应当折算为人民币。

上述四项会计假设之间的关系为，会计主体确立了会计核算的空间范围，持续经营与会计分期确立了会计核算的时间范围，货币计量为会计核算提供了必要手段。没有会计主体，就不会有持续经营；没有持续经营，就不会有会计分期；没有货币计量，就不会有现代会计。

知识拓展

大数据

大数据（big data），或称巨量资料，是指所涉及的资料量巨大到无法通过主流软件工具，在合理时间内达到撷取、管理、处理、整理，并成为帮助企业经营决策的资讯。

大数据需要新处理模式才能具有更强的决策力、洞察发现力和流程优化能力来适应海量、高增长率和多样化的信息资产。大数据是一种规模大到在获取、存储、管理、分析方面大大超出了传统数据库软件工具能力范围的数据集合，具有海量的数据规模、快速的数据流转、多样的数据类型和价值密度低等四大特征。大数据技术的战略意义不在于掌握庞大的数据信息，而在于对这些含有价值的数据进行专业化处理。换而言之，如果把大数据比作一种产业，那么这种产业实现盈利的关键，在于提高对数据的“加工能力”，通过“加工”实现数据的“增值”。

任务实施

【练习1】简述会计的基本职能。
【练习2】简述会计的对象与目标。
【练习3】结合南京星光雨刮器有限公司，简述会计基本假设。

任务三 认知会计基础、了解核算方法

任务描述

认知南京星光雨刮器有限公司的会计基础、会计核算方法。

知识储备

一、会计基础

会计基础是指会计确认、计量和报告的基础，包括权责发生制和收付实现制两种。

（一）权责发生制

权责发生制，也称应计制或应收应付制，是指收入、费用的确认应当以收入和费用的实际发生作为确认的标准，合理确认当期损益的一种会计基础。权责发生制的主要内容是：凡是当期已经实现的收入和已经发生或应当负担的费用，无论款项是否收付，都应当作为当期的收入和费用，记入利润表；凡是不属于当期的收入和费用，即使款项已经在当期收付，也不应当作为当期的收入和费用。

权责发生制原则主要是从时间上规定会计确认的基础，其核心是根据权责关系的实际发生期间来确认收入和费用。

权责发生制主要适用于企业和其他具有营利性质的组织和机构。在我国，制造业企业会计核算应当采用权责发生制。

（二）收付实现制

收付实现制，也称现金制，是指以收到或支付现金作为确认收入和费用的标准。事业单位会计核算一般采用收付实现制。

二、会计核算方法

会计核算方法是指对会计对象进行连续、系统、全面、综合的确认、计量和报告所采用的各种方法。

（一）会计核算方法体系

会计核算方法体系由设置会计科目和账户、复式记账、填制和审核会计凭证、登记会计账簿、成本计算、财产清查和编制财务会计报告等专门方法构成。会计核算方法的具体内容将在以后各项目中详细介绍。

（二）会计循环

会计循环是指按照一定的步骤反复运行的会计程序。从会计核算的工作流程来看，会计循环由确认、计量和报告等环节组成；从会计核算的具体内容来看，会计循环由设置会计科目和账户、复式记账、填制和审核会计凭证、登记会计账簿、成本计算、财产清查和编制财务会计报告等组成，填制和审核会计凭证是会计核算的起点。

任务实施

【练习1】确认南京星光雨刮器有限公司的会计基础，并说明理由。

【练习2】简述南京星光雨刮器有限公司采用的会计核算方法。

任务四　认知会计信息使用者、掌握会计信息质量要求

任务描述

认知南京星光雨刮器有限公司的会计信息使用者，掌握该公司提供会计信息的质量要求。

知识储备

一、会计信息使用者

企业会计信息使用者包括投资者、债权人、企业管理者、政府及相关部门和社会公众。投资者通过财务报表，以判断是否需要对企业继续投资；债权人通过财务报表，以判断是否需要贷款给企业；企业管理者通过财务报表，以衡量企业的经营成果；政府及相关部门通过财务报表，以了解本辖区经济发展、税收等状况；社会公众是潜在的投资者和债权人，通过财务报表以判断是否与企业发生直接经济业务。

二、会计信息质量要求

会计信息质量要求是对企业财务会计报告中所提供高质量会计信息的基本规范，是使财务会计报告中所提供会计信息对投资者等使用者决策有用应具备的基本特征，主要包括可靠性、相关性、可理解性、可比性、实质重于形式、重要性、谨慎性和及时性等。

（一）可靠性

可靠性，要求企业应当以实际发生的交易或者事项为依据进行确认、计量和报告，

如实反映符合确认和计量要求的各项会计要素及其他相关信息，保证会计信息真实可靠、内容完整。

（二）相关性

相关性，要求企业提供的会计信息应当与投资者等财务会计报告使用者的经济决策需要相关，有助于财务会计报告使用者对企业过去和现在的情况作出评价，对未来情况作出预测。

（三）可理解性

可理解性，要求企业提供的会计信息应当清晰明了，便于投资者等财务会计报告使用者理解和使用。

（四）可比性

可比性，要求企业提供的会计信息应当相互可比，保证同一企业不同时期可比、不同企业相同会计期间可比。

1.同一企业不同时期可比

为了便于投资者等财务会计报告使用者了解企业财务状况、经营成果和现金流量的变化趋势，比较企业在不同时期的财务会计报告信息，全面、客观地评价过去、预测未来，从而作出决策。会计信息质量的可比性要求同一企业不同时期发生的相同或者相似的交易或者事项，应当采用一致的会计政策，不得随意变更。但是，满足会计信息可比性要求，并非表明企业不得变更会计政策，如果按照规定或者在会计政策变更后可以提供更可靠、更相关的会计信息，可以变更会计政策。有关会计政策变更的情况，应当在附注中予以说明。

2.不同企业相同会计期间可比

为了便于投资者等财务会计报告使用者评价不同企业的财务状况、经营成果和现金流量及其变动情况，会计信息质量的可比性要求不同的企业在同一会计期间发生的相同或者相似的交易或者事项，应当采用规定的会计政策，确保会计信息口径一致、相互可比，以使不同企业按照一致的确认、计量和报告要求提供有关会计信息。

（五）实质重于形式

实质重于形式，要求企业应当按照交易或者事项的经济实质进行会计确认、计量和报告，不应仅以交易或者事项的法律形式为依据。

企业发生的交易或事项在多数情况下，其经济实质和法律形式是一致的。但在有些情况下，会出现不一致。例如，以融资租赁方式租入的资产虽然从法律形式来讲企业并不拥有其所有权，但是由于租赁合同中规定的租赁期相当长，接近于该资产的使用寿命；租赁期结束时承租企业有优先购买该资产的选择权；在租赁期内承租企业有权支配资产并从中受益等。因此，从其经济实质来看，企业能够控制融资租入资产所创造的未来经济利益，在会计确认、计量和报告上就应当将以融资租赁方式租入的资产视为企业的资产，列入企业的资产负债表。

（六）重要性

重要性，要求企业提供的会计信息应当反映与企业财务状况、经营成果和现金流量有关的所有重要交易或者事项。

在实务中，如果会计信息的省略或者错报会影响投资者等财务会计报告使用者据此作出决策的，该信息就具有重要性。重要性的应用需要依赖职业判断，企业应当根据其所处环境和实际情况，从项目的性质和金额大小两个方面加以判断。

（七）谨慎性

谨慎性，要求企业在对交易或者事项进行会计确认、计量和报告时，应当保持应有的谨慎，不应高估资产或者收益、低估负债或者费用。

企业对可能发生的资产减值损失计提资产减值准备、对售出商品可能发生的保修义务等确认预计负债，体现了企业会计核算中的谨慎性要求。

（八）及时性

及时性，要求企业对于已经发生的交易或者事项，应当及时进行确认、计量和报告，不得提前或者延后。

知识拓展

区块链

区块链，就是一个又一个区块组成的链条。每一个区块中保存了一定的信息，它们按照各自产生的时间顺序连接成链条。这个链条被保存在所有的服务器中，只要整个系统中有一台服务器可以工作，整条区块链就是安全的。这些服务器在区块链系统中被称为节点，它们为整个区块链系统提供存储空间和算力支持。如果要修改区块链中的信息，必须征得半数以上节点的同意并修改所有节点中的信息，而这些节点通常掌握在不同的主体手中，因此篡改区块链中的信息是一件极其困难的事。相比于传统的网络，区块链具有两大核心特点：一是数据难以篡改、二是去中心化。基于这两个特点，区块链所记录的信息更加真实可靠，可以帮助解决人们互不信任的问题。

任务实施

【练习1】确认南京星光雨刮器有限公司的会计信息使用者。

【练习2】简述南京星光雨刮器有限公司提供的会计核算资料需要满足的信息质量要求。

幽默一刻

某财经院校财务管理专业同一宿舍的女生一起去参加校内招聘会。招聘企业的HR特别严厉，基本每个人出来后都是哭丧着脸。某女生照例被HR鄙视了一番，然后被赶走。但是，她冷静地站起来，伸出手说：“把简历还给我，花了两元钱呢！”HR一惊，然后她被录用了。真不愧是财务管理出身的！

思政案例

【案例】2019年11月18日，金大智能技术股份有限公司全资子公司浙江金鹤车业有限公司与恒丰银行股份有限公司义乌支行签订了《最高额保证合同》(2019年恒银杭义高保字第02-174号)，约定由金鹤车业在债权本金额2 500万元内，为浙江格蕾美车业有限公司与恒丰银行股份有限公司义乌支行，发生在2019年11月18日至2022年11月18日的债权提供最高额保证担保，保证范围为主合同项下本金及利息、复利、罚息、违约金、损害赔偿金和实现债权的费用，保证方式为连带责任保证。该公司未在公开转让说明书、2019年年报、2021年年报中披露公司子公司金鹤车业对外担保事项，直到2023年4月12日才予以披露。被浙江证监局采取出具警示函措施。同学们，从会计的角度，你觉得金大智能技术股份有限公司违背了哪个会计信息质量要求?

【分析】这个公司明显违背了重要性会计信息质量要求。第一，高质量的会计信息为企业决策提供依据。一般，相关利益主体决策的最终目标都是实现自身利益的最大化，但具体来说，这些利益主体体现在不同的方面，而不同的利益主体在不同的决策事件下，其决策的具体目标及追求目标的迫切度是不相同的。第二，高质量的会计信息是激励契约执行的重要媒介。现代企业自从两权分离后，产生了一系列的委托代理关系，不同相关利益主体的目标均为各自利益的最大化，因此，企业有不同的相关利益主体，便形成了一系列不同的效用目标。

会计信息质量要求体现的理念是：会计来不得弄虚作假，要按规矩办事，诚信是最基本的要求；要提供真实的、高质量的会计信息，需要加强学习，对待工作要投入。也就是说为人要真诚，处事要实在。

项目二　认知会计要素·建立会计等式

学习目标

★知识目标

- 认知会计要素的定义
- 认知反映企业财务状况的会计要素
- 认知反映企业经营成果的会计要素

★能力目标

- 会辨别会计要素
- 会辨别经济业务

项目导学

本项目主要是在认知会计概念、职能的基础上，对会计对象进行分类，熟悉会计要素具体内容，理解并应用会计等式。

本项目的具体任务包括：

任务一　认知财务状况会计要素

任务二　认知经营成果会计要素

任务三　应用会计等式

任务一 认知财务状况会计要素

任务描述

根据南京星光雨刮器有限公司的部分经济业务，分类辨别反映企业财务状况的会计要素。

知识储备

会计的对象是货币化的资金运动，针对企业不同形态的资金运动，在会计上反映时称为会计要素。会计要素是指根据交易或者事项的经济特征所确定的财务会计对象的基本分类。简而言之，会计要素是对会计对象的基本分类，是会计核算对象的具体化。

会计要素包括两大类、六个具体的会计要素，如图2-1所示。

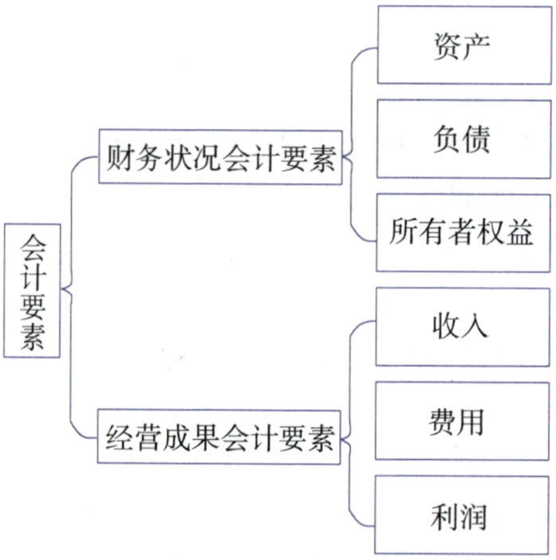

图2-1　会计要素分类图

反映财务状况的会计要素包括资产、负债和所有者权益三项。财务状况是指企业某一特定日期的资产、负债和所有者权益情况，是资金运动的静态表现。

一、资产

资产是指企业过去的交易或者事项形成的，并由企业拥有或者控制的，预期会给企业带来经济利益的资源。

（一）资产的特征

1.资产是由过去的交易或者事项形成的。资产是过去已经发生的交易或事项所产生的结果，资产必须是现时的资产，而不能是预期的资产。未来交易或事项可能产生的结果不能作为资产来确认。只有过去发生的交易或者事项才能增加或减少企业的资产，而不能根据谈判中的交易或计划中的经济业务来确认。

2.资产是企业拥有或者控制的资源。这是指企业享有某项资产的所有权，或者虽然不享有某项资产的所有权，但该项资产能被企业所控制。

3.预期会给企业带来经济利益。资产应能够为企业带来经济利益，如企业可以通过收回应收账款、出售商品等直接获得经济利益，也可以通过对外投资以获得股利或参与分配利润的方式间接获得经济利益。

（二）资产的分类

资产按其流动性不同，可以分为流动资产和非流动资产。流动性是指它们变为现金或被耗用的难易程度（变现能力）。变现快，说明流动性较强；变现慢，说明流动性较弱。资产的具体分类，见表2-1。

表2-1 资产的具体分类

类别	概念	分类内容	详细描述	举例
流动资产	是指预计在1年或者超过1年的一个营业周期变现、出售或耗用的资产	库存现金	是指由企业出纳人员保管并存放在企业内部保险柜里的现钞	人民币现钞
		银行存款	是指企业存放在银行等金融机构的货币资金	企业在交通银行的人民币存款等
		其他货币资金	是指企业除现金、银行存款以外的其他各种货币资金	如银行承兑汇票保证金、外埠存款、银行汇票存款、银行本票存款、信用卡存款、信用卡保证金存款以及存出投资款等
		交易性金融资产	是指企业以赚差价为目的而持有，准备近期内出售的债券投资、股票投资和基金投资	1年期国债、准备随时出售的股票
		应收票据	是指企业因销售商品、提供劳务等而收到的商业汇票	商业承兑汇票、银行承兑汇票
		应收及预付款项	是指企业在日常生产经营过程中发生的各种债权，包括应收账款、预付账款、其他应收款等	应收某企业的购货欠款、出差人员预借的差旅费
		存货	是指企业为生产或销售而储存的各种原材料、在产品、产成品等流动资产	存放在仓库里的产品、生产用原材料
非流动资产	是指流动资产以外的资产	固定资产	是指同时具有以下两个特征的有形资产：①为生产商品、提供劳务、出租或经营管理而持有的；②使用寿命超过1个会计年度	房屋、建筑物、机器设备、运输设备等
		无形资产	是指企业拥有或者控制的没有实物形态的可辨认非货币性资产	专利权、非专利技术、商标权、城镇土地使用权等

二、负债

负债是指企业过去的交易或者事项形成的、预期会导致经济利益流出企业的现时义务。

（一）负债的特征

1.负债是由企业过去的交易或者事项形成的。作为现时义务，负债是过去已经发生的交易或事项所产生的结果。只有过去发生的交易或事项才能增加或减少企业的负债，而不能根据谈判中的交易或事项或者计划中的经济业务来确认负债。

2.负债是企业承担的现时义务。现时义务是指企业在现行条件下已承担的义务。未来发生的交易或者事项形成的义务不属于现时义务，不应当确认为负债。

3.负债预期会导致经济利益流出企业。负债导致经济利益流出企业的情形主要包括用现金或实物资产偿还、以提供劳务的形式偿还、部分以资产偿还部分以提供劳务的形式偿还、将负债转为所有者权益等。

（二）负债的分类

负债按偿还期的长短不同，可以分为流动负债和非流动负债。负债的具体分类，见表2-2。

表2-2 **负债的具体分类**

类别	概念	分类内容	详细描述	举例
流动负债	是指预计在1年或者超过1年的一个营业周期内偿还的债务	短期借款	是指企业向银行或其他金融机构等借入的期限在1年以下（含1年）的各种借款	期限为3个月的流动资金借款
		应付票据	是指企业因购买材料、商品和接受劳务供应等而开出的商业汇票	因支付购料款而签发给销售企业的商业承兑汇票
		应付账款	是指企业因购买材料、商品和接受劳务供应等而应付给销售单位的款项	购买材料、货款尚未支付
		预收账款	是指企业按照合同规定向购买单位预收的款项	按合同规定预先收取销售款50 000元
		应交税费	是指企业应向国家缴纳的各种税费	本月应交增值税20 000元
		应付职工薪酬	是指企业根据有关规定应付给职工的各种薪酬	应支付职工工资450 000元
		应付利息	是指企业按照合同约定应支付的利息	本月应付借款利息980元
		应付股利	是指企业应付给投资者的现金利润	应向投资者支付现金股利40 000元
		其他应付款	是指企业除应付票据、应付账款、预收账款、应付利息、应付股利等以外的其他各种应付及暂收款项	收到的出借包装物的押金5 000元
非流动负债	是指流动负债以外的负债	长期借款	是指企业向银行或其他金融机构等借入的期限在1年以上的各种借款	向银行借入的期限为2年的基本建设资金借款1 000 000元

三、所有者权益

所有者权益是指企业资产扣除负债后由所有者享有的剩余权益。公司的所有者权益又称为股东权益。

（一）所有者权益的来源

所有者权益的来源包括所有者投入的资本、其他权益工具、其他综合收益、专项储备、留存收益等。所有者权益的来源，见表2-3。

表2-3 所有者权益的来源

关键词	详细描述		涉及科目
所有者权益	所有者投入的资本		实收资本（或股本）
			资本公积——资本溢价（或股本溢价）
	其他权益工具，包括优先股、永续债		其他权益工具
	其他综合收益，是指企业根据会计准则规定未在当期损益中确认的各项利得和损失		其他综合收益
	专项储备，反映高危行业企业按国家规定提取的安全生产费的期末账面价值		专项储备
	留存收益	盈余公积	盈余公积——法定盈余公积 ——任意盈余公积
		未分配利润	利润分配——未分配利润

（二）所有者权益的特征

1.除非发生减资、清算或分派现金股利，企业不需要偿还所有者权益。

2.企业清算时，只有在清偿所有的负债后，所有者权益才返还给所有者。

3.所有者凭借所有者权益能够参与企业利润的分配。

（三）所有者权益的内容

所有者权益一般分为实收资本、资本公积、盈余公积和未分配利润等项目。所有者权益的具体内容，见表2-4。

表2-4 所有者权益的具体内容

类别	概念	分类内容	详细描述	举例
实收资本	是指所有者投入的构成企业注册资本或者股本部分的金额	实收资本（股本）	是指投资者按照企业章程或合同、协议的约定，实际投入企业的资本	企业投资人投入设备一套，价值20 000元
资本公积	包括资本溢价（或股本溢价）以及直接计入所有者权益的利得或损失等	资本溢价（或股本溢价）	是指所有者投入的资本中超过注册资本或股本部分的金额	投资协议规定A公司向B公司投资200 000元，A公司实际投资300 000元，则100 000元为资本溢价（或股本溢价）
		直接计入所有者权益的利得	利得是指由企业非日常活动所形成的、会导致所有者权益增加的、与所有者投入资本无关的经济利益的流入	权益法核算的长期股权投资，被投资方除净利润以外引起的所有者权益变动增加额，投资方按比例计算应享有的部分
		直接计入所有者权益的损失	损失是指由企业非日常活动所发生的、会导致所有者权益减少的、与向所有者分配利润无关的经济利益的流出	权益法核算的长期股权投资，被投资方除净利润以外引起的所有者权益变动减少额，投资方按比例计算应承担的部分

续表

类别	概念	分类内容	详细描述	举例
盈余公积	是指企业按规定从净利润中提取的企业积累资金	法定盈余公积	根据法律规定从税后净利润中提取的企业积累资金	公司按照税后利润的10%提取法定盈余公积
		任意盈余公积	根据企业自身要求从税后净利润中提取的企业积累资金	公司按照税后利润的15%提取任意盈余公积
未分配利润	是企业留待以后年度分配的利润或本年度待分配利润	反映企业累计未分配利润或累计未弥补亏损	等于期初未分配利润加上本期实现的净利润，减去提取的各种盈余公积和分派股利后的余额	企业留存尚未分配的利润150 000元

任务实施

【练习】根据南京星光雨刮器有限公司部分相关经济事项判断其属于哪个会计要素，请将其金额填写在表2-5中相应栏内。

表2-5　填空表　单位：元

序号	经济事项	资产	负债	所有者权益
1	库存原材料475千克，价值7 125元			
2	前欠南京东岭公司的货款93 600元			
3	王维投入资本60 000元			
4	从银行取得的6个月期限借款100 000元			
5	交通银行基本户存款435 678.91元			
6	车间用机器设备360 000元			
7	应付职工薪酬119 400元			
8	预付供电公司电费40 000元			
9	运输汽车一辆，价值120 000元			
10	应收南京晓天公司销售款70 200元			
11	预收江苏南宁公司货款150 000元			
12	长期持有平安银行股票，价值60 000元			
13	本月实现净利润141 675.58元			
14	以前年度未分配利润17 571.80元			

任务二 认知经营成果会计要素

任务描述

根据南京星光雨刮器有限公司部分经济业务，分类辨别反映企业经营成果的会计要素。

知识储备

一、收入

收入是指企业在日常活动中形成的、会导致所有者权益增加的、与所有者投入资本无关的经济利益的总流入。其中，日常活动是指企业为完成其经营目标所从事的经常性活动以及与之相关的活动。

（一）收入的特征

（1）收入是企业在日常活动中形成的。

（2）收入会导致所有者权益增加。

（3）收入是与所有者投入资本无关的经济利益的总流入。

微课

会计要素——收入

（二）收入的分类

收入的具体分类，见表2-6。

表2-6 收入的具体分类

分类标准	类别	特征	举例
收入的地位	主营业务收入	企业经常发生的、主要业务所产生的收入	雨刮器公司销售雨刮器取得的收入
	其他业务收入	主营业务以外的收入	雨刮器公司销售原材料获得的收入
收入的性质	商品销售收入	销售产品取得的收入	雨刮器公司销售雨刮器取得的收入
	提供劳务收入	提供加工、修理修配劳务取得的收入	加工厂代客户加工包装箱而收取的加工费收入
	让渡资产使用权收入	取得使用费收入	商标使用权转让获得的收入

二、费用

费用是指企业在日常活动中发生的、会导致所有者权益减少的、与向所有者分配利润无关的经济利益的总流出。

微课

会计要素——费用

（一）费用的特征

（1）费用是企业在日常活动中发生的。

（2）费用会导致所有者权益减少。

（3）费用是与向所有者分配利润无关的经济利益的总流出。

（二）费用的分类

费用包括生产费用和期间费用。生产费用是指与企业日常生产经营活动有关的费用，按其经济用途可分为直接材料、直接人工和制造费用。期间费用是指企业本期发生的、不能直接或间接归入产品生产成本，而应直接计入当期损益的各项费用，包括管理费用、销售费用和财务费用。

三、利润

微课

会计要素——利润

利润是指企业在一定会计期间的经营成果，包括收入减去费用后的净额、直接计入当期利润的利得和损失等。

利润可分为营业利润、利润总额和净利润三个层次。

任务实施

【练习】请判断中山有限公司下列事项是否属于经营成果要素，并将金额填写在表2-7中相应栏内。

表2-7　填空表　单位：元

序号	经济事项	收入	费用	利润
1	股东追加投资100 000元			
2	向银行取得借款50 000元			
3	出售产品取得货款40 000元			
4	生产车间的房租支出12 000元			
5	行政管理办公室的房租支出20 000元			
6	生产工人的工资200 000元			
7	管理部门人员的工资100 000元			
8	生产车间耗用电费30 000元			
9	行政办公楼耗用电费12 000元			

任务三　应用会计等式

任务描述

根据南京星光雨刮器有限公司发生的经济业务，分析其对会计要素、会计等式的影响。

知识储备

一、会计等式的建立

六项会计要素反映了资金运动的静态和动态两个方面，具有紧密的相关性，它们在数量上存在特定的平衡关系，这种平衡关系用公式来表示就是会计等式。

会计等式，又称会计恒等式、会计方程式或会计平衡公式，是表明各会计要素之间基本关系的等式。

任何企业要正常地开展经营活动，必须拥有一定数量的经济资源，如库存现金、房屋、机器设备、场地等。只有拥有了经济资源，企业才能取得经济效益，而这些经济资源在会计上称为资产。企业的这些资产又必然有其来源渠道，归纳起来一般有两种：一是由投资人提供；二是由债权人提供。为企业提供资产来源的人，对企业的资产就具有索偿权，这种索偿权在会计上称为权益。其中，属于投资人提供的，在会计上称为所有者权益；属于债权人提供的，在会计上称为债权人权益，对企业而言，又称为负债。

由此可见，资产和权益是同一资金的两个方面。资产表示企业拥有的经济资源，权益则表示经济资源的来源。因此资产和权益相互依存，没有权益就没有资产，没有资产也就无所谓权益，两者在数量上表现为相等的关系。这种关系可用公式表示为：

资产=权益

由于权益由所有者权益和债权人权益两部分组成，因此上述公式可进一步表示为：

资产=债权人权益+所有者权益

即

资产=负债+所有者权益

上述等式反映企业资金运动过程中某一特定时点上资产的分布和权益的构成。资产、负债和所有者权益是企业资金运动在相对静止状态下的基本内容，是资金运动的静态表现。

资产与权益的恒等关系是复式记账法的理论基础，也是企业会计中设置账户、试算平衡和编制资产负债表的理论依据。

企业经营的目的是获取收入，实现盈利。企业在取得收入的同时，必然要发生相应的费用。通过收入与费用的比较，才能确定企业一定时期的盈利水平。

就广义而言，企业一定时期所获得的收入扣除所发生的各项费用后的余额，即表现为利润。在实际工作中，由于收入不包括处置固定资产净收益、出售无形资产净收益等，费用也不包括处置固定资产净损失、自然灾害损失等，因此收入减去费用并经过调整后才等于利润，用公式表示为：

收入-费用=利润

这一会计等式可称为第二会计等式，是资金运动的动态表现，体现了企业一定时期内的经营成果。收入、费用和利润之间的上述关系，是企业编制利润表的理论依据。

二、全部会计要素之间的关系

在会计期初，资金运动处于相对静止状态，企业既没有取得收入，也没有发生费用，因此会计等式表示为：

资产=负债+所有者权益

随着企业经营活动的进行，在会计期间内，企业一方面取得收入，并因此引起资产的增加或负债的减少；另一方面企业要发生各种费用，引起资产的减少或负债的增加。因此，在会计期间内，会计等式就转化为下列形式：

资产=负债+所有者权益+（收入-费用）

到了会计期末，企业将收入和费用相配比，计算出利润。此时会计等式又转化为：

资产=负债+所有者权益+利润（-亏损）

企业的利润按规定的程序进行分配，一部分形成企业的盈余公积和未分配利润，归入所有者权益；另一部分按照比例分配给投资者，使企业的资产减少或负债增加。在会计期末结账之后的会计等式又恢复到会计期初的形式：

资产=负债+所有者权益

全部会计要素之间的会计等式全面、综合地反映了企业资金运动的内在规律，即企业的资金总是以动静结合的方式持续不断地运动。从某一具体时点上观察，可以看出资金的静态规律；在某一时期内观察，又可以总结出资金的动态规律。

三、经济业务对会计等式的影响

经济业务是指能引起会计要素发生增减变化的业务事项。企业经济业务的发生对资产、负债和所有者权益的影响归纳起来有四大类、九种情形，见表2-8。

表2-8 **经济业务对会计要素的影响**

1	资产与权益同时增加，增加的金额相等	（1）	资产与负债同时增加，增加的金额相等
		（2）	资产与所有者权益同时增加，增加的金额相等
2	资产与权益同时减少，减少的金额相等	（3）	资产与负债同时减少，减少的金额相等
		（4）	资产与所有者权益同时减少，减少的金额相等
3	资产内部有增有减，增减金额相等	（5）	一项资产增加，一项资产减少，增减金额相等
4	权益内部有增有减，增减金额相等	（6）	一项负债增加，一项负债减少，增减金额相等
		（7）	一项所有者权益增加，一项所有者权益减少，增减金额相等
		（8）	一项所有者权益增加，一项负债减少，增减金额相等
		（9）	一项负债增加，一项所有者权益减少，增减金额相等

无论经济业务引起资产、负债和所有者权益发生怎样的增减变化，都不会破坏会计等式的平衡关系。下面举例说明经济业务对会计等式的影响。

【例2-1】南京星光雨刮器有限公司（以下简称雨刮器公司）2023年1月31日的资产总额为250万元，负债为120万元，所有者权益总额为130万元，资产与权益总额相等。假如雨刮器公司2023年2月份发生以下经济业务事项，分析这些经济业务对资产、负债、所有者权益三个要素的影响。

（1）雨刮器公司以银行存款偿还上月所欠东岭公司材料款2万元。

该项经济业务发生后，雨刮器公司资产中的银行存款和负债中的应付账款同时减少了2万元。由于资产与权益都以相等的金额同时减少，因此资产与权益的数量关系为：资产=权益=248万元，资产与权益仍然相等。

（2）雨刮器公司因资金短缺，向银行借入6个月期限的短期借款4万元，存入银行存款账户。

该项经济业务发生后，雨刮器公司资产中的银行存款和负债中的短期借款同时增加了4万元。由于资产与负债都以相等的金额同时增加，因此资产与权益的数量关系为：资产=权益=252万元，资产与权益仍然相等。

（3）雨刮器公司收到王维投入货币资金6万元，已存入银行。

该项经济业务发生后，雨刮器公司资产中的银行存款和所有者权益中的实收资本同时增加了6万元。由于资产与所有者权益都以相等的金额同时增加，因此资产与权益的数量关系为：资产=权益=258万元，资产与权益仍然相等。

（4）雨刮器公司向银行提取现金1万元。

该项经济业务发生后，雨刮器公司资产中的库存现金增加了1万元，资产中的银行存款同时减少了1万元。由于该项经济业务属于资产内部有增有减，不影响资产和权益的总额变化，因此资产与权益的数量关系仍然为：资产=权益=258万元，资产与权益仍然相等。

（5）经批准雨刮器公司将盈余公积2万元转增实收资本。

该项经济业务发生后，雨刮器公司所有者权益中的实收资本增加了2万元，所有者权益中的盈余公积同时减少了2万元。由于该项经济业务属于所有者权益内部有增有减，不影响资产和权益的总额变化，因此资产与权益的数量关系仍然为：资产=权益=258万元，资产与权益仍然相等。

（6）雨刮器公司签发商业承兑汇票，偿还前欠金宁公司货款2万元。

该项经济业务发生后，雨刮器公司负债中的应付票据增加了2万元，同时负债中的应付账款减少了2万元。由于该项经济业务属于负债内部有增有减，不影响资产与权益的总额变化，因此资产与权益的数量关系仍然为：资产=权益=258万元，资产与权益仍然相等。

（7）雨刮器公司经与债权人协商并经有关部门批准，将公司所欠3万元的应付账款转为实收资本。

该项经济业务发生后，雨刮器公司负债中的应付账款减少了3万元，所有者权益中的实收资本增加了3万元。由于该项经济业务属于负债减少，所有者权益增加，但增减金额相等，不影响资产和权益的总额变化，因此资产与权益的数量关系仍然为：资产=权益=258万元，资产与权益仍然相等。

（8）雨刮器公司经股东会批准，向投资者分配利润4万元。

该项经济业务发生后，雨刮器公司负债中的应付股利增加了4万元，所有者权益中的未分配利润减少了4万元。由于该项经济业务属于负债增加，所有者权益减少，但增减金额相等，不影响资产和权益的总额变化，因此资产与权益的数量关系仍然为：资产=权益=258万元，资产与权益仍然相等。

（9）雨刮器公司因缩小经营规模，经批准减少注册资本5万元，并以银行存款返还给投资者。

该项经济业务发生后，雨刮器公司资产中的银行存款和所有者权益中的实收资本同时减少了5万元。由于资产与所有者权益都以相等的金额同时减少，因此资产与权益的数量关系为：资产=权益=253万元，资产与权益仍然相等。

由此可见，企业发生的经济业务，能引起资产和权益发生增减变动的，归纳起来为四大类、九种具体情形，但都不会破坏上述会计等式的平衡关系。企业在任何时点资产总额总是等于负债加所有者权益总额。

任务实施

【练习】请分析中山有限公司下列事项涉及的会计要素，将影响的金额填写在表2-9中相应栏内。

表2-9　填空表　单位：元

序号	经济事项	资产	负债	所有者权益
1	收到投资者投入一台专项设备，价值50 000元			
2	以银行存款100 000元购入汽车一辆			
3	从银行取得短期借款40 000元，存入银行存款账户			
4	将资本公积70 000元转增为实收资本			
5	以现金180 000元，支付应付职工薪酬			
6	开出商业承兑汇票5 000元，抵付应付账款			
7	以银行存款20 000元，支付股东股利			
8	将应付账款300 000元转作实收资本			
9	月末缴纳增值税6 000元			

幽默一刻

某人在领工资时发现少了100元。他很生气地去责问会计。会计说：“上个月我多给了你100元，你恼火了吗？”此人厉声道：“偶然一次错误是完全可以谅解的，但我不能容忍这第二次错误！”

思政案例

【案例】

会计等式平衡之道

同学们，请你观察一下这张图，再写一写会计等式，说一说会计等式有哪些作用，对你还有什么启示？

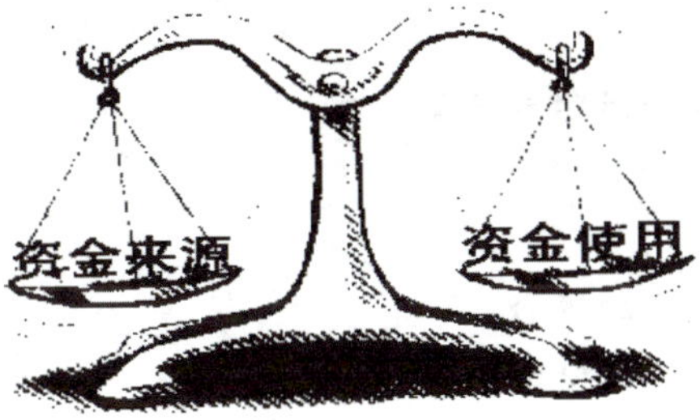

【分析】这张图反映的是会计等式的关系，通过会计等式明确了企业的产权关系，有利于保护债权人和投资人的合法权益。作为会计从业人员一定要保护当事人的合法利益，遵守职业道德。

会计等式反映了各个会计要素经济关系的数学表达式，是复式记账、试算平衡和编制报表的理论依据。其所提示的永恒规律是它独特魅力和奇妙之处。会计等式充分体现了平衡之美。平衡是自然环境和社会环境中最主要的美的呈现形式。对人来说，平衡是一种追求，对生活真谛的追求；平衡是一种状态，是生活的最高境界。会计是所有学科中最能体现平衡艺术的学科，会计职业的起源就和平衡结下不解之缘，正是为了解决经营者和所有者之间的矛盾，平衡两者的利益关系，会计才以核算、控制和监督的职责出现的。随着会计学与会计实务的不断发展和进步，会计的职能不断扩大，会计信息的使用者越来越多，在会计的理论和实务中，平衡的艺术体现得越来越充分，会计平衡之美得到充分彰显。同时，对会计平衡之美接受和理解的不同层次，也显示着会计人不同的学科态度和浪漫情怀。

【党的二十大报告学习内容】必须坚持系统观念。万事万物是相互联系、相互依存的。只有用普遍联系的、全面系统的、发展变化的观点观察事物，才能把握事物发展规律。我国是一个发展中的大国，仍处于社会主义初级阶段，正在经历广泛而深刻的社会变革，推进改革发展、调整利益关系往往牵一发而动全身。我们要善于通过历史看现实、透过现象看本质，把握好全局和局部、当前和长远、宏观和微观、主要矛盾和次要矛盾、特殊和一般的关系，不断提高战略思维、历史思维、辩证思维、系统思维、创新思维、法治思维、底线思维能力，为前瞻性思考、全局性谋划、整体性推进党和国家各项事业提供科学思想方法。

项目三　设置会计科目·使用复式记账

学习目标

★知识目标

- 了解会计科目的概念和分类
- 了解账户的概念
- 理解账户的结构
- 熟悉复式记账法的概念
- 熟悉借贷记账法的概念
- 掌握借贷记账法的记账规则、账户结构
- 掌握借贷记账法的试算平衡
- 掌握会计分录的编制要求

★能力目标

- 会辨别会计科目核算的内容
- 会辨别会计账户的结构
- 会运用借贷记账法编制简单的会计分录
- 会进行试算平衡

项目导学

核算是会计最基本的职能，通过正确的核算记录和反映经济活动，能为信息使用者提供有用的决策资料。本项目将学习会计科目、账户结构，进而学习会计的记账方法。

本项目的具体任务包括：

任务一　设置会计科目和账户

任务二　认知复式记账、运用借贷记账法

任务三　编制会计分录及试算平衡

任务一 设置会计科目和账户

任务描述

根据南京星光雨刮器有限公司的经济业务，设置并使用会计科目。

知识储备

一、会计科目的概念与分类

1. 会计科目的概念

会计对象的具体内容是会计要素，而每一个会计要素又都包含若干具体项目，这些项目称为会计科目。

会计科目，简称科目，是对会计要素的具体内容进行分类核算的项目。

2. 会计科目的分类

会计科目按其经济内容，可分为资产类科目、负债类科目、所有者权益类科目、成本类科目和损益类科目；按所提供信息的详细程度，可分为总分类科目和明细分类科目。会计科目分类情况，见表3-1。

表3-1 会计科目分类情况

分类标准	具体分类	具体内容	举例
经济内容	资产类科目	是对资产要素的具体内容进行分类核算的项目	如“库存现金”“库存商品”等科目
	负债类科目	是对负债要素的具体内容进行分类核算的项目	如“应付账款”“应付职工薪酬”等科目
	所有者权益类科目	是对所有者权益要素的具体内容进行分类核算的项目	如“实收资本”“资本公积”等科目
	成本类科目	是对可归属于产品生产成本等费用的具体内容进行分类核算的项目	如“生产成本”“制造费用”等科目
	损益类科目	是对收入和费用要素的具体内容进行分类核算的项目，包括收入类科目和费用类科目	如“主营业务收入”“主营业务成本”等科目
提供信息的详细程度	总分类科目	是对会计要素具体内容进行总括分类、提供总括信息的会计科目	如“原材料”“应收账款”等科目
	明细分类科目	是对总分类科目作进一步分类，提供更详细、更具体会计信息的科目	如“原材料”科目按材料的保管地点、类别、品种和规格设置的明细科目

总分类科目是用来概括性地反映会计对象的具体内容，提供的是总括性指标。明细分类科目是用来详细地反映会计对象的具体内容，提供的是比较详细具体的指标。总分类科目对明细分类科目具有统御控制作用，而明细分类科目则是总分类科目的详细补充说明。

二、会计科目的设置原则

1.合法性原则

合法性原则是指所设置的会计科目应当符合国家统一的会计制度的规定，以保证会计信息的规范、统一和相互可比。

2.相关性原则

相关性原则是指所设置的会计科目应为提供有关各方所需要的会计信息服务，满足对外报告与对内管理的要求。

3.实用性原则

实用性原则是指所设置的会计科目应符合单位自身特点，满足单位实际需要。

三、常用会计科目

企业常用会计科目参照表，见表3-2。

表3-2 企业常用会计科目参照表

编号	会计科目名称	编号	会计科目名称
	一、资产类		二、负债类
1001	库存现金	2001	短期借款
1002	银行存款	2201	应付票据
1012	其他货币资金	2202	应付账款
1101	交易性金融资产	2203	预收账款
1121	应收票据	2211	应付职工薪酬
1122	应收账款	2221	应交税费
1123	预付账款	2231	应付利息
1131	应收股利	2232	应付股利
1132	应收利息	2241	其他应付款
1221	其他应收款	2501	长期借款
1231	坏账准备	2502	应付债券
1401	材料采购	2701	长期应付款
1402	在途物资		三、所有者权益类
1403	原材料	4001	实收资本

续表

编号	会计科目名称	编号	会计科目名称
1404	材料成本差异	4002	资本公积
1405	库存商品	4101	盈余公积
1406	发出商品	4103	本年利润
1408	委托加工物资	4104	利润分配
1412	周转材料		四、成本类
1471	存货跌价准备	5001	生产成本
1501	债权投资	5101	制造费用
1511	长期股权投资	5201	劳务成本
1531	长期应收款	5301	研发支出
1601	固定资产		五、损益类
1602	累计折旧	6001	主营业务收入
1603	固定资产减值准备	6051	其他业务收入
1604	在建工程	6101	公允价值变动损益
1605	工程物资	6111	投资收益
1606	固定资产清理	6301	营业外收入
1701	无形资产	6401	主营业务成本
1702	累计摊销	6402	其他业务成本
1703	无形资产减值准备	6403	税金及附加
1801	长期待摊费用	6601	销售费用
1901	待处理财产损溢	6602	管理费用
		6603	财务费用
		6711	营业外支出
		6801	所得税费用
		6901	以前年度损益调整

四、账户的概念

账户是根据会计科目设置的，具有一定格式和结构，用于分类反映会计要素增减变动情况及其结果的载体。

五、账户的功能与结构

1.账户的功能

账户的功能在于连续、系统、完整地提供企业经济活动中各会计要素增减变动及其结果的具体信息。

2.账户的结构

账户的结构是指账户的组成部分及其相互关系。

账户的简化格式，即"T"形账户或丁字形账户，如图3-1、图3-2所示。

左方　　账户名称（会计科目）　　右方

期初余额	
增加额	减少额
本期增加发生额合计	本期减少发生额合计
期末余额	

图3-1　"T"形（丁字形）账户结构（1）

左方　　账户名称（会计科目）　　右方

	期初余额
减少额	增加额
本期减少发生额合计	本期增加发生额合计
	期末余额

图3-2　"T"形（丁字形）账户结构（2）

账户的标准格式由以下内容组成：（1）账户名称，即会计科目；（2）日期，即所依据记账凭证中注明的日期；（3）凭证字号，即所依据记账凭证的编号；（4）摘要，即经济业务的简要说明；（5）金额，即增加额、减少额和余额。账户的标准格式，见表3-3。

表3-3　　账户名称（会计科目）

年		凭证字号	摘要	借方	贷方	借（或贷）	余额
月	日						

由于经济业务发生所引起的各项会计要素的变动，从数量上来看不外乎增加和减少两种情况，因此账户的结构也相应地分为左方、右方两个方向，一方登记增加，另一方登记减少。

账户中哪一方登记增加，哪一方登记减少，取决于账户的性质与所记录经济内容的性质。其中，登记本期增加的金额，称为本期增加发生额；登记本期减少的金额，称为本期减少发生额；增减相抵后的差额，称为余额，反映由于增加或者减少而引起的会计要素增减变动的结果。

余额按照表示的时间不同，分为期初余额和期末余额。本期的期末余额应是下期的期初余额，上期的期末余额应是本期的期初余额。

账户的期初余额、期末余额、本期增加发生额和本期减少发生额，统称为账户的四个金额要素。对于同一账户，余额与发生额之间的基本关系为：

期末余额=期初余额+本期增加发生额-本期减少发生额

六、账户与会计科目的关系

从理论的角度来看，会计科目与账户是两个不同的概念，二者既有联系，又有区别。会计科目与账户都是对会计对象具体内容的分类，二者核算内容一致，性质相同。会计科目是账户的名称，也是设置账户的依据；账户是会计科目的具体运用，具有一定的结构和格式，并通过其结构反映某项经济内容的增减变动及其余额。

任务实施

【练习】分析下列经济业务事项，将涉及的会计科目填写在表3-4中相应栏内。

表3-4 填空表

序号	经济业务事项	总分类科目	明细分类科目
1	支付招待客户餐费		
2	原材料验收入库		
3	产品完工验收入库		
4	取得出售多余外购材料的收入		
5	支付职工薪酬		
6	接受股东投资		

任务二 认知复式记账、运用借贷记账法

任务描述

认知复式记账，运用借贷记账法编制会计分录并试算平衡。

知识储备

一、会计记账方法

（一）单式记账法

单式记账法是指对发生的每一项经济业务，只在一个账户中加以登记的记账方法。

单式记账法只记录现金的收付以及应收、应付等往来账项。单式记账法不能全面反映资金的来龙去脉，只是孤立地反映一项经济业务引起资金运动的某一方面的变化。单式记账法账户设置并不完整，账户与账户之间缺乏有机的内在联系，不能清楚地反映经济活动的情况。为了能够全面、系统、连续、综合地反映经济活动，记账方法由单式记账法发展为复式记账法。

（二）复式记账法

1.复式记账法的概念

复式记账法是指对于每一笔经济业务，都必须用相等的金额在两个或两个以上相互联系的账户中进行登记，全面系统地反映会计要素增减变化的一种记账方法。

2.复式记账法的优点

（1）能够全面反映经济业务内容和资金运动的来龙去脉。

（2）能够进行试算平衡，便于查账和对账。

3.复式记账法的种类

复式记账法可分为借贷记账法、增减记账法和收付记账法等。借贷记账法是目前国际上通用的记账方法，我国《企业会计准则》规定企业应当采用借贷记账法记账。

二、借贷记账法

（一）借贷记账法的概念

借贷记账法是以“借”和“贷”作为记账符号的一种复式记账方法。

（二）借贷记账法下的账户结构

借贷记账法下，账户的左方称为借方，右方称为贷方。所有账户的借方和贷方按相反方向记录增加数和减少数，即一方登记增加额，另一方就登记减少额。至于“借”表示增加，还是“贷”表示增加，则取决于账户的性质与所记录经济内容的性质。

一般而言，资产、成本和费用类账户的增加用“借”表示，减少用“贷”表示；负债、所有者权益和收入类账户的增加用“贷”表示，减少用“借”表示。

1.资产类、成本类账户的结构

在借贷记账法下，资产类、成本类账户的借方登记增加额，贷方登记减少额；期末余额一般在借方，有些账户可能无余额。其余额计算公式为：

期末借方余额=期初借方余额+本期借方发生额-本期贷方发生额

2.负债类、所有者权益类账户的结构

在借贷记账法下，负债类、所有者权益类账户的借方登记减少额，贷方登记增加额；期末余额一般在贷方，有些账户可能无余额。其余额计算公式为：

期末贷方余额=期初贷方余额+本期贷方发生额-本期借方发生额

3.损益类账户的结构

损益类账户主要包括收入类账户和费用类账户。

（1）收入类账户的结构。

在借贷记账法下，收入类账户的借方登记减少额，贷方登记增加额。本期收入净额在期末转入“本年利润”账户，用以计算当期损益，结转后无余额。

（2）费用类账户的结构。

在借贷记账法下，费用类账户的借方登记增加额，贷方登记减少额。本期费用净额在期末转入“本年利润”账户，用以计算当期损益，结转后无余额。

（三）借贷记账法的记账规则

记账规则是指采用某种记账方法登记具体经济业务时应当遵循的规律。

借贷记账法的记账规则是“有借必有贷，借贷必相等”。

具体地说，在借贷记账法下，对发生的每一笔经济业务，都必须记入一个账户的借方，同时记入另一个或几个账户的贷方；或者记入一个账户的贷方，同时记入另一个或几个账户的借方；或者记入几个账户的借方，同时记入另几个账户的贷方，并且记入借方的金额和记入贷方的金额必须相等。

下面以南京星光雨刮器有限公司（以下简称雨刮器公司）2023年2月份发生的经济业务为例，说明借贷记账法的记账规则。

（1）雨刮器公司以银行存款偿还上月所欠东岭公司材料款20 000元。

该笔经济业务涉及“银行存款”和“应付账款”两个账户。它使银行存款减少了20 000元，应付账款减少了20 000元，银行存款的减少属于资产的减少，应该记入“银行存款”账户的贷方；应付账款的减少属于负债的减少，应该记入“应付账款”账户的借方。因此，该笔经济业务在账户中应该作如下记录（如图3-3所示）：

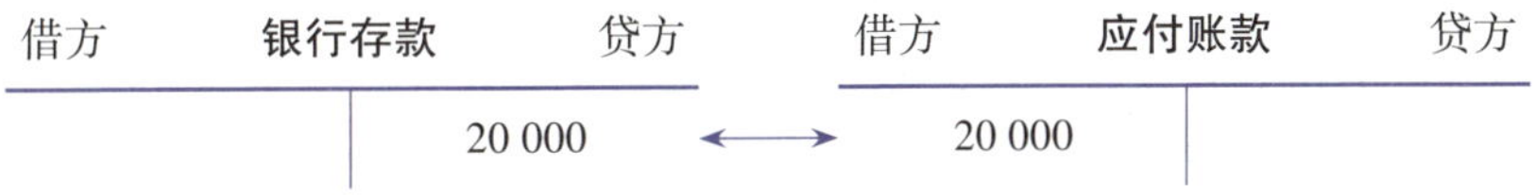

图3-3　会计分录图1

（2）雨刮器公司因资金短缺，向银行借入6个月期限的短期借款40 000元，存入银行存款账户。

该笔经济业务涉及“银行存款”和“短期借款”两个账户，它使银行存款增加40 000元，短期借款增加40 000元，银行存款的增加属于资产的增加，应该记入“银行存款”账户的借方；短期借款的增加属于负债的增加，应该记入“短期借款”账户的贷方。因此，该笔经济业务在账户中应该作如下记录（如图3-4所示）：

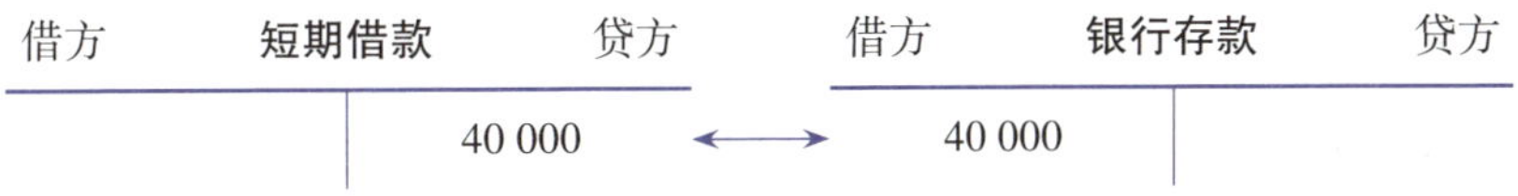

图3-4　会计分录图2

（3）雨刮器公司收到王维投入货币资金60 000元，款项已存入银行。

该笔经济业务涉及“银行存款”和“实收资本”两个账户，它使银行存款增加了60 000元，实收资本增加了60 000元，银行存款的增加属于资产的增加，应该记入“银行存款”账户借方，实收资本的增加属于所有者权益的增加，应记入“实收资本”账户的贷方。因此，该笔经济业务在账户中应该作如下记录（如图3-5所示）：

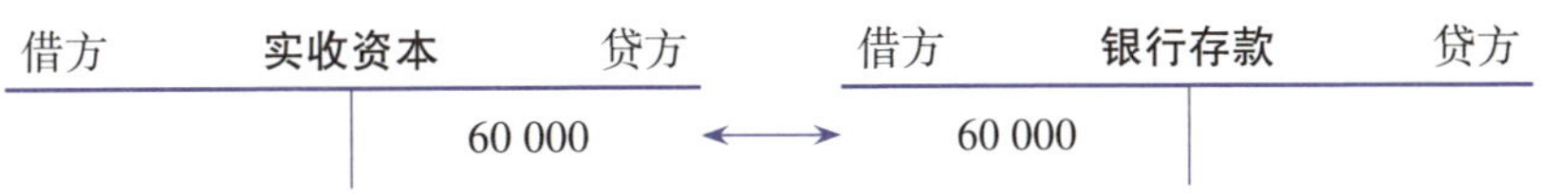

图3-5　会计分录图3

（4）雨刮器公司从银行提取现金10 000元。

该笔经济业务涉及“库存现金”和“银行存款”两个账户，它使现金增加了10 000元，银行存款减少了10 000元，现金的增加属于资产的增加，应记入“库存现金”账户的借方；银行存款的减少属于资产的减少，应记入“银行存款”账户的贷方。因此，该笔经济业务在账户中应作如下记录（如图3-6所示）：

借方	银行存款	贷方		借方	库存现金	贷方
		10 000	←→	10 000		

图3-6　会计分录图4

（5）经批准，雨刮器公司将盈余公积20 000元转增实收资本。

该笔经济业务涉及“盈余公积”和“实收资本”两个账户，它使盈余公积减少20 000元，实收资本增加了20 000元，盈余公积的减少属于所有者权益的减少，应记入“盈余公积”账户的借方；实收资本的增加属于所有者权益的增加，应记入“实收资本”账户的贷方。因此，该笔经济业务在账户中应作如下记录（如图3-7所示）：

借方	实收资本	贷方		借方	盈余公积	贷方
		20 000	←→	20 000		

图3-7　会计分录图5

（6）雨刮器公司签发商业承兑汇票，偿还前欠金宁公司货款20 000元。

该笔经济业务涉及“应付票据”和“应付账款”两个账户，它使应付票据增加了20 000元，应付账款减少了20 000元，应付票据的增加属于负债的增加，应记入“应付票据”账户的贷方；应付账款的减少属于负债的减少，应记入“应付账款”账户的借方。因此，该笔经济业务在账户中应作如下记录（如图3-8所示）：

借方	应付票据	贷方		借方	应付账款	贷方
		20 000	←→	20 000		

图3-8　会计分录图6

（7）雨刮器公司与债权人协商，并经有关部门批准，将公司所欠30 000元的应付账款转为实收资本。

该笔经济业务涉及“应付账款”和“实收资本”两个账户，它使应付账款减少了30 000元，实收资本增加了30 000元，应付账款的减少属于负债的减少，应记入“应付账款”账户的借方；实收资本的增加属于所有者权益的增加，应记入“实收资本”账户的贷方。因此，该笔经济业务在账户中应作如下记录（如图3-9所示）：

借方	实收资本	贷方		借方	应付账款	贷方
		30 000	←→	30 000		

图3-9　会计分录图7

（8）雨刮器公司经股东会批准，决定向投资者分配现金股利40 000元。

该笔经济业务涉及“利润分配”和“应付股利”两个账户，它使利润减少了40 000元，应付股利增加了40 000元，利润的分配属于所有者权益的减少，应记入“利润分配”账户借方；应付股利的增加属于负债的增加，应记入“应付股利”账户的贷方。因此，该笔经济业务在账户中应作如下记录（如图3-10所示）：

借方	应付股利	贷方		借方	利润分配	贷方
		40 000	←→	40 000		

图3-10 会计分录图8

（9）雨刮器公司因缩小经营规模，经批准减少注册资本50 000元，并以银行存款发还给投资者。

该笔经济业务涉及“银行存款”和“实收资本”两个账户，它使银行存款减少了50 000元，实收资本减少了50 000元，银行存款的减少属于资产的减少，应记入“银行存款”账户的贷方；实收资本的减少属于所有者权益的减少，应记入“实收资本”账户的借方。因此，该笔经济业务在账户中应作如下记录（如图3-11所示）：

借方	银行存款	贷方		借方	实收资本	贷方
		50 000	←→	50 000		

图3-11 会计分录图9

在借贷记账法下，对于发生的每一笔经济业务，都是按照“有借必有贷，借贷必相等”的记账规则来记账的。

温馨提示

借贷记账法记账口诀为：借增贷减是资产，权益和它正相反；成本资产总相同，细细记牢莫弄乱；损益账户要分辨，费用收入不一般；收入增加贷方记，减少结转借方记；费用增加借方记，减少结转贷方记。

【练习】根据各账户的结构性质完善表3-5括号中的数据。

表3-5 填空表 单位：元

账户名称	期初余额	本期借方发生额	本期贷方发生额	期末余额
银行存款	10 000	80 000	（7）	60 000
应收账款	（1）	40 000	30 000	60 000
原材料	60 000	（4）	140 000	50 000
库存商品	（2）	250 000	220 000	150 000
生产成本	10 000	240 000	（8）	16 000
短期借款	60 000	40 000	80 000	（10）
应付票据	100 000	50 000	（9）	200 000
长期借款	500 000	（5）	1 000 000	1 200 000
实收资本	（3）	100 000	800 000	2 500 000
盈余公积	400 000	200 000	300 000	（11）
资本公积	500 000	（6）	200 000	400 000

任务三 编制会计分录及试算平衡

任务描述

根据南京星光雨刮器有限公司2023年2月份发生的经济业务编制会计分录，并进行试算平衡。

知识储备

一、账户的对应关系

账户的对应关系是指采用借贷记账法对每笔交易或事项进行记录时，相关账户之间形成的应借、应贷的相互关系。存在对应关系的账户称为对应账户。

二、会计分录

会计分录，简称分录，是对每项经济业务列示出应借、应贷的账户名称及其金额的一种记录。会计分录是由应借应贷方向、相互对应的科目名称及其金额三个要素构成的。在实际工作中，会计分录记载于记账凭证中。

编制会计分录是对经济业务进行会计确认和计量的一种初步记载，也是将经济业务记入会计账簿前的一项准备工作。通过编制会计分录，还可以根据分录中各账户的对应关系以及借贷金额的平衡，检查并保证会计账簿记录的完整性和正确性。

三、会计分录的分类

按照所涉及账户的多少，会计分录分为简单会计分录和复合会计分录。简单会计分录是指只涉及一个账户借方和另一个账户贷方的会计分录，即一借一贷的会计分录。复合会计分录是指由两个以上（不含两个）对应账户组成的会计分录，即一借多贷、一贷多借或多借多贷的会计分录。一般来讲，复合会计分录可以分解为若干简单会计分录。

需要注意的是，多借多贷的会计分录，只有在某一项经济业务比较复杂，确实需要时才编制，不允许将不同类型的经济业务合并编制成多借多贷的会计分录。

四、会计分录的编制步骤

第一步，分析经济业务所涉及的会计要素；

第二步，确认涉及的账户，是增加，还是减少；

第三步，确认记入账户的借方还是贷方，借贷金额是否相等。

先借后贷，上借下贷，每一账户占一行；借方、贷方、金额错位列示，是编制会计分录的书面格式。

以下仍以南京星光雨刮器有限公司（以下简称雨刮器公司）2023年2月份发生的经济业务为例，说明会计分录的编制：

（1）雨刮器公司以银行存款偿还上月所欠东岭公司材料款20 000元。

借：应付账款　　20 000

　贷：银行存款　　20 000

（2）雨刮器公司因资金短缺，向银行借入6个月期限的短期借款40 000元，存入银行存款账户。

借：银行存款　　40 000

　贷：短期借款　　40 000

（3）雨刮器公司收到王维投入货币资金60 000元，款项已存入银行。

借：银行存款　　60 000

　贷：实收资本　　60 000

（4）雨刮器公司向银行提取现金10 000元。

借：库存现金　　10 000

　贷：银行存款　　10 000

（5）经批准，雨刮器公司将盈余公积20 000元转增实收资本。

借：盈余公积　　20 000

　贷：实收资本　　20 000

（6）雨刮器公司签发商业承兑汇票，偿还前欠金宁公司货款20 000元。

借：应付账款　　20 000

　贷：应付票据　　20 000

（7）雨刮器公司与债权人协商，并经有关部门批准，将公司所欠30 000元的应付账款转为实收资本。

借：应付账款　　30 000

　贷：实收资本　　30 000

（8）雨刮器公司经股东会批准，决定向投资者分配利润40 000元。

借：利润分配　　40 000

　贷：应付股利　　40 000

（9）雨刮器公司因缩小经营规模，经批准减少注册资本50 000元，并以银行存款返还给投资者。

借：实收资本　　50 000

　贷：银行存款　　50 000

五、借贷记账法下的试算平衡

1.试算平衡的含义

试算平衡是指根据借贷记账法的记账规则和资产与权益的恒等关系，通过对所有账户的发生额和余额的汇总计算和比较，以检查记录是否正确的一种方法。

2.试算平衡的分类

试算平衡可分为发生额试算平衡和余额试算平衡两种方法。

（1）发生额试算平衡。发生额试算平衡是指全部账户本期借方发生额合计与全部账户本期贷方发生额合计保持平衡，即：

全部账户本期借方发生额合计=全部账户本期贷方发生额合计

发生额试算平衡的直接依据是借贷记账法的记账规则，即“有借必有贷、借贷必相等”。

发生额试算平衡是通过编制发生额试算平衡表进行的，发生额试算平衡表的格式见表3-6（根据南京星光雨刮器有限公司2023年2月份的资料编制）。

表3-6 **发生额试算平衡表**

2023年2月

单位：元

账户名称	借方发生额	贷方发生额
库存现金	10 000	
银行存款	100 000	80 000
短期借款		40 000
应付票据		20 000
应付账款	70 000	
应付股利		40 000
实收资本	50 000	110 000
盈余公积	20 000	
利润分配	40 000	
合计	290 000	290 000

（2）余额试算平衡。余额试算平衡是指全部账户借方期末（初）余额合计与全部账户贷方期末（初）余额合计保持平衡，即：

全部账户借方期末（初）余额合计=全部账户贷方期末（初）余额合计

余额试算平衡的直接依据是财务状况等式，即“资产=负债+所有者权益”。

实际工作中，余额试算平衡是通过编制试算平衡表来进行的。假如南京星光雨刮器有限公司2023年2月份所有账户期初余额见表3-7中期初余额栏所列，则根据南京星光雨刮器有限公司2023年2月份发生的经济业务可编制试算平衡表，见表3-7。

上述试算平衡表根据有关账户的本期发生额和余额填列。表中全部账户期初借方余额合计与贷方余额合计相等，均为2 500 000元；全部账户本期借方发生额合计与贷方发生额合计相等，均为290 000元；全部账户期末借方余额合计与贷方余额合计相等，均为2 530 000元。

通过试算平衡的方式，如果借方发生额合计与贷方发生额合计不相等，借方余额合计与贷方余额合计不相等，则说明肯定发生了差错，应及时找出原因并加以更正。查找差错的具体步骤如下：

第一，检查试算平衡表本身有无差错。容易出现的差错是在数字加总时错漏了金额，应将各栏的金额加以核对并再次加总计算。

第二，检查总分类账上的有关账户的金额是否都已记入试算平衡表。容易发生的差错往往是漏记个别账户的金额，因此要逐一进行核对。

表3-7

试算平衡表

2023年2月

单位：元

账户名称	期初余额		本期发生额		期末余额	
	借方	贷方	借方	贷方	借方	贷方
库存现金	6 000		10 000		16 000	
银行存款	550 000		100 000	80 000	570 000	
其他货币资金	20 000				20 000	
交易性金融资产	64 000				64 000	
应收账款	150 000				150 000	
原材料	250 000				250 000	
周转材料	20 000				20 000	
库存商品	120 000				120 000	
固定资产	1 200 000				1 200 000	
在建工程	120 000				120 000	
短期借款		180 000		40 000		220 000
应付票据		20 000		20 000		40 000
应付账款		300 000	70 000			230 000
应付职工薪酬		200 000				200 000
应付股利		100 000		40 000		140 000
长期借款		600 000				600 000
实收资本		900 000	50 000	110 000		960 000
资本公积		100 000				100 000
盈余公积		50 000	20 000			30 000
利润分配		50 000	40 000			10 000
合计	2 500 000	2 500 000	290 000	290 000	2 530 000	2 530 000

第三，检查试算平衡表中账户的发生额和余额是否记错。例如，数字金额颠倒或错位。

第四，检查并重复计算每一个账户的发生额合计和期末余额。

试算平衡表的借方、贷方两栏的发生额和余额合计数如果相等，则说明账户的记录基本正确，但并不能保证其绝对正确。由于试算平衡表的局限性，有些差错并不能通过试算平衡予以发现。这些差错主要有：会计分录被整体漏记、重记；在编制会计分录或登记账户时颠倒了记账方向或用错了账户名称；借贷双方发生差错的金额正好相等。

总之，除了进行试算平衡以外，还应对所有的会计记录进行定期或不定期地复核，以保证会计数据的正确性。

知识拓展

云计算

云计算（cloud computing）是分布式计算的一种，指的是通过网络“云”将巨大的数据计算处理程序分解成无数个小程序，然后通过多部服务器组成的系统进行处理和分析，这些小程序得到结果并返回给用户。早期的云计算就是简单的分布式计算，解决任务分发，并进行计算结果的合并。因而，云计算又称为网格计算。通过这项技术，可以在很短的时间（约几秒钟内）完成对数以万计的数据处理，从而达到强大的网络服务目的。现阶段所说的云服务已经不仅是一种分布式计算，而是分布式计算、效用计算、负载均衡、并行计算、网络存储、热备份冗余和虚拟化等计算机技术混合演进并跃升的结果。云计算通过计算机网络形成的计算能力极强的系统，可存储、集合相关资源并可按需配置，向用户提供个性化服务。

任务实施

【练习】资料：2023年11月，南京中山有限公司有关账户的期初余额，见表3-8。

表3-8 南京中山有限公司有关账户的期初余额 单位：元

账户名称	借方	贷方	账户名称	借方	贷方
库存现金	10 000		短期借款		400 000
银行存款	390 000		应付账款		150 000
应收账款	300 000		应付职工薪酬		150 000
原材料	350 000		应交税费		100 000
库存商品	100 000		长期借款		800 000
固定资产	1 650 000		实收资本		1 000 000
无形资产	200 000		资本公积		400 000
合计	3 000 000		合计		3 000 000

本月份发生的有关经济业务如下：

（1）收回前欠货款120 000元，存入银行。

（2）以银行存款偿还前欠货款50 000元。

（3）向银行借入6个月期限的借款90 000元，存入银行。

（4）购入一批原材料，取得普通发票注明价款80 000元，以银行存款支付60 000元，其余暂欠，材料已验收入库。

（5）经批准，将资本公积100 000元转增实收资本。

（6）以银行存款归还到期的长期借款150 000元。

（7）从银行提取现金150 000元，发放本月职工工资。

（8）收到外单位投资一台固定资产，价值60 000元。

要求：

1.根据以上资料，编制本月发生的经济业务的会计分录。

2.开设“T”形总分类账户，登记期初余额、本期发生额和期末余额。

3.编制月末的试算平衡表（见表3–9）。

表3–9 试算平衡表

2023年11月 单位：元

序号	账户名称	期初余额		本期发生额		期末余额	
		借方	贷方	借方	贷方	借方	贷方
1							
2							
3							
4							
5							
6							
7							
8							
9							
10							

幽默一刻

有一个会计主任，他每天上班做的第一件事就是打开他座位右边第一个抽屉看一下，再关起来。有时工作到一半又会打开抽屉，再看一下。很多同事都注意到了，很好奇，但大家都不敢多问。

终于，会计主任要退休了，大家一起为他开了惜别会。惜别会结束后，大家一起到主任的座位前打开那个抽屉，里面写着“借方在左边，贷方在右边”。

思政案例

【案例】

网红直播带货偷税漏税

该知名网红在直播间通过直播销售商品取得承销收入，但其并未对自己的收入如实上报并计提相关税费，而是隐匿收入，多次转换收入，偷税漏税金额高达6.43亿。相关部门调查过后，向该网红追缴税款并进行处罚。那么该网红隐匿的收入应通过哪个会计科目确认？若此款项存入银行该如何记账？若她能够按照国家要求履行公民应尽的义务据实确认收入，以其收入计提的税费应当属于哪个税目？在哪个会计科目确认？通过这个案例，你还认识到了什么？

【分析】

1.该网红隐匿的收入应通过“主营业务收入”会计科目确认。

2.属于个人所得税，应在“应交税费”会计科目确认。

3.该案例带给我们的启示是不管是个人还是企业都应依法开展生产经营活动，依法缴纳税费，增强法治意识。

项目四　填写原始凭证·编制记账凭证

学习目标

★知识目标

- 掌握原始凭证的概念和种类
- 掌握记账凭证的概念和种类
- 熟悉会计凭证的传递程序和保管要求

★能力目标

- 会填制、审核原始凭证
- 会编制、审核记账凭证
- 会整理、装订会计凭证

项目导学

填写原始凭证，编制记账凭证是会计的基本业务技能。原始凭证、记账凭证是会计凭证的重要组成内容。会计凭证是记录经济业务事项发生或完成情况的书面证明，也是登记账簿的依据。

填制和审核会计凭证，是会计核算的专门方法之一，也是会计核算工作的起点。任何单位在处理任何经济业务时，都必须由执行和完成该项经济业务的有关人员从外单位取得或自行填制有关凭证，以书面形式记录和证明所发生经济业务的性质、内容、数量、金额等，并在凭证上签名或盖章，对经济业务的合法性和凭证的真实性、完整性负责。

本项目的具体任务包括：

任务一　识别原始凭证

任务二　填制与审核原始凭证

任务三　认知记账凭证

任务四　编制与审核记账凭证

任务五　整理、装订和保管会计凭证

任务一 识别原始凭证

任务描述

初步认知原始凭证，识别原始凭证的种类，描述原始凭证所反映的经济业务内容。

知识储备

原始凭证是会计凭证的重要组成部分。会计凭证是记录经济业务发生或完成情况的书面证明，也是登记会计账簿的依据。会计凭证具有记录经济业务，提供记账依据；明确经济责任，强化内部控制；监督经济活动，控制经济运行三个方面的作用。

一、原始凭证的概念

原始凭证，又称单据，是指在经济业务发生或完成时取得或填制的，用以记录或证明经济业务的发生或完成情况的原始凭据。原始凭证是具有法律效力的书面证明，是进行会计核算的原始资料和重要依据。

二、原始凭证的种类（见表4-1）

表4-1 原始凭证的种类

分类标准	具体分类	具体内容	举例
来源	自制原始凭证	是指由本单位有关部门和人员，在执行或完成某项经济业务时填制的，仅供本单位内部使用的原始凭证	如收料单会计联、领料单会计联、出库单会计联、借款单、限额领料单、领料凭证汇总表等
	外来原始凭证	是指在经济业务发生或完成时，从其他单位或个人直接取得的原始凭证	如增值税发票发票联、电汇凭证回单联、进账单回单联等
格式	通用凭证	是指由有关部门统一印制、在一定范围内使用的具有统一格式和使用方法的原始凭证	如税务部门统一制定的增值税专用发票
	专用凭证	是指由单位自行印制、仅在本单位内部使用的原始凭证	如收料单、领料单等
手续	一次凭证	是指一次填制完成、只记录一笔经济业务且仅一次有效的原始凭证	如收料单、领料单、增值税发票、借款单、现金支票、转账支票等
	累计凭证	是指在一定时期内多次记录发生的同类型经济业务且多次有效的原始凭证	如限额领料单
	汇总凭证	是指对一定时期内反映经济业务内容相同的若干张原始凭证，按照一定标准综合填制的原始凭证	如收料凭证汇总表、工资结算汇总表、差旅费报销单、领料凭证汇总表等

三、原始凭证的基本内容

原始凭证的基本内容包括：凭证名称；凭证号码；填制日期；填制凭证单位名称；经办人员的签章；接收凭证单位名称；经济业务内容；数量、单价和金额等。

原始凭证内容，如图4-1所示。

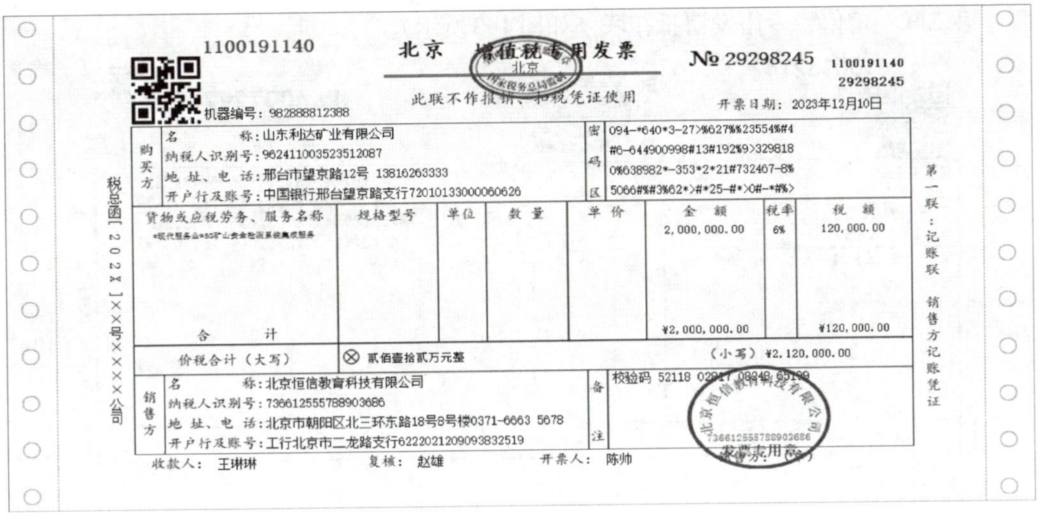

1100191140　北京　增值税专用发票　№ 29298245　1100191140　29298245

此联不作报销、扣税凭证使用　开票日期：2023年12月10日

机器编号：982888812388

购买方　名　　称：山东利达矿业有限公司
纳税人识别号：962411003523512087
地 址、电 话：邢台市望京路12号 13816263333
开户行及账号：中国银行邢台望京路支行72010133000060626

密码区　094-*640*3-27>%627%%23554%#4
#6-64490099 8#13#192%9>329818
0%638982*-353*2*21#732467-8%
5066#%#3%62*>#*25-#*>0#-*#%>

货物或应税劳务、服务名称	规格型号	单位	数量	单价	金额	税率	税额
*现代服务业*5G矿山安全检测系统集成服务					2,000,000.00	6%	120,000.00
合　计					¥2,000,000.00		¥120,000.00
价税合计（大写）	⊗ 贰佰壹拾贰万元整				（小写）¥2,120,000.00		

销售方　名　　称：北京恒信教育科技有限公司
纳税人识别号：73661255578890368 6
地 址、电 话：北京市朝阳区北三环东路18号8号楼0371-6663 5678
开户行及账号：工行北京市二龙路支行6222021209093832519

备注　校验码 52118 02817 08248 65109

收款人：王琳琳　复核：赵雄　开票人：陈帅　销售方：（章）

税总函[202X]××号××××公司

第一联：记账联　销售方记账凭证

图4-1　原始凭证（增值税专用发票）

四、常见原始凭证的用途及格式

（一）增值税专用发票

1.用途

增值税专用发票是由国家税务总局监制并设计印制的，只限于增值税一般纳税人领购使用的，既是纳税人反映经济活动的会计凭证，又是兼记销售方纳税义务和购买方进项税额的合法证明。

第一联记账联，是销售方的记账凭证，即销售方作为销售货物或提供应税劳务、服务的原始凭证，发票上的“税额”指的是“销项税额”，“金额”指的是销售货物或提供应税劳务、服务的“不含税金额价格”；第二联是抵扣联（购买方用来扣税）；第三联是发票联（购买方用来记账）。

2.格式

第一联：增值税专用发票记账联（如图4-2所示）。

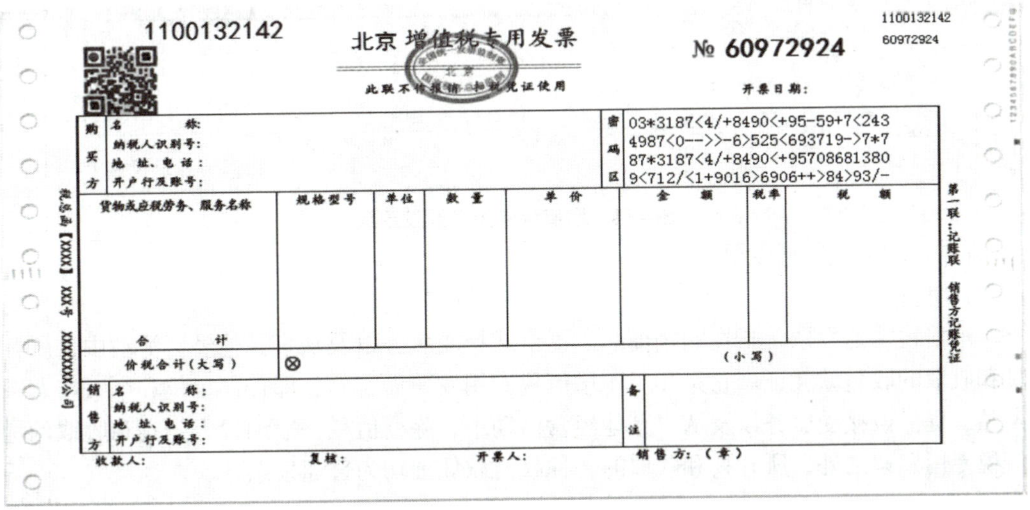

1100132142　北京增值税专用发票　№ 60972924　1100132142　60972924

此联不作报销、扣税凭证使用　开票日期：

购买方　名　　称：
纳税人识别号：
地 址、电 话：
开户行及账号：

密码区　03*3187<4/+8490<+95-59+7<243
4987<0-->>-6>525<693719->7*7
87*3187<4/+8490<+95708681380
9<712/<1+9016>6906++>84>93/-

货物或应税劳务、服务名称	规格型号	单位	数量	单价	金额	税率	税额
合　计							
价税合计（大写）	⊗				（小写）		

销售方　名　　称：
纳税人识别号：
地 址、电 话：
开户行及账号：

备注

收款人：　复核：　开票人：　销售方：（章）

税总函【XXXX】XXX号　XXXXXXX公司

第一联：记账联　销售方记账凭证

图4-2　增值税专用发票记账联

第二联：增值税专用发票抵扣联（如图4-3所示）。

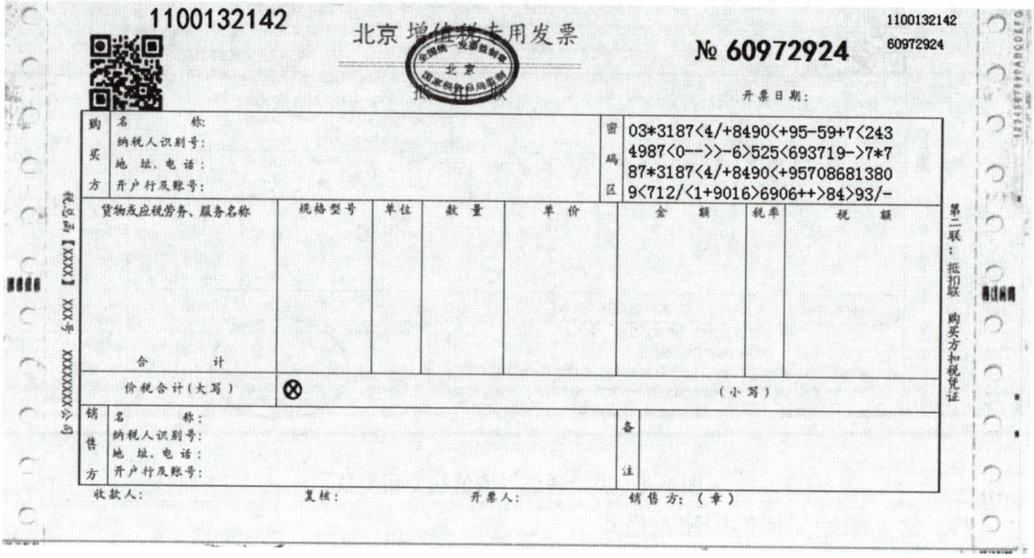

1100132142 北京增值税专用发票 № 60972924 1100132142 60972924

抵扣联

开票日期：

购买方 名称：纳税人识别号：地址、电话：开户行及账号：

密码区 03*3187<4/+8490<+95-59+7<243 4987<0-->>-6>525<693719->7*7 87*3187<4/+8490<+95708681380 9<712/<1+9016>6906++>84>93/-

货物或应税劳务、服务名称	规格型号	单位	数量	单价	金额	税率	税额
合计							
价税合计（大写）	⊗				（小写）		

销售方 名称：纳税人识别号：地址、电话：开户行及账号： 备注

收款人： 复核： 开票人： 销售方：（章）

税总函【XXXX】XXX号 XXXXXXX公司

第二联：抵扣联 购买方扣税凭证

图4-3 增值税专用发票抵扣联

第三联：增值税专用发票发票联（如图4-4所示）。

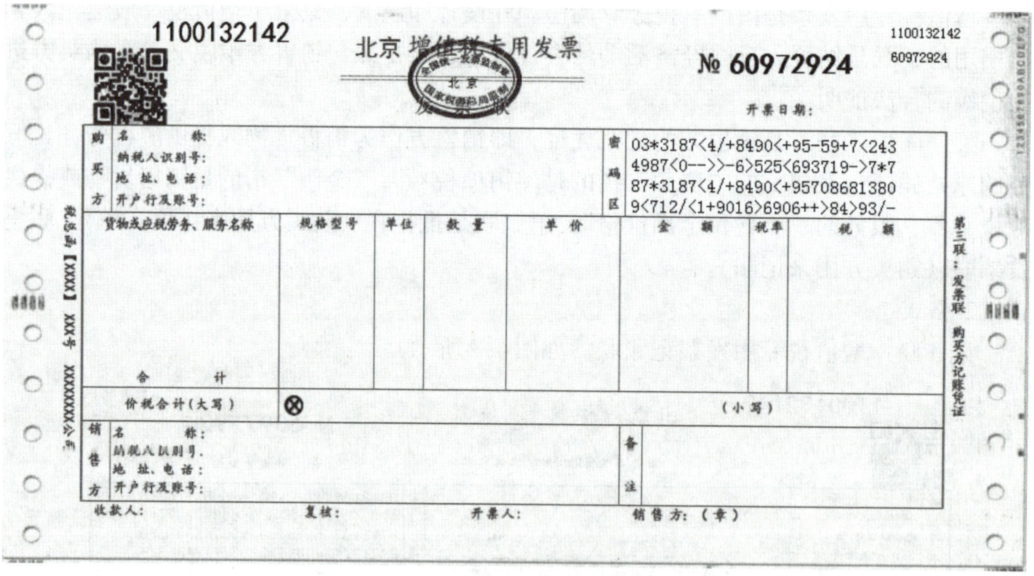

1100132142 北京增值税专用发票 № 60972924 1100132142 60972924

发票联

开票日期：

购买方 名称：纳税人识别号：地址、电话：开户行及账号：

密码区 03*3187<4/+8490<+95-59+7<243 4987<0-->>-6>525<693719->7*7 87*3187<4/+8490<+95708681380 9<712/<1+9016>6906++>84>93/-

货物或应税劳务、服务名称	规格型号	单位	数量	单价	金额	税率	税额
合计							
价税合计（大写）	⊗				（小写）		

销售方 名称：纳税人识别号：地址、电话：开户行及账号： 备注

收款人： 复核： 开票人： 销售方：（章）

税总函【XXXX】XXX号 XXXXXXX公司

第三联：发票联 购买方记账凭证

图4-4 增值税专用发票发票联

（二）增值税普通发票

1.用途

增值税普通发票是指在购销商品、提供或接受服务以及从事其他经营活动中，所开具和收取的收付款凭证。它是相对于增值税专用发票而言的，即任何单位和个人在购销商品、提供或接受服务以及从事其他经营活动中，除增值税一般纳税人开具和收取的增值税专用发票之外，所开具和收取的各种收付款凭证均为普通发票。

2.格式

第一联：增值税普通发票记账联（如图4-5所示）。

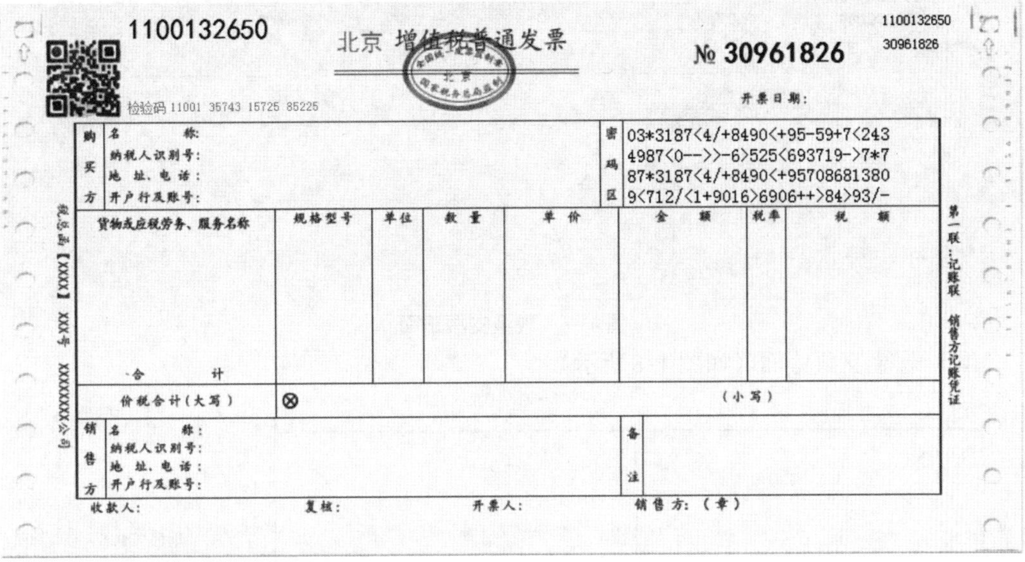
1100132650
北京 增值税普通发票
1100132650
30961826
№ 30961826
检验码 11001 35743 15725 85225
开票日期：

购买方	名 称： 纳税人识别号： 地 址、电 话： 开户行及账号：	密码区	03*3187<4/+8490<+95-59+7<243 4987<0-->>-6>525<693719->7*7 87*3187<4/+8490<+95708681380 9<712/<1+9016>6906++>84>93/-

货物或应税劳务、服务名称	规格型号	单位	数量	单价	金额	税率	税额
合 计							
价税合计（大写）	⊗				（小写）		

销售方	名 称： 纳税人识别号： 地 址、电 话： 开户行及账号：	备注	

收款人： 复核： 开票人： 销售方：（章）

税总函【XXXX】XXX号 XXXXXXXX公司

第一联：记账联 销售方记账凭证

图4-5 增值税普通发票记账联

第二联：增值税普通发票发票联（如图4-6所示）。

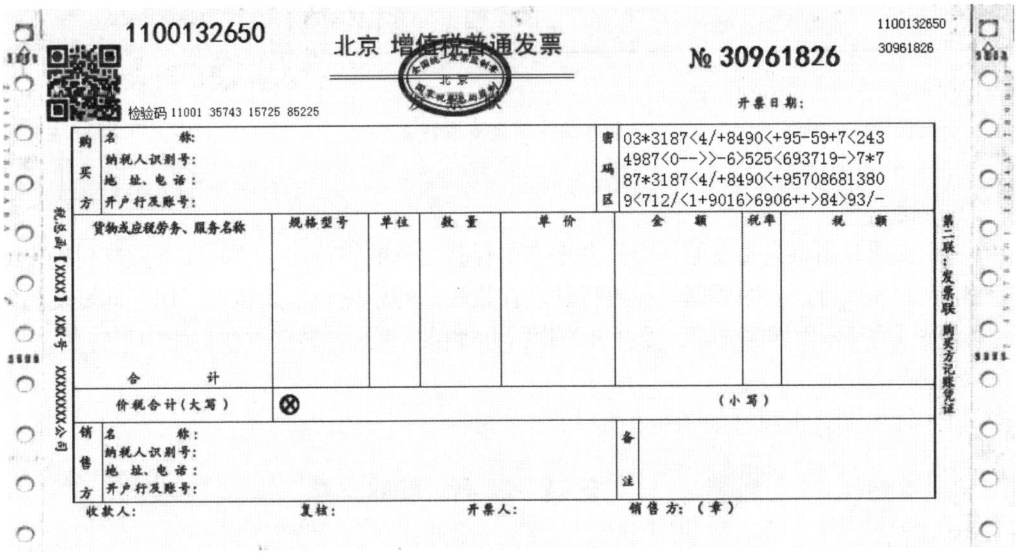
1100132650
北京 增值税普通发票
1100132650
30961826
№ 30961826
检验码 11001 35743 15725 85225
开票日期：

购买方	名 称： 纳税人识别号： 地 址、电 话： 开户行及账号：	密码区	03*3187<4/+8490<+95-59+7<243 4987<0-->>-6>525<693719->7*7 87*3187<4/+8490<+95708681380 9<712/<1+9016>6906++>84>93/-

货物或应税劳务、服务名称	规格型号	单位	数量	单价	金额	税率	税额
合 计							
价税合计（大写）	⊗				（小写）		

销售方	名 称： 纳税人识别号： 地 址、电 话： 开户行及账号：	备注	

收款人： 复核： 开票人： 销售方：（章）

税总函【XXXX】XXX号 XXXXXXXX公司

第二联：发票联 购买方记账凭证

图4-6 增值税普通发票发票联

（三）现金支票

1.用途

现金支票用于支取现金，由存款人签发用于到银行为本单位提取现金，也可以签发给其他单位或个人用来办理结算或者委托银行代为支付现金给收款人。

2.格式

（1）现金支票正面（如图4-7所示）。

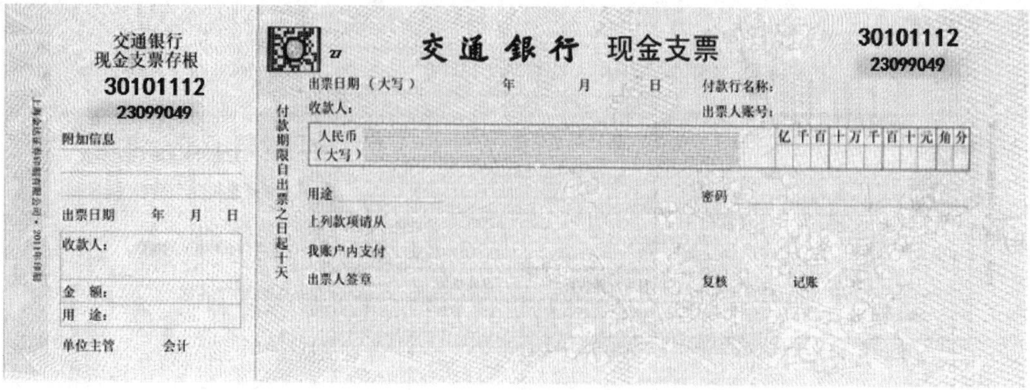
交通银行
现金支票存根
30101112
23099049
附加信息
出票日期 年 月 日
收款人：
金 额：
用 途：
单位主管 会计
上海金达证券印制有限公司·2011年印制

27 交通银行 现金支票 30101112
23099049
出票日期（大写） 年 月 日 付款行名称：
收款人： 出票人账号：
付款期限自出票之日起十天
人民币（大写） 亿 千 百 十 万 千 百 十 元 角 分
用途 密码
上列款项请从
我账户内支付
出票人签章 复核 记账

图4-7 现金支票正面

（2）现金支票背面（如图4-8所示）。

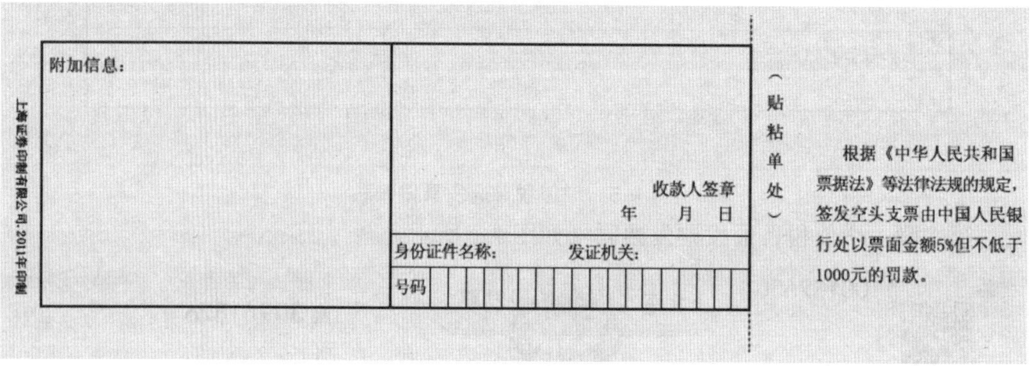
上海证券印制有限公司，2011年印制
附加信息：
收款人签章
年 月 日
身份证件名称： 发证机关：
号码
（贴粘单处）
根据《中华人民共和国票据法》等法律法规的规定，签发空头支票由中国人民银行处以票面金额5%但不低于1000元的罚款。

图4-8 现金支票背面

（四）转账支票

1.用途

转账支票是出票人签发的，委托办理支票存款业务的银行在见票时无条件支付确定的金额给收款人或持票人的票据。在银行开立存款账户的单位和个人客户，用于同城交易的各种款项，均可签发转账支票，委托开户银行办理付款手续。转账支票只能用于转账。

2.格式

（1）转账支票正面（如图4-9所示）。

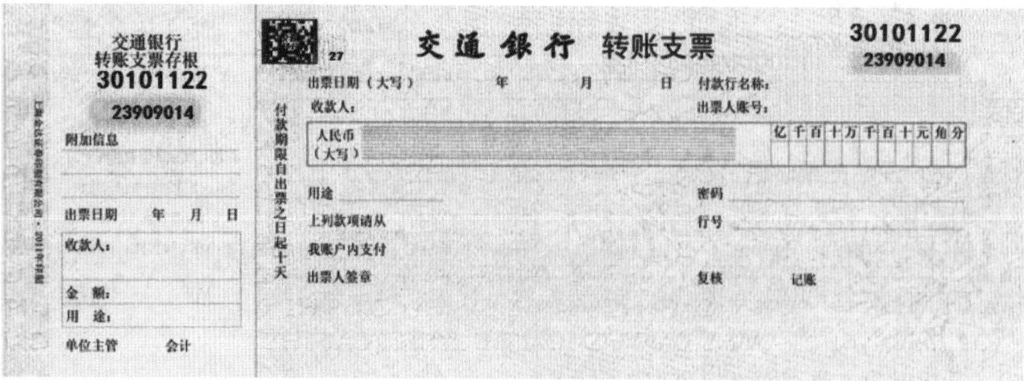
交通银行
转账支票存根
30101122
23909014
附加信息
出票日期 年 月 日
收款人：
金 额：
用 途：
单位主管 会计
上海金达证券印制有限公司·2011年印制

27 交通银行 转账支票 30101122
23909014
出票日期（大写） 年 月 日 付款行名称：
收款人： 出票人账号：
付款期限自出票之日起十天
人民币（大写） 亿 千 百 十 万 千 百 十 元 角 分
用途 密码
上列款项请从 行号
我账户内支付
出票人签章 复核 记账

图4-9 转账支票正面

（2）转账支票背面（如图4-10所示）。

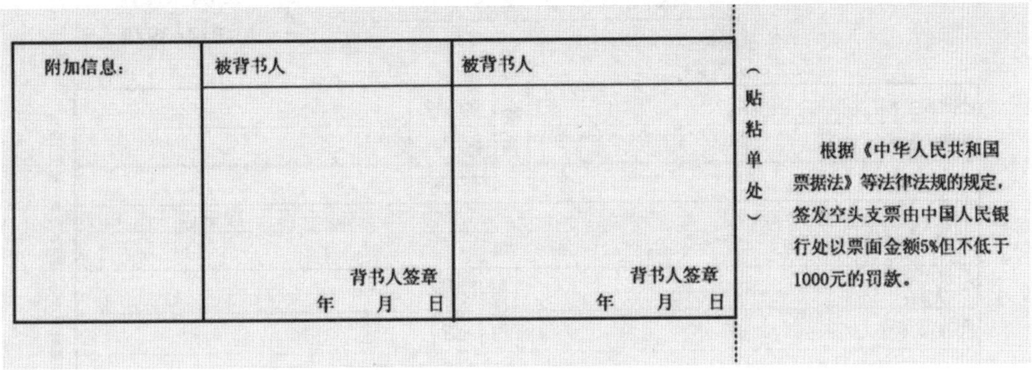

附加信息：	被背书人	被背书人
	背书人签章 年　月　日	背书人签章 年　月　日

（贴粘单处）

根据《中华人民共和国票据法》等法律法规的规定，签发空头支票由中国人民银行处以票面金额5%但不低于1000元的罚款。

图4-10　转账支票背面

（五）银行承兑汇票

1.用途

银行承兑汇票是由在承兑银行开立存款账户的存款人出票，向开户银行申请并经银行审查同意承兑的，保证在指定日期无条件支付确定的金额给收款人或持票人的票据。

2.格式

（1）银行承兑汇票卡片（如图4-11所示）。

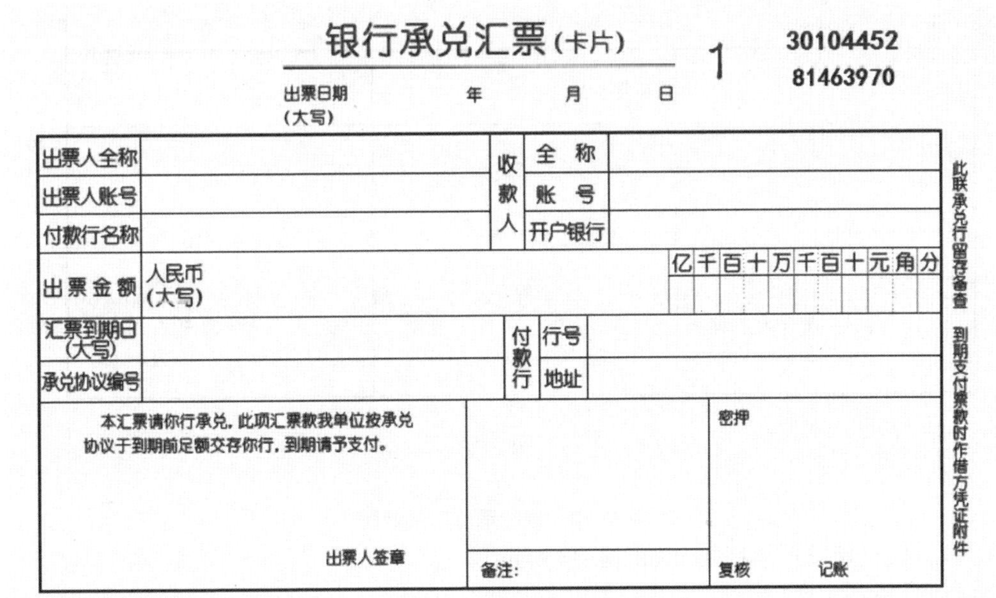

银行承兑汇票（卡片）　1　30104452　81463970

出票日期（大写）　年　月　日

出票人全称		收款人	全　称	
出票人账号			账　号	
付款行名称			开户银行	
出票金额	人民币（大写）			亿 千 百 十 万 千 百 十 元 角 分
汇票到期日（大写）		付款行	行号	
承兑协议编号			地址	
本汇票请你行承兑，此项汇票款我单位按承兑协议于到期前足额交存你行，到期请予支付。 出票人签章	备注：		密押 复核　记账	

此联承兑行留存备查　到期支付票款时作借方凭证附件

图4-11　银行承兑汇票卡片

（2）银行承兑汇票正面（如图4-12所示）。

（3）银行承兑汇票背面（如图4-13所示）。

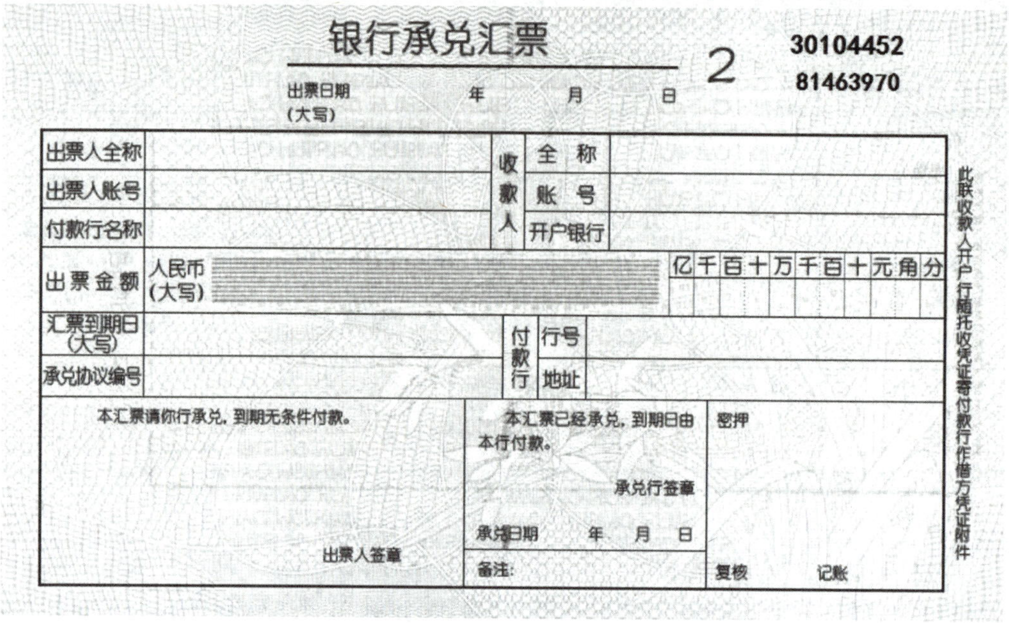

图4-12 银行承兑汇票正面

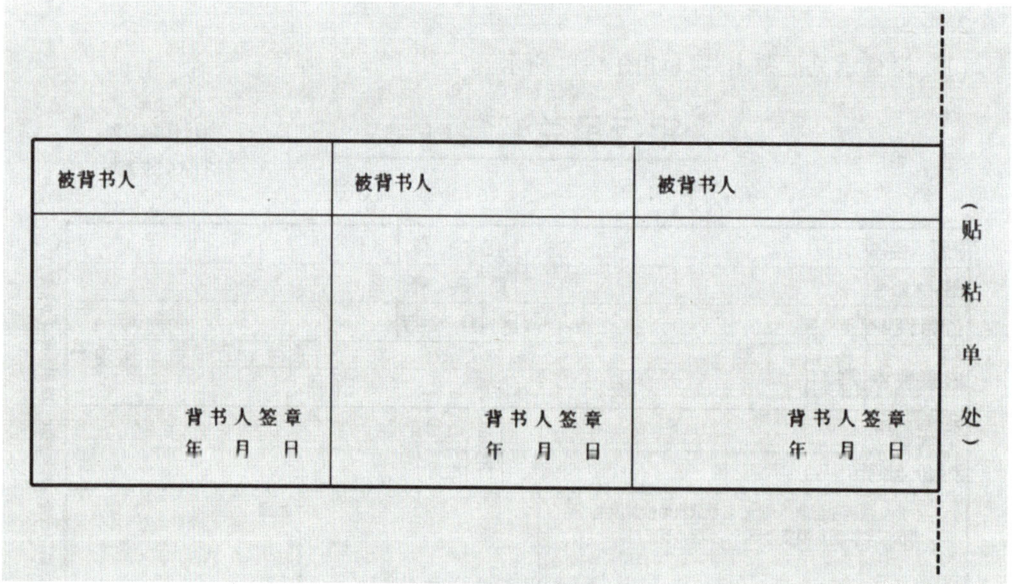

图4-13 银行承兑汇票背面

（4）银行承兑汇票存根（如图4-14所示）。

（六）银行本票

1.用途

银行本票是申请人将款项交存银行，由银行签发的承诺自己在见票时无条件支付确定的金额给收款人或者持票人的票据。

2.格式

（1）银行本票卡片（如图4-15所示）。

银行承兑汇票（存根）　　3　　30104452
81463970

出票日期（大写）　　年　　月　　日

出票人全称		收款人	全　称	
出票人账号			账　号	
付款行名称			开户银行	
出票金额	人民币（大写）			亿 千 百 十 万 千 百 十 元 角 分
汇票到期日（大写）		付款行	行号	
承兑协议编号			地址	
		备注：		密押　复核　经办

此联由出票人存查

图4–14　银行承兑汇票存根

交通银行本　票　　1　　30101182
97250875

提示付款期限自出票之日起贰个月

出票日期（大写）　　年　　月　　日

收款人：　　申请人：

凭票即付	人民币（大写）	亿 千 百 十 万 千 百 十 元 角 分

□转账　□现金　　密押

行号

备注　　出纳　　复核　　经办

图4–15　银行本票卡片

（2）银行本票正面（如图4–16所示）。

（3）银行本票背面（如图4–17所示）。

（七）电汇凭证

1.用途

电汇是汇款人将一定款项交存汇款银行，汇款银行通过电报或电传给目的地的分行或代理行（汇入行），指示汇入行向收款人支付一定金额的一种汇款方式。

2.格式

第一联：银行借方凭证联（如图4–18所示）。

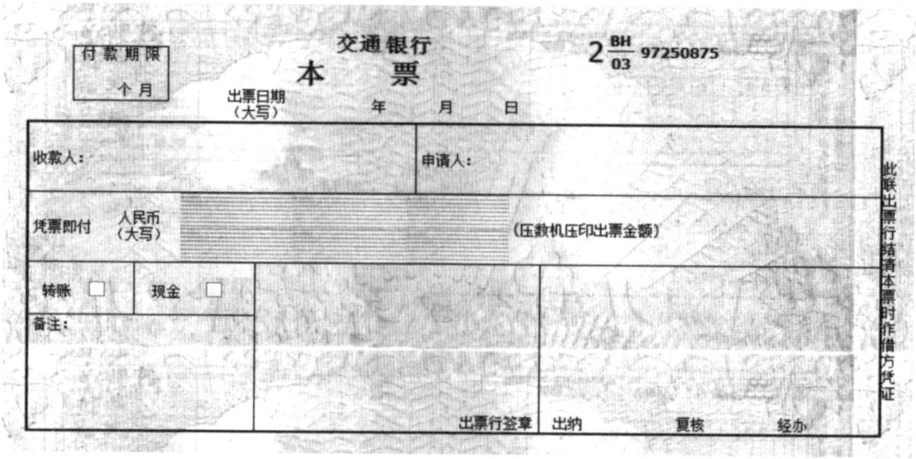

交通银行 本票

付款期限 个月

2 BH/03 97250875

出票日期（大写） 年 月 日

收款人：		申请人：	
凭票即付 人民币（大写）		（压数机压印出票金额）	
转账 □	现金 □		
备注：		出票行签章	出纳 复核 经办

此联出票行结清本票时作借方凭证

图4-16 银行本票正面

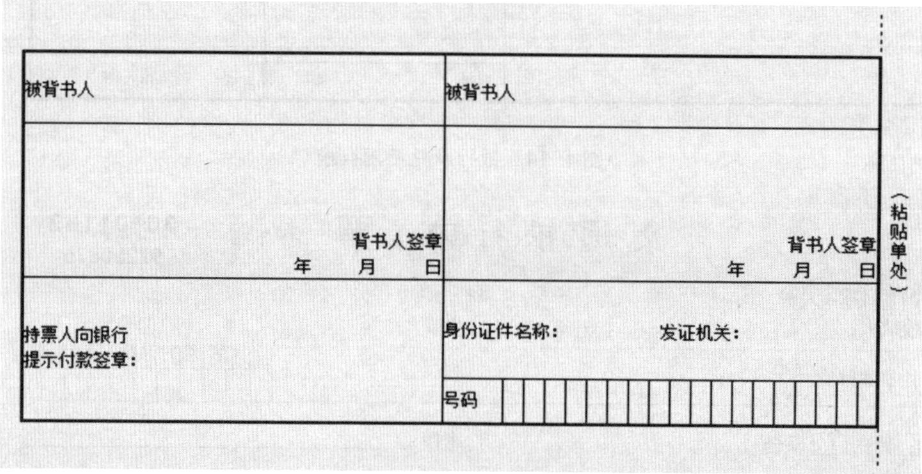

被背书人	被背书人
背书人签章 年 月 日	背书人签章 年 月 日
持票人向银行 提示付款签章：	身份证件名称： 发证机关： 号码

（粘贴单处）

图4-17 银行本票背面

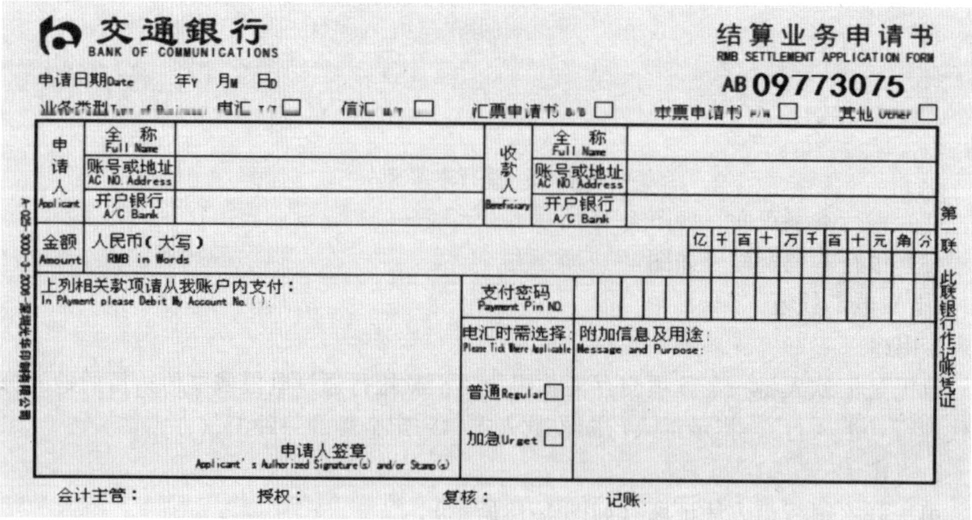

交通银行 BANK OF COMMUNICATIONS

结算业务申请书 RMB SETTLEMENT APPLICATION FORM

申请日期Date 年Y 月M 日D

AB 09773075

业务类型Type of Business 电汇 T/T □ 信汇 M/T □ 汇票申请书 B/D □ 本票申请书 P/N □ 其他 Other □

申请人 Applicant	全称 Full Name		收款人 Beneficiary	全称 Full Name	
	账号或地址 AC NO. Address			账号或地址 AC NO. Address	
	开户银行 A/C Bank			开户银行 A/C Bank	
金额 Amount	人民币（大写） RMB in Words			亿 千 百 十 万 千 百 十 元 角 分	

上列相关款项请从我账户内支付：In Payment please Debit My Account No.( ):

申请人签章 Applicant's Authorized Signature(s) and/or Stamp(s)

支付密码 Payment Pin NO.

电汇时需选择 Please Tick There Applicable：普通Regular □ 加急Urgent □

附加信息及用途：Message and Purpose:

会计主管： 授权： 复核： 记账：

第一联 此联银行作记账凭证

A-025-3000-9-2006-京城华印刷有限公司

图4-18 银行借方凭证联

第二联：收款银行记账凭证联（如图4-19所示）。

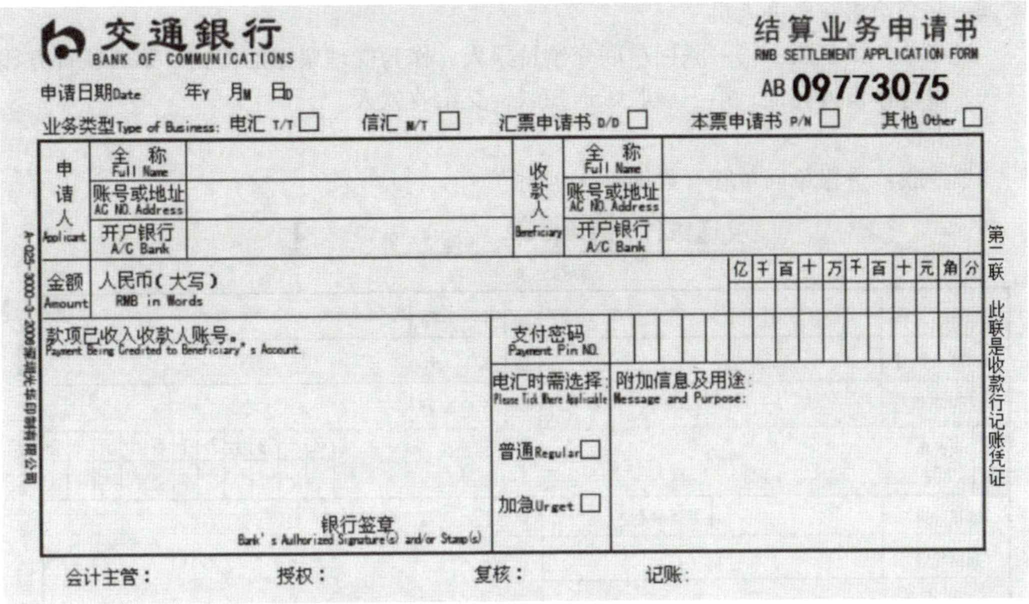

交通银行 BANK OF COMMUNICATIONS

结算业务申请书 RMB SETTLEMENT APPLICATION FORM

AB 09773075

申请日期Date　年Y　月M　日D

业务类型Type of Business: 电汇 T/T □　信汇 M/T □　汇票申请书 D/D □　本票申请书 P/N □　其他 Other □

申请人 Applicant	全称 Full Name		收款人 Beneficiary	全称 Full Name	
	账号或地址 AC NO. Address			账号或地址 AC NO. Address	
	开户银行 A/C Bank			开户银行 A/C Bank	
金额 Amount	人民币（大写） RMB in Words				亿 千 百 十 万 千 百 十 元 角 分
款项已收入收款人账号。Payment Being Credited to Beneficiary's Account. 银行签章 Bank's Authorized Signature(s) and/or Stamp(s)			支付密码 Payment Pin NO.		
			电汇时需选择 Please Tick Where Applicable 普通Regular □ 加急Urgent □	附加信息及用途：Message and Purpose:	

会计主管：　授权：　复核：　记账：

第二联　此联是收款行记账凭证

图4-19　收款银行记账凭证联

第三联：电汇凭证付款回单联（如图4-20所示）。

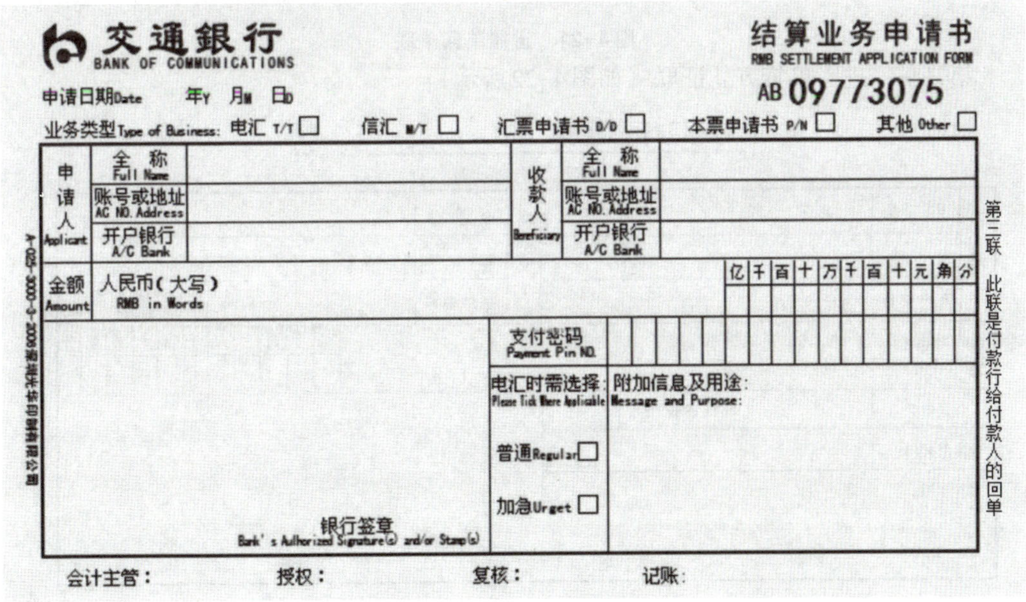

交通银行 BANK OF COMMUNICATIONS

结算业务申请书 RMB SETTLEMENT APPLICATION FORM

AB 09773075

申请日期Date　年Y　月M　日D

业务类型Type of Business: 电汇 T/T □　信汇 M/T □　汇票申请书 D/D □　本票申请书 P/N □　其他 Other □

申请人 Applicant	全称 Full Name		收款人 Beneficiary	全称 Full Name	
	账号或地址 AC NO. Address			账号或地址 AC NO. Address	
	开户银行 A/C Bank			开户银行 A/C Bank	
金额 Amount	人民币（大写） RMB in Words				亿 千 百 十 万 千 百 十 元 角 分
银行签章 Bank's Authorized Signature(s) and/or Stamp(s)			支付密码 Payment Pin NO.		
			电汇时需选择 Please Tick Where Applicable 普通Regular □ 加急Urgent □	附加信息及用途：Message and Purpose:	

会计主管：　授权：　复核：　记账：

第三联　此联是付款行给付款人的回单

图4-20　电汇凭证付款回单联

（八）进账单

1.用途

进账单是持票人或收款人将票据款项存入收款人在银行账户的凭证，也是银行将票据款项记入收款人账户的凭证。

在填写银行进账单时，持票人必须清楚地填写票据种类、票据张数、收款人名称、收款人开户银行、付款人名称、付款人开户银行及账号、票据金额等栏目，并连同相关票据一并交给银行经办人员。

进账单一式三联：第一联回单联交给持票人，作为受理票据的依据；第二联贷方凭证联，银行作借方凭证；第三联收账通知联，交给收款人。

2.格式

第一联：进账单回单联（如图4-21所示）。

交通银行 **进账单** （回 单） **1**

年 月 日

出票人	全 称		收款人	全 称	
	账 号			账 号	
	开户银行			开户银行	
金额	人民币（大写）				亿 千 百 十 万 千 百 十 元 角 分
票据种类		票据张数			
票据号码					
	复核	记账		开户银行签章	

此联是开户银行交给持票人的回单

图4-21 进账单回单联

第二联：进账单贷方凭证联（如图4-22所示）。

交通银行 **进账单** （贷方凭证） **2**

年 月 日

出票人	全 称		收款人	全 称	
	账 号			账 号	
	开户银行			开户银行	
金额	人民币（大写）				亿 千 百 十 万 千 百 十 元 角 分
票据种类		票据张数			
票据号码					
备注：				复核：	记账：

此联由收款人开户银行作贷方凭证

图4-22 进账单贷方凭证联

第三联：进账单收账通知联（如图4-23所示）。

（九）收料单

1.用途

收料单是一次性的自制原始凭证，是购买方对供应商送料或送检时提供的货品所进行描述（名称、数量、来源）的单据，以便于购买方后期对货物分拣、入库、上架管理。收料单既是交接完成的证明，也是报税的依据。

交通银行 进账单（收账通知） **3**

年 月 日

出票人	全 称		收款人	全 称	
	账 号			账 号	
	开户银行			开户银行	
金额	人民币（大写）				亿 千 百 十 万 千 百 十 元 角 分
票据种类		票据张数			
票据号码					
	复核	记账		收款人开户银行签章	

此联是收款人开户银行交给收款人的收账通知

图4-23 进账单收账通知联

2.格式

第一联：收料单业务联（如图4-24所示）

收 料 单

年 月 日　　　　编码：

材料编号	材料名称	规格	材质	单位	数量 发货票	数量 实收	实际单价	材料金额	运杂费	合 计（材料实际成本）
供货单位		结算方法				合同号			计划单价	材料/计划成本
备 注										

主管：　质量检验员：　仓库验收：　经办人：

业务联

图4 24 收料单业务联

第二联：收料单会计联（如图4-25所示）。

收 料 单

年 月 日　　　　编码：

材料编号	材料名称	规格	材质	单位	数量 发货票	数量 实收	实际单价	材料金额	运杂费	合 计（材料实际成本）
供货单位		结算方法				合同号			计划单价	材料/计划成本
备 注										

主管：　质量检验员：　仓库验收：　经办人：

会计联

图4-25 收料单会计联

第三联：收料单仓库联（如图4-26所示）。

收　料　单

年　　月　　日　　　　　　　　编码：

材料编号	材料名称	规格	材质	单位	数量		实际单价	材料金额	运杂费	合　计（材料实际成本）
					发货票	实收				
供货单位		结算方法					合同号		计划单价	材料/计划成本
备　注										

仓库联

主管：　　质量检验员：　　仓库验收：　　经办人：

图4-26　收料单仓库联

第四联：收料单存根联（如图4-27所示）。

收　料　单

年　　月　　日　　　　　　　　编码：

材料编号	材料名称	规格	材质	单位	数量		实际单价	材料金额	运杂费	合　计（材料实际成本）
					发货票	实收				
供货单位		结算方法					合同号		计划单价	材料/计划成本
备　注										

存根联

主管：　　质量检验员：　　仓库验收：　　经办人：

图4-27　收料单存根联

（十）领料单

1.用途

领料单是由领用材料的部门或者人员根据所需领用材料的数量填写的单据。其内容有领用日期、材料名称、单位、数量、金额等。为明确材料领用的责任，领料单除了要有领用人的签名外，还需要主管人员和保管人的签名等。领料人凭借领料单到仓库中领取所需材料时，由库存管理人员确认并出具出货单方可领取材料。

2.格式

第一联：领料单业务联（如图4-28所示）。

领　料　单

领用部门：

用途：　　　　年　　月　　日　　　　编号：

材料编号	材料名称	规格	计量单位	请领数量	实发数量	单价成本	总价

业务联

部门经理：　　会计：　　仓库：　　经办人：

图4-28　领料单业务联

第二联：领料单会计联（如图4-29所示）。

领 料 单

领用部门：

用途： 年 月 日 编号：

材料编号	材料名称	规格	计量单位	请领数量	实发数量	单价成本	总价

会计联

部门经理： 会计： 仓库： 经办人：

图4-29 领料单会计联

第三联：领料单仓库联（如图4-30所示）。

领 料 单

领用部门：

用途： 年 月 日 编号：

材料编号	材料名称	规格	计量单位	请领数量	实发数量	单价成本	总价

仓库联

部门经理： 会计： 仓库： 经办人：

图4-30 领料单仓库联

第四联：领料单存根联（如图4-31所示）。

领 料 单

领用部门：

用途： 年 月 日 编号：

材料编号	材料名称	规格	计量单位	请领数量	实发数量	单价成本	总价

存根联

部门经理： 会计： 仓库： 经办人：

图4-31 领料单存根联

（十一）出库单

1.用途

出库单是指对外发生销售业务，将货物发送给客户方时所填制的出库单据。

2. 格式

第一联：出库单业务联（如图4-32所示）。

出 库 单

出货单位：

年 月 日 单号：

提货单位或领货部门		销售单号		发出仓库		出库日期	

编号	名称及规格	单位	数量		单价	金额
			应发	实发		
合计						

业务联

部门经理： 会计： 仓库： 经办人：

图4-32 出库单业务联

第二联：出库单会计联（如图4-33所示）。

出 库 单

出货单位：

年 月 日 单号：

提货单位或领货部门		销售单号		发出仓库		出库日期	

编号	名称及规格	单位	数量		单价	金额
			应发	实发		
合计						

会计联

部门经理： 会计： 仓库： 经办人：

图4-33 出库单会计联

第三联：出库单仓库联（如图4-34所示）。

出 库 单

出货单位：

年 月 日 单号：

提货单位或领货部门		销售单号		发出仓库		出库日期	

编号	名称及规格	单位	数量		单价	金额
			应发	实发		
合计						

仓库联

部门经理： 会计： 仓库： 经办人：

图4-34 出库单仓库联

第四联：出库单存根联（如图4-35所示）。

出 库 单

出货单位：　　　　年　月　日　　　　单号：

提货单位或领货部门		销售单号		发出仓库		出库日期	

编号	名称及规格	单位	数量		单价	金额
			应发	实发		
合计						

存根联

部门经理：　　会计：　　仓库：　　经办人：

图4-35　出库单存根联

（十二）借款单

1.用途

借款单是单位内部人员借款时填制的原始凭证。

2.格式

借款单（如图4-36所示）。

借 款 单

年　月　日　　　　第　　号

借款部门		姓名		事由	
借款金额（大写）	万　仟　佰　拾　元　角　分　¥				
部门负责人签署		借款人签章		注意事项	一、凡借用公款必须使用本单 二、出差返回后三天内结算
单位领导批示		财务经理审核意见			

图4-36　借款单

（十三）限额领料单

1.用途

限额领料单是多次使用的累计领发料凭证。

2.格式

限额领料单（如图4-37所示）。

（十四）领料凭证汇总表

1.用途

领料凭证汇总表是将一段时期内的出库材料进行综合而编制的汇总凭证。

2.格式

领料凭证汇总表（如图4-38所示）。

限额领料单

领料部门: 凭证编号:
用途: 年 月一日 发料仓库:

材料类别	材料编号	材料名称及规格	计量单位	领用限额	实际领用	单价	金额	备注

供应部门负责人: 生产计划部门负责人:

日期	数量		领料人签章	发料人签章	扣除代用数量	退料			限额结余
	请领	实发				数量	收料人	发料人	

第一联会计联

图4-37 限额领料单

领料凭证汇总表

年 月 单位:

金额 部门 / 材料名称							合计
合计							

会计主管: 审核: 制表:

图4-38 领料凭证汇总表

知识拓展

发票扫描仪

发票扫描仪，就是用来对纸质的发票进行扫描的仪器，其目的是生成高质量的发票影像。发票扫描仪作为一个计算机的输入设备，可以把各种票据，比如财务常见的增值税专用发票、增值税普通发票、火车票、银行回单等各种票据，经过发票扫描仪一进一出，就可以完美生成发票识别软件需要的影像，辅助发票识别软件来进行快速、精准的识别。

常用的发票扫描仪分为两种：平板式发票扫描仪和快速发票扫描仪。

（1）平板式发票扫描仪

平板式发票扫描仪的工作原理，就是一次只能扫描一张发票，每次都需要人工打开扫描仪的上盖，将发票放进去，合上之后进行发票扫描工作。平板式发票扫描仪的优点在于，扫描稳定，成像均匀，也不会对发票造成任何伤害。缺点是不断的打开扫描仪的上盖，工作量大。

（2）快速发票扫描仪

快速发票扫描仪，一分钟可以扫描60张发票，其优点是快速，工作效率高。

任务实施

【练习1】根据进账单回单联（如图4-39所示），描述该原始凭证所反映的经济业务内容。

交通银行 进账单（回 单） 1

2023年 02月 15日

出票人	全 称	易迅连锁超市有限公司	收款人	全 称	瑞成纸品有限公司
	账 号	234219821501040002821		账 号	012066380910015678435
	开户银行	交通银行上海分行		开户银行	交通银行上海分行
金额	人民币（大写）	壹万肆仟零肆拾元整		亿千百十万千百十元角分	¥1 4 0 4 0 0 0
票据种类	转账支票	票据张数	1		
票据号码	23909821				
复核 记账				开户银行签章	

此联是开户银行交给持票人的回单

图4-39 进账单回单联

【练习2】根据增值税专用发票（如图4-40所示），描述该原始凭证所反映的经济业务内容。

1100132142　北京增值税专用发票　№ 60972924　1100132142　60972924

开票日期：2023年07月21日

购买方	名 称：上海市龙光贸易公司 纳税人识别号：913101120354285434 地 址、电 话：上海市光华路23号 0216558955 开户行及账号：交通银行上海分行 140200010019200165673	密码区：03*3187<4/+8490<+95-59+7<243 4987<0-->>-6>525<693719->7*7 87*3187<4/+8490<+95708681380 9<712/<1+9016>6906++>84>93/-

货物或应税劳务、服务名称	规格型号	单位	数量	单价	金额	税率	税额
打印机	#2101	台	30.00	1000.00	30000.00	13%	3900.00
传真机	#302	台	50.00	880.00	44000.00	13%	5720.00
合 计					¥74000.00		¥9620.00
价税合计（大写）	⊗捌万叁仟陆佰贰拾元整				（小写）	83620.00	

销售方	名 称：北京明朗经贸发展有限公司 纳税人识别号：911101088022150463 地 址、电 话：北京海淀区翠微路5号 01085108257 开户行及账号：交通银行北京分行 144175010400041073421

收款人：　复核：　开票人：张炜

（印章：北京明朗经贸发展有限公司 911101088022150463 发票专用章）

第三联：发票联 购买方记账凭证

图4-40 增值税专用发票

【练习3】根据增值税普通发票（如图4-41所示），描述该原始凭证所反映的经济业务内容。

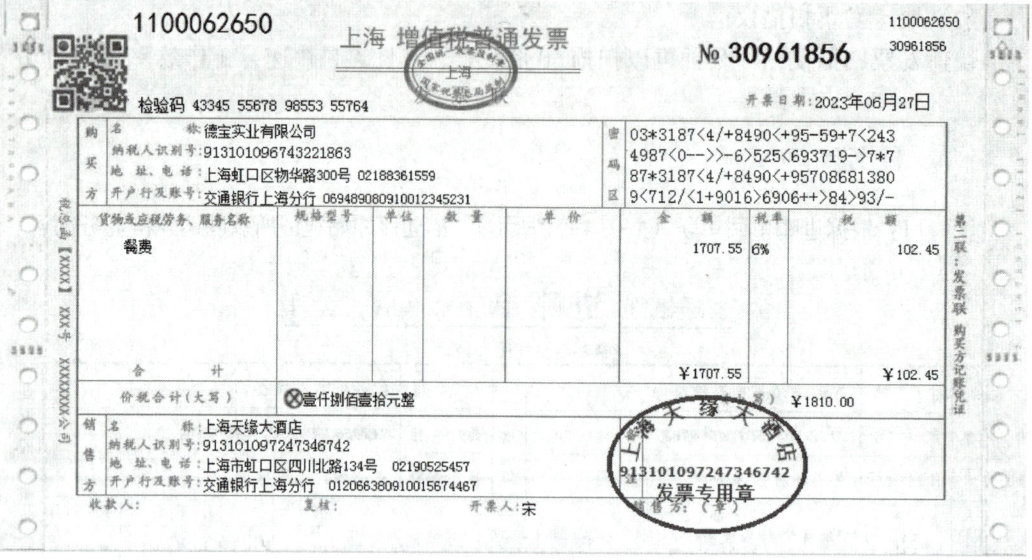

1100062650　　上海 增值税普通发票　　№ 30961856　　1100062650　30961856

检验码 43345 55678 98553 55764　　开票日期：2023年06月27日

购买方	名称：德宝实业有限公司 纳税人识别号：913101096743221863 地址、电话：上海虹口区物华路300号 02188361559 开户行及账号：交通银行上海分行 069489080910012345231	密码区	03*3187<4/+8490<+95-59+7<243 4987<0-->>-6>525<693719->7*7 87*3187<4/+8490<+95708681380 9<712/<1+9016>6906++>84>93/-

货物或应税劳务、服务名称	规格型号	单位	数量	单价	金额	税率	税额
餐费					1707.55	6%	102.45
合计					¥1707.55		¥102.45
价税合计（大写）	⊗壹仟捌佰壹拾元整				（小写）¥1810.00		

销售方	名称：上海天缘大酒店 纳税人识别号：913101097247346742 地址、电话：上海市虹口区四川北路134号 02190525457 开户行及账号：交通银行上海分行 012066380910015674467	备注	

收款人：　　复核：　　开票人：宋　　销售方：（章）

第二联：发票联 购买方记账凭证

图4-41　增值税普通发票

任务二　填制与审核原始凭证

任务描述

审核外来原始凭证，填制并审核自制原始凭证。

知识储备

一、填制原始凭证

（一）填制原始凭证的要求

原始凭证反映的情况和数据是进行会计核算的最原始资料，也是具有法律效力的证明文件。为了保证会计核算资料的真实、准确和及时，原始凭证的填制必须符合一定的规范。原始凭证的填制要求如下：

1. 记录真实

原始凭证所填列的经济业务的内容和数字必须真实可靠，符合实际情况。不得歪曲经济业务真相，弄虚作假。对实物数量和金额的计算，要准确无误，不得以估算填入。

2. 内容完整

原始凭证所要求填列的项目必须逐项填列齐全，不得遗漏和省略。原始凭证中的年、月、日要按照填制原始凭证的实际日期填写；接受单位名称要齐全，不能简化；品名或用途要填写明确，不能含糊不清；有关人员的签章必须齐全。

3.手续完备

单位自制的原始凭证必须有经办单位相关负责人的签章；对外开出的原始凭证必须加盖本单位公章；从外单位取得的原始凭证，必须盖有填制单位的公章；从个人取得的原始凭证，必须有填制人员的签章。

4.书写清楚、规范

原始凭证要按规定填写，文字要简要，字迹要清楚，易于辨认，不得使用未经国务院公布的简化汉字。如有差错，应按规定的方法更正，不得随意涂改、刮擦和挖补。同时应遵守以下技术要求：

（1）小写金额用阿拉伯数字逐个书写，不得写连笔字。在金额前要填写人民币符号“¥”，人民币符号“¥”与阿拉伯数字之间不得留有空白。金额数字一律填写到角、分。无角、分的，写“00”或符号“—”；有角无分的，分位写“0”，不得用符号“—”。

（2）大写金额用汉字“壹”“贰”“叁”“肆”“伍”“陆”“柒”“捌”“玖”“拾”“佰”“仟”“万”“亿”“元”“角”“分”“零”“整”等，一律用正楷或行书书写。大写金额前未印有“人民币”字样的，应加写“人民币”三个字，“人民币”字样和大写金额之间不得留有空白，或者大写金额栏开票金额未达到最高金额的，必须以符号“⊗”填充。大写金额到元或角为止的，后面要写“整”或“正”字；有分的，不写“整”或“正”字。例如，小写金额为“¥2 008.00”，大写金额应写成“人民币贰仟零捌元整”。

（3）凡规定填写大写金额的各种凭证，如银行结算凭证、发票等，必须在填写小写金额的同时，填写大写金额。大写金额之前没有印货币名称的，应当填写货币名称，货币名称与货币金额数字之间不得留有空白。阿拉伯数字金额之间有“0”时，汉字大写金额要写“零”字；阿拉伯数字金额中间连续有几个“0”时，汉字大写金额中可以只写一个“零”字，如“¥50 005.65”可以写成“人民币伍万零伍元陆角伍分”；阿拉伯数字金额元位是“0”，或者数字之间连续有几个“0”、元位也是“0”但角位不是“0”时，汉字大写金额可以只写一个“零”字，也可以不写“零”字，如“¥50 000.60”可以写成“人民币伍万元零陆角整”或写成“人民币伍万元陆角整”。

5.连续编号

各种凭证要连续编号，以便检查。如果原始凭证已预先印定编号，在写坏作废时，应加盖“作废”戳记，连同存根妥善保管，不得撕毁。

6.不得涂改、刮擦、挖补

原始凭证有错误的，应当由出具单位重开或更正，更正处应当加盖出具单位印章。原始凭证金额有错误的，应当由出具单位重开，不得在原始凭证上更正。

7.填制及时

各种原始凭证必须按经济业务的执行和完成情况及时填写，并按规定的程序及时送交会计部门进行审核。

知识链接4-1

规范填写票据（现金支票、转账支票）日期：在填写月、日时，月为壹、贰和壹拾的，日为壹至玖、壹拾、贰拾和叁拾的，应在其前加“零”；日为拾壹至拾玖的，应在其前面加“壹”。例如，2月12日，应写成零贰月壹拾贰日；10月20日，应写成零壹拾月零贰拾日。票据出票日期使用阿拉伯数字填写的，银行不予受理；汉字大写日期未按要求规范填写的，银行可予受理，但由此造成损失的，由出票人自行承担。

微课 支票填写

（二）填制原始凭证的方法

1.填写现金支票

（1）现金支票正面的填写步骤（如图4-42所示）。

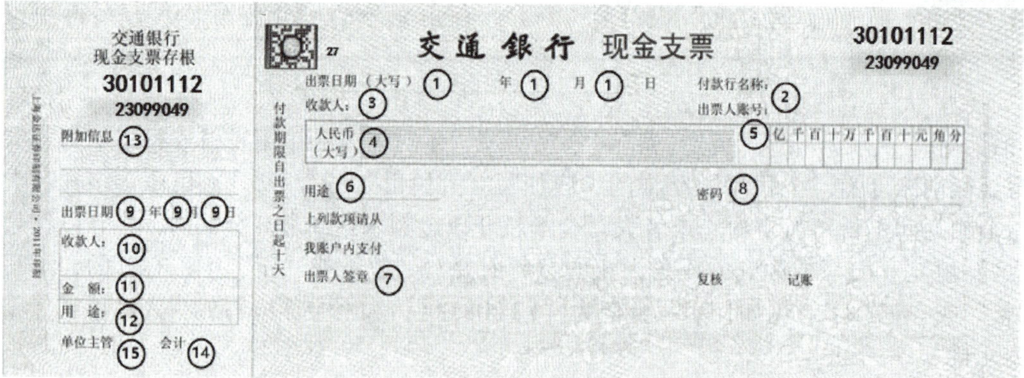

图4-42 现金支票正面的填写步骤

①填写出票日期，出票日期必须使用汉字大写，不得更改；②填写付款行名称和出票人账号，即出票人的开户银行名称及存款账户的账号；③填写收款人全称，不得更改；④填写人民币大写金额，不得更改，大写金额数字应紧接“人民币”字样填写，不得留有空白；⑤填写小写金额，不得更改，大小写必须一致，前面加人民币符号“¥”；⑥填写款项的用途，必须符合国家现金管理的规定；⑦出票人签章，即出票人预留银行的签章；⑧需要使用支付密码时，填写16位支付密码；⑨存根联的出票日期，与正联一致，可用小写；⑩存根联的收款人，与正联一致；⑪存根联的金额，与正联一致，可用小写；⑫存根联的款项用途，与正联一致；⑬根据需要填写附加信息，与背面一致；⑭会计人员签章；⑮单位主管审批签章。

（2）现金支票背面的填写步骤（如图4-43所示）。

①收款人签章，若收款人为公司则加盖公司预留在银行的签章，若收款人为个人则为个人的签章；②填写提示付款日期；③若收款人为个人，需填写提交的身份证件名称；④若收款人为个人，需填写提交的身份证件发证机关；⑤若收款人为个人，需填写身份证件号码；⑥根据需要填写附加信息、非必要记载事项，如预算单位办理支付结算业务填写“附加信息代码”；⑦票据凭证不能满足背书人记载事项的需要，可以加附粘单，粘附于票据凭证上。粘单上的第一记载人，应当在汇票和粘单的粘接处签章。

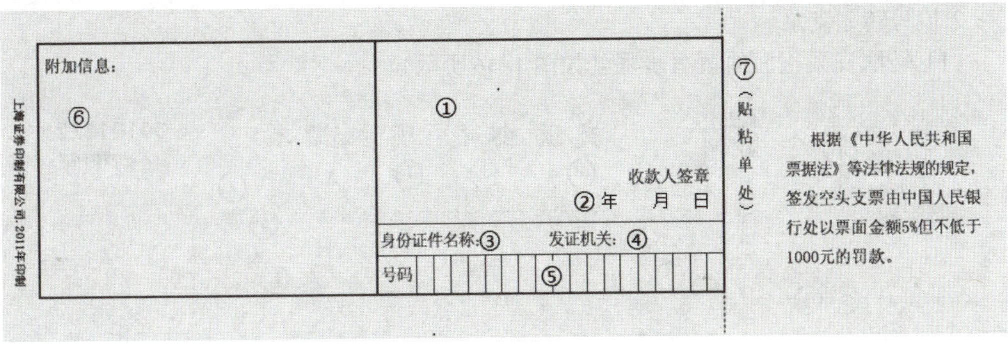
上海证券印制有限公司，2011年印制
附加信息：
⑥
①
收款人签章
②年 月 日
身份证件名称：③ 发证机关：④
号码 ⑤
⑦（贴粘单处）
根据《中华人民共和国票据法》等法律法规的规定，签发空头支票由中国人民银行处以票面金额5%但不低于1000元的罚款。

图4-43 现金支票背面的填写步骤

（3）填写现金支票示例。

【例4-1】2023年2月1日，北京南方股份有限公司开出一张人民币为1 000元的现金支票，从银行提取现金以备零用。

其他资料：北京南方股份有限公司开户行为交通银行北京分行；账号为110007609048708091012；支付密码为2873259791186688；公司法定代表人为赵洲翔。

该公司现金支票填写结果如下：

①现金支票正面填写结果（如图4-44所示）。

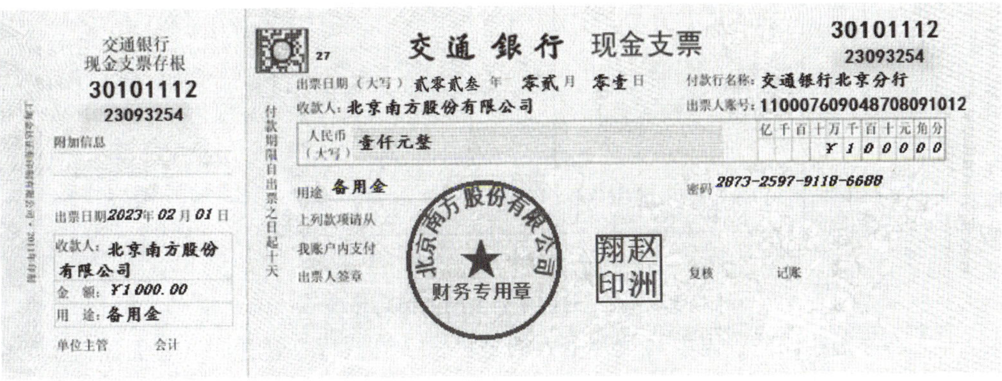
交通银行
现金支票存根
30101112
23093254
附加信息
出票日期 2023年 02月 01日
收款人：北京南方股份有限公司
金额：￥1 000.00
用途：备用金
单位主管 会计
交通银行 现金支票 30101112 23093254
出票日期（大写）贰零贰叁年 零贰月 零壹日 付款行名称：交通银行北京分行
收款人：北京南方股份有限公司 出票人账号：110007609048708091012
人民币（大写）壹仟元整 亿千百十万千百十元角分 ￥100000
用途 备用金 密码 2873-2597-9118-6688
上列款项请从
我账户内支付
出票人签章
付款期限自出票之日起十天
北京南方股份有限公司 财务专用章
赵洲 印翔
复核 记账

图4-44 现金支票正面填写结果

②现金支票背面填写结果（如图4-45所示）。

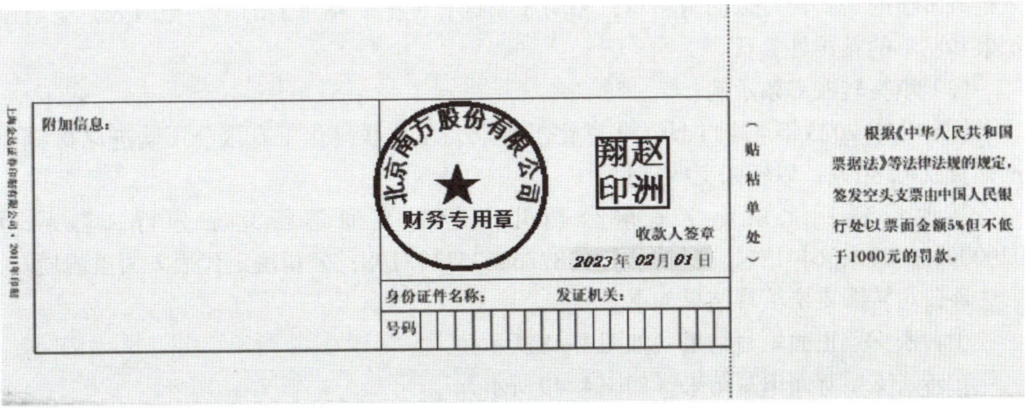
上海金达证券印制有限公司·2011年印制
附加信息：
北京南方股份有限公司 财务专用章
赵洲 印翔
收款人签章
2023年 02月 01日
身份证件名称： 发证机关：
号码
（贴粘单处）
根据《中华人民共和国票据法》等法律法规的规定，签发空头支票由中国人民银行处以票面金额5%但不低于1000元的罚款。

图4-45 现金支票背面填写结果

2. 填写转账支票

（1）转账支票正面的填写步骤（如图4-46所示）。

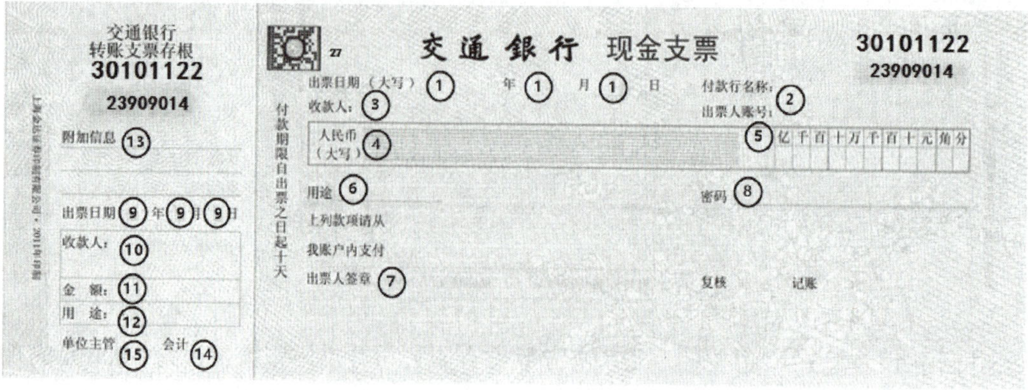

图4-46 转账支票正面的填写步骤

可参照现金支票正面的填写步骤完成。

（2）转账支票背面的填写步骤（如图4-47所示）。

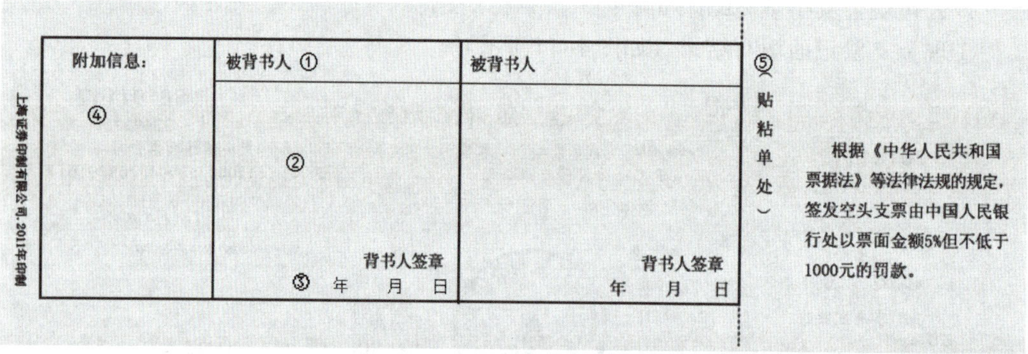

图4-47 转账支票背面的填写步骤

①支票背书转让时，需填写被背书人的全称；②支票背书转让时，背面加盖预留银行的签章；③支票背书转让时，记载背书日期，可用小写，未记载日期的，视为在票据到期日前背书；④根据需要填写附加信息，非必要记载事项；⑤票据凭证不能满足背书人记载事项的需要，可以加附粘单，粘附于票据凭证上。粘单上的第一记载人，应当在汇票和粘单的粘接处签章。

（3）填写转账支票示例。

【例4-2】2023年4月11日，北京化工有限公司从联科化工有限公司购进原材料一批，货款9 580元，以转账支票支付。

其他资料：北京化工有限公司开户行为交通银行北京分行；账号为020000100901213644121；支付密码为2872646351178108；公司法定代表人为王靓瑛。

该公司转账支票填写结果如下：

①转账支票正面填写结果（如图4-48所示）。

②转账支票背面填写结果（如图4-49所示）。

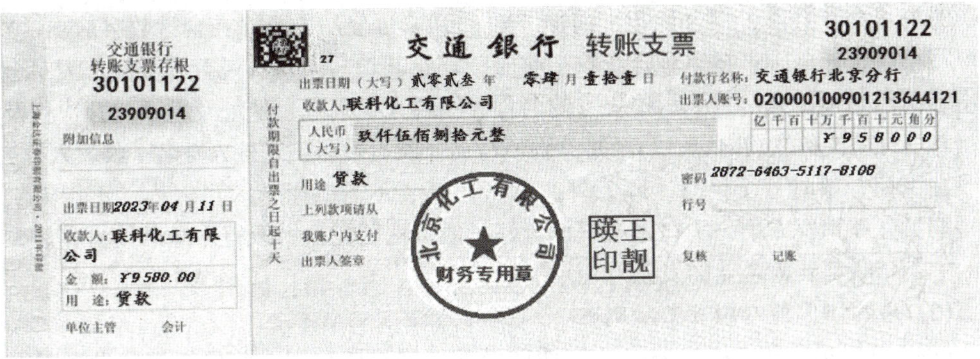
交通银行
转账支票存根
30101122
23909014
附加信息
出票日期2023年04月11日
收款人：联科化工有限公司
金 额：¥9 580.00
用 途：货款
单位主管 会计

交通银行 转账支票 30101122 23909014
出票日期（大写）贰零贰叁年 零肆月 壹拾壹日 付款行名称：交通银行北京分行
收款人：联科化工有限公司 出票人账号：020000100901213644121
人民币（大写）玖仟伍佰捌拾元整 ¥958000
付款期限自出票之日起十天
用途 货款 密码 2872-6463-5117-8108
上列款项请从 行号
我账户内支付
出票人签章 北京化工有限公司 财务专用章 瑛王印靓 复核 记账

图4-48 转账支票正面填写结果

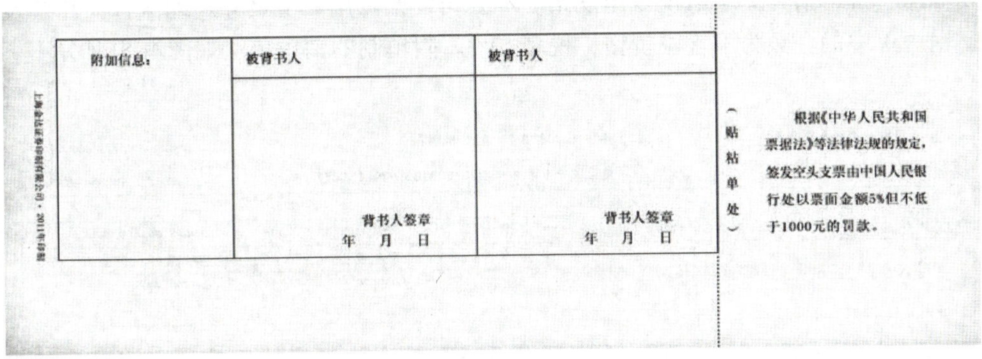
附加信息：
被背书人
背书人签章
年 月 日
被背书人
背书人签章
年 月 日
（贴粘单处）
根据《中华人民共和国票据法》等法律法规的规定，签发空头支票由中国人民银行处以票面金额5%但不低于1000元的罚款。

图4-49 转账支票背面填写结果

3.填写增值税专用发票

（1）增值税专用发票的填写步骤（如图4-50所示）。

①填写经济业务事项制证的日期；②填写购买单位的名称、纳税人识别号、地址及电话、开户行及账号；③填写货物或应税劳务、服务名称；④填写规格型号；⑤填写单位、数量；⑥填写单价，如“500.00”；⑦填写金额；⑧填写税率，如13%；⑨填写税

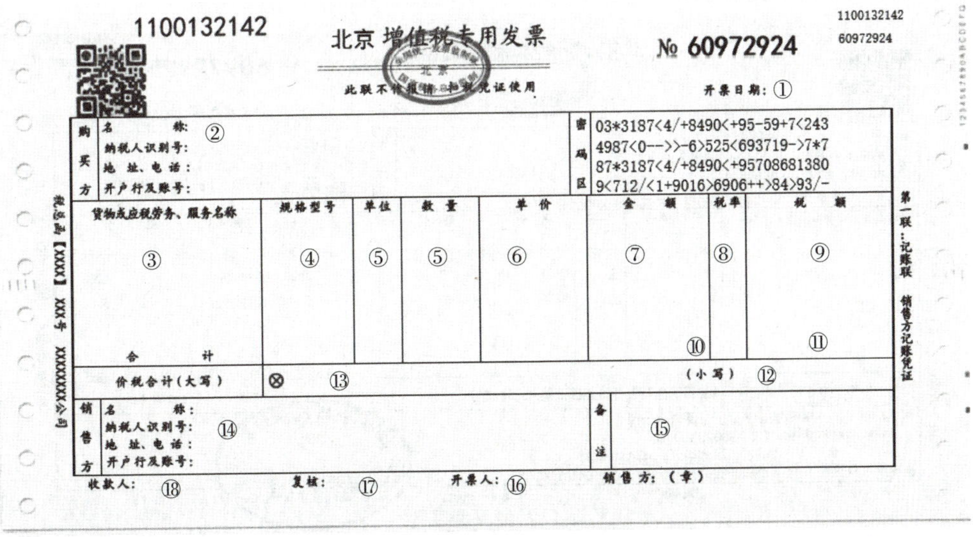
1100132142 北京增值税专用发票 № 60972924
此联不作报销、扣税凭证使用 开票日期：①
购买方 名称：② 纳税人识别号： 地址、电话： 开户行及账号：
密码区 03*3187<4/+8490<+95-59+7<243 4987<0-->>-6>525<693719->7*7 87*3187<4/+8490<+95708681380 9<712/<1+9016>6906++>84>93/-
货物或应税劳务、服务名称 ③ | 规格型号 ④ | 单位 ⑤ | 数量 ⑤ | 单价 ⑥ | 金额 ⑦ | 税率 ⑧ | 税额 ⑨
合计 ⑩ ⑪
价税合计（大写）⊗ ⑬ （小写）⑫
销售方 名称： 纳税人识别号： 地址、电话： 开户行及账号： ⑭
备注 ⑮
收款人：⑱ 复核：⑰ 开票人：⑯ 销售方：（章）
第一联：记账联 销售方记账凭证

图4-50 增值税专用发票的填写步骤

额；⑩填写合计金额，在合计数字前加“¥”；⑪填写合计税额，在合计数字前加“¥”；⑫填写小写合计金额；在小写合计数字前加“¥”；⑬填写大写价税合计金额，大写金额与小写金额必须一致；⑭填写销售方的名称、纳税人识别号、地址及电话、开户行及账号；⑮填写需要备注的内容；⑯至⑱分别填写：开票人姓名、复核人姓名、收款人姓名。

在税控开票时，⑦至⑱（除⑮外）和密码区，不需要操作人员输入，不用人工填写，购买方和销售方第一次在系统里设置好，便可从税控盘中取得。全部填写完后，发票的一式三联都要盖企业的发票专用章。

（2）填写增值税专用发票示例。

【例4-3】2023年7月22日，北京明朗经贸发展有限公司销售给上海顺发型材有限公司商品一批，请开具增值税专用发票。本公司发票专用章由财务经理保管，开票人张炜。销售单中的金额为不含税价格，税率13%。附填制的销售单（如图4-51所示）。

销售单

购货单位：上海顺发型材有限公司　　地址和电话：上海市延平路78号　0212560863　　单据编号：5011260079

纳税识别号：913101066049270014　　开户行及账号：交通银行上海支行　210200010019200158471　　制单日期：2023年07月22日

编码	产品名称	规格	单位	单价	数量	金额	备注
03	碳粉	MJ-205	盒	396.00	48	19008.00	不含税价
04	碳粉	PT	盒	1250.00	25	31250.00	
05	碳粉	LB-C	盒	1008.00	50	50400.00	
合计	人民币（大写）：壹拾万零陆佰伍拾捌元整					¥100658.00	

会计联

总经理：王靓　　销售经理：李莉　　经手人：何钦　　会计：李磊　　签收人：

图4-51　销售单

其他资料：北京明朗经贸发展有限公司开户行为交通银行北京分行；账号为144175010400041073421；纳税人识别号为911101088022150468。

该公司增值税专用发票填写结果如下：

第一联：增值税专用发票记账联（如图4-52所示）。

1100132142

北京增值税专用发票

№ 60972925　　1100132142　60972925

此联不作报销、扣税凭证使用

开票日期：2023年07月22日

购买方　名称：上海顺发型材有限公司
纳税人识别号：913101066049270014
地址、电话：上海市延平路78号　0212560863
开户行及账号：交通银行上海支行　210200010019200158471

密码区：
03*3187<4/+8490<+95-59+7<243
4987<0-->>-6>525<693719->7*7
87*3187<4/+8490<+95708681380
9<712/<1+9016>6906++>84>93/-

货物或应税劳务、服务名称	规格型号	单位	数量	单价	金额	税率	税额
碳粉	MJ-205	盒	48.00	396.00	19008.00	13%	2471.04
碳粉	PT	盒	25.00	1250.00	31250.00	13%	4062.50
碳粉	LB-C	盒	50.00	1008.00	50400.00	13%	6552.00
合计					¥100658.00		¥13085.54
价税合计（大写）	⊗壹拾壹万叁仟柒佰肆拾叁元伍角肆分				（小写）¥113743.54		

销售方　名称：北京明朗经贸发展有限公司
纳税人识别号：911101088022150468
地址、电话：北京海淀区翠微路5号　01085108257
开户行及账号：交通银行北京分行　144175010400041073421

收款人：　　复核：　　开票人：张炜

第一联：记账联　销售方记账凭证

图4-52　增值税专用发票记账联

第二联：增值税专用发票抵扣联（如图4-53所示）。

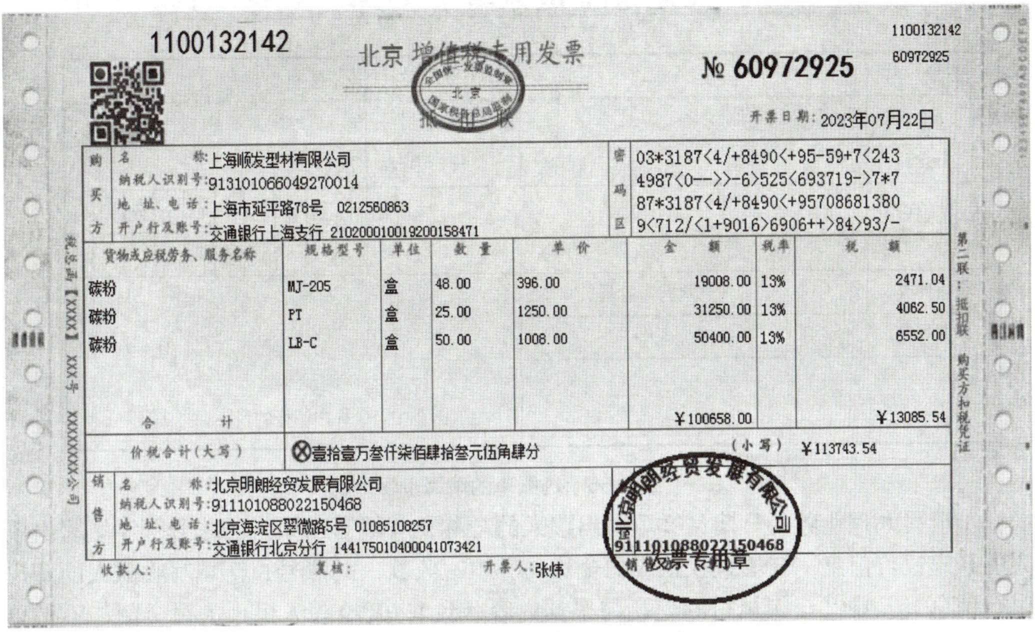

1100132142　　北京增值税专用发票　　№ 60972925　　1100132142　60972925

抵扣联　　开票日期：2023年07月22日

购买方	名称：上海顺发型材有限公司 纳税人识别号：913101066049270014 地址、电话：上海市延平路78号 0212560863 开户行及账号：交通银行上海支行 210200010019200158471	密码区	03*3187<4/+8490<+95-59+7<243 4987<0-->>-6>525<693719->7*7 87*3187<4/+8490<+95708681380 9<712/<1+9016>6906++>84>93/-

货物或应税劳务、服务名称	规格型号	单位	数量	单价	金额	税率	税额
碳粉	MJ-205	盒	48.00	396.00	19008.00	13%	2471.04
碳粉	PT	盒	25.00	1250.00	31250.00	13%	4062.50
碳粉	LB-C	盒	50.00	1008.00	50400.00	13%	6552.00
合计					¥100658.00		¥13085.54
价税合计（大写）	⊗壹拾壹万叁仟柒佰肆拾叁元伍角肆分				（小写）¥113743.54		

销售方	名称：北京明朗经贸发展有限公司 纳税人识别号：911101088022150468 地址、电话：北京海淀区翠微路5号 01085108257 开户行及账号：交通银行北京分行 144175010400041073421	备注	

收款人：　　复核：　　开票人：张炜　　销售方：（章）

第二联：抵扣联 购买方扣税凭证

图4-53 增值税专用发票抵扣联

第三联：增值税专用发票发票联（如图4-54所示）。

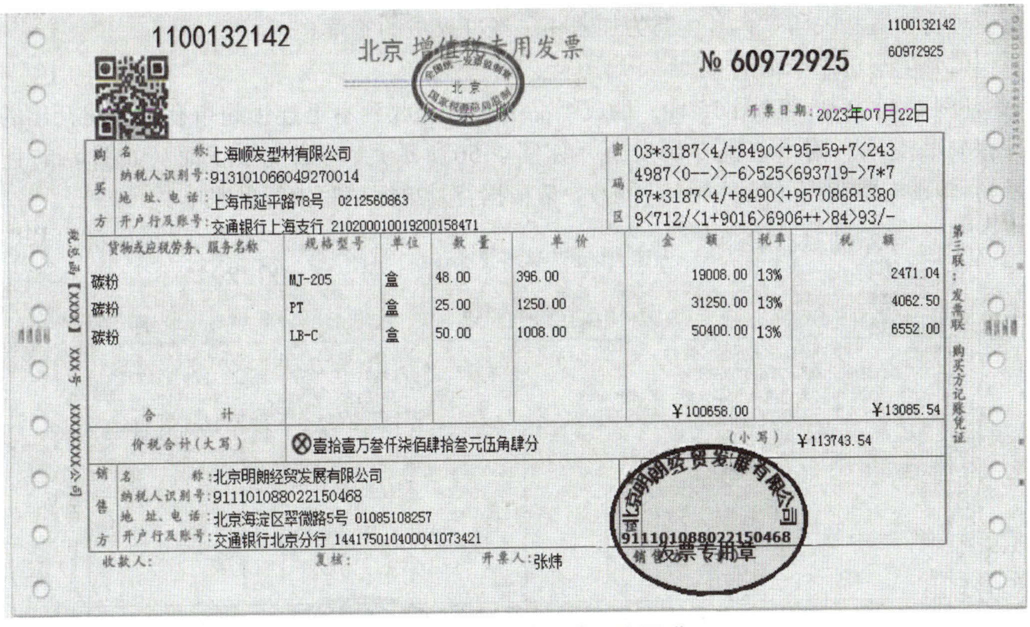

1100132142　　北京增值税专用发票　　№ 60972925　　1100132142　60972925

发票联　　开票日期：2023年07月22日

购买方	名称：上海顺发型材有限公司 纳税人识别号：913101066049270014 地址、电话：上海市延平路78号 0212560863 开户行及账号：交通银行上海支行 210200010019200158471	密码区	03*3187<4/+8490<+95-59+7<243 4987<0-->>-6>525<693719->7*7 87*3187<4/+8490<+95708681380 9<712/<1+9016>6906++>84>93/-

货物或应税劳务、服务名称	规格型号	单位	数量	单价	金额	税率	税额
碳粉	MJ-205	盒	48.00	396.00	19008.00	13%	2471.04
碳粉	PT	盒	25.00	1250.00	31250.00	13%	4062.50
碳粉	LB-C	盒	50.00	1008.00	50400.00	13%	6552.00
合计					¥100658.00		¥13085.54
价税合计（大写）	⊗壹拾壹万叁仟柒佰肆拾叁元伍角肆分				（小写）¥113743.54		

销售方	名称：北京明朗经贸发展有限公司 纳税人识别号：911101088022150468 地址、电话：北京海淀区翠微路5号 01085108257 开户行及账号：交通银行北京分行 144175010400041073421	备注	

收款人：　　复核：　　开票人：张炜　　销售方：（章）

第三联：发票联 购买方记账凭证

图4-54 增值税专用发票发票联

4.填写进账单

（1）进账单的填写步骤（如图4-55所示）。

交通银行 进账单 （回单） **1**

①年 ①月①日

出票人	全　称	②	收款人	全　称	⑤
	账　号	③		账　号	⑥
	开户银行	④		开户银行	⑦
金额	人民币（大写）	⑧		亿 千 百 十 万 千 百 十 元 角 分	⑨
票据种类	⑩	票据张数	⑪		
票据号码	⑫				
复核⑭		记账⑮		⑬ 开户银行签章	

此联是开户银行交给持票人的回单

图4-55　进账单的填写步骤

①填写办理业务的日期；②填写出票人的全称；③填写出票人的账号；④填写出票人的开户银行信息；⑤填写收款人的全称；⑥填写收款人的账号；⑦填写收款人的开户银行信息（其中②至⑦填写的信息与票据内容一致）；⑧填写人民币大写金额，不得更改；⑨填写小写金额，不得更改，必须与大写金额一致，前面加人民币符号“¥”；⑩填写票据种类，如转账支票、银行汇票等；⑪填写票据张数；⑫填写票据号码；⑬银行受理后加盖相关印章；⑭、⑮为加盖相关经办人员的签章。

（2）填写进账单示例

【例4-4】2023年2月15日，瑞成纸品有限公司收到易迅连锁超市有限公司开出的一张转账支票，附增值税专用发票（如图4-56所示）、转账支票正面（如图4-57所示）、转账支票背面（如图4-58所示）。请根据背景单据填写银行进账单。

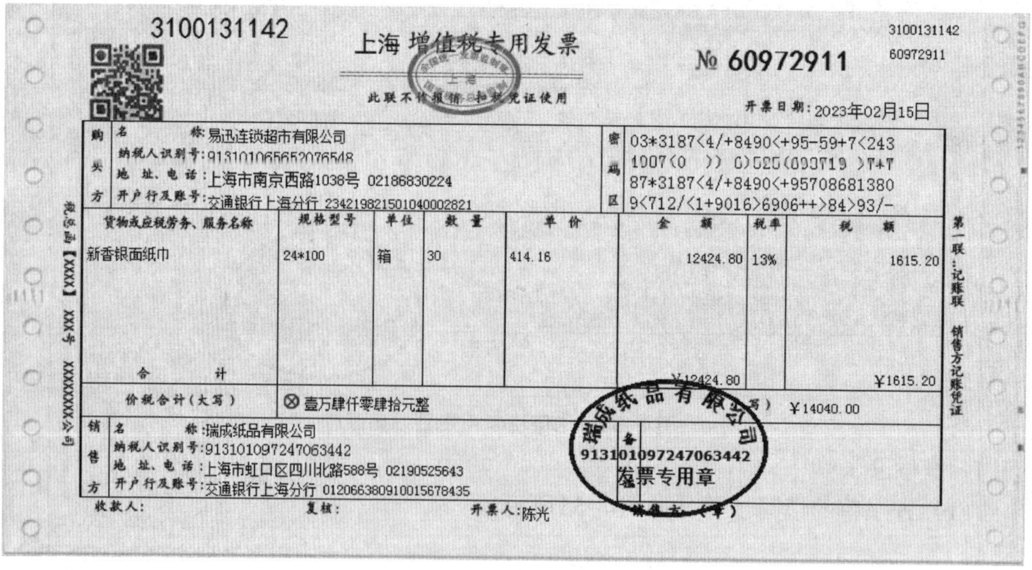

图4-56　增值税专用发票

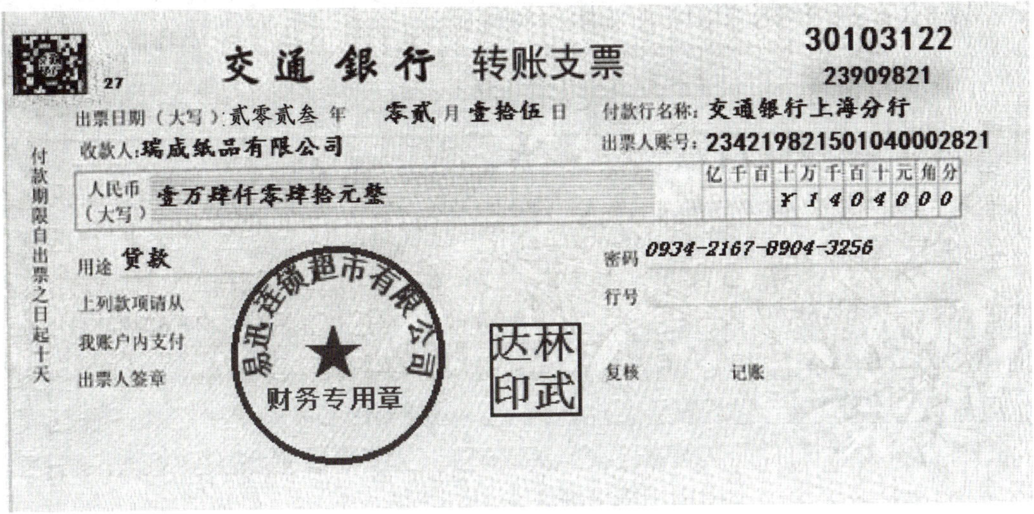

图4-57 转账支票正面

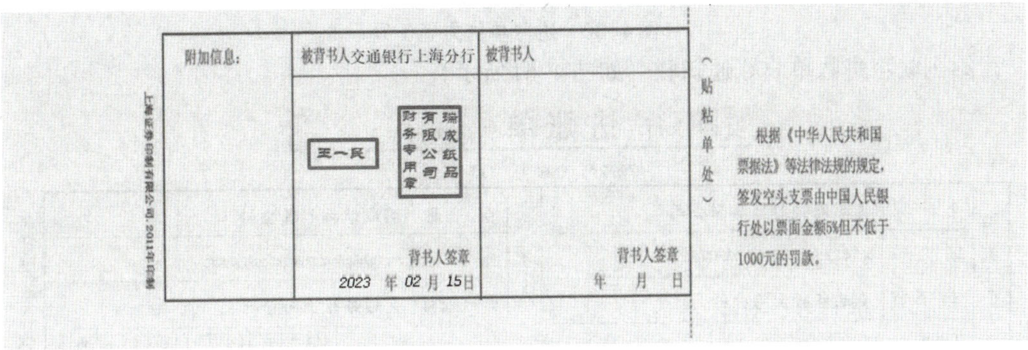

图4-58 转账支票背面

该公司进账单填写结果如下：

第一联：进账单回单联（如图4-59所示）。

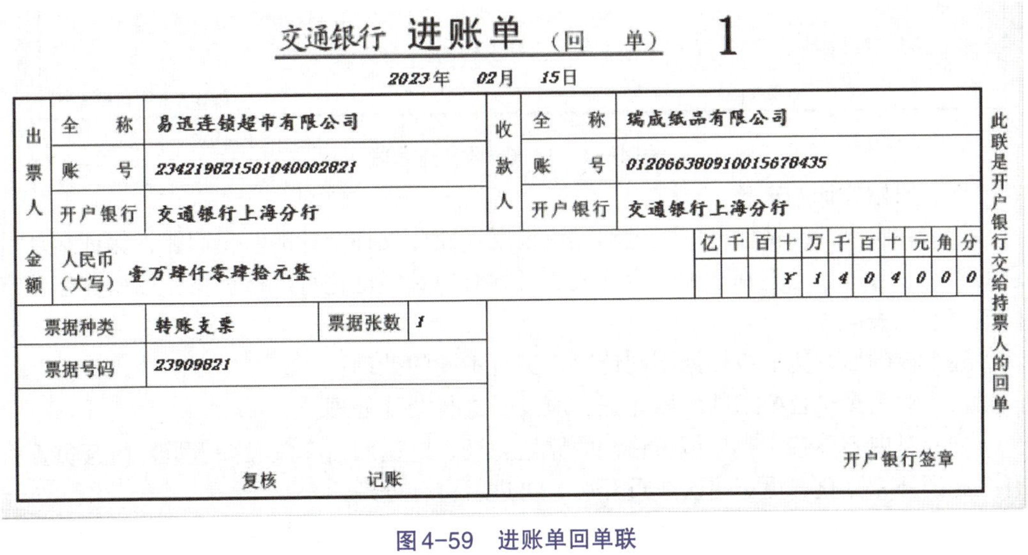

图4-59 进账单回单联

第二联：进账单贷方凭证联（如图4-60所示）。

交通银行 进账单 （贷方凭证） 2

2023年 02月 15日

出票人	全　称	易迅连锁超市有限公司	收款人	全　称	瑞成纸品有限公司
	账　号	234219821501040002821		账　号	012066380910015678435
	开户银行	交通银行上海分行		开户银行	交通银行上海分行
金额	人民币（大写）	壹万肆仟零肆拾元整		亿千百十万千百十元角分	￥1404000
票据种类	转账支票	票据张数	1		
票据号码	23909821				
备注：				复核：	记账：

此联由收款人开户银行作贷方凭证

图4-60　进账单贷方凭证联

第三联：进账单收账通知联（如图4-61所示）。

交通银行 进账单 （收账通知） 3

2023年 02月 15日

出票人	全　称	易迅连锁超市有限公司	收款人	全　称	瑞成纸品有限公司
	账　号	234219821501040002821		账　号	012066380910015678435
	开户银行	交通银行上海分行		开户银行	交通银行上海分行
金额	人民币（大写）	壹万肆仟零肆拾元整		亿千百十万千百十元角分	￥1404000
票据种类	转账支票	票据张数	1		
票据号码	23909821				
复核	记账				收款人开户银行签章

此联是收款人开户银行交给收款人的收账通知

图4-61　进账单收账通知联

二、原始凭证的审核

为了如实反映经济业务的发生和完成情况，充分发挥会计的监督职能，保证会计信息的真实、合法、完整和准确，会计人员必须对原始凭证进行严格审核。原始凭证的审核内容，见表4-2。

经审核的原始凭证应根据不同情况，进行不同的处理：

（1）对完全符合要求的原始凭证，应及时进行会计处理。

（2）对内容不够完整、填写错误的原始凭证，应退回给有关经办人员，由其负责将有关凭证补充完整、更正错误或重开后，再进行会计处理。

（3）对于不真实、不合法的原始凭证，会计人员有权不予接受，并向单位负责人报告。

表4-2 **原始凭证的审核内容**

审核内容	具体描述
真实性	包括凭证日期是否真实、业务内容是否真实、数据是否真实等内容的审查。对外来原始凭证，必须有填制单位公章和填制人的签章；对自制原始凭证，必须有经办部门和经办人的签名或盖章。此外，对通用原始凭证，还应审核凭证的真实性，以防作假
合法性	所记录的经济业务是否违反了国家法律法规，是否履行了规定的凭证传递和审核程序，是否有贪污舞弊等行为
合理性	所记录的经济业务是否符合企业生产经营活动的需要，是否符合有关的计划和预算等
完整性	各项基本要素是否齐全，是否有漏项情况，日期是否完整，数字是否清晰，文字是否工整，有关人员签章是否齐全，凭证联次是否正确等
正确性	接收原始凭证的单位名称是否正确；金额的填写和计算是否正确；更正是否正确
及时性	原始凭证应在经济业务发生或完成时及时填制、传递，审核时应注意审查凭证的填写日期

三、原始凭证审核示例

【例4-5】2023年4月5日，北京南方股份有限公司采购部采购员李兴需出公差，预借差旅费1 500元，其填写的借款借据，如图4-62所示。公司采购部负责人：周琴；财务经理：秦威；单位负责人：赵洲翔。

借 款 单

2023年04月05日　　　　第00113 号

借款部门	生产部门	姓名	李兴	事由	公差
借款金额（大写）	零万壹仟陆佰零拾零元零角零分　¥ 1 500.00				
部门负责人签署		借款人签章	李兴	注意事项	一、凡借用公款必须使用本单 二、出差返回后三天内结算
单位领导批示		财务经理审核意见			

图4-62 借款单

审核该原始单据，正确的借款单填写示例，如图4-63所示。

借 款 单

2023年04月05日　　第00113号

借款部门	采购部	姓名	李兴	事由	公差
借款金额（大写）	零万壹仟伍佰零拾零元零角零分		￥1 500.00		
部门负责人签署	周琴	借款人签章	李兴	注意事项	一、凡借用公款必须使用本单 二、出差返回后三天内结算
单位领导批示	赵洲翔	财务经理审核意见	秦威		

图4-63　正确的借款单

【例4-6】2023年7月4日，北京化工有限公司的出纳张华到银行办理转账支票进账，交易金额50 000元，取得进账单。进账单收账通知联，如图4-64所示。

交通银行　进账单　（收账通知）　3

2023年　07月　04日

出票人	全　称	北京南方股份有限公司	收款人	全　称	北京化工有限公司
	账　号	110007609048708091012		账　号	0300001009012136441 21
	开户银行	交通银行北京分行		开户银行	交通银行北京分行
金额	人民币（大写）	伍万元整			
票据种类		票据张数			
票据号码					
	复核	记账		收款人开户银行签章	

亿	千	百	十	万	千	百	十	元	角	分
			￥	5	0	0	0	0	0	0

交通银行北京分行　2023.07.04　转讫　(01)

此联是收款人开户银行交给收款人的收账通知

图4-64　进账单收账通知联

审核该原始单据，正确的进账单收账通知联填写示例，如图4-65所示。

交通银行　进账单　（收账通知）　3

2023年　07月　04日

出票人	全　称	北京南方股份有限公司	收款人	全　称	北京化工有限公司
	账　号	110007609048708091012		账　号	0300001009012136441 21
	开户银行	交通银行北京分行		开户银行	交通银行北京分行
金额	人民币（大写）	伍万元整			
票据种类		票据张数			
票据号码					
	复核	记账		收款人开户银行签章	

亿	千	百	十	万	千	百	十	元	角	分
			￥	5	0	0	0	0	0	0

交通银行北京分行　2023.07.04　转讫　(01)

此联是收款人开户银行交给收款人的收账通知

图4-65　正确的进账单收账通知联

任务实施

【练习1】2023年5月10日，北京化工有限公司从上海化工厂购进丙酮，以转账方式结算，请根据背景单据填写收料单（发货数与实收数一致；合同号：Q058）。附原始单据：增值税专用发票、收料单会计联，如图4-66、图4-67所示。

3100131142　上海增值税专用发票　№ 60970127　3100131142　60970127

发票联　开票日期：2023年05月10日

购买方	名称：北京化工有限公司 纳税人识别号：911101085905444591 地址、电话：北京海淀区西苑三里08号 01083847491 开户行及账号：交通银行北京分行 020000100901213644121				密码区	03*3187<4/+8490<+95-59+7<243 4987<0-->>-6>525<693719->7*7 87*3187<4/+8490<+95708681380 9<712/<1+9016>6906++>84>93/-		
货物或应税劳务、服务名称	规格型号	单位	数量	单价	金额	税率	税额	
丙酮	SW10	千克	2000.00	120.00	240000.00	13%	31200.00	
合计					¥240000.00		¥31200.00	
价税合计（大写）	⊗贰拾柒万壹仟贰佰元整				（小写）¥271200.00			
销售方	名称：上海化工厂 纳税人识别号：913101019093268452 地址、电话：上海南京东路17号 02190490625 开户行及账号：中国工商银行上海支行 2314212602106310002				备注	上海化工厂 913101019093268452 发票专用章		

收款人：　复核：　开票人：李杰　销售方：（章）

第三联：发票联 购买方记账凭证

税总函【XXXX】XXX号 XXXXXXXX公司

图4-66　增值税专用发票

收料单

年　月　日　　　　编码：

材料编号	材料名称	规格	材质	单位	数量 应收	数量 实收	实际单价	材料金额	运杂费	合计（材料实际成本）
供货单位		结算方法		合同号				计划单价		材料/计划成本
备注										

主管：　质量检验员：　仓库验收：　经办人：

会计联

图4-67　收料单会计联

【练习2】2023年7月21日，北京明朗经贸发展有限公司销售给上海市龙光贸易公司商品一批，请根据背景单据开具增值税专用发票，税率13%（本公司发票专用章由财务经理保管）。附原始单据：销售单会计联、增值税专用发票，如图4-68、图4-69所示。

销售单

购货单位：上海市龙光贸易公司　地址和电话：上海市光华路23号 0216558955　单据编号：S011260078

纳税识别号：913101120354285434　开户行及账号：交通银行上海分行 1402000100192000165673　制单日期：2023年07月21日

编码	产品名称	规格	单位	单价	数量	金额	备注
01	打印机	#2101	台	1 000.00	30	30 000.00	不含税价
02	传真机	#302	台	880.00	50	44 000.00	
合计	人民币（大写）：柒万肆仟元整					¥74 000.00	

总经理：王靓　销售经理：李莉　经手人：何钦　会计：李淼　签收人：

会计联

图4-68　销售单会计联

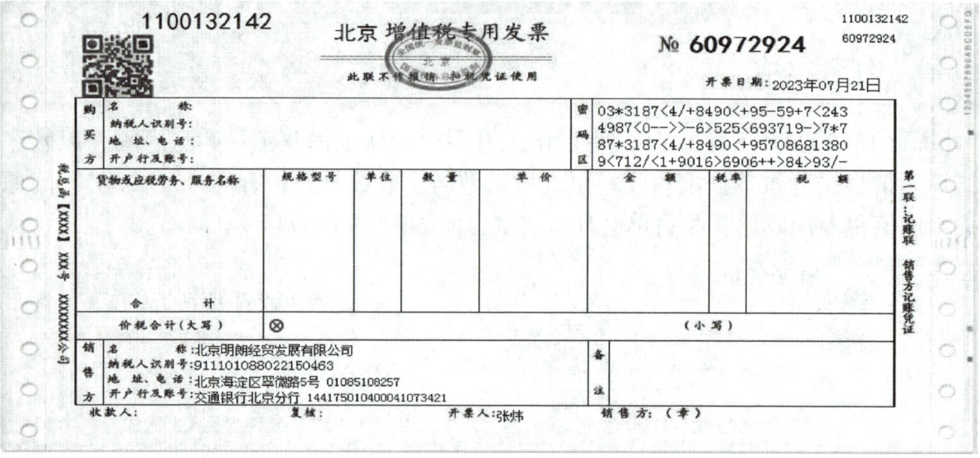

1100132142　　北京增值税专用发票　　№ 60972924
1100132142
60972924
此联不作报销、扣税凭证使用　　开票日期：2023年07月21日

购买方	名　　称： 纳税人识别号： 地　址、电　话： 开户行及账号：					密码区	03*3187<4/+8490<+95-59+7<243 4987<0-->>-6>525<693719->7*7 87*3187<4/+8490<+95708681380 9<712/<1+9016>6906++>84>93/-		
货物或应税劳务、服务名称		规格型号	单位	数量	单价		金额	税率	税额
合　　计									
价税合计（大写）		⊗					（小写）		
销售方	名　　称：北京明朗经贸发展有限公司 纳税人识别号：911101088022150463 地　址、电　话：北京海淀区翠微路5号 01085108257 开户行及账号：交通银行北京分行 1441750104000410734421					备注			

收款人：　　复核：　　开票人：张炜　　销售方：（章）

第一联：记账联　销售方记账凭证

图4-69　增值税专用发票

【练习3】2023年3月10日，时代商贸有限公司收到易迅连锁超市有限公司背书转让的一张转账支票，请根据背景单据填写银行进账单。附原始单据：增值税专用发票、转账支票正面、转账支票背面、进账单回单联，如图4-70、图4-71、图4-72、图4-73所示。

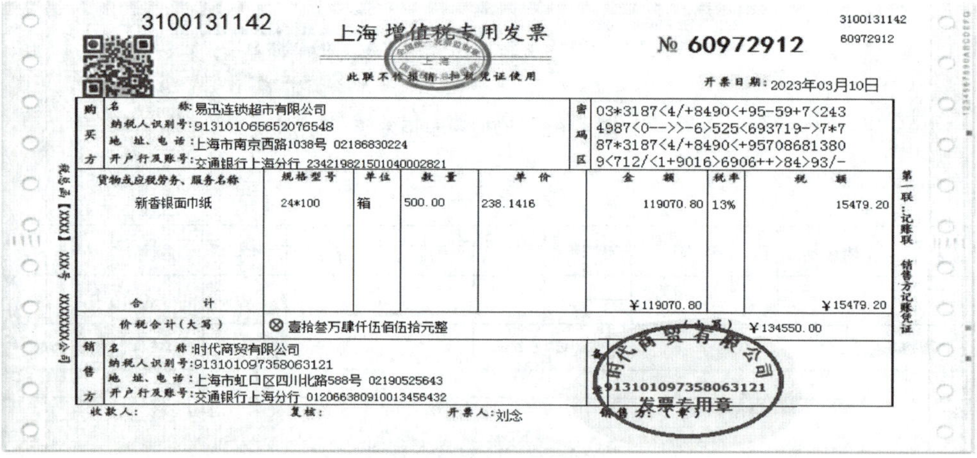

3100131142　　上海增值税专用发票　　№ 60972912
3100131142
60972912
此联不作报销、扣税凭证使用　　开票日期：2023年03月10日

购买方	名　　称：易迅连锁超市有限公司 纳税人识别号：913101065652076548 地　址、电　话：上海市南京西路1038号 02186830224 开户行及账号：交通银行上海分行 234219821501040002821					密码区	03*3187<4/+8490<+95-59+7<243 4987<0-->>-6>525<693719->7*7 87*3187<4/+8490<+95708681380 9<712/<1+9016>6906++>84>93/-		
货物或应税劳务、服务名称		规格型号	单位	数量	单价		金额	税率	税额
新香银面巾纸		24*100	箱	500.00	238.1416		119070.80	13%	15479.20
合　　计							¥119070.80		¥15479.20
价税合计（大写）		⊗壹拾叁万肆仟伍佰伍拾元整					（小写）¥134550.00		
销售方	名　　称：时代商贸有限公司 纳税人识别号：913101097358063121 地　址、电　话：上海市虹口区四川北路588号 02190525643 开户行及账号：交通银行上海分行 012066380910013456432					备注	时代商贸有限公司 913101097358063121 发票专用章		

收款人：　　复核：　　开票人：刘念　　销售方：（章）

第一联：记账联　销售方记账凭证

图4-70　增值税专用发票

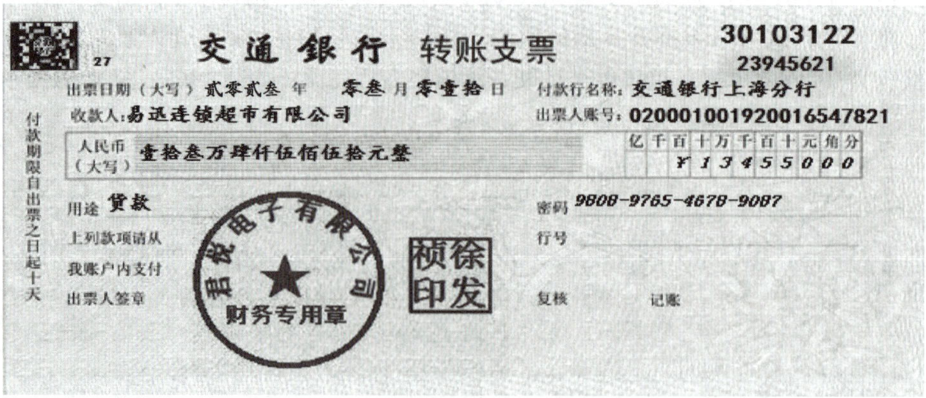

交通银行　转账支票　30103122
27　　23945621

出票日期（大写）贰零贰叁年零叁月零壹拾日　付款行名称：交通银行上海分行
收款人：易迅连锁超市有限公司　出票人账号：020001001920016547821

人民币（大写）	壹拾叁万肆仟伍佰伍拾元整	亿	千	百	十	万	千	百	十	元	角	分
				¥	1	3	4	5	5	0	0	0

用途 货款　　密码 9808-9765-4678-9087
上列款项请从　　行号
我账户内支付
出票人签章　（君悦电子有限公司 财务专用章）（徐祯印发）　复核　记账

付款期限自出票之日起十天

图4-71　转账支票正面

图4-72　转账支票背面

交通银行 进账单（回　单）　1

年　月　日

出票人	全　称		收款人	全　称	
	账　号			账　号	
	开户银行			开户银行	
金额	人民币（大写）				亿 千 百 十 万 千 百 十 元 角 分
票据种类		票据张数			
票据号码					
复核　记账			开户银行签章		

此联是开户银行交给持票人的回单

图4-73　进账单回单联

任务三　认知记账凭证

任务描述

初步认知记账凭证，识别记账凭证的种类，描述记账凭证所反映的经济业务内容。

知识储备

一、记账凭证的概念

记账凭证，又称记账凭单，是会计人员根据审核无误的原始凭证按照经济业务的内容加以归类，并据以确定会计分录后所填制的会计凭证，作为登记账簿的直接依据。

记账凭证根据复式记账法的基本原理，确定了应借、应贷的会计科目及其金额，将原始凭证中的信息转化为会计语言，是介于原始凭证与账簿之间的中间环节。

记账凭证的主要作用是确定会计分录，便于账簿登记。记账凭证是登记明细分类账户和总分类账户的依据，能反映经济业务的发生或完成情况，监督企业经济活动，明确相关人员的经济责任。

二、记账凭证的种类

记账凭证按用途可分为通用记账凭证和专用记账凭证；按填制方式可分为复式记账凭证和单式记账凭证。记账凭证的种类，见表4-3。

表4-3 记账凭证的种类

<table>
<tr><th>分类标准</th><th colspan="2">具体分类</th><th>具体内容</th><th>举例</th></tr>
<tr><td rowspan="4">凭证用途</td><td colspan="2">通用记账凭证</td><td>适合于所有经济业务的记账凭证</td><td>如通用记账凭证</td></tr>
<tr><td rowspan="3">专用记账凭证</td><td>收款凭证</td><td>用于记录现金和银行存款收款业务的记账凭证</td><td>如库存现金收款凭证、银行存款收款凭证</td></tr>
<tr><td>付款凭证</td><td>用于记录现金和银行存款付款业务的记账凭证</td><td>如库存现金付款凭证、银行存款付款凭证</td></tr>
<tr><td>转账凭证</td><td>用于记录不涉及现金和银行存款业务的记账凭证</td><td>如转账凭证</td></tr>
<tr><td rowspan="2">填制方式</td><td colspan="2">复式记账凭证</td><td>每一笔经济业务所涉及的全部会计科目及其发生额，均在同一张记账凭证上记载的一种记账凭证</td><td>如通用记账凭证、收款凭证、付款凭证和转账凭证</td></tr>
<tr><td colspan="2">单式记账凭证</td><td>只填列经济业务所涉及的一个会计科目及其金额的记账凭证</td><td>会计实务中基本不用</td></tr>
</table>

三、记账凭证的基本内容

记账凭证必须具备的基本内容：填制日期；凭证编号；经济业务摘要；会计科目；金额；所附原始凭证张数；填制凭证人员，如复核人员、记账人员、会计机构负责人、会计主管人员的签章。

收款和付款记账凭证还应当由出纳人员签章。企业以自制的原始凭证或者原始凭证汇总表代替记账凭证的，替代单证也必须具备记账凭证应有的内容。

知识链接4-2

记账凭证与原始凭证相比，有两点不同：第一，记账凭证是企业内部所填写的、作为登记账簿的直接依据，不能用来证明经济业务的发生，不具备法律的证明效力；第二，记账凭证上列明处理经济业务的会计分录。

四、识别记账凭证所反映的经济内容

【例4-7】通用记账凭证，如图4-74所示，描述其所反映的经济内容。

记 账 凭 证

2023年12月01日　　记字第 03 号

摘要	总账科目	明细科目	借方金额（亿千百十万千百十元角分）	贷方金额（亿千百十万千百十元角分）	√
取得银行短期借款	银行存款		10000000		
	短期借款			10000000	
合		计	¥10000000	¥10000000	

附单据 2 张

会计主管：　记账：　出纳：杨梅　复核：　制单：杨梅

图4-74　通用记账凭证

上述通用记账凭证反映公司于2023年12月1日，从银行取得短期借款100 000元的经济业务。

【例4-8】库存现金收款凭证（专用记账凭证），如图4-75所示，描述其所反映的经济内容。

收款凭证

借方科目：库存现金　　2023年12月05日　　现收字第016号

摘要	贷方科目		记账	金额（千百十万千百十元角分）
	总账科目	明细科目		
收到包装物押金	其他应付款	押金		400000
合计				¥400000

附单据 1 张

会计主管：　记账：　出纳：　复核：　制单：王新明

图4-75　库存现金收款凭证

上述库存现金收款凭证反映公司于2023年12月5日，收到包装物押金4 000元（现金）的经济业务。

【例4-9】银行存款收款凭证（专用记账凭证），如图4-76所示，描述其所反映的经济内容。

收款凭证

借方科目：银行存款　　2023年12月01日　　银收字第075号

摘要	贷方科目		记账	金额									
	总账科目	明细科目		千	百	十	万	千	百	十	元	角	分
收到货款	应收账款	大明公司	□				5	0	0	0	0	0	0
			□										
			□										
			□										
			□										
			□										
合计			□			¥	5	0	0	0	0	0	0

附单据 1 张

会计主管：　　记账：　　出纳：　　复核：　　制单：赵明

图4-76　银行存款收款凭证

上述银行存款收款凭证反映公司于2023年12月1日，收到大明公司前欠货款50 000元的经济业务。

【例4-10】库存现金付款凭证（专用记账凭证），如图4-77所示，描述其所反映的经济内容。

付款凭证

贷方科目：库存现金　　2023年12月05日　　现付字第009号

摘要	借方科目		记账	金额									
	总账科目	明细科目		千	百	十	万	千	百	十	元	角	分
购买办公用品	管理费用	办公费	□						5	0	0	0	0
			□										
			□										
			□										
			□										
			□										
合计			□					¥	5	0	0	0	0

附单据 2 张

会计主管：　　记账：　　出纳：　　复核：　　制单：崔亮

图4-77　库存现金付款凭证

上述库存现金付款凭证反映公司于2023年12月5日，以现金500元购买办公用品的经济业务。

【例4-11】银行存款付款凭证（专用记账凭证），如图4-78所示，描述其所反映的经济内容。

付款凭证

贷方科目：银行存款　　2023年12月01日　　银付字第002号

摘要	借方科目：总账科目	借方科目：明细科目	记账	千	百	十	万	千	百	十	元	角	分
付祥源化工原料厂材料款	应付账款	祥源化工原料厂				2	5	0	0	0	0	0	0
合计					￥	2	5	0	0	0	0	0	0

附单据2张

会计主管：　记账：　出纳：　复核：　制单：崔亮

图4-78　银行存款付款凭证

上述银行存款付款凭证反映公司于2023年12月1日，以银行存款250 000元归还前欠祥源化工原料厂材料款的经济业务。

【例4-12】转账凭证（专用记账凭证），如图4-79所示，描述其所反映的经济内容。

转账凭证

转字第094号

2023年12月20日

摘要	总账科目	明细科目	借方金额：亿	千	百	十	万	千	百	十	元	角	分	贷方金额：亿	千	百	十	万	千	百	十	元	角	分	√
采购材料	在途物资	钼丝						6	4	0	0	0	0												
	应交税费	应交增值税（进项税额）							8	3	2	0	0												
	应付账款	北京正大公司																	7	2	3	2	0	0	
合计							￥	7	2	3	2	0	0					￥	7	2	3	2	0	0	

附单据1张

会计主管：　记账：　出纳：　复核：　制单：王海

图4-79　转账凭证

上述转账凭证反映公司于2023年12月20日，从北京正大公司采购材料，取得的增值税专用发票上注明价款6 400元，增值税进项税额832元，材料未到，款项未付的经济业务。

任务实施

【练习1】通用记账凭证，如图4-80所示，描述其所反映的经济内容。

记 账 凭 证

2023年05月02日　　　　记字第 005 号

摘 要	总账科目	明细科目	借方金额（亿千百十万千百十元角分）	贷方金额（亿千百十万千百十元角分）	√
支付广告费	销售费用	广告费	200000		
	银行存款	交通银行北京分行		200000	
合		计	¥200000	¥200000	

附单据 3 张

会计主管：　记账：　出纳：杨梅　复核：　制单：杨梅

图4-80　通用记账凭证

【练习2】库存现金收款凭证（专用记账凭证），如图4-81所示，描述其所反映的经济内容。

收款凭证

借方科目：库存现金　　2023年10月06日　　现收字第 072 号

摘 要	贷方科目：总账科目	贷方科目：明细科目	记账	金额（千百十万千百十元角分）
交回预借差旅费余款	其他应收款	代卫		35000
合计				¥35000

附单据 1 张

会计主管：　记账：　出纳：　复核：　制单：王海

图4-81　库存现金收款凭证

【练习3】银行存款收款凭证（专用记账凭证），如图4-82所示，描述其所反映的经济内容。

收款凭证

借方科目：银行存款　　　　2023年10月24日　　　　银收字第067号

摘　要	贷方科目		记账	金额									
	总账科目	明细科目		千	百	十	万	千	百	十	元	角	分
预收货款	预收账款	北京明发商贸有限公司	□			3	0	0	0	0	0	0	0
			□										
			□										
			□										
			□										
			□										
合计			□		¥	3	0	0	0	0	0	0	0

附单据 2 张

会计主管：　　记账：　　出纳：　　复核：　　制单：王海

图4-82　银行存款收款凭证

【练习4】库存现金付款凭证（专用记账凭证），如图4-83所示，描述其所反映的经济内容。

付款凭证

贷方科目：库存现金　　　　2023年09月20日　　　　现付字第088号

摘　要	借方科目		记账	金额									
	总账科目	明细科目		千	百	十	万	千	百	十	元	角	分
购买发票	管理费用	办公费	□							2	7	5	0
			□										
			□										
			□										
			□										
			□										
合计			□						¥	2	7	5	0

附单据 1 张

会计主管：　　记账：　　出纳：　　复核：　　制单：崔亮

图4-83　库存现金付款凭证

【练习5】银行存款付款凭证（专用记账凭证），如图4-84所示，描述其所反映的经济内容。

付款凭证

贷方科目：银行存款　　2023年10月10日　　银付字第068号

摘要	借方科目：总账科目	借方科目：明细科目	记账	千	百	十	万	千	百	十	元	角	分
预付联鑫公司货款	预付账款	联鑫公司	□					3	8	0	0	0	0
			□										
			□										
			□										
			□										
			□										
合计			□				¥	3	8	0	0	0	0

附单据2张

会计主管：　记账：　出纳：　复核：　制单：王海

图4-84　银行存款付款凭证

【练习6】转账凭证（专用记账凭证），如图4-85所示，描述其所反映的经济内容。

转　账　凭　证

转字第 054 号

2023年07月15日

摘要	总账科目	明细科目	借方金额：亿	千	百	十	万	千	百	十	元	角	分	贷方金额：亿	千	百	十	万	千	百	十	元	角	分	√
购入丙酮	原材料	丙酮				1	0	0	0	0	0	0	0												□
	应交税费	应交增值税（进项税额）					1	3	0	0	0	0	0												□
	应付账款	福州市化工厂															1	1	3	0	0	0	0	0	□
																									□
																									□
																									□
合计					¥	1	1	3	0	0	0	0	0			¥	1	1	3	0	0	0	0	0	□

附单据2张

会计主管：　记账：　出纳：　复核：　制单：崔亮

图4-85　转账凭证

任务四 编制与审核记账凭证

任务描述

掌握记账凭证编制要求，学会记账凭证编制方法，理解记账凭证审核要求。

一、填制记账凭证

记账凭证是根据审核无误的原始凭证或原始凭证汇总表编制的。记账凭证编制正确与否，直接影响整个会计系统提供的会计信息质量。

（一）填制记账凭证的要求

微课 填制记账凭证

（1）记账凭证各项内容必须完整。

（2）记账凭证的书写应当清楚、规范。

（3）除结账和更正错账可以不附原始凭证外，其他记账凭证必须附有原始凭证。

（4）记账凭证可以根据每一张原始凭证编制，或根据若干张同类原始凭证汇总编制，也可以根据原始凭证汇总表编制，但不得将不同内容和类别的原始凭证汇总编制在一张记账凭证上。

（5）记账凭证应连续编号。记账凭证应由主管该项业务的会计人员，按业务发生顺序并按不同种类的记账凭证连续编号。一笔经济业务需要编制两张以上（含两张）记账凭证的，可以采用分数编号法编号。

（6）在编制记账凭证时，若发生错误，则应当重新编制。

（7）记账凭证编制完成后，如有空行，则应当自金额栏最后一笔金额数字下的空行处至合计数上的空行处进行划线注销。

（二）填制记账凭证的方法

记账凭证可分为通用记账凭证和专用记账凭证两类。

1. 填写通用记账凭证

通用记账凭证的名称为“记账凭证”或“记账凭单”，它是集收款、付款和转账凭证于一体，适用于所有业务类型的记账凭证。

（1）通用记账凭证的填写步骤，如图4-86所示。

图4-86中：①填写财会部门受理经济业务事项制证的日期；②填写凭证编号；③填写能反映经济业务性质和特征的简要说明；④填写经济业务所涉及的会计科目，如有明细科目，则要填写清楚，并遵循“借方科目在先，贷方科目在后”的原则；⑤将各会计科目所记应借、应贷的金额分别填列在“借方金额”或“贷方金额”栏内，填写完经济业务事项后，如有空行，则应当自金额栏最后一笔金额数字下的空行处至合计数上的空行处划线注销；⑥根据上面的金额进行加总得到，借方、贷方金额合计数应相等，并在数字前加“¥”；⑦填写所附原始凭证张数；⑧制单人应在编制凭证后签章，复核人在复核后签

章，登账时负责登账的人应及时签章，会计主管应在审核后签章；⑨过账的标记。

记 账 凭 证

① 年 月 日　　　② 字第 号

摘要	总账科目	明细科目	借方金额（亿千百十万千百十元角分）	贷方金额（亿千百十万千百十元角分）	√
③	④	④	⑤	⑤	⑨
合	计		⑥	⑥	

附单据 ⑦ 张

会计主管: 记账: 出纳: 复核: 制单: ⑧

图4-86 通用记账凭证的填写步骤

（2）填写通用记账凭证示例。

【例4-13】2023年5月11日，江丰实业有限公司生产车间从仓库领用一批材料用于生产，请根据背景单据填写通用记账凭证（凭证编号：199；制单：孟军）。附原始单据：领料单、发出材料计算表，如图4-87、图4-88所示。

领 料 单

领料部门：生产车间

用　途：生产垃圾桶　　2023 年 05 月 11 日　　01 第 079 号

材料 编号	材料 名称	材料 规格	单位	数量 请领	数量 实发	成本 单价	成本 总价（百十万千百十元角分）
001	塑料	KY0045	千克	586	586		
合 计				586	586		

会计联

部门经理：范海清　　会计：孟军　　仓库：鲍成　　经办人：贺方兴

图4-87 领料单

发出材料计算表

2023 年 05 月 11 日　　金额单位：元

材料品名	计量单位	期初结存数量	本期购入数量	期初结存金额	本期购入金额	单位成本	生产耗用 垃圾桶 数量	生产耗用 垃圾桶 金额
塑料	千克	310	300	15 500.00	15 000.00	50.00	586	29 300.00

审核：高志　　制表：孟军

图4-88 发出材料计算表

该公司通用记账凭证填写结果，如图4-89所示。

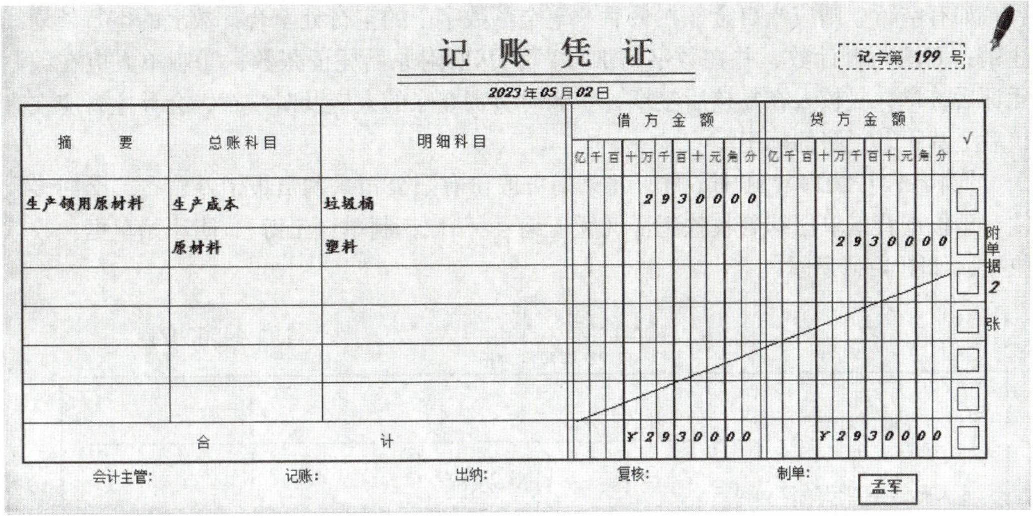

记账凭证

记字第 199 号

2023年05月02日

摘要	总账科目	明细科目	借方金额	贷方金额	√
生产领用原材料	生产成本	垃圾桶	2930000		
	原材料	塑料		2930000	
合计			￥2930000	￥2930000	

附单据 2 张

会计主管：　记账：　出纳：　复核：　制单：孟军

图4-89　通用记账凭证填写结果

2.填写专用记账凭证

（1）填写收款凭证。

收款凭证是根据反映库存现金和银行存款收款业务的原始凭证编制的。收款凭证的填写步骤，如图4-90所示。

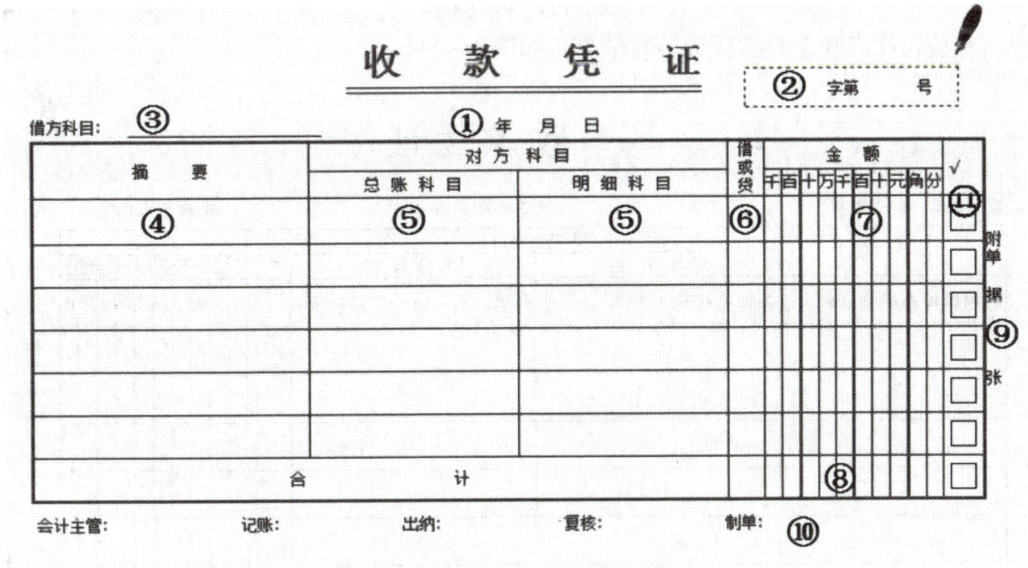

收款凭证

② 字第　号

借方科目：③　① 年 月 日

摘要	对方科目 总账科目	明细科目	借或贷	金额	√
④	⑤	⑤	⑥	⑦	⑪
合计				⑧	

附单据 ⑨ 张

会计主管：　记账：　出纳：　复核：　制单：⑩

图4-90　收款凭证的填写步骤

收款凭证的填写方法：①填写财会部门受理经济业务事项制证的日期；②根据借方科目的类型填写“现收”或“银收”字和已填制凭证的顺序编号；③根据业务类型填写借方科目，如库存现金或银行存款；④填写能反映经济业务性质和特征的简要说明；⑤填写经济业务所涉及的会计科目，如有明细科目，则应填写清楚；⑥根据经济业务判断填写“借”或“贷”；⑦将各会计科目所记应贷的金额填列，填写完经济业务事项后，如有空行，则应当自金额栏最后一笔金额数字下的空行处至合计数上的空行处划线注销；⑧填写合计数，并在数字前加“¥”；⑨所附原始凭证张数；⑩制单人应在编制凭证后签章，复核人在复核后签章，登账时负责登账的人应及时签章，会计主管应在审核后签章；⑪过账的标记。

【例4-14】2023年10月6日，北京南方股份有限公司采购员报销差旅费，交回多余款，请根据背景单据编制收款凭证（凭证编号：072；制单：王海），附原始单据：收款收据，如图4-91所示。

收 款 收 据　　NO.44560021

2023年10月06日

今 收 到代卫

交 来：预借差旅费余款350.00元　　现金收讫

金额（大写）　零拾　零万　零仟　叁佰　伍拾　零元　零角　零分

¥ 350.00　☑现金　☐支票　☐信用卡　☐其他　收款单位（盖章）

核准：　会计：　记账：　出纳：马峰　经手人：

第三联交财务

图4-91　收款收据

该公司库存现金收款凭证填写结果，如图4-92所示。

收款凭证

借方科目：库存现金　　2023年10月06日　　现收字第072号

摘要	贷方科目：总账科目	贷方科目：明细科目	记账	金额（千百十万千百十元角分）
交回预借差旅费余款	其他应收款	代卫	☐	35000
			☐	
			☐	
			☐	
			☐	
			☐	
合计			☐	¥35000

附单据 1 张

会计主管：　记账：　出纳：　复核：　制单：王海

图4-92　库存现金收款凭证填写结果

【例4-15】2023年1月20日，江丰实业有限公司将到期的银行承兑汇票向银行办理进账，1月25日收到收款通知，请根据背景单据编制收款凭证（凭证编号：014；制单：

崔亮）。附原始单据：托收凭证、银行承兑汇票正面复印件、银行承兑汇票背面复印件，如图4-93、图4-94、图4-95所示。

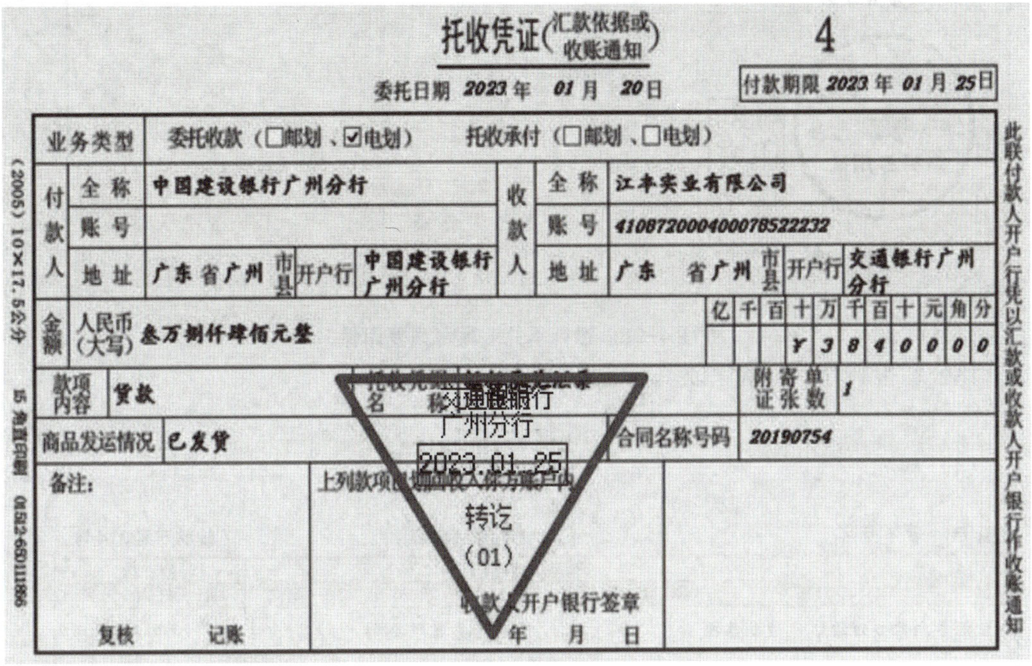

托收凭证（汇款依据或收账通知）　4

委托日期 2023 年 01 月 20 日　　付款期限 2023 年 01 月 25 日

业务类型	委托收款（□邮划、☑电划）　托收承付（□邮划、□电划）				
付款人	全称	中国建设银行广州分行	收款人	全称	江丰实业有限公司
	账号			账号	410872000400078522232
	地址	广东省广州市县　开户行 中国建设银行广州分行		地址	广东省广州市县　开户行 交通银行广州分行
金额	人民币（大写）叁万捌仟肆佰元整		亿千百十万千百十元角分	¥ 3 8 4 0 0 0 0	
款项内容	货款	托收凭据名称		附寄单证张数	1
商品发运情况	已发货			合同名称号码	20190754
备注： 复核　记账	上列款项已划回收入你方账户内 收款人开户银行签章 年　月　日				

图4-93　托收凭证

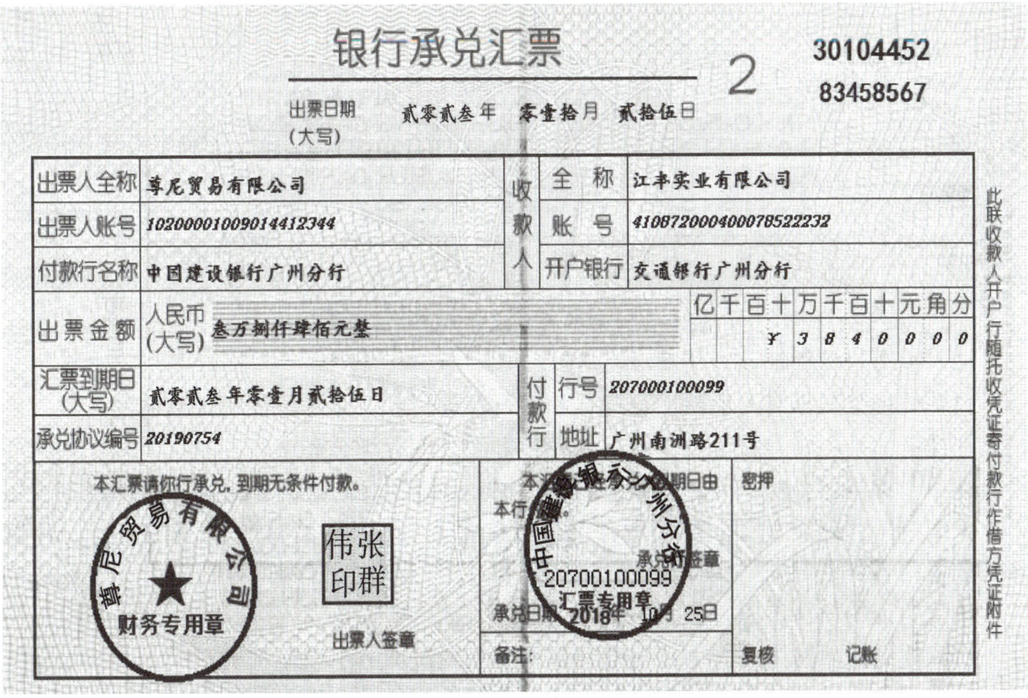

银行承兑汇票　2　　30104452　83458567

出票日期（大写）贰零贰叁年零壹拾月贰拾伍日

出票人全称	尊尼贸易有限公司	收款人	全称	江丰实业有限公司
出票人账号	10200001009014412344		账号	410872000400078522232
付款行名称	中国建设银行广州分行		开户银行	交通银行广州分行
出票金额	人民币（大写）叁万捌仟肆佰元整		亿千百十万千百十元角分	¥ 3 8 4 0 0 0 0
汇票到期日（大写）	贰零贰叁年零壹月贰拾伍日	付款行	行号	207000100099
承兑协议编号	20190754		地址	广州南洲路211号
本汇票请你行承兑，到期无条件付款。 出票人签章	本汇票已经承兑，到期日由本行付款。 承兑行签章 承兑日期 2018年 10月 25日 备注：		密押 复核　记账	

图4-94　银行承兑汇票正面复印件

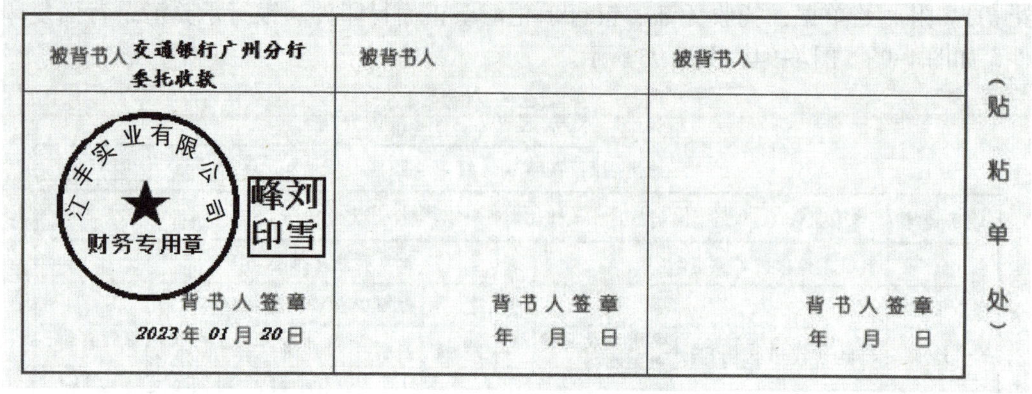

图4-95 银行承兑汇票背面复印件

该公司银行存款收款凭证填写结果，如图4-96所示。

收款凭证

借方科目：银行存款　　2023年01月25日　　银收字第014号

摘要	贷方科目 总账科目	贷方科目 明细科目	记账	金额（千百十万千百十元角分）
商业汇票到期办理进账	应收票据	尊尼贸易有限公司	□	3840000
			□	
			□	
			□	
			□	
			□	
合计			□	￥3840000

附单据 3 张

会计主管：　记账：　出纳：　复核：　制单：崔亮

图4-96 银行存款收款凭证填写结果

（2）填写付款凭证。

付款凭证是根据有关反映库存现金和银行存款付款业务的原始凭证编制的。

在经济活动中，经常会发生取款、存款等涉及库存现金和银行存款之间相互划转的经济业务。此经济业务，记账凭证只编制一张“付款凭证”。例如，将库存现金存入银行，只编制一张付款凭证，即“库存现金付款凭证”。记账时，依据此记账凭证，将其经济业务内容分别记入“库存现金日记账”和“银行存款日记账”中。

付款凭证的填写步骤，如图4-97所示。

付款凭证的填写方法：①填写财会部门受理经济业务事项制证的日期；②根据贷方科目的类型填写“现付”或“银付”字和已编制凭证的顺序编号；③根据业务类型填写贷方科目，如库存现金或银行存款；④填写能反映经济业务性质和特征的简要说明；

付 款 凭 证

② 字第 号

贷方科目：③　　　　① 年 月 日

摘要	对方科目：总账科目	对方科目：明细科目	借或贷	金额（千 百 十 万 千 百 十 元 角 分）	√
④	⑤	⑤	⑥	⑦	⑪
合计				⑧	

附单据 ⑨ 张

会计主管：　记账：　出纳：　复核：　制单：⑩

图4-97　付款凭证的填写步骤

⑤填写经济业务所涉及的对方会计科目，如有明细科目，则应填写清楚；⑥根据经济业务判断填写“借”或“贷”；⑦将各会计科目所记应借的金额填列，填写完经济业务事项后，如有空行，则应当自金额栏最后一笔金额数字下的空行处至合计数上的空行处划线注销；⑧填写合计数，并在数字前加“¥”；⑨所附原始凭证张数；⑩制单人应在编制凭证后签章，复核人在复核后签章，登账时负责登账的人应及时签章，会计主管应在审核后签章；⑪过账的标记。

出纳人员在办理收款或付款业务后，应在原始凭证上加盖“收讫”或“付讫”戳记，以免重收重付。

【例4-16】2023年7月23日，北京化工有限公司职工预借差旅费，以现金支付，请根据背景单据编制付款凭证（凭证编号：014，制单：崔亮）。附原始单据：借款单，如图4-98所示。

借 款 单

2023年07月23日　　现金付讫　　第00109号

借款部门	销售部门	姓名	周移民	事由	出差
借款金额（大写）	零万壹仟零佰零拾零元零角零分		¥ 1000.00		
部门负责人签署	刘定	借款人签章	周移民	注意事项	一、凡借用公款必须使用本单 二、出差返回后三天内结算
单位领导批示	王靓	财务经理审核意见	郑镭		

图4-98　借款单

该公司库存现金付款凭证填写结果，如图4-99所示。

付款凭证

贷方科目：库存现金　　　　2023年07月23日　　　　现付字第014号

摘要	借方科目		记账	金额									
	总账科目	明细科目		千	百	十	万	千	百	十	元	角	分
职工借款	其他应收款	周移民	□					1	0	0	0	0	0
			□										
			□										
			□										
			□										
			□										
合计			□				￥	1	0	0	0	0	0

附单据 1 张

会计主管：　　记账：　　出纳：　　复核：　　制单：崔亮

图4-99　库存现金付款凭证填写结果

【例4-17】2023年10月15日，北京化工股份有限公司从银行提取现金用于发放工资，请根据背景单据编制付款凭证（凭证编号：081；制单：王新明）。附原始单据：现金支票存根，如图4-100所示。

交通银行
现金支票存根
30101112
23093254

附加信息

出票日期2023年10月15日

收款人：北京化工股份有限公司

金　额：￥160 000.00

用　途：工资

单位主管　　会计

图4-100　现金支票存根

该公司银行存款付款凭证填写结果，如图4-101所示。

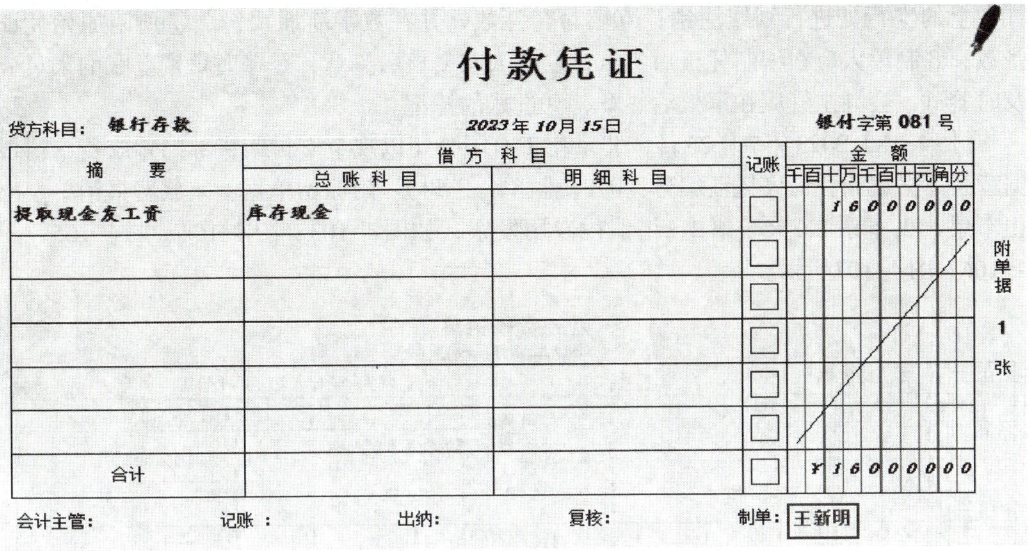
付款凭证

贷方科目：银行存款　　2023年10月15日　　银付字第081号

摘要	借方科目 总账科目	借方科目 明细科目	记账	金额
提取现金发工资	库存现金			1 6 0 0 0 0 0 0
合计				¥ 1 6 0 0 0 0 0 0

附单据 1 张

会计主管：　记账：　出纳：　复核：　制单：王新明

图4-101　银行存款付款凭证填写结果

（3）填写转账凭证。

转账凭证是根据除库存现金和银行存款收、付业务以外的其他相关转账类经济业务的原始凭证编制的。在同一项经济业务中，当既有库存现金或银行存款的收、付业务，又有转账业务时，应相应地编制收款凭证、付款凭证和转账凭证。

转账凭证的填写步骤，如图4-102所示。

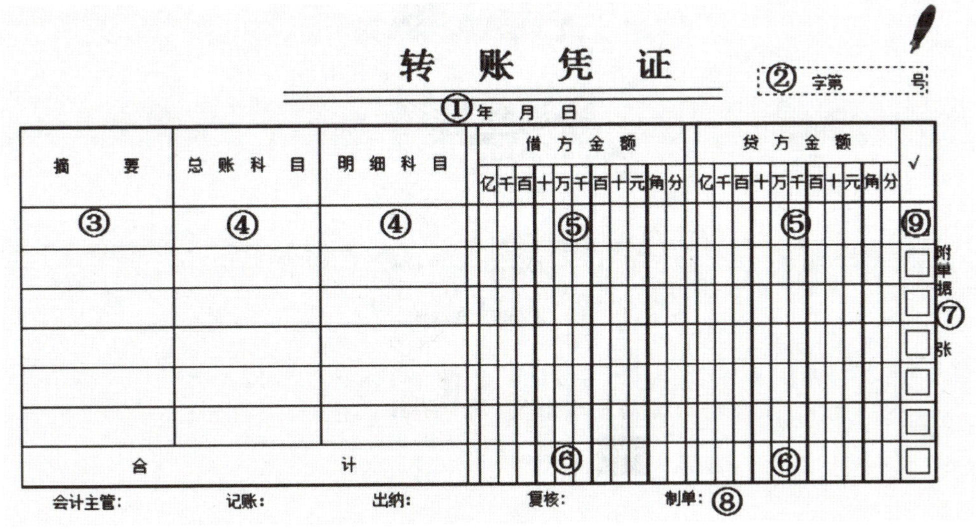

图4-102　转账凭证的填写步骤

转账凭证的填写方法：①填写财会部门受理经济业务事项制证的日期；②填写凭证的编号；③填写能反映经济业务性质和特征的简要说明；④填写经济业务所涉及的会计科目，如有明细科目，则应填写清楚，并遵循“借方科目在先，贷方科目在后”的原则；⑤将各会计科目所记应借、应贷的金额填列在“借方金额”或“贷方金额”栏内，填写完经济业务事项后，如有空行，则应当自金额栏最后一笔金额数字下的空行处至合计数上的空行处进行划线注销；⑥填写合计数，并在数字前加“¥”；⑦所附原始凭证张数；⑧制单人应在编制凭证后签章，复核人在复核后签章，登账时负责登账的人员应及时签章，会计主管应在审核后签章；⑨过账的标记。

【例4-18】2023年7月25日，北京化工有限公司以现金支付销售部门差旅费，请根据背景单据编制凭证（凭证编号：078；制单：王琳）。附原始单据：差旅费报销单、出租车票、火车票1、火车票2、增值税专用发票，如图4-103、图4-104、图4-105、图4-106、图4-107所示。

差旅费报销单

2023年07月25日

所属部门	销售部			姓名	刘清	出差天数	自07月21日至07月24日共 4天	
出差事由	销售				借旅支费	日期	金额¥	
						结算金额:¥1 960.00		
出发		到达		起止地点	交通费	住宿费	伙食费	其他
月	日	月	日					
7	21	7	21	北京-上海	515.00			
7	21	7	24	上海	90.00	840.00		
7	24	7	24	上海-北京	515.00			
合计				零拾零万壹仟玖佰陆拾零元零角零分 ¥1 960.00				

现金付讫

总经理：王视瑛　财务经理：郑韬　部门经理：张利　会计：崔亮　出纳：张俭　报销人：刘清

图4-103　差旅费报销单

上海出租汽车专用发票

全国统一发票监制章 上海市 国家税务局监制

代码 231001301109
号码 41129346
监督电话：（021）83326333
税务登记证号码：
913101148075214498
流水号：
36899537878948875
手写无效
车号 沪A8893
证号 12098784
日期 2023年7月21日
[redacted] 上车 20：35
下车 21：14
单价 3.00
里程 28.00
等候 00.05.00
金额 90.00
含电调费 0.0元
卡号 0.0元
原额
余额

上海市出租汽车 路桥费 发票专用章

图4-104　出租车票

Y008632123 京A售

北京 Beijing K227次 上海 Shanghai

2023年07月21日16:00开 12车06号

¥515.00元 硬座

限乘当日当次车

刘清

3603221989****006X

44726990030712 F070636

图4-105 火车票1

Y008632123 沪A售

上海 Shanghai K277次 北京 Beijing

2023年07月24日17:00开 11车076号

¥515.00元 硬座

限乘当日当次车

刘清

3603221989****006X

44666000030712 F070636

图4-106 火车票2

1100062650 上海增值税专用发票 № 30961856 1100062650 30961856

发票联

开票日期：2023年07月24日

购买方	名称：北京化工有限公司 纳税人识别号：911101085905444591 地址、电话：北京海淀区西苑三里08号 01083847491 开户行及账号：交通银行北京分行 020000100901213644121	密码区：03*3187<4/+8490<+95-59+7<243 4987<0-->>-6>525<693719->7*7 87*3187<4/+8490<+95708681380 9<712/<1+9016>6906++>84>93/-

货物或应税劳务、服务名称	规格型号	单位	数量	单价	金额	税率	税额
住宿费					792.45	6%	47.55
合计					792.45		¥47.55
价税合计（大写）	⊗捌佰肆拾元整				（小写）		¥840.00

销售方	名称：上海天缘大酒店 纳税人识别号：913101097247346742 地址、电话：上海市虹口区四川北路134号 02190525457 开户行及账号：交通银行上海分行 012066380910015674467	备注

收款人： 复核： 开票人：王天龙 销售方（章）

上海天缘大酒店 913101097247346742 发票专用章

第三联：发票联 购买方记账凭证

税总函【XXXX】XXX号 XXXXXXX公司

图4-107 增值税专用发票

该公司转账凭证填写结果，如图4-108所示。

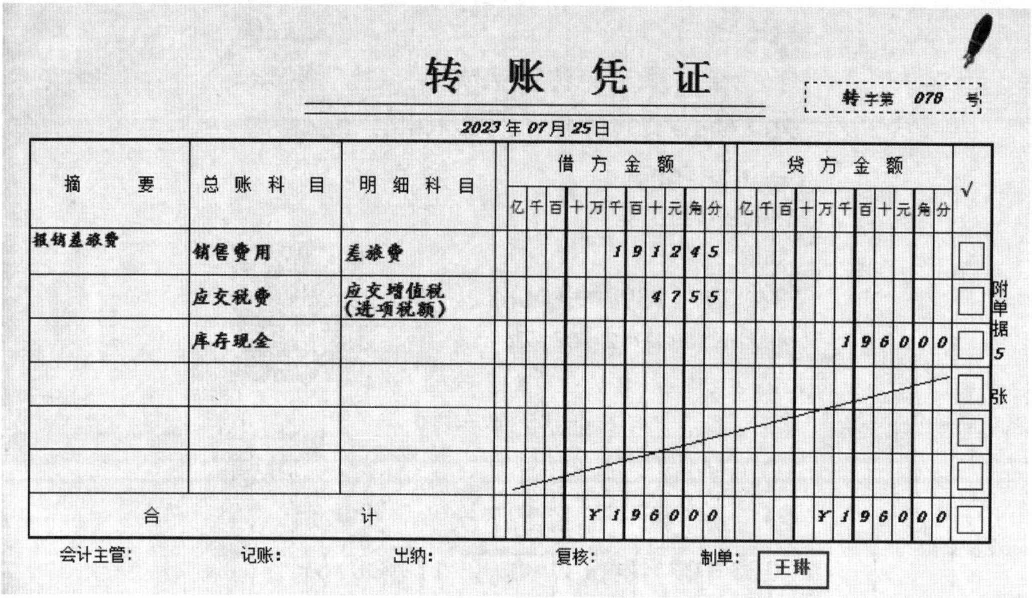

转 账 凭 证

转字第 078 号

2023年07月25日

摘要	总账科目	明细科目	借方金额（亿千百十万千百十元角分）	贷方金额（亿千百十万千百十元角分）	√
报销差旅费	销售费用	差旅费	191245		
	应交税费	应交增值税（进项税额）	4755		
	库存现金			196000	
合	计		¥196000	¥196000	

附单据 5 张

会计主管：　记账：　出纳：　复核：　制单：王琳

图4-108　转账凭证填写结果

二、记账凭证的审核

为了保证会计信息的质量，在记账之前应由有关稽核人员对记账凭证进行严格的审核。审核的主要内容有：

（1）内容是否真实。审核记账凭证是否有原始凭证为依据，所附原始凭证的内容与记账凭证的内容是否一致，记账凭证汇总表的内容与其所依据的记账凭证的内容是否一致等。

（2）项目是否齐全。审核记账凭证各项目的填写是否齐全，如日期、凭证编号、摘要、会计科目、金额、附原始凭证张数及有关人员签章等。

（3）会计科目是否正确。审核记账凭证的应借应贷科目是否正确，是否有明确的账户对应关系，所使用的会计科目是否符合有关会计准则的规定。

（4）金额是否正确。审核记账凭证所记录的金额与原始凭证的有关金额是否一致，记账凭证汇总表的金额与记账凭证的金额合计是否相符，原始凭证中的数量、单价、金额计算是否正确等。

（5）书写是否规范。审核记账凭证中的记录是否文字工整、数字清晰，是否按规定使用蓝黑墨水，是否按规定进行更正等。

（6）手续是否完备。审核出纳人员在办理收款或付款业务后，是否已在原始凭证上加盖“收讫”或“付讫”的戳记。

在审核过程中，如果发现差错，应及时查明原因，按规定办法及时处理和更正，只有经过审核无误的记账凭证，才能据以登记账簿。如果发现尚未入账的错误记账凭证，应当重新编制。

【例4-19】2023年8月19日，君悦电子有限公司销售产品，货款已收，请根据背景单据填写凭证（凭证编号：038；制单：赵明）。附原始单据：进账单收账通知联、增值税专用发票、销售单、错误记账凭证，如图4-109、图4-110、图4-111、图4-112所示。

交通银行 进账单（收账通知）　3

2023 年　08月　19日

出票人	全　称	力丰机械有限公司	收款人	全　称	君悦电子有限公司
	账　号	36001003546050005673		账　号	020001001920016547821
	开户银行	交通银行上海分行		开户银行	交通银行上海分行
金额	人民币（大写）	叁万陆仟陆佰壹拾贰元整		亿千百十万千百十元角分	¥3661200
票据种类		票据张数			
票据号码					
	复核　记账			收款人开户银行签章	

交通银行上海分行 2023.08.19 转讫（01）

此联是收款人开户银行交给收款人的收账通知

图4-109　进账单收账通知联

3100131142　**上海增值税专用发票**　№ 60972925　3100131142　60972925

此联不作报销、扣税凭证使用　开票日期：2023年08月19日

购买方	名　称：力丰机械有限公司 纳税人识别号：913101070626892466 地址、电话：上海长寿路401号 02187397557 开户行及账号：交通银行上海分行 36001003546050005673			密码区	03*3187<4/+8490<+95-59+7<243 4987<0-->>-6>525<693719->7*7 87*3187<4/+8490<+95708681380 9<712/<1+9016>6906++>84>93/-		
货物或应税劳务、服务名称	规格型号	单位	数量	单价	金额	税率	税额
电话	ML1250	箱	72.00	450.00	32400.00	13%	4212.00
合　计					¥32400.00		¥4212.00
价税合计（大写）	⊗叁万陆仟陆佰壹拾贰元整				（小写）¥36612.00		
销售方	名　称：君悦电子有限公司 纳税人识别号：913101019097654242 地址、电话：上海南京东路463号 02186395296 开户行及账号：交通银行上海分行 020001001920010547021			备注			

收款人：　复核：　开票人：赵军　销售方：（章）

君悦电子有限公司 913101019097654242 发票专用章

第一联：记账联　销售方记账凭证

税总函【XXXX】XXX号　XXXXXXXX公司

图4-110　增值税专用发票

销售单

购货单位：力丰机械有限公司　地址和电话：上海长寿路401号 02187397557　单据编号：1727128

纳税识别号：913101070626892466　开户行及账号：交通银行上海分行 36001003546050005673　制单日期：2023年08月19日

编码	产品名称	规格	单位	单价	数量	金额	备注
01	电话	ML1258	箱	450.00	72	32400.00	不含税价
合计	人民币（大写）：叁万贰仟肆佰元整					¥32400.00	

总经理：高志　销售经理：李婷　经手人：李锐　会计：刘刚　签收人：

会计联

图4-111　销售单

记账凭证

记字第 038 号

2023年08月19日

摘要	总账科目	明细科目	借方金额（亿千百十万千百十元角分）	贷方金额（亿千百十万千百十元角分）	√
销售产品，款已收	银行存款	交通银行上海分行	3661200		
	库存商品	电话		3661200	
合计			￥3661200	￥3661200	

附单据 3 张

会计主管： 记账： 出纳： 复核： 制单：赵明

图4-112 错误记账凭证

该记账凭证中会计分录填写错误，正确编制记账凭证，如图4-113所示。

记账凭证

记字第 038 号

2023年06月19日

摘要	总账科目	明细科目	借方金额（亿千百十万千百十元角分）	贷方金额（亿千百十万千百十元角分）	√
销售产品，款已收	银行存款	交通银行上海分行	3661200		
	主营业务收入	电话		3240000	
	应交税费	应交增值税（销项税额）		421200	
合计			￥3661200	￥3661200	

附单据 3 张

会计主管： 记账： 出纳： 复核： 制单：赵明

图4-113 正确记账凭证

任务实施

【练习1】2023年5月2日，新华经贸发展有限公司用银行存款支付广告费，请根据背景单据编制通用记账凭证（凭证编号：005；制单：王新民）。附原始单据：进账单回单联、转账支票存根、增值税普通发票，如图4-114、图4-115、图4-116所示。

交通银行　进账单　（回　单）　1

2023年　05月　02日

出票人	全　称	新华经贸发展有限公司	收款人	全　称	施林广告社
	账　号	11000676546554411111		账　号	46001003536050002213
	开户银行	交通银行北京分行		开户银行	中国建设银行北京分行
金额	人民币（大写）	贰仟元整		亿千百十万千百十元角分	￥200000
票据种类	转账支票	票据张数	1		
票据号码	23098823				
复核　　记账				开户银行签章	

交通银行北京分行 2023.05.02 转讫 (01)

此联是开户银行交给持票人的回单

图4-114　进账单回单联

交通银行
转账支票存根
30101122
23098823

附加信息

出票日期 2023年 05 月 02 日

收款人：施林广告社

金　额：￥2 000.00

用　途：广告费

单位主管　　会计

上海金达证券印刷有限公司·2011年印制

图4-115　转账支票存根

1100131142　　北京　增值税普通发票　　№ 60968349　　1100131142 60968349

校验码 11001 34532 53453 23532　　开票日期：2023年05月02日

购买方	名　称：新华经贸发展有限公司 纳税人识别号：91110101167342107З 地址、电话：北京市东城区海天路87号 010348787 开户行及账号：交通银行北京分行 11000676546554411111	密码区：03*3187<4/+8490<+95-59+7<243 4987<0-->>-6>525<693719->7*7 87*3187<4/+8490<+95708681380 9<712/<1+9016>6906++>84>93/-

货物或应税劳务、服务名称	规格型号	单位	数量	单价	金额	税率	税额
广告费					1886.79	6%	113.21
合　计					￥1886.79		￥113.21
价税合计（大写）	⊗贰仟元整				（小写）￥2000.00		

销售方	名　称：施林广告社 纳税人识别号：911101084250263716 地址、电话：北京市海淀区体育东路六运五街78号 01080545247 开户行及账号：中国建设银行北京分行 46001003536050002213	备注

收款人：　　复核：　　开票人：陈艳　　（施林广告社 911101084250263716 发票专用章）

第二联：发票联　购买方记账凭证

税总函【XXXX】XXX号 XXXXXXX公司

图4-116　增值税普通发票

【练习2】2023年6月5日，北京明朗经贸发展有限公司销售一批货物，收取包装物押金4 000元，请根据背景资料编制库存现金收款凭证（凭证编号：016；制单：王新民）。附原始单据：收款收据，如图4-117所示。

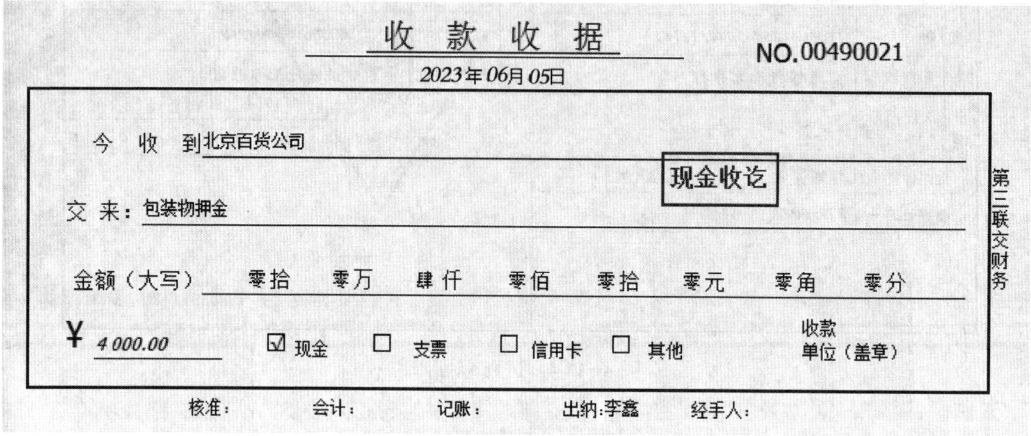

收 款 收 据

NO.00490021

2023年06月05日

今 收 到北京百货公司

现金收讫

交 来：包装物押金

金额（大写） 零拾 零万 肆仟 零佰 零拾 零元 零角 零分

¥ 4 000.00 ☑现金 ☐支票 ☐信用卡 ☐其他 收款单位（盖章）

第三联交财务

核准： 会计： 记账： 出纳：李鑫 经手人：

图4-117 收款收据

【练习3】2023年7月18日，北京化工有限公司收回上月销售款，请根据背景单据编制银行收款凭证（凭证编号：108；制单：崔亮）。附原始单据：进账单收账通知联，如图4-118所示。

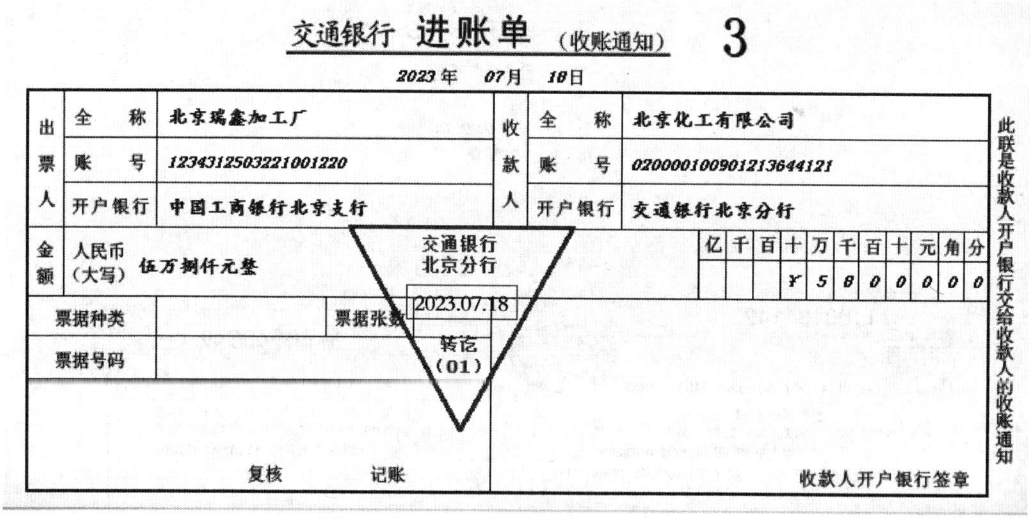

交通银行 进账单（收账通知） 3

2023年 07月 18日

出票人	全称	北京瑞鑫加工厂	收款人	全称	北京化工有限公司
	账号	1234312503221001220		账号	020000100901213644121
	开户银行	中国工商银行北京支行		开户银行	交通银行北京分行
金额	人民币（大写）	伍万捌仟元整		亿千百十万千百十元角分	¥ 5 8 0 0 0 0 0
票据种类		票据张数			
票据号码					
复核 记账				收款人开户银行签章	

交通银行北京分行 2023.07.18 转讫（01）

此联是收款人开户银行交给收款人的收账通知

图4-118 进账单收账通知联

【练习4】2023年7月5日，北京化工有限公司管理部门以现金购买办公用品，（小件物品，未通过入库，直接领用），请根据背景单据编制现金付款凭证（凭证编号：009；制单：崔亮）。附原始单据：报销单、增值税普通发票，如图4-119、图4-120所示。

报销单

填报日期：2023年07月05日　　单据及附件共1张

姓名	柴广进	所属部门	行政部	报销形式	现金	
				支票号码		
报销项目		摘要		金额		备注：
计算器				500.00		
		现金付讫				
合计				¥500.00		
金额大写：零拾零万零仟伍佰零拾零元零角零分				原借款：　元		应退(补)款：¥500.00元

总经理：王靓瑛　　财务经理：郑镭　　部门经理：柴少锋　　会计：张哲　　出纳：马峰　　报销人：柴广进

图4-119　报销单

1100062650　　北京增值税普通发票　　№30961856

1100062650　30961856

校验码 84123 83238 42348 23474　　开票日期：2023年07月05日

购买方	名称：北京化工有限公司 纳税人识别号：911101085905444591 地址、电话：北京海淀区西苑三里08号 01083847491 开户行及账号：交通银行北京分行 020000100901213644121				密码区	03*3187<4/+8490<+95-59+7<243 4987<0-->>-6>525<693719->7*7 87*3187<4/+8490<+95708681380 9<712/<1+9016>6906++>84>93/-	
货物或应税劳务、服务名称	规格型号	单位	数量	单价	金额	税率	税额
计算器		台	10	44.2478	442.48	13%	57.52
合计					¥442.48		¥57.52
价税合计（大写）	⊗伍佰元整				（小写）¥500.00		
销售方	名称：恒通商贸有限公司 纳税人识别号：911101088022121752 地址、电话：北京关村南大街寰太大厦 01085103148 开户行及账号：交通银行北京分行 020000100901412677812				备注		

收款人：　　复核：　　开票人：宋　　销售方：（章）

税总函【XXXX】XXX号 XXXXXXXX公司

第二联：发票联 购买方记账凭证

图4-120　增值税普通发票

【练习5】2023年12月2日，高科通信设备有限公司支付所欠北京百货公司的购货款，请根据背景单据编制银行付款凭证（凭证编号：023；制单：王林）。附原始单据：进账单回单联、转账支票存根，如图4-121、图4-122所示。

交通银行 进账单（回　单）　1

2023年　12月　02日

出票人	全　称	高科通信设备有限公司	收款人	全　称	北京百货公司
	账　号	430016614000500012761		账　号	120876410000556 8869
	开户银行	交通银行北京分行		开户银行	中国工商银行北京支行
金额	人民币（大写）	叁万元整		千百十万千百十元角分	￥3000000
票据种类	转账支票	票据张数	1		
票据号码	23197231				
	复核　记账			开户银行签章	

交通银行北京分行 2023.12.02 转讫（01）

此联是开户银行交给持票人的回单

图4-121　进账单回单联

交通银行
转账支票存根
30101122
23197231
附加信息

出票日期2023年12月02日
收款人：北京百货公司
金　额：￥30 000.00
用　途：货款
单位主管　　会计

图4 122　转账支票存根

【练习6】2023年12月31日，高科通信设备有限公司计提分配本月工资，请根据背景单据编制转账凭证（凭证编号：128；制单：王林）。附原始单据：工资计提表，如图4-123所示。

工资计提表
2023年12月

部门名称	人员类别	人数	工资
生产部门	生产工人	4	20 000.00
管理部门	企业管理人员	2	6 000.00
销售部门	营销人员	5	30 000.00
合计		11	56 000.00

高科通信设备有限公司 财务专用章

图4-123　工资计提表

【练习7】2023年5月20日，北京南方股份公司二车间领用机物料（材料类别：原材料），经复核，原记账凭证错误，由制单人员重新编制一张正确的记账凭证，并经复核人员再次复核（凭证编号：020；制单：王林）。附原始单据：原记账凭证（转账凭证）、领料单、发出材料计算表，如图4-124、图4-125、图4-126所示。

转　账　凭　证

转字第　020　号

2023年05月20日

摘　要	总账科目	明细科目	借方金额（亿千百十万千百十元角分）	贷方金额（亿千百十万千百十元角分）	√
车间领料	生产成本	一车间	12800		
	原材料	机物料		12800	
合　计			¥12800	¥12800	

附单据2张

会计主管：　记账：　出纳：　复核：　制单：王海

图4-124　原记账凭证（转账凭证）

领　料　单

领料部门：二车间

用　途：清洗设备　　2023年05月20日　　05第　45号

材料 编号	材料 名称	材料 规格	单位	数量 请领	数量 实发	成本 单价	成本 总价（百十万千百十元角分）
008	机物料		千克	5	5		
合计							

会计联

部门经理：郭聪　会计：王海　仓库：苏海丽　经办人：李眷

图4-125　领料单

发出材料计算表

2023年05月20日　　金额单位：元

材料品名	计量单位	期初结存数量	本期购入数量	期初结存金额	本期购入金额	单位成本	车间共耗 数量	车间共耗 金额
机物料	千克	12	30	307.20	768.00	25.60	5	128.00

审核：林玲　制表：王海

图4-126　发出材料计算表

任务五 整理、装订和保管会计凭证

任务描述

及时、准确传递会计凭证，学会凭证的装订和保管。

知识储备

一、会计凭证的传递

会计凭证的传递是指从会计凭证的取得或填制时起，经过审核、整理、记账到装订保管为止的处理过程，以及在此过程中有关部门、人员之间应当办理的传递手续。会计凭证的传递应当满足内部控制制度的要求，使传递程序合理有效，同时尽量节约传递时间，减少传递的工作量。

会计凭证的传递具体包括传递程序和传递时间。

二、会计凭证的装订

凭证装订是指将整理完毕的会计凭证加上封面和封底，装订成册，并在装订线上加贴封签的一系列工作。

1. 会计凭证封面

会计凭证不得跨月装订。记账凭证少的，可以一个月装订一本；一个月内凭证数量较多的，可装订成若干册，并在凭证封面上注明本月总计册数和本册序数。采用科目汇总表会计核算形式的企业，原则上以一张科目汇总表及所附的记账凭证、原始凭证装订成一册；凭证少的，也可将若干张科目汇总表及相关记账凭证、原始凭证合并装订成一册。序号每月一编。

装订成册的会计凭证必须加盖封面，封面上应注明单位名称、年度、月份和起讫日期、凭证种类、起讫号码，由装订人在装订线封签处签名或者盖章，如图4-127所示。

会计凭证封面

自　年　月　日起至　月　日止

年 月 分 第 册	(企业名称) 年　月份共　册　第　册		
	记账凭证种类	凭单起讫号数	附原始凭证张数
	收款凭证	共　张自第　号至第　号	共　张
	付款凭证	共　张自第　号至第　号	共　张
	转账凭证	共　张自第　号至第　号	共　张
	记账凭证	共　张自第　号至第　号	共　张
	备注	共　张自第　号至第　号	共　张

年　月　日装订　会计主管人员　复核　装订员

图4-127　会计凭证封面

2.原始凭证的整理

记账凭证后面所附的原始凭证种类很多，装订平整美观的会计凭证便于查阅和保管。在装订记账凭证时应对其附件进行必要的整理加工。

3.会计凭证装订成册的方法

（1）整理记账凭证，摘掉凭证上的大头针等杂物，并将记账凭证按编号顺序码放。

（2）将记账凭证汇总表、银行存款余额调节表放在最前面，并放上封面、封底。

（3）在码放整齐的记账凭证左上角放一张8厘米×8厘米大小的包角纸。

（4）过包角纸上沿距左边5厘米处和左沿距上边4厘米处包角纸上划一条直线，并用两点将此直线等分，再分别在等分直线的两点处将包角纸和记账凭证打上两个装订孔。

（5）用绳穿绕扎紧（结扎在背面）。粘上包角纸。

三、会计凭证的保管

会计凭证的保管是指会计凭证记账后的整理、装订、归档和存查工作。会计凭证作为记账的依据，是重要的会计档案和经济资料。本单位以及其他有关单位，可能因为各种需要查阅会计凭证，特别是在发生贪污、盗窃、违法乱纪行为时，会计凭证是依法处理的有效证据。因此，任何单位在完成经济业务手续和记账后，必须将会计凭证按规定的立卷归档制度形成会计档案资料，妥善保管，防止丢失，不得任意销毁，以便日后随时查阅。会计凭证的保管主要有下列要求：

（1）会计凭证应定期装订成册，防止散失。

会计部门在依据会计凭证记账以后，应定期（每天、每旬或每月）对各种会计凭证进行分类整理，将各种记账凭证按照编号顺序，连同所附的原始凭证一起加具封面和封底，装订成册，并在装订线上加贴封签，由装订人员在装订线封签处签名或盖章。

从外单位取得的原始凭证遗失时，应取得原签发单位盖有公章的证明，并注明原始凭证的号码、金额、内容等，由经办单位会计机构负责人（会计主管人员）和单位负责人批准后，才能代作原始凭证。若确实无法取得证明的，如车票丢失，则应由当事人写明详细情况，由经办单位会计机构负责人（会计主管人员）和单位负责人批准后，代作原始凭证。

（2）会计凭证封面应注明单位名称、凭证种类、凭证张数、起止号数、年度、月份、会计主管人员、装订人员等有关事项，会计主管人员和加贴封签保管人员应在封面上签章。

（3）会计凭证应加贴封条，防止抽换凭证。原始凭证不得外借，其他单位如有特殊原因确实需要使用时，经本单位会计机构负责人（会计主管人员）批准，可以复制。向外单位提供的原始凭证复印件，应在专设的登记簿上登记，并由提供人员和收取人员共同签名、盖章。

（4）原始凭证较多时可单独装订，但应在凭证封面上注明所属记账凭证的日期、编号和种类，同时在所属的记账凭证上注明“附件另订”及原始凭证的名称和编号，以便查阅。对各种重要的原始凭证，如押金收据，提货单等，以及各种需要随时查阅和退回的单据，应另编目录，单独保管，并在有关记账凭证和原始凭证上分别注明日期和编号。

（5）每年装订成册的会计凭证，在年度终了时可暂由单位会计机构保管一年，期满后应当移交本单位档案机构统一保管；未设立档案机构的，应当在会计机构内部指定专人保管。出纳人员不得兼管会计档案。

（6）严格遵守会计凭证的保管期限要求，期满前不得任意销毁。

任务实施

【练习1】通过观看会计凭证装订整理视频，总结操作要点。

【练习2】简述对本单位职工因公出差火车票遗失情况的处理方法。

幽默一刻

公司招聘高级会计师，求职者云集，面试题目只有一道：你乘坐出租车经过崎岖的山路时，轮胎突然坏了，车向悬崖滑去，你将如何处置？考官面对众多求职者的回答，一次又一次摇头。正当考官感到沮丧时，只见一名男子满头大汗，一溜小跑进来，说他是求职者。考官面露不悦，问他为什么这样慌慌张张。男子说："为了节省车费，跟在公共汽车后面跑过来的。"考官眼睛一亮，立即叫他回答试题。男子不假思索地回答："马上叫司机关掉计程器！"

"恭喜，你被录用了，欢迎加盟咱们公司！"考官激动地拥抱着男子，热情地说。

思政案例

【案例】2002年5月中国证监会对银广夏的行政处罚决定书认定，公司自1998年至2001年期间累计虚增利润77 156.70万元，其中：1998年虚增1 776.10万元，由于主要控股子公司天津广夏1998年及之前年度的财务资料丢失，利润真实性无法确定；1999年虚增17 781.86万元，实际亏损5 003.20万元；2000年虚增56 704.74万元，实际亏损14 940.10万元；2001年1—6月虚增894.00万元，实际亏损2 557.10万元。从原料购进到生产、销售、出口等环节，公司伪造了全部单据，包括销售合同和发票、银行票据、海关出口报关单和所得税免税文件。2001年9月，因涉及银广夏利润造假案，深圳中天勤这家审计最多上市公司财务报表的会计师事务所实际上已经解体。财政部亦于9月初宣布，拟吊销签字注册会计师刘加荣、徐林文的注册会计师资格；吊销中天勤会计师事务所的执业资格，并会同证监会吊销其证券、期货相关业务许可证，同时，将追究中天勤会计师事务所负责人的责任。

【分析】同学们，原始凭证是在经济业务发生或完成时取得或填制的，用以记录或证明经济业务的发生或完成情况的文字凭据。原始凭证不仅能用来记录经济业务发生或完成情况，还可以明确经济责任，是进行会计核算工作的原始资料和重要依据，是会计资料中最具有法律效力的一种文件。因此，伪造变造原始凭证都是严重的违法行为。

填写原始凭证，编制记账凭证中还有一个特别的关键点，那就是签名签字盖章的注意点，对于经手的要进行签字确认，明确经济责任。通俗来说，就是提醒同学们要有责任意识，从现在做起，比如对于卫生打扫，值日表上签上了名，那就要对自己对应的区域负责，打扫好。

【党的二十大报告学习内容】中国式现代化的本质要求是：坚持中国共产党领导，坚持中国特色社会主义，实现高质量发展，发展全过程人民民主，丰富人民精神世界，实现全体人民共同富裕，促进人与自然和谐共生，推动构建人类命运共同体，创造人类文明新形态。

项目五　处理基本业务·完成会计核算

学习目标

★知识目标

- 了解企业基本经济业务内容
- 掌握相关会计科目核算内容

★能力目标

- 能够依据企业会计准则的规定，处理企业基本经济业务
- 会编制会计分录

项目导学

企业建立以会计账簿为中心的会计核算框架体系，并以该会计核算框架体系为基础，以模拟企业的基本经济业务为对象，以“筹集资金→材料采购→产品生产→产品销售→利润形成和利润分配”为主线，学习如何通过日常会计核算反映企业生产经营活动的全过程。掌握这个全过程的核算原理和方法是我们学习会计基础的主轴。学会建立企业账套，核算企业筹集资金基本经济业务，核算企业物资采购基本经济业务，核算企业产品生产基本经济业务，核算企业产品销售基本经济业务，核算企业利润形成和利润分配基本经济业务。

本项目的具体任务包括：

任务一　导入企业账簿基本信息

任务二　核算企业筹资阶段业务

任务三　核算企业采购阶段业务

任务四　核算企业生产阶段业务

任务五　核算企业销售阶段业务

任务六　核算企业财务成果阶段业务

任务一 导入企业账簿基本信息

任务描述

学会建立完整的账簿体系，导入企业会计基本数据信息。

知识储备

一、建账

建立完整的账簿体系，导入企业会计基本数据信息。在设置相关会计账簿的基础上，确定账簿应使用的会计科目，并登记相关数据资料。

建账是指新建单位和原有单位在年度开始时，会计人员均应根据核算工作的需要设置应用账簿。建账基准日应以公司成立日，即营业执照签发日或营业执照变更日为准，由于会计核算以年度、季度、月进行分期核算，实际工作中，一般以公司成立当月月末或下月月初为基准日。如果公司设立之日是在月中的某一天，一般以下一个月月初作为建账基准日。

二、公司基本概况及有关建账资料

1.公司基本情况

南京星光雨刮器有限公司是生产、销售雨刮器的小型企业，注册资本120万元，主要生产、销售有骨雨刮器、无骨雨刮器两种产品。

公司其他资料：

企业类型为有限责任公司；法定代表人王维；纳税人识别号：91320104070728152R；开户银行：交行江宁支行；银行账号：33011809032591；企业地址：南京市江宁区竹山路239号；联系电话：025-86109759；税务登记为一般纳税人；会计工作人员有会计机构负责人秦岭、会计员陈兰、制单员孟军、出纳员杨梅、复核（审核）员秦岭；公司成立时间为2017年5月10日。

公司组织机构：

厂部办公室、财务科、采购科、生产科、专设销售机构五个职能部门和一个基本生产车间。其中，财务科科长秦岭负责记账、审核、成本核算、总账及明细账登记、报表编制、纳税申报等工作；出纳员杨梅负责货币资金的收付、有关凭证的填制以及库存现金日记账和银行存款日记账的登记。

2.车间基本情况

公司现有员工40人，其中管理人员11人，专设销售机构人员2人，车间管理人员2人，生产工人25人。生产车间生产有骨雨刮器、无骨雨刮器两种产品。生产产品主要耗用天然橡胶、聚四氟乙烯、雨刮器骨架等材料。

3.会计政策

（1）公司执行《企业会计准则》、新金融准则、新收入准则和新租赁准则。

（2）公司为增值税一般纳税人，支付水电费，增值税税率为9%；购销货物所承担的运费均取得运输费专用发票，增值税税率为9%。

（3）存货均按实际成本核算，发出存货采用先进先出法计算成本，逐笔结转产品销售成本。

（4）产品成本计算采用品种法，工资费用分配采用生产工时比例法，基本生产车间制造费用按生产工时比例在各种产品之间分配，分配率若除不尽，则保留8位小数。采用定额成本法分配完工产品与月末在产品成本。有骨雨刮器月末在产品的单位定额成本为20元，其中直接材料12元、直接人工6元，制造费用2元。无骨雨刮器月末在产品的单位定额成本为16元，其中直接材料8元、直接人工6元，制造费用2元。

（5）公司短期借款的年利息率为5.4%，长期借款的年利息率为7.2%。银行每月20日扣除借款利息。一年按360天计息，每月按实际天数计息和付息。公司取得的短期、长期借款均用于公司日常的生产经营活动。

（6）公司对长期股权投资采用成本法核算。出售持有记入交易性金融资产的股票，按“先进先出法”结转成本。

（7）银行存款日记账应每日结出余额，但不需每日结出发生额合计数。

（8）有骨雨刮器不含税单价为120元、无骨雨刮器不含税单价为100元。

（9）采用年限平均法按月计提固定资产折旧：房屋建筑物预计使用50年，预计净残值率为10%；机器设备预计使用10年，预计净残值率为4%。折旧政策与税法规定一致。

（10）企业适用的增值税税率为13%；城市维护建设税税率为7%；教育费附加征收率为3%，地方教育附加征收率为2%；企业所得税税率为25%，每月按照实际利润额计算预提企业所得税费用。

（11）公司“五险一金”的承担和计提比例如下：企业承担部分为养老保险20%、医疗保险9%、失业保险1.5%、工伤保险0.5%、生育保险0.8%、住房公积金10%；个人承担部分为养老保险8%、医疗保险2%及大病救助金每人每月10元、失业保险0.5%、住房公积金10%。

（12）会计核算程序：采用科目汇总表账务处理程序（按月汇总）。

（13）公司每半年分配一次利润。

（14）2023年12月份产品产量记录和产品生产工时资料，见表5-1。

表5-1 产品产量记录和产品生产工时资料

项目	有骨雨刮器	无骨雨刮器
月初在产品（套）	100	0
本月投产（套）	4 800	3 900
本月完工（套）	4 850	3 900
月末在产品（套）	50	0
生产工时（小时）	6 000	4 000

4. 2023年12月1日南京星光雨刮器有限公司有关账户的期初余额（见表5-2）

表5-2　**南京星光雨刮器有限公司有关账户的期初余额**

2023年12月1日　金额单位：元

总账账户	明细账账户	借方余额	贷方余额	数量	单位
库存现金		2 890			
银行存款	交行江宁支行（33011809032591）	356 380.80			
其他货币资金	承兑保证金——交行江宁支行（33011809032591）	40 000			
	存出投资款	50 000			
交易性金融资产	股票——特变电工——成本	35 200		4 000	股
	股票——特变电工——公允价值变动	0			
	债券——国债——成本	40 000		400	张
	债券——国债——公允价值变动	0			
应收票据	江苏开元有限公司	20 000			
应收账款	江苏开元有限公司	81 900			
	南京晓天有限公司	70 200			
预付账款	南京星亚有限公司	2 000			
	南京供电公司	40 000			
其他应收款	徐艺洋	6 000			
原材料	天然橡胶	7 125		475	千克
	聚四氟乙烯	7 600		380	千克
	雨刮器骨架	6 000		1 000	支
库存商品	有骨雨刮器	50 000		2 000	套
	无骨雨刮器	54 000		3 000	套
周转材料	低值易耗品（工具）	2 000		10	箱
长期股权投资	平安银行——投资成本	60 000			
固定资产	生产设备	360 000			
	房屋及建筑物——厂房	600 000			
	房屋及建筑物——办公楼	240 000			

续表

总账账户	明细账账户	借方余额	贷方余额	数量	单位
累计折旧	生产设备		103 680		
	房屋及建筑物——厂房		32 400		
	房屋及建筑物——办公楼		12 960		
在建工程	建筑工程	797 400			
短期借款	交行江宁支行（30708711）		300 000		
应付票据	南京金宁公司		20 000		
应付账款	南京东岭有限公司		93 600		
预收账款	江苏南宁有限公司		150 000		
应付职工薪酬	工资		119 400		
	职工福利费		0		
	社会保险费——医疗保险		10 746		
	设定提存计划——养老保险		23 880		
	设定提存计划——失业保险		1 791		
	社会保险费——生育保险		955.20		
	社会保险费——工伤保险		597		
	住房公积金		11 940		
	工会经费		0		
	职工教育经费		0		
应交税费	未交增值税		58 000		
	应交企业所得税		0		
	应交城市维护建设税		4 060		
	应交教育费附加		1 740		
	应交地方教育附加		1 160		
	应交个人所得税		210		
应付利息	短期借款——交行江宁支行（合同号30708711）		450		

续表

总账账户	明细账账户	借方余额	贷方余额	数量	单位
其他应付款	南京伟民公司——存入保证金		12 000		
	社会保险费——医疗保险		2 788		
	设定提存计划——养老保险		9 552		
	设定提存计划——失业保险		597		
	住房公积金		11 940		
实收资本	王维		720 000		
	秦岭		360 000		
	李玲		120 000		
资本公积	资本溢价		0		
	其他资本公积		0		
其他综合收益	被投资单位其他综合收益变动		0		
盈余公积	法定盈余公积		12 800		
	任意盈余公积		0		
本年利润			725 000		
利润分配	提取法定盈余公积		0		
	提取任意盈余公积		0		
	应付现金股利		0		
	未分配利润		8 449.60		
生产成本	有骨雨刮器——直接材料	1 200			
	有骨雨刮器——直接人工	600			
	有骨雨刮器——制造费用	200			
	无骨雨刮器——直接材料	0			
	无骨雨刮器——直接人工	0			
	无骨雨刮器——制造费用	0			
合计		2 930 695.80	2 930 695.80		

三、导入企业账簿基本信息流程

（1）根据企业实际情况，选择相应的会计账簿。

（2）在账簿的“启用表”上，登记相关信息。

（3）根据会计科目表的顺序和名称，建立总账账户与明细账账户。

知识拓展

人工智能

人工智能是计算机科学的一个分支，它通过了解智能的实质，并生产出一种新的能以人类智能相似的方式作出反应的智能机器，该领域的研究包括机器人、语言识别、图像识别、自然语言处理和专家系统等。人工智能从诞生以来，理论和技术日益成熟，应用领域也不断扩大，预计未来人工智能带来的科技产品，将会是人类智慧的“容器”。人工智能可以对人的意识、思维的信息过程进行模拟。人工智能不是人的智能，但能像人那样思考、也可能超过人的智能。人工智能是一门极富挑战性的科学，从事这项工作的人必须懂得计算机知识，心理学和哲学。人工智能是内容十分广泛的科学，它由不同的领域组成，如机器学习、计算机视觉等。人工智能研究的一个主要目标是使机器能够胜任一些通常需要人类智能才能完成的复杂工作。

任务实施

【资料】南京中山有限公司基本资料

（一）企业基本情况

1.名称：南京中山有限公司。

2.性质：有限责任公司。

3.地址：江苏省南京市鼓楼区中山路1号。

4.开户银行：建设银行南京中山路支行；人民币基本户：2013091001。

5.纳税人识别号：91321120120120223R。

6.法定代表人（董事长）：王琴。

7.总经理：崔梅。

8.会计工作人员：财务负责人徐云、会计员余雪、出纳员吴宗茜、制单员余雪。

9.组织机构：办公室、财务部、采购部、销售部和生产车间。

10.公司主要生产S303、T404两种产品，生产所耗材料为K、J两种。

（二）主要会计政策及相关说明

1.该公司为制造型企业，执行《企业会计准则》，采用科目汇总表核算形式。

2.存货按实际成本核算，出库单位成本按月末一次加权平均法计算，其中原材料及库存商品出库单位成本保留2位小数。周转材料价值摊销采用一次摊销法。产品成本计算采用品种法，设置直接材料、直接人工、制造费用三个成本项目；工资及“五险一金”的分配采用工时比例法（“五险一金”的承担和计提比例如下：企业承担部分为养老保险20%、医疗保险9%、失业保险1.5%、工伤保险0.5%、生育保险0.8%、住房公积金10%；个人承担部分为养老保险8%、医疗保险2%及大病救助金每人每月10元、失业保险0.5%、住房公积金10%）；制造费用按生产工时比例在各种产品之间分配，分配率保留4位小数（若能除尽即保留全部小数位）；生产费用在完工产品和在产品之间的分配采用约当产量法（原材料在生产初期一次投入），分配率保留8位小数，尾差计入月末在产品成本。

3. 固定资产折旧采用直线法，净残值率为4%，折旧年限分别为房屋及建筑物20年、机器设备10年、运输工具4年、电子设备3年、折旧率保留4位小数。

4. 公司每月月末按实际占用天数计算提取贷款的利息支出；银行于每月20日收取其发放贷款的利息，于每季末月20日支付其存款利息。

5. 公司适用的增值税税率为13%；城市维护建设税税率为7%；教育费附加征收率为3%，地方教育附加征收率为2%；企业所得税税率为25%，每月按照实际利润额计算预提企业所得税。

（三）2023年9月1日南京中山有限公司有关账户的期初余额（见表5-3）

表5-3 南京中山有限公司有关账户的期初余额

2023年9月1日

单位：元

总账账户	明细账账户	借方余额	贷方余额
库存现金		5 000	
银行存款		435 678.91	
	基本户——建设银行（2013091001）	435 678.91	
应收账款		1 430 000	
	北京利众有限公司	930 000	
	上海科达有限公司	500 000	
预付账款		46 490.50	
	供电公司	46 490.50	
在途物资	K材料（3 000千克）	300 000	
原材料		99 000	
	K材料（500千克）	51 000	
	J材料（1 000千克）	48 000	
周转材料	低值易耗品M（3件）	600	
库存商品		380 000	
	S303（1 000件）	260 000	
	T404（1 000件）	120 000	
生产成本		100 577.15	
	S303	76 066.69	
	T404	24 510.46	

续表

总账账户	明细账账户	借方余额	贷方余额
固定资产		5 976 500	
累计折旧			397 650
短期借款			600 000
	建设银行（2023年8月8日借入6个月周转借款）		600 000
应付账款			180 000
	广东营达有限公司		100 000
	广西远山有限公司		80 000
应交税费			115 000
	未交增值税		25 000
	应交城市维护建设税		1 750
	应交教育费附加		750
	应交地方教育附加		500
	应交企业所得税		87 000
应付职工薪酬			161 287.50
	工资		75 500
	设定提存计划——养老保险		15 100
	社会保险费——医疗保险		6 040
	设定提存计划——失业保险		1 510
	社会保险费——工伤保险		1 132.50
	社会保险费——生育保险		755
	住房公积金		7 550
	工会经费		45 000
	职工教育经费		8 700
应付利息			1 100
	短期借款（建行）（人民币）本金600 000元		1 100
实收资本			4 000 000
	南京宁商股份有限公司		3 200 000
	南京起众有限公司		800 000
资本公积			362 846.50
盈余公积			323 500
利润分配	未分配利润		2 632 462.56
合计		8 773 846.56	8 773 846.56

【练习】根据南京中山有限公司2023年9月1日有关账户的期初余额资料进行试算平衡。

任务二 核算企业筹资阶段业务

任务描述

学会企业借入资金和投入资金的账务处理。

知识储备

制造业企业的经营活动主要包括筹资阶段、采购阶段、生产阶段、销售阶段、财务成果阶段。

一般情况下，公司经营活动的起点是筹集所需的资金。筹资阶段是企业筹集生产经营活动所需资金的阶段，是企业整个资金运动的起点。

企业的筹资业务按其资金来源通常分为所有者权益筹资和负债筹资。所有者权益筹资形成所有者的权益（权益资本），包括投资者的投资及其增值，这部分资本的所有者既享有企业的经营收益，也承担企业的经营风险。负债筹资形成债权人的权益（债务资本），主要包括企业向债权人借入的资金和结算形成的负债资金等，这部分资本的所有者享有按约收回本金和利息的权利。

微课 筹资

一、主要账户的设置

企业筹资阶段涉及的主要账户，见表5-4。

表5-4 企业筹资阶段涉及的主要账户

账户名称	账户性质	账户用途	账户结构	明细核算
银行存款	资产类	核算企业存入银行或其他金融机构的各种款项	借方登记银行存款增加额；贷方登记银行存款减少额；期末存在借方余额，反映企业存在银行或其他金融机构的各种款项	按开户银行名称、银行账号进行明细核算，并设置银行存款日记账
固定资产	资产类	核算企业固定资产的原价	借方登记固定资产增加额；贷方登记固定资产减少额；期末存在借方余额，反映企业固定资产的原价	按照固定资产类别和项目进行明细核算（企业根据实际情况设置固定资产登记簿和固定资产卡片）
实收资本	所有者权益类	核算企业接受投资者投入的资本	贷方登记收到投资者投入的其在注册资本中所占份额；借方登记按照法定程序报经批准减少的注册资本额；期末存在贷方余额，反映企业实收资本总额	按投资者进行明细核算
短期借款	负债类	核算企业向银行或其他金融机构借入的期限在1年以下（含1年）的各种借款	贷方登记借入的短期借款本金；借方登记偿还的短期借款本金；期末存在贷方余额，反映企业尚未偿还的短期借款本金	按借款银行、合同号进行明细核算
长期借款	负债类	核算企业向银行或其他金融机构借入的期限在1年以上（不含1年）的各项借款	贷方登记借入的长期借款本金；借方登记偿还的长期借款本金；期末存在贷方余额，反映企业尚未偿还的长期借款本金	按借款银行、合同号进行明细核算

二、核算筹资业务

筹资业务核算的主要内容包括：接受投资者货币资金、实物资产投资；取得短期借款、长期借款等。

【例5-1】2023年12月1日，南京星光雨刮器有限公司接受股东王维的货币资金投资60 000元，已存入公司基本户（凭证编号：03；附件：2张；制单：杨梅）。

步骤一：分析经济业务。

本业务引起银行存款增加60 000元，记借方；实收资本增加60 000元，记贷方。

步骤二：编制会计分录。

借：银行存款——交行江宁支行（33011809032591） 60 000

　贷：实收资本——王维 60 000

步骤三：编制记账凭证（如图5-1所示）。

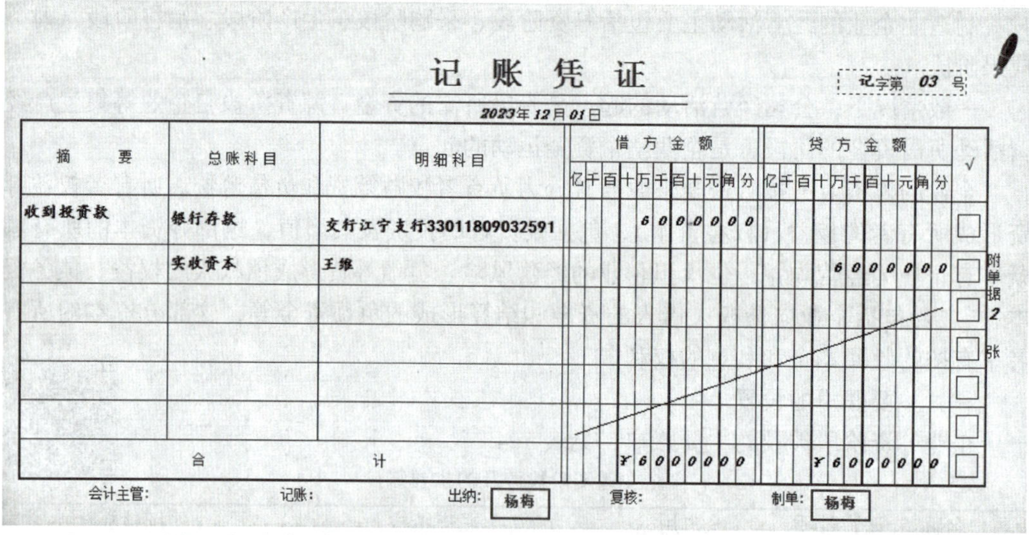

记账凭证

记字第 03 号

2023年12月01日

摘要	总账科目	明细科目	借方金额	贷方金额	√
收到投资款	银行存款	交行江宁支行33011809032591	6000000		
	实收资本	王维		6000000	
合计			￥6000000	￥6000000	

附单据 2 张

会计主管：　记账：　出纳：杨梅　复核：　制单：杨梅

图5-1　编制记账凭证

【例5-2】2023年12月2日，公司接受股东秦岭全新设备投资，评估价30 000元，其中价款26 549元，增值税3 451元，设备交付生产车间使用（凭证编号：04；附件：3张；制单：孟军）。

步骤一：分析经济业务。

本业务引起固定资产增加26 549元，记借方；应交税费可抵扣3 451元，记借方；实收资本增加30 000元，记贷方。

步骤二：编制会计分录。

借：固定资产——生产设备 26 549

　　应交税费——应交增值税（进项税额） 3 451

　贷：实收资本——秦岭 30 000

步骤三：编制记账凭证（如图5-2所示）。

记 账 凭 证

记字第 04 号

2023年12月02日

摘要	总账科目	明细科目	借方金额（亿千百十万千百十元角分）	贷方金额（亿千百十万千百十元角分）	√
收到投入固定资产	固定资产	生产设备	2654900		
	应交税费	应交增值税（进项税额）	345100		
	实收资本	秦岭		3000000	
合计			¥3000000	¥3000000	

附单据 3 张

会计主管：　记账：　出纳：　复核：　制单：孟军

图5-2　编制记账凭证

【例5-3】2023年12月3日，公司接受股东李玲货币资金投资10 000元，已存入公司基本户（凭证编号：05；附件：2张；制单：杨梅）。

步骤一：分析经济业务。

本业务引起银行存款增加10 000元，记借方；实收资本增加10 000元，记贷方。

步骤二：编制会计分录。

借：银行存款——交行江宁支行（33011809032591）　　10 000

　贷：实收资本——李玲　　10 000

步骤三：编制记账凭证（如图5-3所示）。

记 账 凭 证

记字第 05 号

2023年12月03日

摘要	总账科目	明细科目	借方金额（亿千百十万千百十元角分）	贷方金额（亿千百十万千百十元角分）	√
收到投资款	银行存款	交行江宁支行33011809032591	1000000		
	实收资本	李玲		1000000	
合计			¥1000000	¥1000000	

附单据 2 张

会计主管：　记账：　出纳：杨梅　复核：　制单：杨梅

图5-3　编制记账凭证

【例5-4】2023年12月1日，公司从交通银行江宁支行取得期限6个月、年利率5.4%的银行借款100 000元，合同号为77236031。该借款按月支付利息（凭证编号：01；附件：2张；制单：杨梅）。

步骤一：分析经济业务。

本业务引起银行存款增加100 000元，记借方；短期借款增加100 000元，记贷方。

步骤二：编制会计分录。

借：银行存款——交行江宁支行（33011809032591）　　100 000

　贷：短期借款——交行江宁支行（77236031）　　100 000

步骤三：编制记账凭证（如图5-4所示）。

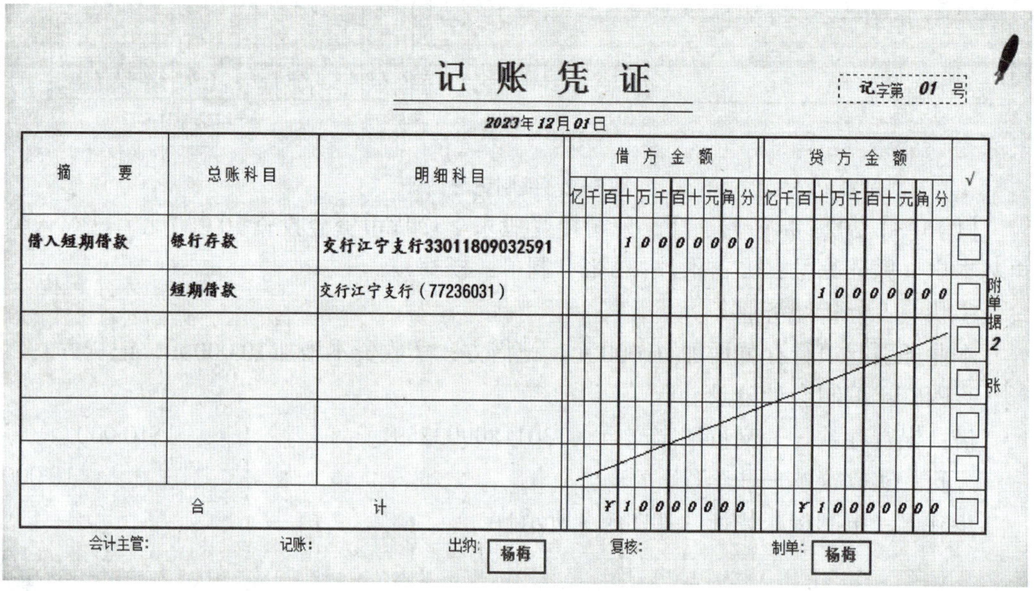

记账凭证

记字第 01 号

2023年12月01日

摘要	总账科目	明细科目	借方金额（亿千百十万千百十元角分）	贷方金额（亿千百十万千百十元角分）	√
借入短期借款	银行存款	交行江宁支行33011809032591	10000000		
	短期借款	交行江宁支行（77236031）		10000000	
合计			¥10000000	¥10000000	

附单据 2 张

会计主管：　记账：　出纳：杨梅　复核：　制单：杨梅

图5-4　编制记账凭证

【例5-5】2023年12月1日，公司从交通银行江宁支行取得期限3年、年利率7.2%的银行借款200 000元，合同号为77236341。该借款按每半年支付利息（凭证编号：02；附件：2张；制单：杨梅）。

步骤一：分析经济业务。

本业务引起银行存款增加200 000元，记借方；长期借款增加200 000元，记贷方。

步骤二：编制会计分录。

借：银行存款——交行江宁支行（33011809032591）　　200 000

　贷：长期借款——交行江宁支行（77236341）　　200 000

步骤三：编制记账凭证（如图5-5所示）。

记 账 凭 证

记字第 02 号

2023年12月01日

摘要	总账科目	明细科目	借方金额（亿千百十万千百十元角分）	贷方金额（亿千百十万千百十元角分）	√
借入长期借款	银行存款	交行江宁支行33011809032591	20000000		
	长期借款	交行江宁支行（77236341）		20000000	
合		计	¥20000000	¥20000000	

附单据 2 张

会计主管：　记账：　出纳：杨梅　复核：　制单：杨梅

图5-5　编制记账凭证

任务实施

【练习1】2023年6月29日，德宝实业有限公司收到投资方投入的货币资金，请根据背景单据编制记账凭证（凭证编号：178；制单：王林）。附原始单据：进账单收账通知联、投资协议（复印件）、验资报告（复印件），如图5-6、图5-7、图5-8所示。

交通银行 进账单（收账通知）　3

2023年 06月 29日

出票人	全称	联科化工有限公司	收款人	全称	德宝实业有限公司
	账号	12560060907809100I		账号	0694890809100I2345231
	开户银行	中国银行上海分行		开户银行	交通银行上海分行
金额	人民币（大写）	壹佰陆拾万元整		亿千百十万千百十元角分	¥160000000
票据种类		票据张数			
票据号码					
	复核　记账				收款人开户银行签章

交通银行上海分行 2023.06.29 转讫 (01)

此单证已验资，不得销毁、混淆、改涂。中瑞天华会计师事务所

此联是收款人开户银行交给收款人的收账通知

图5-6　进账单收账通知联

投资协议

甲方：德宝实业有限公司

乙方：联科化工有限公司

甲乙双方经友好协商，本着利益共享的原则，根据中华人民共和国有关法律法规的相关规定，就乙方投资甲方事宜达成如下协议：

第一条　乙方自愿以货币方式投资人民币160万元（人民币壹佰陆拾万元整）到甲方。

第二第　甲方以乙方投资金额确定其持股比例。

第三条　出资方式及占股比例。乙方以货币资金作为出资，出资额为人民币160万元（人民币壹佰陆拾万元整），占公司注册资本人民币800万元（人民币捌佰万元整）的20%。

凡因执行本合同所发生的或与本合同有关的一切争议，双方应通过友好协商解决。如果协商不能解决，应提交仲裁委员会仲裁。仲裁裁决是终局的，对双方都有约束力。

合同投资协议各方各一份，共两份。自投资各方签字之日起生效。

甲方（盖章）德宝实业有限公司　　乙方（盖章）：联科化工有限公司

法人代表人（签字）：陈春兰　　法定代表人（签字）：张建国

签订日期：2023年6月25日　　签订日期：2023年6月25日

图5-7　投资协议（复印件）

验资报告

德宝实业有限公司：

我们接受委托，审验了贵公司截至2023年06月29日新增注册资本及实收资本情况。按照法律法规以及协议、章程的要求出资，提供真实、合法、完整的验资资料，保护资产的安全、完整是全体股东及贵公司的责任。我们的责任是对贵公司新增注册资本及实收资本情况发表审验意见。我们的审验是依据《中国注册会计师审计准则第1602号——验资》进行的。在审验过程中，我们结合贵公司的实际情况，实施了检查等审验程序。

贵公司原注册资本为人民币陆佰肆拾万元整，实收资本为人民币陆佰肆拾万元整。根据贵公司2023年6月25日股东会决议和修改后的章程规定，贵公司申请增加注册资本人民币壹佰陆拾万元整，由联科化工有限公司（以下简称甲方）于2023年06月29日之前一次缴足）变更后的注册资本为人民币捌佰万元整。经我们审验，截至2023年06月29日，贵公司已收到甲方缴纳的新增注册资本（实收资本）合计人民币壹佰陆拾万元整。

同时我们注意到，贵公司本次增资前的注册资本人民币陆佰肆拾万元整，实收资本人民币陆佰肆拾万元整，已经中瑞天华会计师事务所审验，并于2022年07月11日出具京华（2018）验0068字验资报告。截至2023年06月29日，贵公司变更后的累计注册资本人民币捌佰万元整，实收资本人民币捌佰万元整。

本验资报告供贵公司申请办理注册资本及实收资本变更登记及据以向全体股东签发出资证明时使用，不应被视为是对贵公司验资报告日后资本保全、偿债能力和持续经营能力等的保证。因使用不当造成的后果，与执行本验资业务的注册会计师及本会计师事务所无关。

附件：1.新增注册资本实收情况明细表。

2.注册资本及实收资本变更前后对照表。

3.验资事项说明。

中瑞天华会计师事务所（中瑞天华会计师事务所）

中国注册会计师：（签名并盖章）　中国注册会计师张云佳

中国注册会计师：（签名并盖章）　中国注册会计师李勇

2023年6月29日

图5-8　验资报告（复印件）

【练习2】2023年6月3日，江丰实业有限公司向银行借入短期借款，请根据背景单据编制记账凭证（凭证编号：142）。附原始单据：借款借据收账通知联、借款合同（复印件），如图5-9、图5-10所示。

借款借据（收账通知）

借款日期 2023年06月03日　　借据编号 201837

收款单位	名　称	江丰实业有限公司	付款单位	名　称	江丰实业有限公司
	开户账号	41087200040000785222 32		放款户账号	41087200040456600562 4
	开户银行	交通银行广州分行		开户银行	交通银行广州分行
借款金额	人民币（大写）壹拾叁万元整		千百十万千百十元角分	￥13000000	
借款原因及用途	流动资金周转		借款期限	2019年06月03日至2019年12月02日	
你单位上列借款，已转入你单位结算户内。 此致 （银行盖章）					

（交通银行广州分行 2023.06.03 转讫（01））

此联退还借款单位

图5-9　借款借据收账通知联

借款合同

借款方：江丰实业有限公司

贷款方：交通银行广州分行

借款方因流动资金需要，特向贷款方申请借款，经贷款方审核同意发放。为明确双方责任，恪守信用，特签订本合同，共同遵守。

第一、借款方向贷款方借款人民币（大写）壹拾叁万元整，期限六个月，从2023 年 06 月 03 日至2023年 12 月 02 日，年利率为6%。自支用贷款之日起，按月计算利息，按季结息，到期归还本金。

第二、贷款方应如期向借款方发放贷款；否则，按违约数额和延期天数，付给借款方违约金。违约金的计算与逾期贷款罚息相同，即10%。

第三、贷款利率，按年利率 6% 计算。

第四、借款方应按协议使用贷款，不得转移用途；否则，贷款方有权提前终止协议。

第五、借款方保证按借款合同所订期限归还贷款本息。如需延期，借款方应在贷款到期前 3 天，提出延期申请，经贷款方同意，办理延期手续。但延期最长不得超过原订合同期限的一半。贷款方未同意延期或未办理延期手续的逾期贷款，加收罚息。

第六、借款方以房产（价值 500 万元）作为借款抵押，产权证件由贷款方保管（或公证机关保管）。公证费由借款方负担。

第七、贷款到期，借款方未归还贷款，又未办理延期手续，贷款方有权依照法律程序处理借款方作为贷款抵押的物资和财产，抵还借款本息。

第八、本合同书正本 2 份，借款方、贷款方各执 1 份。

第九、本合同自签订之日起生效，贷款本息全部偿清后失效。

借款单位：江丰实业有限公司（签章）
负责人：刘雪[illegible]
签约日期：2023 年 6 月 1 日

贷款单位：交通银行广州分行（签章）
审批组长：黄怀玉
签约日期：2023 年 6 月 1 日

图 5-10　借款合同（复印件）

任务三　核算企业采购阶段业务

任务描述

学会计算材料采购成本；学会对材料采购、入库等业务的账务处理。

知识储备

采购阶段是生产型企业以货币资金购买各种材料物资的阶段。采购阶段是日常生产经营过程的第一阶段。

一、主要账户的设置

企业采购阶段涉及的主要账户，见表5-5。

表5-5 企业采购阶段涉及的主要账户

账户名称	账户性质	账户用途	账户结构	明细核算
库存现金	资产类	核算企业的库存现金	借方登记库存现金增加数；贷方登记库存现金减少数；期末存在借方余额，反映企业持有的库存现金	设置“库存现金日记账”
在途物资	资产类	核算企业货款已付但尚未验收入库的在途物资的实际采购成本	借方登记材料的买价和采购费用；贷方登记验收入库材料的实际成本；期末存在借方余额，反映企业在途材料、商品等物资的实际采购成本	按照供应单位和物资品种进行明细核算
原材料	资产类	核算企业库存的各种材料（如原料及主要材料、辅助材料、包装材料等）的实际成本	借方登记已验收入库材料的实际成本；贷方登记发出材料的实际成本；期末存在借方余额，反映库存材料的实际成本	按照材料的保管地点（仓库）、材料的类别、品种和规格等进行明细核算
周转材料	资产类	核算企业库存的各种包装物、低值易耗品的实际成本	借方登记已验收入库包装物、低值易耗品的实际成本；贷方登记发出包装物、低值易耗品的实际成本；期末存在借方余额，反映库存包装物、低值易耗品的实际成本	按包装物、低值易耗品的种类进行明细核算
应付票据	负债类	核算企业因购买材料、商品或接受劳务等经营活动而开出的商业汇票	贷方登记企业开出的商业汇票的票面金额；借方登记偿付金额；期末存在贷方余额，反映尚未偿付的应付票据款	按接收单位进行明细核算并在备查簿设专栏登记详细信息
应付账款	负债类	核算企业因购买材料、商品或接受劳务等经营活动而支付的款项	贷方登记应付金额；借方登记支付金额；期末存在贷方余额，反映企业尚未支付的应付账款余额	按债权人进行明细核算

续表

账户名称	账户性质	账户用途	账户结构	明细核算
应交税费	负债类	核算企业按照税法等规定应缴纳的各种税费，包括增值税、消费税、个人所得税、企业所得税、资源税、土地增值税、城市维护建设税、教育费附加、地方教育附加、房产税、城镇土地使用税、车船税、印花税等	贷方登记应缴纳的各种税费；借方登记已缴纳的各种税费。如期末存在贷方余额，则反映企业尚未缴纳的税费；如期末存在借方余额，则反映企业多交或尚未抵扣的税费	按应交税费项目进行明细核算
预付账款	资产类	核算企业按照合同规定预付的款项，包括根据合同规定预付的购货款、租金、工程款等	借方登记预付及补付的款项；贷方登记购进货物所需支付的款项及退回多余的款项；期末存在借方余额，反映企业预付的各种款项	按供货单位（或个人）进行明细核算
其他应收款	资产类	核算企业除应收票据、应收账款、预付账款、应收股利、应收利息等以外的其他各种应收及暂付款项，包括各种赔款、罚款、应向职工收取的各种垫付款项等	借方登记企业发生的其他各种应收款项；贷方登记已收回的各种应收款项；期末存在借方余额，反映企业尚未收回的其他应收款项	按照对方单位（或个人）进行明细核算
管理费用	损益类	核算企业发生的除主营业务成本、税金及附加、其他业务成本、销售费用、财务费用、营业外支出以外的其他费用，包括企业在筹建期间发生的开办费、行政管理部门在经营管理中发生的费用（如行政管理部门的职工薪酬、物料消耗、固定资产折旧、修理费、办公费、差旅费、业务招待费等）	借方登记管理费用的增加金额；贷方登记期末转入“本年利润”账户的金额；结转后该账户无余额	按开办费、业务招待费、低值易耗品摊销、无形资产摊销、工资、职工福利费、社会保险费、住房公积金、工会经费、职工教育经费、办公费、水电费、差旅费、折旧费、财产保险费、会务费、盘盈利得、盘亏损失、研发支出等费用项目进行明细核算

二、材料采购成本的计算

材料采购成本是指企业物资从采购到入库前所发生的全部支出，包括购买价款、相关税费、运输费、装卸费、保险费以及其他可归属于采购成本的费用。

材料采购成本的计算，就是把企业在采购阶段发生的材料采购成本，按照材料的品种或类别加以归集，计算材料采购总成本和单位成本。通过材料采购成本的计算，可以确定材料的实际成本，材料实际成本是产品生产成本的一部分。

1.外购材料采购成本的计算

（1）材料的买价是供货单位开出发票上载明的价格。

（2）采购费用包括运杂费（如运输费、装卸费、保险费、包装费等）、入库前挑选整理费以及应由购入材料负担的其他有关税费（如材料进口关税）。取得运输费增值税专用发票注明的增值税进项税额，符合抵扣条件的可以抵扣，不计入材料采购成本。

采购人员的差旅费不计入材料采购成本，而是直接计入管理费用。

2.材料采购费用的分配

材料采购过程中发生的采购费用，凡是为采购一种材料而发生的采购费用，应直接计入该种材料的采购成本。其计算公式为：

某种材料采购总成本=该种材料的买价+应负担的采购费用

对于不能直接归属于某一种材料的采购费用应按一定的标准，在购买的几种材料之间进行分配。其计算公式为：

（1）$采购费用分配率=\frac{采购费用总额}{各种材料的重量(或买价或体积)之和}$

（2）某种材料应负担的采购费用=该种材料的重量（或买价或体积）×采购费用分配率

三、核算采购业务

采购业务核算的主要内容包括：购入材料；与供货单位办理价款结算；确定材料的采购成本；将材料验收入库形成材料储备等。

【例5 6】2023年12月5日，公司以银行存款预付南京星亚有限公司货款1 000元（凭证编号：07；附件：1张；制单：杨梅）。

步骤一：分析经济业务。

本业务引起预付账款增加1 000元，记借方；银行存款减少1 000元，记贷方。

步骤二：编制会计分录。

借：预付账款——南京星亚有限公司　　1 000

　贷：银行存款——交行江宁支行（33011809032591）　　1 000

步骤三：编制记账凭证（如图5-11所示）。

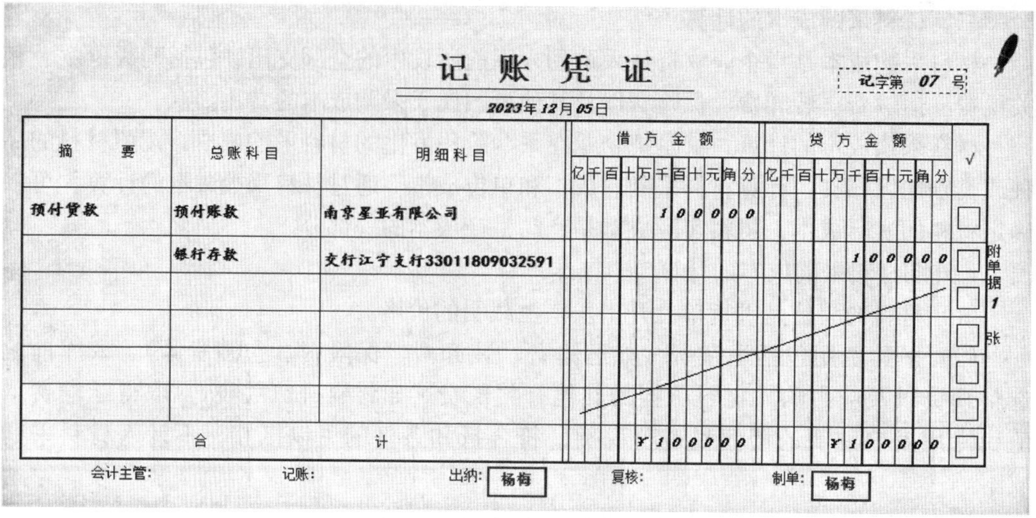

记 账 凭 证

2023年12月05日　　记字第 07 号

摘要	总账科目	明细科目	借方金额（亿千百十万千百十元角分）	贷方金额（亿千百十万千百十元角分）	√
预付货款	预付账款	南京星亚有限公司	100000		
	银行存款	交行江宁支行33011809032591		100000	
合		计	￥100000	￥100000	

附单据 1 张

会计主管:　记账:　出纳: 杨梅　复核:　制单: 杨梅

图5-11　编制记账凭证

【例5-7】2023年12月5日，公司购买不需要安装的机器设备一台，价格50 000元，增值税6 500元，款项以银行存款支付，设备投入生产车间使用（凭证编号：08；附件：3张；制单：杨梅）。

步骤一：分析经济业务。

本业务引起固定资产增加50 000元，记借方；应交税费可抵扣6 500元，记借方；银行存款减少56 500元，记贷方。

步骤二：编制会计分录。

借：固定资产——生产设备　　50 000

　　应交税费——应交增值税（进项税额）　　6 500

　贷：银行存款——交行江宁支行（33011809032591）　　56 500

步骤三：编制记账凭证（如图5-12所示）。

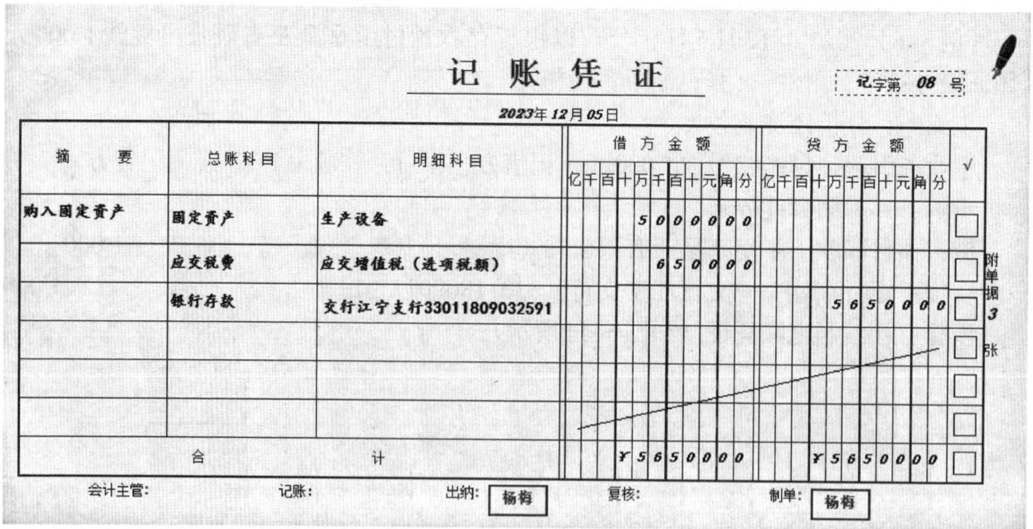

记 账 凭 证

2023年12月05日　　记字第 08 号

摘要	总账科目	明细科目	借方金额（亿千百十万千百十元角分）	贷方金额（亿千百十万千百十元角分）	√
购入固定资产	固定资产	生产设备	5000000		
	应交税费	应交增值税（进项税额）	650000		
	银行存款	交行江宁支行33011809032591		5650000	
合		计	￥5650000	￥5650000	

附单据 3 张

会计主管:　记账:　出纳: 杨梅　复核:　制单: 杨梅

图5-12　编制记账凭证

【例5-8】2023年12月6日，公司从银行基本户提取现金5 000元备用（凭证编号：09；附件：1张；制单：杨梅）。

步骤一：分析经济业务。

本业务引起库存现金增加5 000元，记借方；银行存款减少5 000元，记贷方。

步骤二：编制会计分录。

借：库存现金　　5 000

　贷：银行存款——交行江宁支行（33011809032591）　　5 000

步骤三：编制记账凭证（如图5-13所示）。

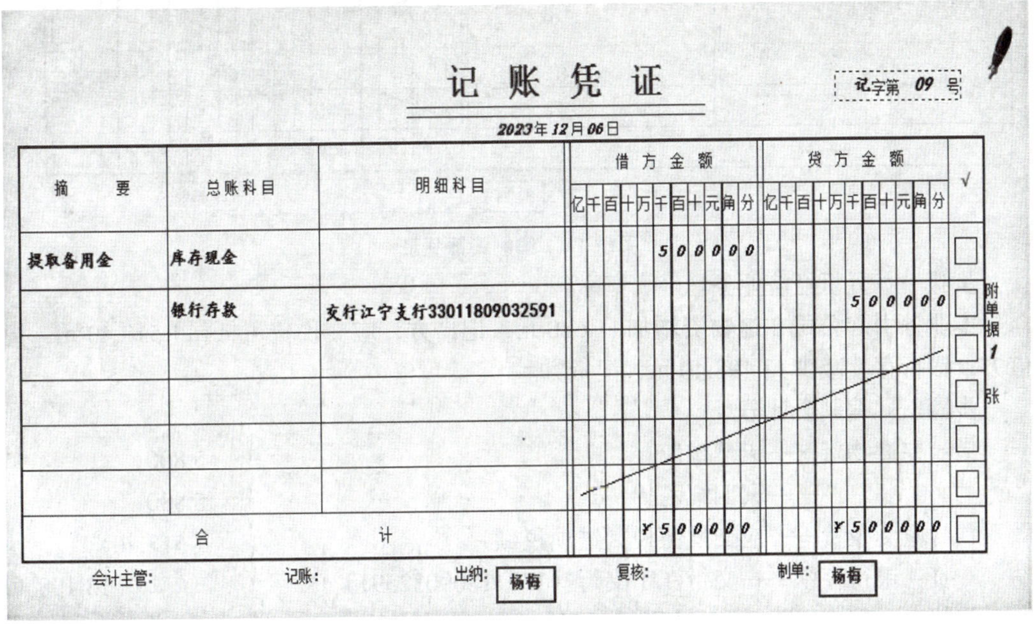

记 账 凭 证

记字第 09 号

2023年12月06日

摘要	总账科目	明细科目	借方金额（亿千百十万千百十元角分）	贷方金额（亿千百十万千百十元角分）	√
提取备用金	库存现金		500000		
	银行存款	交行江宁支行33011809032591		500000	
合	计		¥500000	¥500000	

附单据 1 张

会计主管：　记账：　出纳：杨梅　复核：　制单：杨梅

图5-13　编制记账凭证

【例5-9】2023年12月7日，公司采购员徐艺洋预借差旅费5 000元，出纳杨梅以现金付讫（凭证编号：12；附件：1张；制单：杨梅）。

步骤一：分析经济业务。

本业务引起其他应收款增加5 000元，记借方；库存现金减少5 000元，记贷方。

步骤二：编制会计分录。

借：其他应收款——徐艺洋　　5 000

　贷：库存现金　　5 000

步骤三：编制记账凭证（如图5-14所示）。

【例5-10】2023年12月7日，公司从南京天阳公司购入天然橡胶数量400千克，单价14.50元，金额5 800元，增值税754元；购入聚四氟乙烯300千克，单价19.60元，金额5 880元，增值税764.40元，均取得增值税专用发票，并以银行存款支付款项，材料未到（凭证编号：13；附件：2张；制单：杨梅）。

记 账 凭 证

记字第 12 号

2023年12月07日

摘要	总账科目	明细科目	借方金额（亿千百十万千百十元角分）	贷方金额（亿千百十万千百十元角分）	√
预借差旅费	其他应收款	徐艺洋	500000		
	库存现金			500000	
合计			￥500000	￥500000	

附单据 1 张

会计主管： 记账： 出纳：杨梅 复核： 制单：杨梅

图5-14 编制记账凭证

步骤一：分析经济业务。

本业务引起公司在途物资增加11 680元，记借方；应交税费可抵扣1 518.40元，记借方；银行存款减少13 198.40元，记贷方。

步骤二：编制会计分录。

借：在途物资——天然橡胶 5 800

——聚四氟乙烯 5 880

应交税费——应交增值税（进项税额） 1 518.40

贷：银行存款——交行江宁支行（33011809032591） 13 198.40

步骤三：编制记账凭证（如图5-15所示）。

记 账 凭 证

记字第 13 号

2023年12月07日

摘要	总账科目	明细科目	借方金额（亿千百十万千百十元角分）	贷方金额（亿千百十万千百十元角分）	√
购入原材料	在途物资	天然橡胶	580000		
	在途物资	聚四氟乙烯	588000		
	应交税费	应交增值税（进项税额）	151840		
	银行存款	交行江宁支行33011809032591		1319840	
合计			￥1319840	￥1319840	

附单据 2 张

会计主管： 记账： 出纳：杨梅 复核： 制单：杨梅

图5-15 编制记账凭证

【例5-11】2023年12月8日，公司以现金支付购入天然橡胶、聚四氟乙烯的运费，取得的增值税专用发票上注明运费700元、增值税63元，运费按购货重量分摊（凭证编号：14；附件：2张；制单：杨梅）。

步骤一：分析经济业务。

（1）计算运费分配率：

$$运费分配率=\frac{700}{400+300}=1（元/千克）$$

（2）计算各种材料应负担的运费：

天然橡胶应负担的运费=400×1=400（元）

聚四氟乙烯应负担的运费=300×1=300（元）

按一定标准对运费（不含增值税）分配后，应计入材料采购成本。本业务引起在途物资增加700元，记借方；应交税费可抵扣63元，记借方；库存现金减少763元，记贷方。

步骤二：编制会计分录。

借：在途物资——天然橡胶	400	
——聚四氟乙烯	300	
应交税费——应交增值税（进项税额）	63	
贷：库存现金		763

步骤三：编制记账凭证（如图5-16所示）。

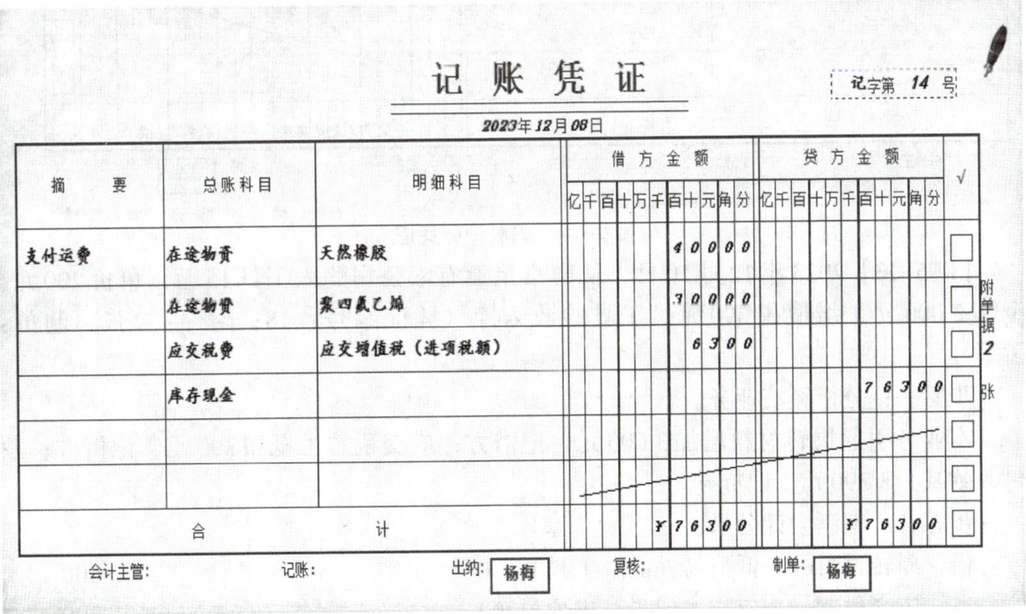
记账凭证

记字第 14 号

2023年12月08日

摘要	总账科目	明细科目	借方金额	贷方金额	√
支付运费	在途物资	天然橡胶	40000		
	在途物资	聚四氟乙烯	30000		
	应交税费	应交增值税（进项税额）	6300		
	库存现金			76300	
合计			¥76300	¥76300	

附单据 2 张

会计主管：　记账：　出纳：杨梅　复核：　制单：杨梅

图5-16　编制记账凭证

【例5-12】2023年12月8日，公司从南京东岭有限公司购入雨刮器骨架，取得的增值税专用发票上注明数量4 000支，单价6元，价款24 000元，增值税3 120元，货物未到，款项未付（凭证编号：15；附件：1张；制单：孟军）。

步骤一：分析经济业务。

本业务引起在途物资增加24 000元，记借方；应交税费可抵扣3 120元，记借方；应付账款增加27 120元，记贷方。

步骤二：编制会计分录。

借：在途物资——雨刮器骨架	24 000	
应交税费——应交增值税（进项税额）	3 120	
贷：应付账款——南京东岭有限公司		27 120

步骤三：编制记账凭证（如图5-17所示）。

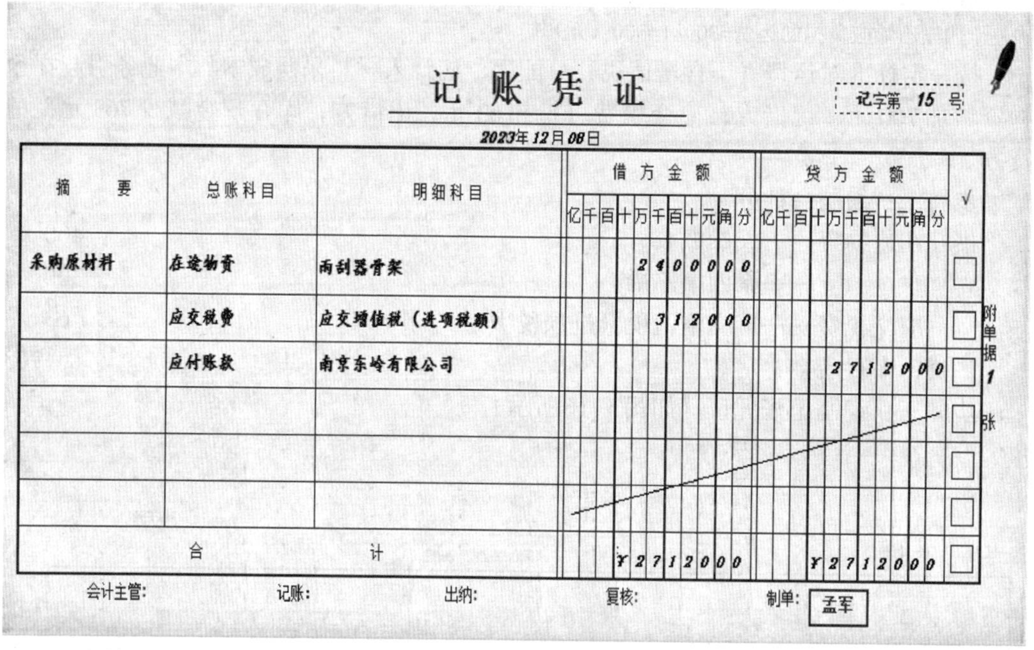
记账凭证

记字第 15 号

2023年12月08日

摘要	总账科目	明细科目	借方金额	贷方金额	√
采购原材料	在途物资	雨刮器骨架	2400000		
	应交税费	应交增值税（进项税额）	312000		
	应付账款	南京东岭有限公司		2712000	
合计			¥2712000	¥2712000	

附单据 1 张

会计主管：　记账：　出纳：　复核：　制单：孟军

图5-17　编制记账凭证

【例5-13】2023年12月10日，从南京星亚有限公司购入工具15箱，单价200元，金额3 000元，增值税390元，工具验收入库（凭证编号：18；附件：2张；制单：孟军）。

步骤一：分析经济业务。

本业务引起周转材料增加3 000元，记借方；应交税费可抵扣390元，记借方；预付账款减少3 390元，记贷方。

步骤二：编制会计分录。

借：周转材料——低值易耗品（工具）	3 000	
应交税费——应交增值税（进项税额）	390	
贷：预付账款——南京星亚有限公司		3 390

步骤三：编制记账凭证（如图5-18所示）。

记账凭证

2023年12月10日　　记字第 18 号

摘要	总账科目	明细科目	借方金额	贷方金额	√
购入工具	周转材料	低值易耗品（工具）	300000		
	应交税费	应交增值税（进项税额）	39000		
	预付账款	南京星亚有限公司		339000	
合计			￥339000	￥339000	

附单据 2 张

会计主管:　　记账:　　出纳:　　复核:　　制单: 孟军

图5-18　编制记账凭证

【例5-14】2023年12月10日，公司从南京天阳公司购入的天然橡胶400千克、聚四氟乙烯300千克，验收入库（凭证编号：19；附件：1张；制单：孟军）。

步骤一：分析经济业务。

本业务引起原材料增加12 380元，记借方；在途物资减少12 380元，记贷方。

步骤二：编制会计分录。

借：原材料——天然橡胶　　6 200

　　　　——聚四氟乙烯　　6 180

　贷：在途物资——天然橡胶　　6 200

　　　　　——聚四氟乙烯　　6 180

步骤三：编制记账凭证（如图5-19所示）。

记账凭证

2023年12月10日　　记字第 19 号

摘要	总账科目	明细科目	借方金额	贷方金额	√
在途物资验收入库	原材料	天然橡胶	620000		
	原材料	聚四氟乙烯	618000		
	在途物资	天然橡胶		620000	
	在途物资	聚四氟乙烯		618000	
合计			￥1238000	￥1238000	

附单据 1 张

会计主管:　　记账:　　出纳:　　复核:　　制单: 孟军

图5-19　编制记账凭证

【例5-15】2023年12月12日，公司从南京天阳公司购入聚四氟乙烯，取得的增值税专用发票上注明数量320千克，单价20元，金额6 400元，增值税832元，货到已入库，款项未付（凭证编号：25；附件：2张；制单：孟军）。

步骤一：分析经济业务。

本业务引起原材料增加6 400元，记借方；应交税费可抵扣832元，记借方；应付账款增加7 232元，记贷方。

步骤二：编制会计分录。

借：原材料——聚四氟乙烯	6 400	
应交税费——应交增值税（进项税额）	832	
贷：应付账款——南京天阳公司		7 232

步骤三：编制记账凭证（如图5-20所示）。

记　账　凭　证

记字第 25 号

2023年12月12日

摘要	总账科目	明细科目	借方金额（亿千百十万千百十元角分）	贷方金额（亿千百十万千百十元角分）	√
采购原材料	原材料	聚四氟乙烯	640000		
	应交税费	应交增值税（进项税额）	83200		
	应付账款	南京天阳公司		723200	
合		计	￥723200	￥723200	

附单据 2 张

会计主管：　记账：　出纳：　复核：　制单：孟军

图5-20　编制记账凭证

【例5-16】2023年12月12日，公司采购员徐艺洋出差归来报销差旅费4 800元，会计收回现金200元（凭证编号：27；附件：2张；制单：杨梅）。

步骤一：分析经济业务。

本业务引起管理费用增加4 800元，记借方；库存现金增加200元，记借方；其他应收款减少5 000元，记贷方。

步骤二：编制会计分录。

借：管理费用	4 800	
库存现金	200	
贷：其他应收款——徐艺洋		5 000

步骤三：编制记账凭证（如图5-21所示）。

记 账 凭 证

记字第 27 号

2023年12月12日

摘　要	总账科目	明细科目	借方金额（亿千百十万千百十元角分）	贷方金额（亿千百十万千百十元角分）	√
报销差旅费	管理费用		480000		
	库存现金		20000		
	其他应收款	徐艺泽		500000	
合　计			¥500000	¥500000	

附单据 2 张

会计主管：　记账：　出纳：杨梅　复核：　制单：杨梅

图5-21　编制记账凭证

【例5-17】2023年12月12日，公司以银行存款补付南京星亚有限公司货款2 390元（凭证编号：28；附件：1张；制单：杨梅）。

步骤一：分析经济业务。

本业务引起预付账款增加2 390元，记借方；银行存款减少2 390元，记贷方。

步骤二：编制会计分录。

借：预付账款——南京星亚有限公司　　2 390

　贷：银行存款——交行江宁支行（33011809032591）　　2 390

步骤三：编制记账凭证（如图5-22所示）。

记 账 凭 证

记字第 28 号

2023年12月12日

摘　要	总账科目	明细科目	借方金额（亿千百十万千百十元角分）	贷方金额（亿千百十万千百十元角分）	√
补付货款	预付账款	南京星亚有限公司	239000		
	银行存款	交行江宁支行33011809032591		239000	
合　计			¥239000	¥239000	

附单据 1 张

会计主管：　记账：　出纳：杨梅　复核：　制单：杨梅

图5-22　编制记账凭证

【例5-18】2023年12月12日，公司从南京天阳公司购入天然橡胶，取得的增值税专用发票上注明数量1 200千克，单价15元，金额18 000元，增值税2 340元，材料未到。公司以面值18 000元的银行承兑汇票支付货款，增值税2 340元暂欠（凭证编号：30；附件：2张；制单：孟军）。

步骤一：分析经济业务。

本业务引起在途物资增加18 000元，记借方；应交税费可抵扣2 340元，记借方；应付票据增加18 000元，记贷方；应付账款增加2 340元，记贷方。

步骤二：编制会计分录。

借：在途物资——天然橡胶　　18 000

　　应交税费——应交增值税（进项税额）　　2 340

　贷：应付票据——南京天阳公司　　18 000

　　　应付账款——南京天阳公司　　2 340

步骤三：编制记账凭证（如图5-23所示）。

记 账 凭 证

记字第 30 号

2023年12月12日

摘　要	总账科目	明细科目	借方金额（亿千百十万千百十元角分）	贷方金额（亿千百十万千百十元角分）	√
采购原材料	在途物资	天然橡胶	1800000		
	应交税费	应交增值税（进项税额）	234000		
	应付票据	南京天阳公司		1800000	
	应付账款	南京天阳公司		234000	
合		计	¥2034000	¥2034000	

附单据 2 张

会计主管：　记账：　出纳：　复核：　制单：孟军

图5-23　编制记账凭证

【例5-19】2023年12月13日，公司从南京东岭有限公司所购雨刮器骨架4 000支，验收入库（凭证编号：31；附件：1张；制单：孟军）。

步骤一：分析经济业务。

本业务引起原材料增加24 000元，记借方；在途物资减少24 000元，记贷方。

步骤二：编制会计分录。

借：原材料——雨刮器骨架　　24 000

　贷：在途物资——雨刮器骨架　　24 000

步骤三：编制记账凭证（如图5-24所示）。

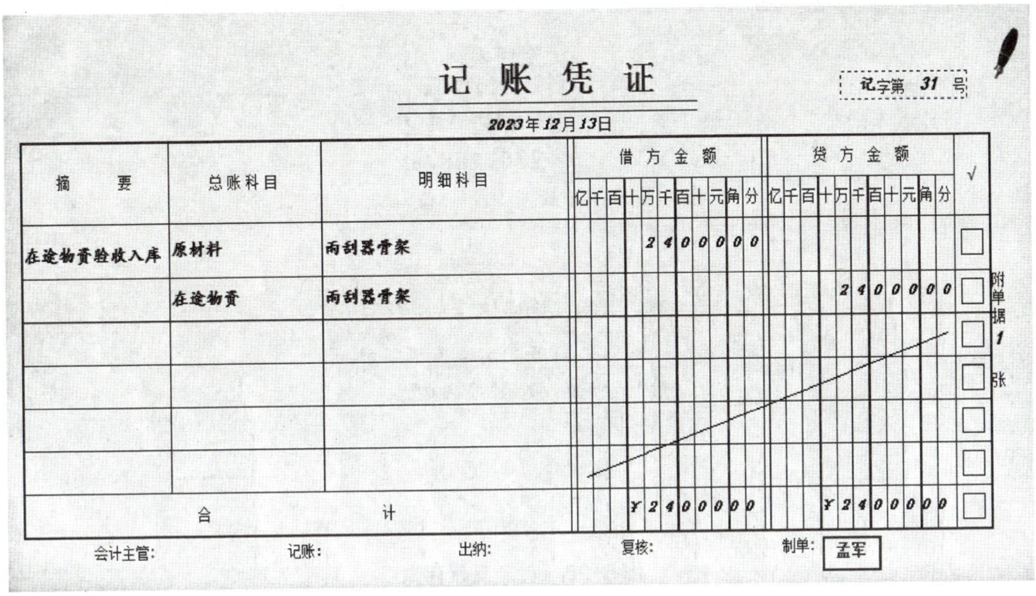

记 账 凭 证

记字第 31 号

2023年12月13日

摘　要	总账科目	明细科目	借方金额	贷方金额	√
在途物资验收入库	原材料	雨刮器骨架	2400000		
	在途物资	雨刮器骨架		2400000	
合　　计			¥2400000	¥2400000	

附单据 1 张

会计主管：　记账：　出纳：　复核：　制单：孟军

图 5-24　编制记账凭证

任务实施

【练习 1】2023 年 11 月 27 日，一般纳税人江丰实业有限公司采用实际成本核算材料，采购的原材料尚未验收入库，请根据背景单据编制记账凭证（凭证编号：215；制单：王林）。附原始单据：增值税专用发票、转账支票存根、进账单回单联，如图 5-25、图 5-26、图 5-27 所示。

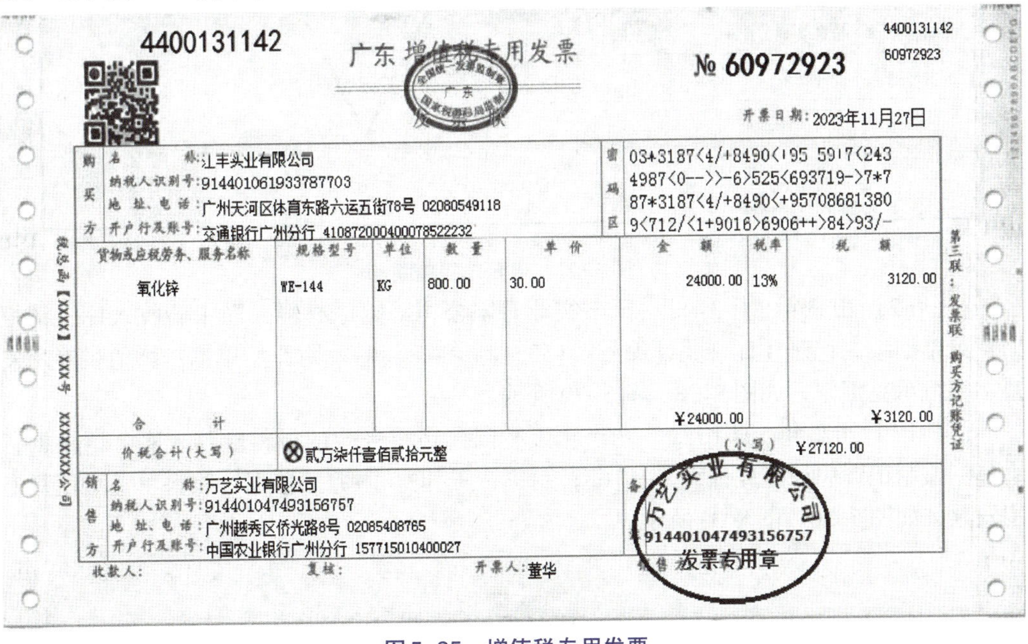

4400131142　广东增值税专用发票　№ 60972923　4400131142　60972923

发票联

开票日期：2023年11月27日

购买方　名　称：江丰实业有限公司
纳税人识别号：914401061933787703
地址、电话：广州天河区体育东路六运五街78号 02080549118
开户行及账号：交通银行广州分行 410872000400078522232

密码区：03*3187<4/+8490<95 59!7<243 4987<0-->>-6>525<693719->7*7 87*3187<4/+8490<+95708681380 9<712/<1+9016>6906++>84>93/-

货物或应税劳务、服务名称	规格型号	单位	数量	单价	金额	税率	税额
氧化锌	WE-144	KG	800.00	30.00	24000.00	13%	3120.00
合　计					¥24000.00		¥3120.00
价税合计（大写）	⊗贰万柒仟壹佰贰拾元整				（小写）¥27120.00		

销售方　名　称：万艺实业有限公司
纳税人识别号：914401047493156757
地址、电话：广州越秀区侨光路8号 02085408765
开户行及账号：中国农业银行广州分行 157715010400027

收款人：　复核：　开票人：董华　销售方：（章）万艺实业有限公司 914401047493156757 发票专用章

第三联：发票联　购买方记账凭证

图 5-25　增值税专用发票

交通银行
转账支票存根
30101112
23099087
附加信息
出票日期2023年11月27日
收款人：万艺实业有限公司
金　额：￥27 120.00
用　途：
单位主管　　会计

上海金达证券印制有限公司・2011年印制

图5-26　转账支票存根

交通银行 进账单（回　单）　1

2023年　11月　27日

出票人	全　称	江丰实业有限公司	收款人	全　称	万艺实业有限公司
	账　号	410872000400078522232		账　号	157715010400027
	开户银行	交通银行广州分行		开户银行	中国实业银行广州分行
金额	人民币（大写）	贰万柒仟壹佰贰拾元整		亿千百十万千百十元角分	￥2712000
票据种类	转账支票	票据张数 1			
票据号码	23099087				
	复核　记账			开户银行签章	

交通银行广州分行 2023.11.27 转讫（01）

此联是开户银行交给持票人的回单

图5-27　进账单回单联

【练习2】2023年8月31日，江丰实业有限公司采购原材料，尚未验收入库，请根据背景单据编制记账凭证（凭证编号：153；制单：王林）。附原始单据：增值税专用发票、银行承兑汇票，如图5-28、图5-29所示。

【练习3】2023年5月10日，北京化工有限公司将采购的材料验收入库，请根据背景单据编制记账凭证（凭证编号：163；制单：王林）。附原始单据：收料单、增值税专用发票，如图5-30、图5-31所示。

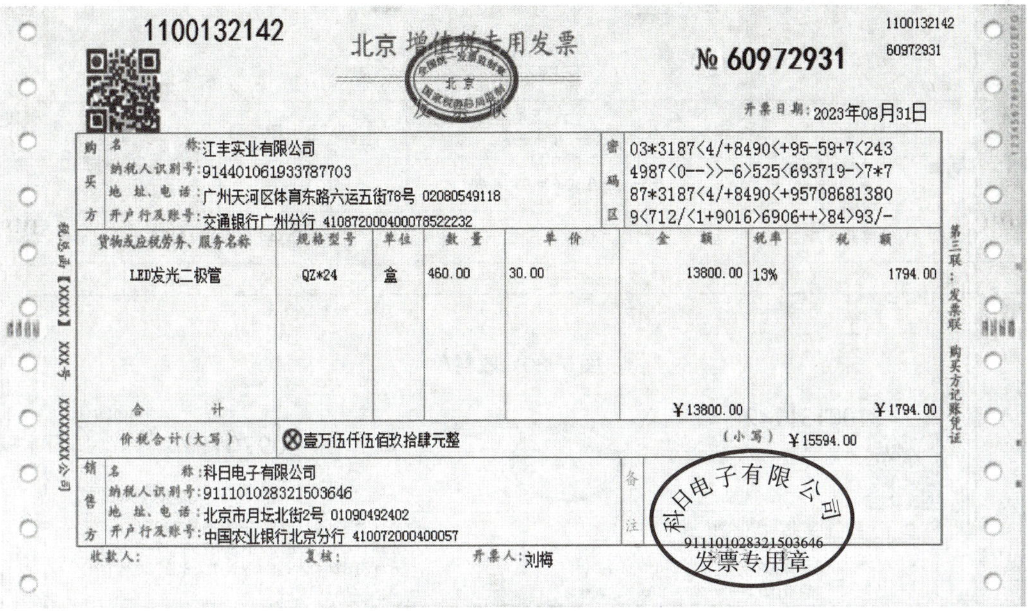

1100132142

北京增值税专用发票

№ 60972931

1100132142
60972931

开票日期：2023年08月31日

购买方	名　　称：江丰实业有限公司 纳税人识别号：914401061933787703 地　址、电　话：广州天河区体育东路六运五街78号 02080549118 开户行及账号：交通银行广州分行 410872000400078522232	密码区	03*3187<4/+8490<+95-59+7<243 4987<0-->>-6>525<693719->7*7 87*3187<4/+8490<+95708681380 9<712/<1+9016>6906++>84>93/-

货物或应税劳务、服务名称	规格型号	单位	数量	单价	金额	税率	税额
LED发光二极管	QZ*24	盒	460.00	30.00	13800.00	13%	1794.00
合　　计					¥13800.00		¥1794.00
价税合计（大写）	⊗壹万伍仟伍佰玖拾肆元整				（小写）¥15594.00		

销售方	名　　称：科日电子有限公司 纳税人识别号：911101028321503646 地　址、电　话：北京市月坛北街2号 01090492402 开户行及账号：中国农业银行北京分行 410072000400057	备注	科日电子有限公司 911101028321503646 发票专用章

收款人：　　复核：　　开票人：刘梅

第三联：发票联 购买方记账凭证

图5-28　增值税专用发票

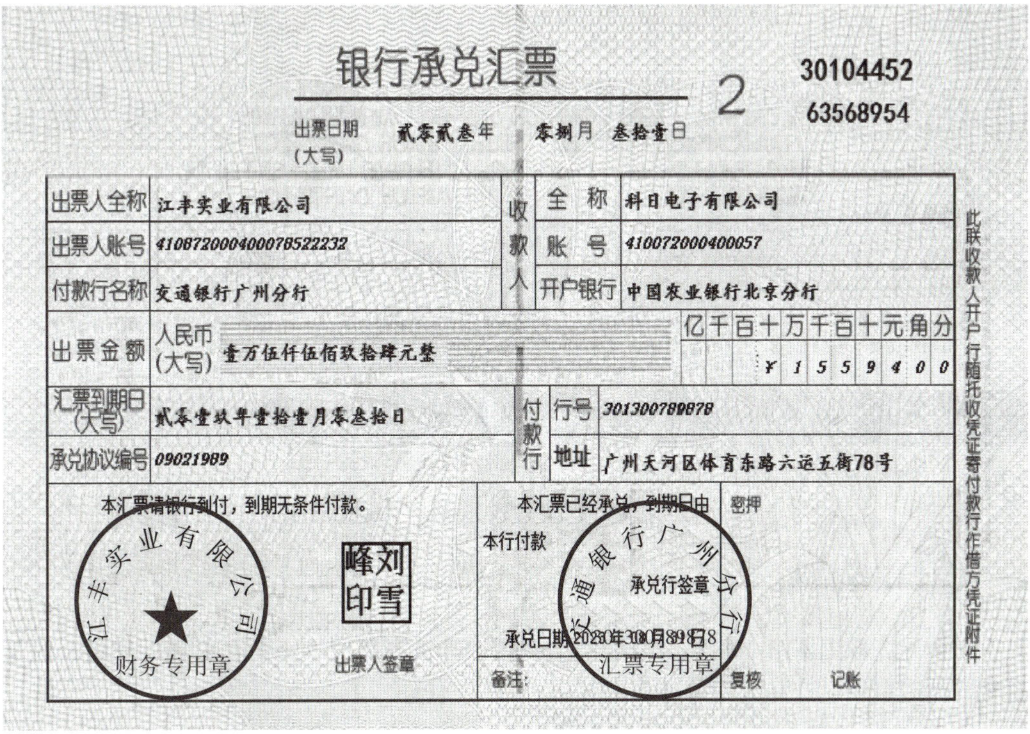

银行承兑汇票　2

30104452
63568954

出票日期（大写）　贰零贰叁年　零捌月　叁拾壹日

出票人全称	江丰实业有限公司	收款人	全　称	科日电子有限公司
出票人账号	410872000400078522232		账　号	410072000400057
付款行名称	交通银行广州分行		开户银行	中国农业银行北京分行
出票金额	人民币（大写）壹万伍仟伍佰玖拾肆元整		亿千百十万千百十元角分	¥1559400
汇票到期日（大写）	贰零贰玖年壹拾壹月零叁拾日	付款行	行号	301300789878
承兑协议编号	09021989		地址	广州天河区体育东路六运五街78号
本汇票请银行到付，到期无条件付款。 江丰实业有限公司 财务专用章 刘峰印雪 出票人签章		本汇票已经承兑，到期日由本行付款 交通银行广州分行 汇票专用章 承兑行签章 承兑日期 2023年08月31日 备注：	密押 复核　记账	

此联收款人开户行随托收凭证寄付款行作借方凭证附件

图5-29　银行承兑汇票

收料单

2023年05月10日　　　　编码：01

材料编号	材料名称	规格	材质	单位	数量 应收	数量 实收	实际单价	材料金额	运杂费	合计（材料实际成本）
A01	丙酮	SW10	——	千克	2 000	2 000				
供货单位	上海化工厂	结算方法		合同号	Q058	计划单价		材料/计划成本		
备注	————					———		———		

会计联

主管：　　质量检验员：　　仓库验收：　　经办人：李克

图5-30　收料单

3100131142　　**上海增值税专用发票**　　№ 60970127　　3100131142　60970127

发票联

开票日期：2023年05月10日

购买方	
名称	北京化工有限公司
纳税人识别号	911101085905444591
地址、电话	北京海淀区西苑三里08号 01083647491
开户行及账号	交通银行北京分行 020000100901213644121

密码区：
03*3187<4/+8490<+95-59+7<243
4987<0-->>-6>525<693719->7*7
87*3187<4/+8490<+95708681380
9<712/<1+9016>6906++>84>93/-

货物或应税劳务、服务名称	规格型号	单位	数量	单价	金额	税率	税额
丙酮	SW10	千克	2000.00	120.00	240000.00	13%	31200.00
合计					¥240000.00		¥31200.00

价税合计（大写）　⊗贰拾柒万壹仟贰佰元整　　（小写）¥271200.00

销售方	
名称	上海化工厂
纳税人识别号	913101019093268452
地址、电话	上海南京东路17号 02190490625
开户行及账号	中国工商银行上海支行 2314212602106310002

备注：上海化工厂 913101019093268452 发票专用章

收款人：　　复核：　　开票人：李杰　　销售方：（章）

第三联：发票联　购买方记账凭证

税总函【XXXX】XXX号 XXXXXXXX公司

图5-31　增值税专用发票

任务四　核算企业生产阶段业务

任务描述

学会计算职工薪酬、归集与分配制造费用、计算产品成本；学会对耗用材料、职工薪酬、制造费用、产品入库等业务的账务处理。

知识储备

生产阶段是制造业企业生产经营的主要阶段。企业产品的生产过程也是生产资料的耗费过程。企业在生产过程中发生的各项生产费用是企业为获得收入而预先垫支，并需要得到补偿的资金耗费。这些费用最终都要归集、分配给特定的产品，形成产品的成本。

产品成本的核算是指把一定时期内企业生产过程中所发生的费用，按其性质和发生地点，分类归集、汇总、核算，计算出该时期内生产费用发生总额，并按适当方法分别计算出各种产品的实际成本和单位成本。

一、主要账户的设置

企业生产阶段涉及的主要账户，见表5-6。

表5-6　企业生产阶段涉及的主要账户

账户名称	账户性质	账户用途	账户结构	明细核算
生产成本	成本类	核算企业进行工业性生产发生的各项生产成本，包括生产各种产品（如产成品、自制半成品等）、自制材料、自制工具、自制设备等	借方登记应计入产品成本的各项费用；贷方登记完工入库产品的生产成本；期末存在借方余额，反映企业尚未加工完成的在产品成本	按基本生产成本，如产品名称（直接材料、直接人工、制造费用）和按辅助生产成本，如车间名称（直接材料、直接人工、制造费用）进行明细核算
制造费用	成本类	核算企业生产车间（部门）为生产产品和提供劳务而发生的各项间接费用	借方登记生产产品、提供劳务所发生的各项间接费用；贷方登记月末分配结转的应由产品、劳务负担的制造费用；除季节性的生产性企业外，本账户期末应无余额	按不同的生产车间的财产保险费、水电费、差旅费、工资、职工福利费、社会保险费、住房公积金、机物料消耗、低值易耗品摊销、折旧费等费用项目进行明细核算
销售费用	损益类	核算企业销售商品、材料或提供劳务的过程中发生的各种费用，通常包括保险费、包装费、展览费、广告费、商品维修费、装卸费等	借方登记企业在销售商品过程中发生的各项销售费用；贷方登记期末转入“本年利润”账户的数额；结转后无余额	按包装费、广告宣传费、市内交通费、低值易耗品摊销、无形资产摊销费、工资、职工福利费、社会保险费、住房公积金、办公费、水电费、差旅费、折旧费、运输装卸费等费用项目进行明细核算
累计折旧	资产类	核算企业固定资产的累计折旧	贷方登记计提的折旧额；借方登记已提折旧的减少额或转销额；期末存在贷方余额，反映企业固定资产的累计折旧额	只进行总分类账核算，不进行明细分类账核算。需要查明某项固定资产的已计提折旧，可以根据“固定资产卡片”上所记载的该项固定资产原价、折旧率和实际使用年数等资料进行计算

续表

账户名称	账户性质	账户用途	账户结构	明细核算
库存商品	资产类	核算企业库存的各种商品的实际成本，包括库存产成品、外购商品、存放在门市部准备出售的商品、发出展览的商品以及寄存在外的商品等	借方登记已经完工验收入库产品的生产成本；贷方登记已售产品的生产成本；期末存在借方余额，反映企业库存商品的实际成本	按照库存商品的种类、品种和规格等进行明细核算
应付职工薪酬	负债类	核算企业根据有关规定应付给职工的各种薪酬	贷方登记本期应付职工的各种薪酬；借方登记本期实际支付的职工薪酬；期末存在贷方余额，反映企业应付未付的职工薪酬	按工资、职工福利费、社会保险费（医疗保险、生育保险、工伤保险）、设定提存计划（养老保险、失业保险）、住房公积金、工会经费、职工教育经费、非货币性福利等进行明细核算
其他应付款	负债类	核算企业除应付账款、预收账款、应付职工薪酬、应交税费、应付利息、应付股利等以外的其他各项应付、暂收的款项，如应付租入固定资产和包装物的租金、存入保证金等	贷方登记发生的其他各种应付款项；借方登记支付的其他各种应付款项；期末存在贷方余额，反映企业应付未付的其他应付款项	按其他应付款的项目和对方单位（或个人）进行明细核算

二、生产费用的构成

生产费用是指与企业日常生产经营活动有关的费用，按其经济用途可分为直接材料、直接人工和制造费用。

1.直接材料

直接材料是指构成产品实体的原材料以及有助于产品形成的主要材料和辅助材料。

2.直接人工

直接人工是指直接从事产品生产的工人的薪酬。

3.制造费用

制造费用是指企业为生产产品和提供劳务而发生的各项间接费用。

企业发生的生产费用：凡为生产某种产品而直接发生的，应当在费用发生时直接计入该种产品的成本中；凡为生产两种以上产品共同发生的材料及人工费用，应在费用发生时通过分配计入各种产品的成本中，如共同消耗的材料；车间发生的制造费用，应当在费用发生时先通过“制造费用”账户归集，月末按照适当的分配标准（如产品的生产工时、生产工人薪酬等）计入各种产品的成本中，再从“制造费用”账户转入“生产成本”账户。

分配制造费用时，应先计算制造费用分配率，再计算各种产品应负担的制造费用。其计算公式为：

$$制造费用分配率=\frac{制造费用总额}{各种产品生产工时(或生产工人薪酬)之和}$$

某种产品应负担的制造费用=该种产品生产工时（或生产工人薪酬）×制造费用分配率

三、完工产品生产成本的计算

产品生产成本计算是指将企业生产过程中为制造产品而发生的各种费用按照成本计算对象进行归集和分配，以便计算各种产品的总成本和单位成本。

完工产品成本的计算公式为：

完工产品成本=月初在产品成本+本期发生的生产费用-期末在产品成本

温馨提示

（1）如果生产车间只生产一种产品，则发生的生产费用均为直接费用，不需要通过制造费用账户归集和分配，而是直接计入该产品的生产成本（制造费用项目）。

（2）如果没有在产品或者不计算在产品成本的企业（即企业在产品期初为零），则本月发生的生产费用是本月完工产品成本，本期生产成本全部转为库存商品。

（3）如果月末某种产品一部分完工，另一部分未完工，企业需要采取适当的分配方法在完工产品和在产品之间进行分配。

四、核算产品生产业务

产品生产业务的主要内容包括：材料消耗、职工薪酬、制造费用的归集与分配；产品成本的计算和入库等。

【例5-20】2023年12月6日，公司支付工资119 400元，代扣养老保险9 552元、医疗保险2 788元、失业保险597元、住房公积金11 940元、个人所得税210元（凭证编号：10；附件：3张；制单：杨梅）。

步骤一：分析经济业务。

本业务引起应付职工薪酬减少119 400元，记借方；银行存款减少94 313元，记贷方；其他应付款增加24 877元，记贷方；应交税费增加210元，记贷方。

步骤二：编制会计分录。

借：应付职工薪酬——工资	119 400	
贷：其他应付款——社保中心		12 937
——住房公积金		11 940
应交税费——应交个人所得税		210
银行存款——交行江宁支行（33011809032591）		94 313

步骤三：编制记账凭证（如图5-32所示）。

记账凭证

2023年12月06日　　记字第 10 号

摘要	总账科目	明细科目	借方金额	贷方金额	√
发放上月工资	应付职工薪酬	工资	11940000		
	其他应付款	社保中心		1293700	
	其他应付款	住房公积金		1194000	
	应交税费	应交个人所得税		21000	
	银行存款	交行江宁支行33011809032591		9431300	
合计			¥11940000	¥11940000	

附单据 3 张

会计主管:　记账:　出纳: 杨梅　复核:　制单: 杨梅

图5-32　编制记账凭证

【例5-21】2023年12月7日，公司应交增值税58 000元、城市维护建设税4 060元、教育费附加1 740元、地方教育附加1 160元、个人所得税210元（凭证编号：11；附件：3张；制单：杨梅）。

步骤一：分析经济业务。

本业务引起应交税费减少65 170元，记借方；银行存款减少65 170元，记贷方。

步骤二：编制会计分录。

借：应交税费——未交增值税　　58 000
　　　　——应交城市维护建设税　　4 060
　　　　——应交教育费附加　　1 740
　　　　——应交地方教育附加　　1 160
　　　　——应交个人所得税　　210
　贷：银行存款——交行江宁支行（33011809032591）　　65 170

步骤三：编制记账凭证（如图5-33所示）。

记账凭证

2023年12月07日　　记字第 11 号

摘要	总账科目	明细科目	借方金额	贷方金额	√
交纳税费	应交税费	未交增值税	5800000		
	应交税费	应交城市维护建设税	406000		
	应交税费	应交教育费附加	174000		
	应交税费	应交地方教育附加	116000		
	应交税费	应交个人所得税	21000		
	银行存款	交行江宁支行33011809032591		6517000	
合计			¥6517000	¥6517000	

附单据 3 张

会计主管:　记账:　出纳: 杨梅　复核:　制单: 杨梅

图5-33　编制记账凭证

【例5-22】2023年12月10日，公司支付代扣个人承担的养老保险9 552元、医疗保险2 788元、失业保险597元、住房公积金11 940元，以及公司承担的养老保险23 880元、医疗保险10 746元、失业保险1 791元、生育保险955.20元、工伤保险597元、住房公积金11 940元（凭证编号：17；附件：2张；制单：杨梅）。

步骤一：分析经济业务。

本业务引起其他应付款减少24 877元，记借方；应付职工薪酬减少49 909.20元，记借方；银行存款减少74 786.20元，记贷方。

步骤二：编制会计分录。

借：其他应付款——社保中心　12 937
　　　　　　——住房公积金中心　11 940
　　应付职工薪酬——设定提存计划（养老保险）　23 880
　　　　　　　——社会保险费（医疗保险）　10 746
　　　　　　　——设定提存计划（失业保险）　1 791
　　　　　　　——社会保险费（生育保险）　955.20
　　　　　　　——社会保险费（工伤保险）　597
　　　　　　　——住房公积金　11 940
　贷：银行存款——交行江宁支行（33011809032591）　74 786.20

步骤三：编制记账凭证（如图5-34、图5-35所示）。

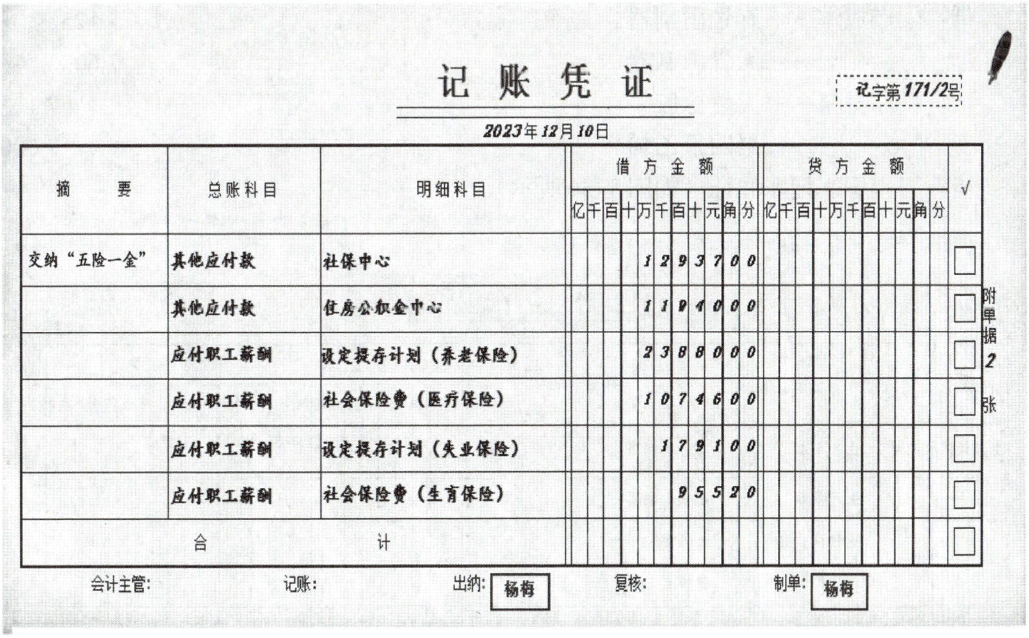

记账凭证

记字第171/2号

2023年12月10日

摘要	总账科目	明细科目	借方金额 亿	千	百	十	万	千	百	十	元	角	分	贷方金额 亿	千	百	十	万	千	百	十	元	角	分	√
交纳“五险一金”	其他应付款	社保中心					1	2	9	3	7	0	0												
	其他应付款	住房公积金中心					1	1	9	4	0	0	0												
	应付职工薪酬	设定提存计划（养老保险）					2	3	8	8	0	0	0												
	应付职工薪酬	社会保险费（医疗保险）					1	0	7	4	6	0	0												
	应付职工薪酬	设定提存计划（失业保险）						1	7	9	1	0	0												
	应付职工薪酬	社会保险费（生育保险）							9	5	5	2	0												
合计																									

附单据 2 张

会计主管：　记账：　出纳：杨梅　复核：　制单：杨梅

图5-34　编制记账凭证

【例5-23】2023年12月12日，生产车间领用天然橡胶475千克，单位成本15元，用于有骨雨刮器的生产；领用聚四氟乙烯380千克，单位成本20元，用于无骨雨刮器的生产（凭证编号：29；附件：1张；制单：孟军）。

记账凭证

记字第172/2号

2023年06月10日

摘要	总账科目	明细科目	借方金额	贷方金额	√
交纳"五险一金"	应付职工薪酬	社会保险费（工伤保险）	59700		
	应付职工薪酬	住房公积金	1194000		
	银行存款	交行江宁支行33011809032591		7478620	
合计			￥7478620	￥7478620	

附单据0张

会计主管: 记账: 出纳: 杨梅 复核: 制单: 杨梅

图5-35 编制记账凭证

步骤一：分析经济业务。

本业务引起生产成本增加14 725元，记借方；原材料减少14 725元，记贷方。

步骤二：编制会计分录。

借：生产成本——有骨雨刮器　　7 125

　　　　　　——无骨雨刮器　　7 600

　贷：原材料——天然橡胶　　7 125

　　　　　　——聚四氟乙烯　　7 600

步骤三：编制记账凭证（如图5-36所示）。

记账凭证

记字第 29 号

2023年12月12日

摘要	总账科目	明细科目	借方金额	贷方金额	√
生产领用原材料	生产成本	有骨雨刮器	712500		
	生产成本	无骨雨刮器	760000		
	原材料	天然橡胶		712500	
	原材料	聚四氟乙烯		760000	
合计			￥1472500	￥1472500	

附单据1张

会计主管: 记账: 出纳: 复核: 制单: 孟军

图5-36 编制记账凭证

【例5-24】2023年12月15日，生产车间领用天然橡胶300千克，单位成本15.50元，用于有骨雨刮器的生产；领用聚四氟乙烯500千克，单位成本20.36元，用于无骨雨刮器的生产；领用工具10箱，单位成本200元，一般耗用（凭证编号：32；附件：2张；制单：孟军）。

步骤一：分析经济业务。

本业务引起生产成本增加14 830元，记借方；制造费用增加2 000元，记借方；原材料减少14 830元，记贷方；周转材料减少2 000元，记贷方。

步骤二：编制会计分录。

借：生产成本——有骨雨刮器　　4 650

　　　　　　——无骨雨刮器　　10 180

　　制造费用——低值易耗品摊销　　2 000

　贷：原材料——天然橡胶　　4 650

　　　　　　——聚四氟乙烯　　10 180

　　　周转材料——低值易耗品（工具）　　2 000

步骤三：编制记账凭证（如图5-37所示）。

记账凭证

2023年12月15日　　记字第 32 号

摘要	总账科目	明细科目	借方金额	贷方金额	√
生产领用原材料	生产成本	有骨雨刮器	465000		
车间领用工具	生产成本	无骨雨刮器	1018000		
	制造费用	低值易耗品摊销	200000		
	原材料	天然橡胶		465000	
	原材料	聚四氟乙烯		1018000	
	周转材料	低值易耗品（工具）		200000	
合计			¥1683000	¥1683000	

附单据 2 张

会计主管：　记账：　出纳：　复核：　制单：孟军

图5-37　编制记账凭证

【例5-25】2023年12月20日，生产车间领用雨刮器骨架4 800支，单位成本6元，用于有骨雨刮器的生产（凭证编号：42；附件：1张；制单：孟军）。

步骤一：分析经济业务。

本业务引起生产成本增加28 800元，记借方；原材料减少28 800元，记贷方。

步骤二：编制会计分录。

借：生产成本——有骨雨刮器　　28 800

　贷：原材料——雨刮器骨架　　28 800

步骤三：编制记账凭证（如图5-38所示）。

记账凭证

记字第 42 号

2023年12月20日

摘要	总账科目	明细科目	借方金额	贷方金额	√
生产领用原材料	生产成本	有骨雨刮器	2880000		
	原材料	雨刮器骨架		2880000	
合计			￥2880000	￥2880000	

附单据 1 张

会计主管： 记账： 出纳： 复核： 制单：孟军

图5-38 编制记账凭证

【例5-26】2023年12月29日，公司计提折旧费4 140元，其中车间用固定资产折旧费3 780元，行政管理用固定资产折旧费360元（凭证编号：49；附件：1张；制单：孟军）。

步骤一：分析经济业务。

本业务引起制造费用增加3 780元，记借方；管理费用增加360元，记借方；累计折旧增加4 140元，记贷方。

步骤二：编制会计分录。

借：制造费用——折旧费 3 780

管理费用——折旧费 360

贷：累计折旧 4 140

步骤三：编制记账凭证（如图5-39所示）。

记账凭证

记字第 49 号

2023年12月29日

摘要	总账科目	明细科目	借方金额	贷方金额	√
计提本月折旧费用	制造费用	折旧费	378000		
	管理费用	折旧费	36000		
	累计折旧			414000	
合计			￥414000	￥414000	

附单据 1 张

会计主管： 记账： 出纳： 复核： 制单：孟军

图5-39 编制记账凭证

【例5-27】2023年12月30日，公司计提应付工资129 100元，其中生产工人工资66 600元（工时分配见表5-1）、车间管理人员工资8 700元、行政管理人员工资46 000元、专设销售机构人员工资7 800元。生产工人工资按生产工时在生产产品中分配（凭证编号：50；附件：1张；制单：孟军）。

步骤一：分析经济业务。

本业务引起生产成本增加66 600元，记借方；制造费用增加8 700元，记借方；管理费用增加46 000元，记借方；销售费用增加7 800元，记借方；应付职工薪酬增加129 100元，记贷方。

步骤二：编制会计分录。

借：生产成本——有骨雨刮器　　39 960
　　　　　　——无骨雨刮器　　26 640
　　制造费用——工资　　8 700
　　管理费用——工资　　46 000
　　销售费用——工资　　7 800
　贷：应付职工薪酬——工资　　129 100

步骤三：编制记账凭证（如图5-40所示）。

记账凭证

记字第 50 号

2023年12月30日

摘要	总账科目	明细科目	借方金额（亿千百十万千百十元角分）	贷方金额（亿千百十万千百十元角分）	√
计提应付工资	生产成本	有骨雨刮器	3996000		
	生产成本	无骨雨刮器	2664000		
	制造费用	工资	870000		
	管理费用	工资	4600000		
	销售费用	工资	780000		
	应付职工薪酬	工资		12910000	
合计			￥12910000	￥12910000	

附单据 1 张

会计主管:　记账:　出纳:　复核:　制单: 孟军

图5-40　编制记账凭证

【例5-28】2023年12月30日，公司计提“五险一金”53 963.80元（其中养老保险25 820元、医疗保险11 619元、失业保险1 936.50元、生育保险1 032.80元、工伤保险645.50元、住房公积金12 910元）、生产成本27 838.80元（其中有骨雨刮器16 703.28元、无骨雨刮器11 135.52元）、制造费用3 636.60元、管理费用19 228元、销售费用3 260.40元（凭证编号：51；附件：1张；制单：孟军）。

步骤一：分析经济业务。

本业务引起生产成本增加27 838.80元，记借方；制造费用增加3 636.60元，记借方；管理费用增加19 228元，记借方；销售费用增加3 260.40元，记借方；应付职工薪酬增加53 963.80元，记贷方。

步骤二：编制会计分录。

借：生产成本——有骨雨刮器（直接人工） 16 703.28
　　　　　　——无骨雨刮器（直接人工） 11 135.52
　　制造费用——社会保险费 2 766.60
　　　　　　——住房公积金 870
　　管理费用——社会保险费 14 628
　　　　　　——住房公积金 4 600
　　销售费用——社会保险费 2 480.40
　　　　　　——住房公积金 780
　贷：应付职工薪酬——设定提存计划（养老保险） 25 820
　　　　　　　　——社会保险费（医疗保险） 11 619
　　　　　　　　——设定提存计划（失业保险） 1 936.50
　　　　　　　　——社会保险费（生育保险） 1 032.80
　　　　　　　　——社会保险费（工伤保险） 645.50
　　　　　　　　——住房公积金 12 910

步骤三：编制记账凭证（如图5-41、图5-42、图5-43所示）。

记账凭证

记字第511/3号

2023年12月30日

摘要	总账科目	明细科目	借方金额	贷方金额	√
计提“五险一金”	生产成本	有骨雨刮器（直接人工）	1670328		
	生产成本	无骨雨刮器（直接人工）	1113552		
	制造费用	社会保险费	276660		
	制造费用	住房公积金	87000		
	管理费用	社会保险费	1462800		
	管理费用	住房公积金	460000		
	合	计			

附单据1张

会计主管：　记账：　出纳：　复核：　制单：孟军

图5-41　编制记账凭证

记账凭证

记字第512/3号

2023年12月30日

摘要	总账科目	明细科目	借方金额	贷方金额	√
计提“五险一金”	销售费用	社会保险费	248040		
	销售费用	住房公积金	78000		
	应付职工薪酬	设定提存计划（养老保险）		2582000	
	应付职工薪酬	社会保险费（医疗保险）		1161900	
	应付职工薪酬	设定提存计划（失业保险）		193650	
	应付职工薪酬	社会保险费（生育保险）		103280	
合计					

附单据 0 张

会计主管: 记账: 出纳: 复核: 制单: 孟军

图5-42 编制记账凭证

记账凭证

记字第513/3号

2023年12月30日

摘要	总账科目	明细科目	借方金额	贷方金额	√
计提“五险一金”	应付职工薪酬	社会保险费（工伤保险）		64550	
	应付职工薪酬	住房公积金		1291000	
合计			￥5396380	￥5396380	

附单据 0 张

会计主管: 记账: 出纳: 复核: 制单: 孟军

图5-43 编制记账凭证

【例5-29】2023年12月30日，公司以银行存款支付水费7 063.20元（含增值税583.20元）。其中生产车间耗用1 550立方米，金额5 580元；厂部管理部门耗用150立方米，金额540元；专设销售机构耗用100立方米，金额360元（凭证编号：52；附件：2张；制单：杨梅）。

步骤一：分析经济业务。

本业务引起制造费用增加5 580元，记借方；管理费用增加540元，记借方；销售费用增加360元，记借方；应交税费可抵扣583.20元，记借方；银行存款减少7 063.20

元，记贷方。

步骤二：编制会计分录。

借：制造费用——水电费　　5 580

　　管理费用——水电费　　540

　　销售费用——水电费　　360

　　应交税费——应交增值税（进项税额）　　583.20

　贷：银行存款——交行江宁支行（33011809032591）　　7 063.20

步骤三：编制记账凭证（如图5-44所示）。

记账凭证

2023年12月30日　　记字第 52 号

摘要	总账科目	明细科目	借方金额（亿千百十万千百十元角分）	贷方金额（亿千百十万千百十元角分）	√
支付水费	制造费用	水电费	558000		
	管理费用	水电费	54000		
	销售费用	水电费	36000		
	应交税费	应交增值税（进项税额）	58320		
	银行存款	交行江宁支行33011809032591		706320	
合计			¥706320	¥706320	

附单据 2 张

会计主管：　记账：　出纳：杨梅　复核：　制单：杨梅

图5-44　编制记账凭证

【例5-30】2023年12月30日，公司预付南京供电公司电费23 022.85元（含增值税2 648.65元）。其中生产车间耗用21 600度，金额19 051.20元；厂部管理部门耗用860度，金额758.52元；专设销售机构耗用640度，金额564.48元（凭证编号：53；附件：2张；制单：孟军）。

步骤一：分析经济业务。

本业务引起制造费用增加19 051.20元，记借方；管理费用增加758.52元，记借方；销售费用增加564.48元，记借方；应交税费可抵扣2 648.65元，记借方；预付账款减少23 022.85元，记贷方。

步骤二：编制会计分录。

借：制造费用——水电费　　19 051.20

　　管理费用——水电费　　758.52

　　销售费用——水电费　　564.48

　　应交税费——应交增值税（进项税额）　　2 648.65

　贷：预付账款——南京供电公司　　23 022.85

步骤三：编制记账凭证（如图5-45所示）。

记账凭证

记字第 53 号

2023年12月30日

摘要	总账科目	明细科目	借方金额	贷方金额	√
支付电费	制造费用	水电费	1905120		
	管理费用	水电费	75652		
	销售费用	水电费	56448		
	应交税费	应交增值税（进项税额）	264865		
	预付账款	南京供电公司		2302285	
合		计	￥2302285	￥2302285	

附单据 2 张

会计主管： 记账： 出纳： 复核： 制单：孟军

图5-45 编制记账凭证

【例5-31】2023年12月31日，公司结转制造费用42 747.80元（2 000+3 780+8 700+3 636.60+5 580+19 051.20）（凭证编号：54；附件：1张；制单：孟军）。

步骤一：分析经济业务。

（1）计算制造费用分配率。

分配率=42 747.80÷（6 000+4 000）=4.27478

（2）计算各产品承担的制造费用。

有骨雨刮器=4.27478×6 000=25 648.68（元）

无骨雨刮器=4.27478×4 000=17 099.12（元）

本业务引起公司生产成本增加42 747.80元，记借方；制造费用减少42 747.80元，记贷方。

步骤二：编制会计分录。

借：生产成本——有骨雨刮器　　25 648.68

　　　　　　——无骨雨刮器　　17 099.12

　贷：制造费用　　42 747.80

步骤三：编制记账凭证（如图5-46所示）。

记账凭证

记字第 54 号

2023年12月31日

摘要	总账科目	明细科目	借方金额	贷方金额	√
结转制造费用	生产成本	有骨雨刮器	2564868		
	生产成本	无骨雨刮器	1709912		
	制造费用			4274780	
合		计	￥4274780	￥4274780	

附单据 1 张

会计主管： 记账： 出纳： 复核： 制单：孟军

图5-46 编制记账凭证

【例5-32】2023年12月31日，结转完工产品成本并验收入库（凭证编号：55；附件：1张；制单：孟军）。其中：有骨雨刷器期末在产品成本为1 000元，无骨雨刷器全部完工，无期末在产品。

步骤一：分析经济业务。

（1）计算有骨雨刮器的生产成本。

有骨雨刮器=2 000+7 125+4 650+28 800+39 960+16 703.28+25 648.68−1 000=123 886.96（元）

（2）计算无骨雨刮器的生产成本。

无骨雨刮器=7 600+10 180+26 640+11 135.52+17 099.12=72 654.64（元）

本业务引起库存商品增加196 541.60元，记借方；生产成本减少196 541.60元，记贷方。

步骤二：编制会计分录。

借：库存商品——有骨雨刮器	123 886.96	
——无骨雨刮器	72 654.64	
贷：生产成本——有骨雨刮器		123 886.96
——无骨雨刮器		72 654.64

步骤三：编制记账凭证（如图5-47所示）。

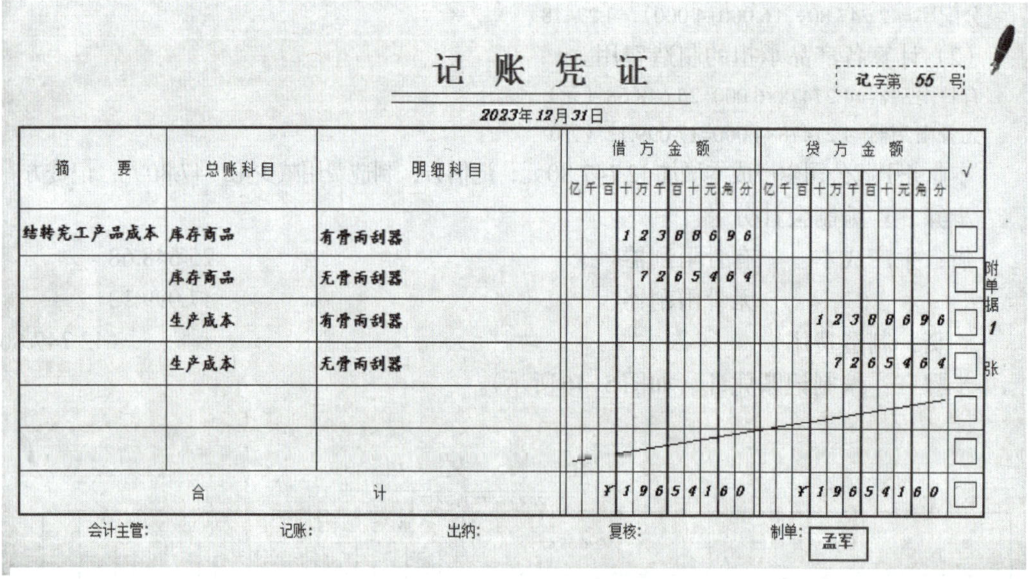

记 账 凭 证

记字第 55 号

2023年12月31日

摘要	总账科目	明细科目	借方金额	贷方金额	√
结转完工产品成本	库存商品	有骨雨刮器	12388696		
	库存商品	无骨雨刮器	7265464		
	生产成本	有骨雨刮器		12388696	
	生产成本	无骨雨刮器		7265464	
合计			￥19654160	￥19654160	

附单据 1 张

会计主管：　记账：　出纳：　复核：　制单：孟军

图5-47　编制记账凭证

任务实施

【练习1】2023年8月21日，江丰实业有限公司生产车间从仓库领用一批材料用于生产，请根据背景单据编制记账凭证（凭证编号：062；制单：王林）。附原始单据：领料单、发出材料计算表，如图5-48、图5-49所示。

领 料 单

领料部门：生产车间

用　　途：生产镁铝合金门窗　　　　2023 年 08 月 21 日　　　　03 第 086 号

材料			单位	数量		成本									
						单价	总价								
编号	名称	规格		请领	实发		百	十	万	千	百	十	元	角	分
006	镁铝合金	FRD0231	千克	450	450										
合计				450	450										

会计联

部门经理：范海清　　会计：孟军　　仓库：刘明生　　经办人：盛波

图5-48　领料单

发出材料计算表

2023 年 08 月 21 日　　　　金额单位：元

材料品名	计量单位	期初结存数量	本期购入数量	期初结存金额	本期购入金额	单位成本	生产耗用	
							镁铝合金门窗	
							数量	
镁铝合金	千克	140	550	4 200.00	16 500.00	30.00	450	13 500.00

审核：高志　　制表：孟军

图5-49　发出材料计算表

【练习2】2023年5月31日，江丰实业有限公司计提当月工资，请根据背景单据编制记账凭证（凭证编号：305；制单：王林）。附原始单据：工资汇总表，如图5-50所示。

工资汇总表

编制单位：江丰实业有限公司　　2023年05月　　单位：元

部门	人员	金额	备注
生产车间	生产工人	860 000.00	
生产车间	管理人员	74 000.00	
管理部门	管理人员	2 300.00	
合计		936 300.00	

复核：张丹　　制表：朱燕

图5-50　工资汇总表

【练习3】2023年12月20日，江丰实业有限公司签发支票提取现金，请根据背景单据编制记账凭证（凭证编号：077；制单：王林）。附原始单据：现金支票存根，如图5-51所示。

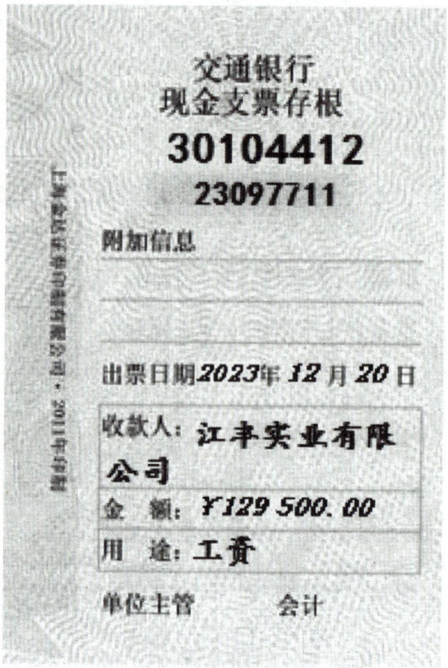

交通银行
现金支票存根
30104412
23097711
附加信息
出票日期2023年12月20日
收款人：江丰实业有限公司
金 额：￥129 500.00
用 途：工资
单位主管 会计

图5-51 现金支票存根

【练习4】2023年4月14日，德宝实业有限公司委托银行发放3月份工资（假设不考虑代扣社保、个税等因素），请根据背景单据编制记账凭证（凭证编号：114；制单：李明）。附原始单据：进账单回单联、转账支票存根、工资表，如图5-52、图5-53、图5-54所示。

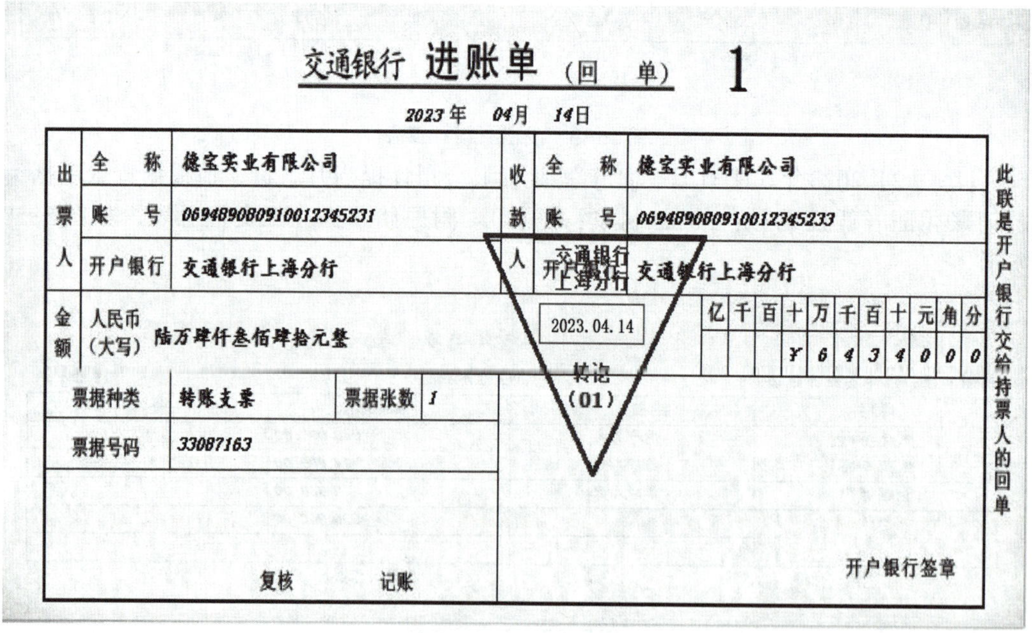

交通银行 进账单（回 单） 1

2023年 04月 14日

出票人	全称	德宝实业有限公司	收款人 全称	德宝实业有限公司
	账号	06948908091001234523l	账号	0694890809100l2345233
	开户银行	交通银行上海分行	开户银行	交通银行上海分行
金额	人民币（大写）	陆万肆仟叁佰肆拾元整	亿千百十万千百十元角分	￥6434000
票据种类	转账支票	票据张数 1		
票据号码	33087163			
复核 记账			开户银行签章	

交通银行上海分行 2023.04.14 转讫（01）

此联是开户银行交给持票人的回单

图5-52 进账单回单联

交通银行
转账支票存根
30103122
33087163

上海金达证券印制有限公司·2011年印制

附加信息

出票日期2023年04月14日

收款人：德宝实业有限公司

金　额：¥64 340.00

用　途：工资

单位主管　　　会计

图5-53　转账支票存根

工资表

2023年03月

单位：元

序号	姓名	基本工资	浮动工资	应发工资	社保费（个人）	公积金（个人）	个人所得税	实发工资	签名
01	王艳	2 400.00	1 100.00	3 500.00	300.00	200.00	0.00	3 000.00	王艳
02	李雯雯	2 400.00	1 100.00	3 500.00	300.00	200.00	0.00	3 000.00	李雯雯
03	郭冬冬	2 880.00	1 100.00	3 980.00	300.00	200.00	0.00	3 480.00	郭冬冬
04	谢文婷	2 600.00	1 100.00	3 700.00	300.00	200.00	0.00	3 200.00	谢文婷
05	肖梅	2 600.00	1 100.00	3 700.00	300.00	200.00	0.00	3 200.00	肖梅
06	穆晓云	2 900.00	1 100.00	4 000.00	300.00	200.00	0.00	3 500.00	穆晓云
07	张芳艳	2 700.00	1 100.00	3 800.00	300.00	200.00	0.00	3 300.00	张芳艳
08	朱琳	2 700.00	1 100.00	3 800.00	300.00	200.00	0.00	3 300.00	朱琳
09	赵小蕊	2 850.00	1 100.00	3 950.00	300.00	200.00	0.00	3 450.00	赵小蕊
10	王林玉	2 900.00	1 100.00	4 000.00	300.00	200.00	0.00	3 500.00	王林玉
11	万钦燕	2 800.00	1 100.00	3 900.00	300.00	200.00	0.00	3 400.00	万钦燕
12	章笔星	2 880.00	1 100.00	3 980.00	300.00	200.00	0.00	3 480.00	章笔星
⋮	⋮	⋮	⋮	⋮	⋮	⋮	⋮	⋮	⋮
17	林小芳	2 500.00	1 100.00	3 600.00	300.00	200.00	0.00	3 100.00	林小芳
合计	—	54 215.00	18 700.00	72 915.00	5 100.00	3 400.00	75.00	64 340.00	

图5-54　工资表

【练习5】2023年4月22日，德宝实业有限公司以现金支付办公用品费，请根据背景单据编制记账凭证（凭证编号：118；制单：李明）。附原始单据：报销单、增值税专用发票，如图5-55、图5-56所示。

报销单

填报日期：2023年04 月22 日　　　　单据及附件共1 张

姓名	雒文平	所属部门	行政部	报销形式	现金
				支票号	现金付讫
报销项目		摘要		金额	备注：
办公用品费		文件夹		390.00	
合计				¥390.00	
金额大写：零拾零万零仟叁佰玖拾零元零角零分				原借款：0.00元	应退(补)款：¥390.00元

总经理：陈春兰　财务经理：周敏　部门经理：利文勋　会计：陈兰　出纳：杨震元　报销人：雒文平

图5-55　报销单

1100062650　　上海增值税专用发票　　№ 30961856　　1100062650　30961856

发票联

开票日期：2023年04月22日

购买方	名称：德宝实业有限公司 纳税人识别号：913101096743221863 地址、电话：上海虹口区物华路300号 02188361559 开户行及账号：交通银行上海分行 069489080910012345231				密码区	03*3187<4/+8490<+95-59+7<243 4987<0-->>-6>525<693719->7*7 87*3187<4/+8490<+95708681380 9<712/<1+9016>6906++>84>93/-		
货物或应税劳务、服务名称	规格型号	单位	数量	单价	金额	税率	税额
文件夹		个	100	3.4513	345.13	13%	44.87
合计					¥345.13		¥44.87
价税合计（大写）	⊗叁佰玖拾元整					（小写）¥390.00	
销售方	名称：时代商贸有限公司 纳税人识别号：913101097358063121 地址、电话：上海市虹口区四川北路588号 02190525643 开户行及账号：交通银行上海分行 012066380910013456432				备注	时代商贸有限公司 913101097358063121 发票专用章		

收款人：　　复核：　　开票人：

第三联：发票联　购买方记账凭证

图5-56　增值税专用发票

【练习6】2023年10月28日，德宝实业有限公司支付招待费，请根据背景单据编制记账凭证（凭证编号：191；制单：李明）。附原始单据：报销单、增值税普通发票，如图5-57、图5-58所示。

【练习7】2023年6月21日，江丰实业有限公司收到银行支付利息的凭证（支付借款利息，年利率6.255%），请根据背景单据编制记账凭证（凭证编号：048；制单：王林）。附原始单据：存款利息清单，如图5-59所示。

报销单

填报日期：2023 年 10 月 28 日　　　　单据及附件共 1 张

姓名	刘鑫	所属部门	行政部	报销形式	现金　现金付讫
				支票号码	

报销项目	摘要	金额	备注：
招待费	招待华丽公司王经理	1 810.00	
合计		¥1 810.00	

金额大写：零 拾 零 万 壹 仟 捌 佰 壹 拾 零 元 零 角 零 分　原借款：0.00 元　应退(补)款：¥1 810.00 元

总经理：陈春兰　财务经理：周敏　部门经理：利文勋　会计：陈兰　出纳：杨震元　报销人：刘鑫

图5-57 报销单

1100062650　　上海 增值税普通发票　　№ 30961856　　1100062650 30961856

校验码 43345 55678 98553 55764　　开票日期：2023年10月28日

购买方		密码区
名称：德宝实业有限公司		03*3187<4/+8490<+95-59+7<243
纳税人识别号：913101096743221863		4987<0-->>-6>525<693719->7*7
地址、电话：上海虹口区物华路300号 02188361559		87*3187<4/+8490<+95708681380
开户行及账号：交通银行上海分行 069489080910012345231		9<712/<1+9016>6906++>84>93/-

货物或应税劳务、服务名称	规格型号	单位	数量	单价	金额	税率	税额
餐费					1707.55	6%	102.45
合计					¥1707.55		¥102.45
价税合计（大写）	⊗壹仟捌佰壹拾元整				（小写）¥1810.00		

销售方	备注
名称：上海天缘大酒店	上海天缘大酒店 913101097247346742 发票专用章
纳税人识别号：913101097247346742	
地址、电话：上海市虹口区四川北路134号 02190525457	
开户行及账号：交通银行上海分行 012066380910015674467	

收款人：　复核：　开票人：宋　销售方：（章）

第二联：发票联 购买方记账凭证

图5-58 增值税普通发票

【练习8】2023年8月31日，江丰实业有限公司采用直线法计提本月固定资产折旧费，请根据背景单据编制记账凭证（凭证编号：064；制单：王林）。附原始单据：固定资产折旧计算表，如图5-60所示。附参考资料：固定资产卡片1、固定资产卡片2，如图5-61、图5-62所示。

交通银行计付存款利息清单

日期：2023年06月21日

单位名称：江丰实业有限公司					
清算账号：410872000400078522232			存款账号：410872000400078522232		
编号	计息类型	计息起讫日期	计息积数	利率	利息金额
234561	普通积数	2019-05-21—2019-06-20	19200000.00	6.255%	3 336.00
金额合计：人民币叁仟叁佰叁拾陆元整			金额合计大写：￥3 336.00		
摘要：					

交通银行 广州分行 2023.06.21 转讫 (01)

打印时间：20190621

图5-59　存款利息清单

固定资产折旧计算表

2023 年 *08* 月 *31* 日　　单位：元

部门	资产类别	原值	残值	年限	月折旧额
管理部门	房屋及建筑物	900 000.00	45 000.00	25	2 853.00
	运输设备	300 000.00	15 000.00	5	4 749.00
	合计	1 200 000.00			7 602.00

审核：高志　　制表：孟军

图5-60　固定资产折旧计算表

固定资产卡片

使用单位：江丰实业有限公司　　填表日期：*2023*年*01*月*11*日

类别	房屋及建筑物	出厂或交接验收日期	2023年01月11日	预计使用年限	25年
编号	60081	购入或使用日期	2023年01月11日	预计残值	45 000.00
名称	办公楼	放置或使用地址	管理部门	预计清理费用	
型号规格	80平方米	负责人	刘雪峰	月折旧率	0.317%
建造单位		总造价	900 000.00	月大修理费用提存率	

设备主要技术参数或建筑物占地面积、建筑面积及结构	设备主要配件名称数量或建筑物附设设备	大修理记录		固定资产改变记录
		时间	项目	

图5-61　固定资产卡片1

固定资产卡片

使用单位：江丰实业有限公司　　　　填表日期：2023年01月08日

类别	运输设备	出厂或交接验收日期	2023年01月08日	预计使用年限	5年
编号	G0180	购入或使用日期	2023年01月08日	预计残值	15 000.00
名称	小汽车	放置或使用地址	管理部门	预计清理费用	
型号规格	FT	负责人	刘雪峰	月折旧率	1.583%
建造单位		总造价	300 000.00	月大修理费用提存率	

设备主要技术参数或建筑物占地面积、建筑面积及结构	设备主要配件名称数量或建筑物附设设备	大修理记录		固定资产改变记录
		时间	项目	

图5-62　固定资产卡片2

【练习9】2023年1月13日，德宝实业有限公司的生产车间发生设备修理费，请根据背景单据编制记账凭证（凭证编号：059；制单：李明）。附原始单据：进账单回单联、增值税普通发票、转账支票存根，如图5-63、图5-64、图5-65所示。

交通银行　进账单（回　单）　1

2023年　01月　13日

出票人	全称	德宝实业有限公司	收款人	全称	诚达加工维修有限公司
	账号	069489080910012345231		账号	410874000400041
	开户银行	交通银行上海分行		开户银行	中国农业银行上海分行
金额	人民币（大写）	伍仟贰佰陆拾伍元整		亿千百十万千百十元角分	¥ 5 2 6 5 0 0
票据种类	转账支票	票据张数 1			
票据号码	23088622				
复核　　记账			开户银行签章		

交通银行上海分行 2023.01.13 转讫（01）

此联是开户银行交给持票人的回单

图5-63　进账单回单联

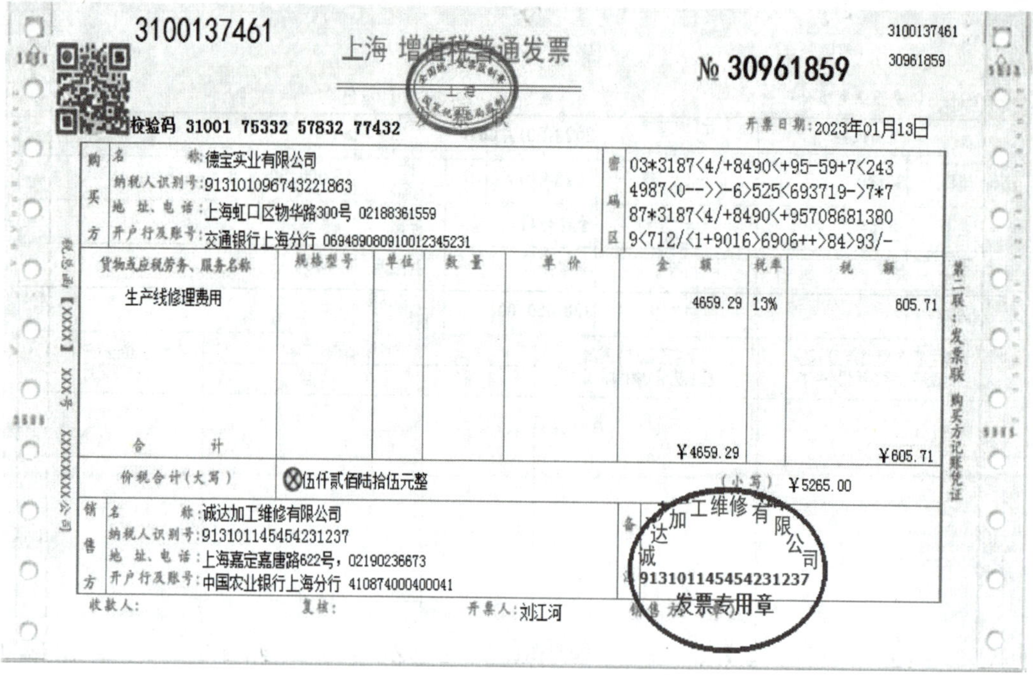
3100137461　上海增值税普通发票　№ 30961859　3100137461　30961859

校验码 31001 75332 57832 77432　开票日期：2023年01月13日

购买方	名称：德宝实业有限公司 纳税人识别号：913101096743221863 地址、电话：上海虹口区物华路300号 02188361559 开户行及账号：交通银行上海分行 0694890809100123452 31				密码区	03*3187<4/+8490<+95-59+7<243 4987<0-->>-6>525<693719->7*7 87*3187<4/+8490<+95708681380 9<712/<1+9016>6906++>84>93/-	
货物或应税劳务、服务名称	规格型号	单位	数量	单价	金额	税率	税额
生产线修理费用					4659.29	13%	605.71
合计					¥4659.29		¥605.71
价税合计（大写）	⊗伍仟贰佰陆拾伍元整				（小写）¥5265.00		
销售方	名称：诚达加工维修有限公司 纳税人识别号：913101145454231237 地址、电话：上海嘉定嘉唐路622号，02190236673 开户行及账号：中国农业银行上海分行 410874000400041				备注	诚达加工维修有限公司 913101145454231237 发票专用章	

收款人：　复核：　开票人：刘江河　销售方：（章）

第二联：发票联　购买方记账凭证

图5-64　增值税普通发票

交通银行
转账支票存根
30103122
23088622

附加信息

出票日期 2023年 01 月 13 日

收款人：诚达加工维修有限公司

金　额：¥5 265.00

用　途：维修费用

单位主管　　会计

图5-65　转账支票存根

【练习10】2023年1月31日，江丰实业有限公司结转本月制造费用，请根据背景单据编制记账凭证（凭证编号：011；制单：王林）。附原始单据：制造费用分配表，如图5-66所示。

制造费用分配表

2023年01月31日

分配对象	成本费用项目	直接计入(元)	分配计入			制造费用合计(元)
			分配标准	分配率	分配金额	
连衣裙	制造费用		8 700	1.95	16 965.00	16 965.00
百褶裙	制造费用		3 350	1.95	6 532.50	6 532.50
合计			——	——	23 497.50	23 497.50
小计						
小计						
小计						
小计						
小计						
合计					23 497.50	23 497.50

会计主管： 审核：王立 制单：孟军

图5-66 制造费用分配表

【练习11】2023年2月28日，德宝实业有限公司结转本月完工产品成本，请根据背景单据编制记账凭证（凭证编号：075；制单：李明）。附原始单据：入库单、产品成本计算单，如图5-67、图5-68所示。

入 库 单

2023年 02月 28日 单号 58470547

交来单位及部门	第七生产车间	发票号码或生产单号码	08456005	验收仓库	第九仓库	入库日期	2019.02.28

编号	名称及规格	单位	数量		实际价格		计划价格		价格差异
			交库	实收	单价	金额	单价	金额	
01	翻盖垃圾桶		8 756	8 756					
合计			8 756	8 756					

会计联

部门经理：张磊 会计：李峰 仓库：俞静 经办人：夏凤玲

图5-67 入库单

产品成本计算单

产品：翻盖垃圾桶　　2023 年 02 月 28 日　　单位：元

成本项目	月初在产品成本	本月发生费用	生产费用合计	期末在产品约当产量	完工产品产量	完工产品总成本	单位成本	期末在产品成本
直接材料	32 410.05	341 420.67	373 830.72	800	8 756	342 534.72	39.12	31 296.00
直接人工	9 060.00	104 565.96	113 625.96	400	8 756	108 661.96	12.41	4 964.00
制造费用	1 690.00	20 925.32	22 615.32	400	8 756	21 627.32	2.47	988.00
金额合计	43 160.05	466 911.95	510 072.00			472 824.00		37 248.00

审核：卢荣　　制单：陈兰

图5-68　产品成本计算单

任务五　核算企业销售阶段业务

任务描述

学会处理产品销售、材料销售、销售费用、销售税金等经济业务。

知识储备

销售业务的账务处理涉及商品销售、其他销售等业务收入、成本、费用和相关税费的确认与计量。企业的经营业务有主次之分，主要业务被称为“主营业务”（制造业企业的主营业务是产品销售），相应的收入被称为“主营业务收入”，已售产品的生产成本被称为“主营业务成本”；次要业务被称为“其他业务”（如材料销售等业务），相应的收入被称为“其他业务收入”，已售材料的采购成本被称为“其他业务成本”。企业应对经济业务分主次分别进行核算。

一、主要账户的设置

企业销售阶段涉及的主要账户，见表5-7。

表5-7　企业销售阶段涉及的主要账户

账户名称	账户性质	账户用途	账户结构	明细账
主营业务收入	损益类	核算企业确认的销售商品（或提供劳务）等主营业务的收入	贷方登记企业销售产品或提供劳务时实现的销售收入；借方登记因销售退回而冲减的销售收入和期末转入“本年利润”账户的数额；结转后无余额	按主营业务收入的种类进行明细核算
主营业务成本	损益类	核算企业确认销售商品（或提供劳务）等主营业务收入应结转的成本	借方登记企业本期因销售商品、提供劳务等日常活动而发生的实际成本；贷方登记期末转入“本年利润”账户的已销售产品的生产成本；结转后无余额	按主营业务成本的种类进行明细核算

续表

账户名称	账户性质	账户用途	账户结构	明细账
其他业务收入	损益类	核算企业确认的除主营业务活动以外的其他经营活动实现的收入，包括出租固定资产、无形资产、包装物和商品，销售材料等实现的收入	贷方登记企业日常活动中除主营业务收入以外的其他销售或其他业务的收入；借方登记期末转入“本年利润”账户的数额；结转后无余额	按其他业务收入的种类进行明细核算
其他业务成本	损益类	核算企业确认的除主营业务活动以外的其他经营活动所发生的支出，包括销售材料的成本、出租固定资产的折旧额、出租无形资产的摊销额、出租包装物的成本或摊销额、发生的相关税费等	借方登记企业除主营业务成本以外的其他销售或其他业务所发生的成本；贷方登记期末转入“本年利润”账户的数额；结转后无余额	按其他业务成本的种类进行明细核算
税金及附加	损益类	核算企业主要经营业务发生的消费税、城市维护建设税、教育费附加、资源税、房产税、城镇土地使用税、车船税、印花税等相关税费	借方登记企业应负担的各项税金及附加；贷方登记期末转入“本年利润”账户的各种税金及附加；结转后无余额	只进行总分类账核算，不进行明细核算
应收账款	资产类	核算企业因销售商品、提供劳务等经营活动应收取的款项	借方登记由于销售产品、提供劳务而发生的应收款项；贷方登记企业收回的款项；期末存在借方余额，反映企业尚未收回的应收账款	按债务人进行明细核算
应收票据	资产类	核算企业因销售商品（产成品或材料）而收到的商业汇票（商业承兑汇票和银行承兑汇票）	借方登记收到商业汇票的票面金额；贷方登记收回的票面金额；期末存在借方余额，反映企业持有的商业汇票的票面金额	按照开出、承兑商业汇票的单位进行明细核算
预收账款	负债类	核算企业按照合同规定预收的款项。预收账款情况不多的，也可以不设置本账户，将预收的款项直接记入“应收账款”账户的贷方	贷方登记收到的预收款项；借方登记销售实现时与购货单位结算的款项。如期末存在贷方余额，则反映企业预收的款项；如期末存在借方余额，则反映企业尚未转销的款项	按购货单位进行明细核算

二、产品销售成本的计算

产品销售成本是指已销售产品的销售成本，即该产品的生产成本。产品销售成本通常就是主营业务成本。

产品销售成本的计算公式为：

某产品销售成本=该产品的单位生产成本×产品销售数量

三、核算销售业务

销售业务核算的主要内容包括：确认出售产品、材料等所实现的销售收入；与购货单位办理价款结算；支付销售费用；结转产品、材料等的销售成本；计算应交税费。

【例5-33】2023年12月9日，公司以银行存款支付专设销售机构办公费50 000元（凭证编号：16；附件：2张；制单：杨梅）。

步骤一：分析经济业务。

本业务引起公司销售费用增加50 000元，记借方；银行存款减少50 000元，记贷方。

步骤二：编制会计分录。

借：销售费用——办公费　　50 000

　贷：银行存款——交行江宁支行（33011809032591）　　50 000

步骤三：编制记账凭证（如图5-69所示）。

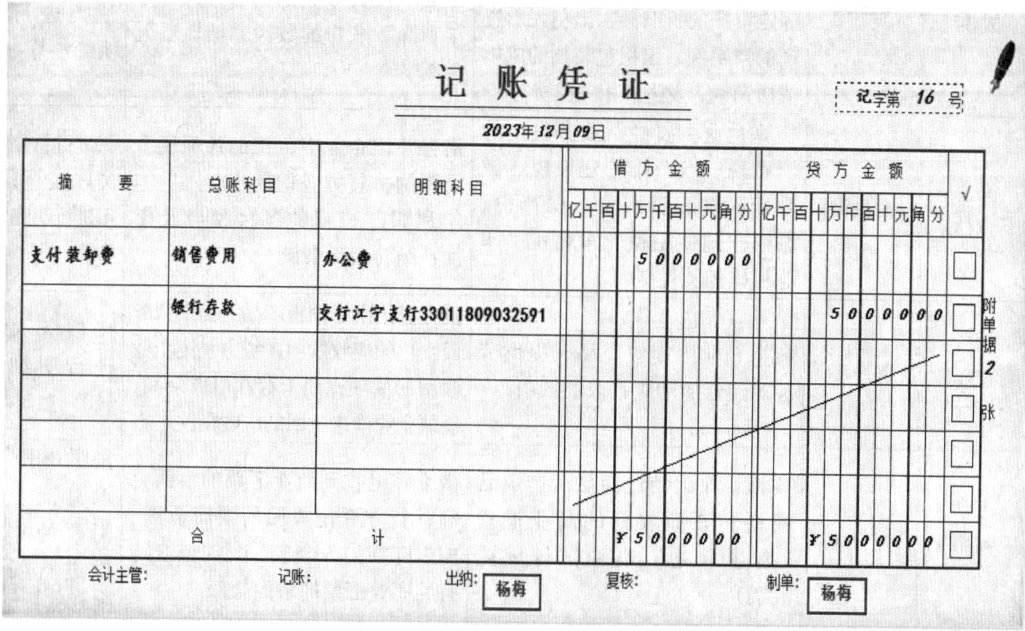

记账凭证

记字第 16 号

2023年12月09日

摘要	总账科目	明细科目	借方金额	贷方金额	√
支付装卸费	销售费用	办公费	5000000		
	银行存款	交行江宁支行33011809032591		5000000	
合		计	￥5000000	￥5000000	

附单据 2 张

会计主管：　记账：　出纳：杨梅　复核：　制单：杨梅

图5-69　编制记账凭证

【例5-34】2023年12月10日，公司销售给江苏开元有限公司有骨雨刮器1 500支，单价120元，金额180 000元，增值税23 400元，价税款收存银行。收到转账支票一张，已到银行办妥进账手续（凭证编号：20；附件：2张；制单：杨梅）。

步骤一：分析经济业务。

本业务引起银行存款增加203 400元，记借方；主营业务收入增加180 000元，记贷方；应交税费增加23 400元，记贷方。

步骤二：编制会计分录。

借：银行存款——交行江宁支行（33011809032591）　　203 400

　贷：主营业务收入——有骨雨刮器　　180 000

　　　应交税费——应交增值税（销项税额）　　23 400

步骤三：编制记账凭证（如图5-70所示）。

【例5-35】2023年12月10日，公司结转1 500支有骨雨刮器的销售成本37 500元（凭证编号：21；附件：1张；制单：孟军）。

记账凭证

记字第 20 号

2023年12月10日

摘要	总账科目	明细科目	借方金额（亿千百十万千百十元角分）	贷方金额（亿千百十万千百十元角分）	√
销售产品，款已收	银行存款	交行江宁支行33011809032591	20340000		
	主营业务收入	有骨雨刮器		18000000	
	应交税费	应交增值税（销项税额）		2340000	
合计			￥20340000	￥20340000	

附单据 2 张

会计主管:　记账:　出纳: 杨梅　复核:　制单: 杨梅

图5-70　编制记账凭证

步骤一：分析经济业务。

本业务引起主营业务成本增加37 500元，记借方；库存商品减少37 500元，记贷方。

步骤二：编制会计分录。

借：主营业务成本——有骨雨刮器　37 500

　贷：库存商品——有骨雨刮器　37 500

步骤三：编制记账凭证（如图5-71所示）。

记账凭证

记字第 21 号

2023年12月10日

摘要	总账科目	明细科目	借方金额（亿千百十万千百十元角分）	贷方金额（亿千百十万千百十元角分）	√
结转销售成本	主营业务成本	有骨雨刮器	3750000		
	库存商品	有骨雨刮器		3750000	
合计			￥3750000	￥3750000	

附单据 1 张

会计主管:　记账:　出纳:　复核:　制单: 孟军

图5-71　编制记账凭证

【例 5-36】2023 年 12 月 11 日，公司销售给南京晓天有限公司无骨雨刮器 800 支，单价 100 元，金额 80 000 元，增值税 10 400 元，款项未收（凭证编号：23；附件：1 张；制单：孟军）。

步骤一：分析经济业务。

本业务引起应收账款增加 90 400 元，记借方；主营业务收入增加 80 000 元，记贷方；应交税费增加 10 400 元，记贷方。

步骤二：编制会计分录。

借：应收账款——南京晓天有限公司　　90 400

　贷：主营业务收入——无骨雨刮器　　80 000

　　　应交税费——应交增值税（销项税额）　　10 400

步骤三：编制记账凭证（如图 5-72 所示）。

记 账 凭 证

记字第 23 号

2023年12月11日

摘要	总账科目	明细科目	借方金额（亿千百十万千百十元角分）	贷方金额（亿千百十万千百十元角分）	√
销售产品，款未收	应收账款	南京晓天有限公司	9040000		
	主营业务收入	无骨雨刮器		8000000	
	应交税费	应交增值税（销项税额）		1040000	
合		计	¥9040000	¥9040000	

附单据 1 张

会计主管：　记账：　出纳：　复核：　制单：孟军

图 5-72　编制记账凭证

【例 5-37】2023 年 12 月 11 日，公司结转 800 支无骨雨刮器的销售成本 14 400 元（凭证编号：24；附件：1 张；制单：孟军）。

步骤一：分析经济业务。

本业务引起主营业务成本增加 14 400 元，记借方；库存商品减少 14 400 元，记贷方。

步骤二：编制会计分录。

借：主营业务成本——无骨雨刮器　　14 400

　贷：库存商品——无骨雨刮器　　14 400

步骤三：编制记账凭证（如图 5-73 所示）。

记 账 凭 证

记字第 24 号

2023年12月11日

摘要	总账科目	明细科目	借方金额（亿千百十万千百十元角分）	贷方金额（亿千百十万千百十元角分）	√
结转销售成本	主营业务成本	无骨雨刮器	1440000		
	库存商品	无骨雨刮器		1440000	
合		计	¥1440000	¥1440000	

附单据 1 张

会计主管:　　记账:　　出纳:　　复核:　　制单: 孟军

图5-73　编制记账凭证

【例5-38】2023年12月15日，公司收到江苏开元有限公司前欠货款81 900元，存入银行（凭证编号：33；附件：1张；制单：杨梅）。

步骤一：分析经济业务。

本业务引起银行存款增加81 900元，记借方；应收账款减少81 900元，记贷方。

步骤二：编制会计分录。

借：银行存款——交行江宁支行（33011809032591）　　81 900

　贷：应收账款——江苏开元有限公司　　81 900

步骤三：编制记账凭证（如图5-74所示）。

记 账 凭 证

记字第 33 号

2023年12月15日

摘要	总账科目	明细科目	借方金额（亿千百十万千百十元角分）	贷方金额（亿千百十万千百十元角分）	√
收到前欠货款	银行存款	交行江宁支行33011809032591	8190000		
	应收账款	江苏开元有限公司		8190000	
合		计	¥8190000	¥8190000	

附单据 1 张

会计主管:　　记账:　　出纳: 杨梅　　复核:　　制单: 杨梅

图5-74　编制记账凭证

【例5-39】2023年12月16日，公司销售给江苏南宁有限公司无骨雨刮器1 500支，单价100元，价款150 000元，增值税19 500元，款项已预收（凭证编号：34；附件：1张；制单：孟军）。

步骤一：分析经济业务。

本业务引起预收账款减少169 500元，记借方；主营业务收入增加150 000元，记贷方；应交税费增加19 500元，记贷方。

步骤二：编制会计分录。

借：预收账款——江苏南宁有限公司　　169 500

　贷：主营业务收入——无骨雨刮器　　150 000

　　　应交税费——应交增值税（销项税额）　　19 500

步骤三：编制记账凭证（如图5-75所示）。

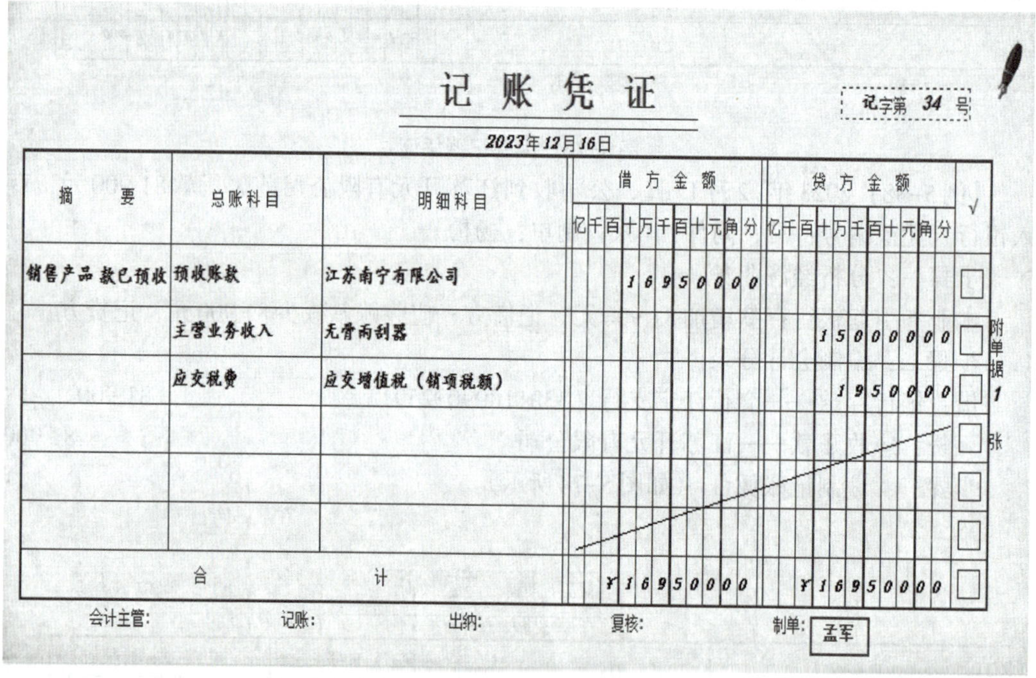

记账凭证

记字第 34 号

2023年12月16日

摘要	总账科目	明细科目	借方金额（亿千百十万千百十元角分）	贷方金额（亿千百十万千百十元角分）	√
销售产品 款已预收	预收账款	江苏南宁有限公司	16950000		
	主营业务收入	无骨雨刮器		15000000	
	应交税费	应交增值税（销项税额）		1950000	
合计			￥16950000	￥16950000	

附单据 1 张

会计主管：　记账：　出纳：　复核：　制单：孟军

图5-75　编制记账凭证

【例5-40】2023年12月16日，公司结转1 500支无骨雨刮器的销售成本27 000元（凭证编号：35；附件：1张；制单：孟军）。

步骤一：分析经济业务。

本业务引起主营业务成本增加27 000元，记借方；库存商品减少27 000元，记贷方。

步骤二：编制会计分录。

借：主营业务成本——无骨雨刮器　　27 000

　贷：库存商品——无骨雨刮器　　27 000

步骤三：编制记账凭证（如图5-76所示）。

记 账 凭 证

记字第 35 号

2023年12月16日

摘 要	总账科目	明细科目	借方金额（亿千百十万千百十元角分）	贷方金额（亿千百十万千百十元角分）	√
结转销售成本	主营业务成本	无骨雨刮器	2700000		
	库存商品	无骨雨刮器		2700000	
合		计	￥2700000	￥2700000	

附单据 1 张

会计主管：　记账：　出纳：　复核：　制单：孟军

图5-76　编制记账凭证

【例5-41】2023年12月17日，公司销售给南京晓天有限公司无骨雨刮器200支，单价100元，价款20 000元，增值税2 600元，收到对方给付的面值为22 600元的银行承兑汇票一张（凭证编号：36；附件：2张；制单：孟军）。

步骤一：分析经济业务。

本业务引起应收票据增加22 600元，记借方；主营业务收入增加20 000元，记贷方；应交税费增加2 600元，记贷方。

步骤二：编制会计分录。

借：应收票据——南京晓天有限公司　　22 600

　贷：主营业务收入——无骨雨刮器　　20 000

　　　应交税费——应交增值税（销项税额）　　2 600

步骤三：编制记账凭证（如图5-77所示）。

记 账 凭 证

记字第 36 号

2023年12月17日

摘 要	总账科目	明细科目	借方金额（亿千百十万千百十元角分）	贷方金额（亿千百十万千百十元角分）	√
销售产品收到银行	应收票据	南京晓天有限公司	2260000		
承兑汇票	主营业务收入	无骨雨刮器		2000000	
	应交税费	应交增值税（销项税额）		260000	
合		计	￥2260000	￥2260000	

附单据 2 张

会计主管：　记账：　出纳：　复核：　制单：孟军

图5-77　编制记账凭证

【例5-42】2023年12月17日，公司结转200支无骨雨刮器的销售成本3 600元（凭证编号：37；附件：1张；制单：孟军）。

步骤一：分析经济业务。

本业务引起主营业务成本增加3 600元，记借方；库存商品减少3 600元，记贷方。

步骤二：编制会计分录。

借：主营业务成本——无骨雨刮器　　3 600

　贷：库存商品——无骨雨刮器　　3 600

步骤三：编制记账凭证（如图5-78所示）。

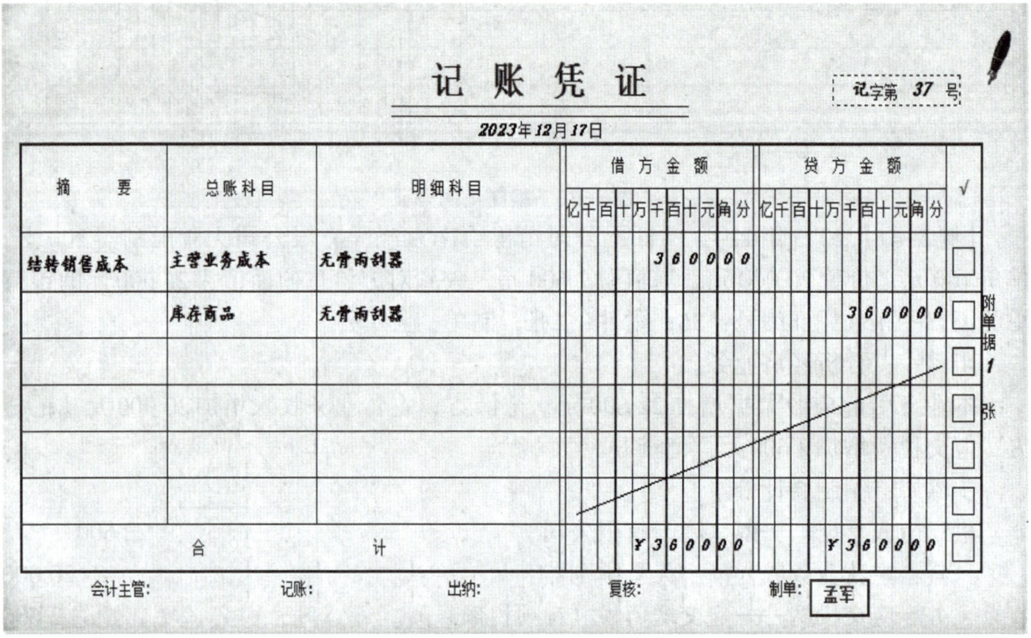

记 账 凭 证

记字第 37 号

2023年12月17日

摘要	总账科目	明细科目	借方金额	贷方金额	√
结转销售成本	主营业务成本	无骨雨刮器	360000		
	库存商品	无骨雨刮器		360000	
合计			¥360000	¥360000	

附单据 1 张

会计主管：　记账：　出纳：　复核：　制单：孟军

图5-78　编制记账凭证

【例5-43】2023年12月18日，公司以银行存款支付销售产品包装费2 000元，增值税180元（凭证编号：38；附件：2张；制单：杨梅）。

步骤　：分析经济业务。

本业务引起销售费用增加2 000元，记借方；应交税费可抵扣180元，记借方；银行存款减少2 180元，记贷方。

步骤二：编制会计分录。

借：销售费用——包装费　　2 000

　　应交税费——应交增值税（进项税额）　　180

　贷：银行存款——交行江宁支行（33011809032591）　　2 180

步骤三：编制记账凭证（如图5-79所示）。

记 账 凭 证

记字第 38 号

2023年12月18日

摘要	总账科目	明细科目	借方金额（亿千百十万千百十元角分）	贷方金额（亿千百十万千百十元角分）	√
支付销售产品包装费	销售费用	包装费	200000		
	应交税费	应交增值税（进项税额）	18000		
	银行存款	交行江宁支行33011809032591		218000	
合		计	￥218000	￥218000	

附单据 2 张

会计主管： 记账： 出纳：杨梅 复核： 制单：杨梅

图5-79 编制记账凭证

【例5-44】2023年12月26日，公司销售多余的聚四氟乙烯100千克，单价22元，金额2 200元，增值税286元，收到现金2 486元（凭证编号：45；附件：2张；制单：杨梅）。

步骤一：分析经济业务。

本业务引起库存现金增加2 486元，记借方；其他业务收入增加2 200元，记贷方；应交税费增加286元，记贷方。

步骤二：编制会计分录。

借：库存现金　　2 486

　贷：其他业务收入——聚四氟乙烯　　2 200

　　　应交税费——应交增值税（销项税额）　　286

步骤三：编制记账凭证（如图5-80所示）。

记 账 凭 证

记字第 45 号

2023年12月26日

摘要	总账科目	明细科目	借方金额（亿千百十万千百十元角分）	贷方金额（亿千百十万千百十元角分）	√
销售材料款已收	库存现金		248600		
	其他业务收入	聚四氟乙烯		220000	
	应交税费	应交增值税（销项税额）		28600	
合		计	￥248600	￥248600	

附单据 2 张

会计主管： 记账： 出纳：杨梅 复核： 制单：杨梅

图5-80 编制记账凭证

【例5-45】2023年12月26日，公司结转销售多余聚四氟乙烯的销售成本2 000元（凭证编号：46；附件：1张；制单：孟军）。

步骤一：分析经济业务。

本业务引起其他业务成本增加2 000元，记借方；原材料减少2 000元，记贷方。

步骤二：编制会计分录。

借：其他业务成本　　　　　　　　　　　　　　2 000

　贷：原材料——聚四氟乙烯　　　　　　　　　　　　2 000

步骤三：编制记账凭证（如图5-81所示）。

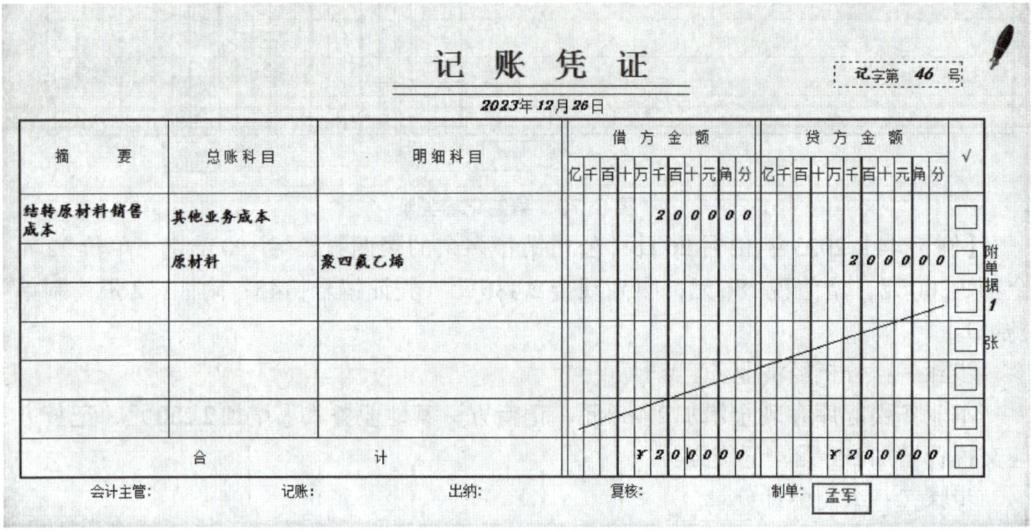

记 账 凭 证

记字第 46 号

2023年12月26日

摘要	总账科目	明细科目	借方金额（亿千百十万千百十元角分）	贷方金额（亿千百十万千百十元角分）	√
结转原材料销售成本	其他业务成本		200000		
	原材料	聚四氟乙烯		200000	
合计			¥200000	¥200000	

附单据 1 张

会计主管：　记账：　出纳：　复核：　制单：孟军

图5-81　编制记账凭证

【例5-46】2023年12月27日，公司将现金2 486元存入银行（凭证编号：47；附件：1张；制单：杨梅）。

步骤一：分析经济业务。

本业务引起银行存款增加2 486元，记借方；库存现金减少2 486元，记贷方。

步骤二：编制会计分录。

借：银行存款——交行江宁支行（33011809032591）　　　　2 486

　贷：库存现金　　　　　　　　　　　　　　　　　2 486

步骤三：编制记账凭证（如图5-82所示）。

【例5-47】2023年12月31日，公司计提城市维护建设税（7%）（凭证编号：62；附件：1张；制单：孟军）。

步骤一：分析经济业务。

（1）计算销项税额：

当期销项税额=23 400+10 400+19 500+2 600+286 =56 186（元）

（2）计算进项税额：

当期进项税额=3 451+6 500+1 518.40+63+3 120+390+832+2 340+583.20+2 648.65+180

=21 626.25（元）

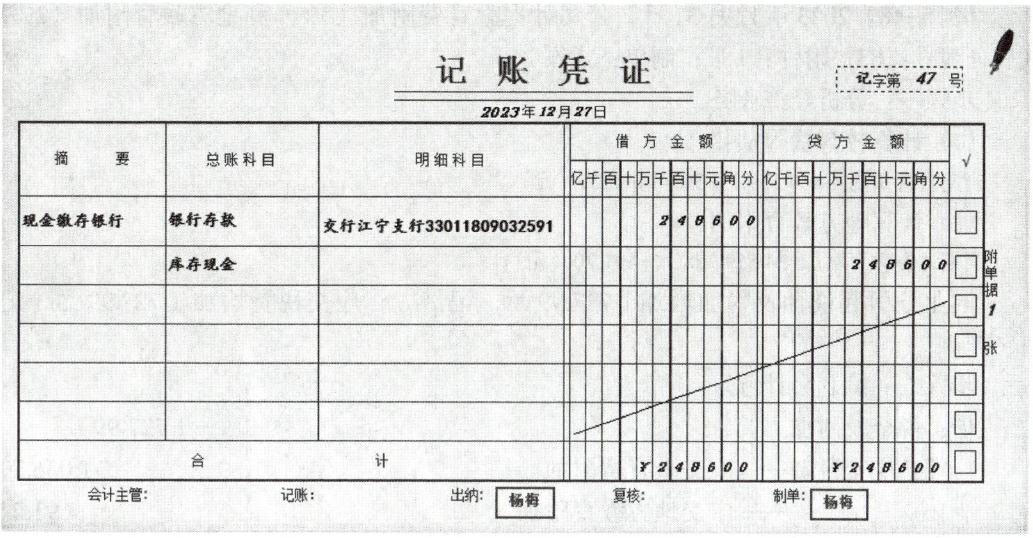

记账凭证

记字第 47 号

2023年12月27日

摘要	总账科目	明细科目	借方金额	贷方金额	√
现金缴存银行	银行存款	交行江宁支行33011809032591	248600		
	库存现金			248600	
合计			¥248600	¥248600	

附单据 1 张

会计主管： 记账： 出纳：杨梅 复核： 制单：杨梅

图5-82 编制记账凭证

（3）计算增值税：

当期应交增值税=56 186−21 626.25=34 559.75（元）

（4）计算城市维护建设税：

当期应交城市维护建设税=34 559.75×7%=2 419.18（元）

本业务引起税金及附加增加2 419.18元，记借方；应交税费增加2 419.18元，记贷方。

步骤二：编制会计分录。

借：税金及附加——城市维护建设税 2 419.18

贷：应交税费——应交城市维护建设税 2 419.18

步骤三：编制记账凭证（如图5-83所示）。

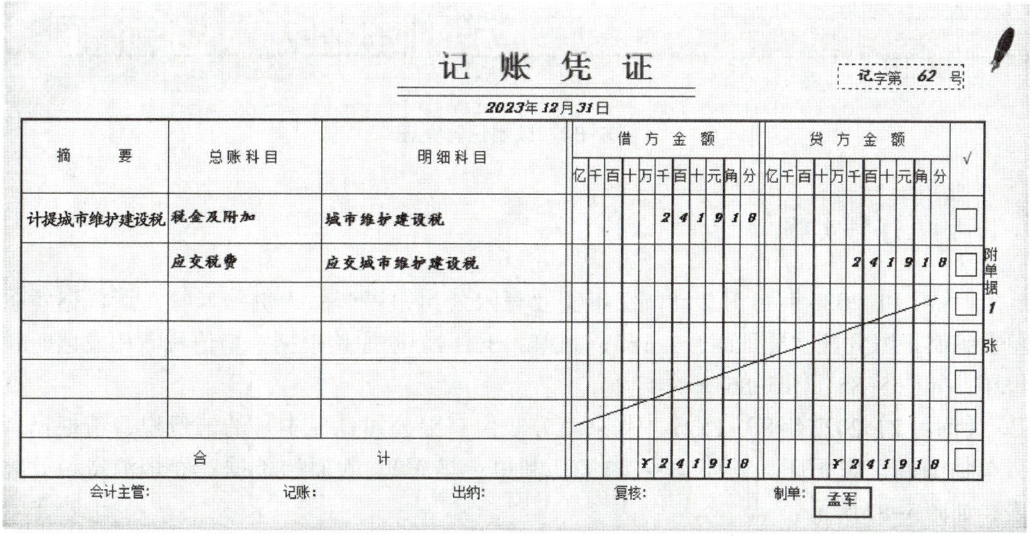

记账凭证

记字第 62 号

2023年12月31日

摘要	总账科目	明细科目	借方金额	贷方金额	√
计提城市维护建设税	税金及附加	城市维护建设税	241918		
	应交税费	应交城市维护建设税		241918	
合计			¥241918	¥241918	

附单据 1 张

会计主管： 记账： 出纳： 复核： 制单：孟军

图5-83 编制记账凭证

【例5-48】2023年12月31日，公司计提教育费附加（3%）和地方教育附加（2%）（凭证编号：63；附件：1张；制单：孟军）。

步骤一：分析经济业务。

（1）计算教育费附加：

当期教育费附加=34 559.75×3%=1 036.79（元）

（2）计算地方教育附加：

当期地方教育附加=34 559.75×2%=691.20（元）

本业务引起税金及附加增加1 727.99元，记借方；应交税费增加1 727.99元，记贷方。

步骤二：编制会计分录。

借：税金及附加　　　　1 727.99

　贷：应交税费——应交教育费附加　　　　1 036.79

　　　　　　——应交地方教育附加　　　　691.20

步骤三：编制记账凭证（如图5-84所示）。

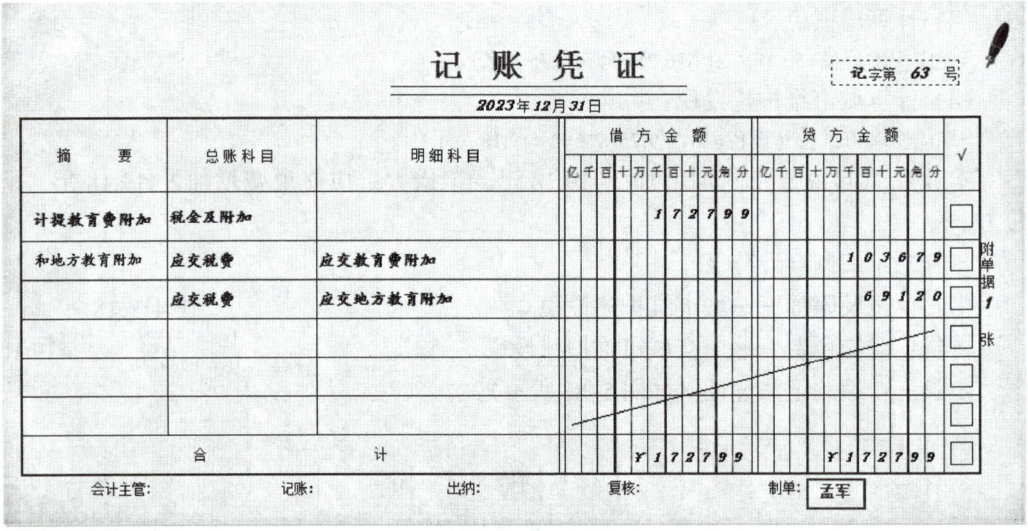
记账凭证

记字第 63 号

2023年12月31日

摘要	总账科目	明细科目	借方金额	贷方金额	√
计提教育费附加	税金及附加		172799		
和地方教育附加	应交税费	应交教育费附加		103679	
	应交税费	应交地方教育附加		69120	
合计			￥172799	￥172799	

附单据 1 张

会计主管：　记账：　出纳：　复核：　制单：孟军

图5-84　编制记账凭证

任务实施

【练习1】2023年11月2日，江丰实业有限公司销售产品，货款未收，请根据背景单据编制记账凭证（凭证编号：165；制单：王林）。附原始单据：增值税专用发票、销售单，如图5-85、图5-86所示。

【练习2】2023年8月13日，北京南方股份有限公司计提本月的消费税，请根据背景单据编制记账凭证（凭证编号：132；制单：马辉）。附原始单据：卷烟消费税计算表，如图5-87所示。

4400131142　　**广东增值税专用发票**　　4400131142
　　№ 60972924　　60972924

此联不作报销、扣税凭证使用　　开票日期：2023年11月02日

购买方	名　　称：君悦电子有限公司 纳税人识别号：913101019097654242 地址、电话：上海南京东路463号 02186395296 开户行及账号：交通银行上海京分行 020001001920016547821	密码区	03*3187<4/+8490<+95-59+7<243 4987<0-->>-6>525<693719->7*7 87*3187<4/+8490<+95708681380 9<712/<1+9016>6906++>84>93/-

货物或应税劳务、服务名称	规格型号	单位	数量	单价	金额	税率	税额
轴承	DS*452	个	5.00	2000.00	10000.00	13%	1300.00
合　　计					¥10000.00		¥1300.00
价税合计（大写）	⊗壹万壹仟叁佰元整				（小写）¥11300.00		

销售方	名　　称：江丰实业有限公司 纳税人识别号：914401061933787703 地址、电话：广州天河区体育东路六运五街78号 02080549118 开户行及账号：交通银行广州分行 410872000400078522232	备注	

收款人：　　复核：　　开票人：陈艳　　销售方：（章）

（印章：江丰实业有限公司 914401061933787703 发票专用章）

第一联：记账联　销售方记账凭证

税总函【XXXX】XXX号 XXXXXXXX公司

图5-85　增值税专用发票

销售单

购货单位：君悦电子有限公司　　地址和电话：上海南京东路463号 02186395296　　单据编号：981296

纳税识别号：913101019097654242　　开户行及账号：交通银行上海京分行 020001001920016547821　　制单日期：2023年11月02日

编码	产品名称	规格	单位	单价	数量	金额	备注
01	轴承	DS*452	个	2 000.00	5	10 000.00	不含税价
合计	人民币（大写）：壹万元整					¥10 000.00	

总经理：高志　　销售经理：田颖　　经手人：王弘　　会计：徐筱红　　签收人：

会计联

图5-86　销售单

卷烟消费税计算表

2023年08月13日

税目	税率（元/箱）	比例税率	数量（箱）	金额（元）	金额（元）
定额税率	150.00				
比例税率		56%			
销售数量			5		
销售金额（不含税）				60 000.00	
应纳消费税额					34 350.00

审核：钱坤深　　制单：王海

图5-87　卷烟消费税计算表

【练习3】2023年8月31日，德宝实业有限公司支付销售过程中临时购买的包装物费用，请根据背景单据编制记账凭证（凭证编号：034；制单：李明）。附原始单据：进账单回单联、转账支票存根、增值税专用发票，如图5-88、图5-89、图5-90所示。

交通银行 进账单 （回 单） 1

2023年 08 月 31 日

出票人	全 称	德宝实业有限公司	收款人	全 称	南台实业有限公司
	账 号	06948908091001234523 1		账 号	02000010090144132 21
	开户银行	交通银行上海分行		开户银行	中国工商银行上海分行
金额	人民币（大写）	贰仟贰佰零伍元整		亿千百十万千百十元角分	￥2 2 0 5 0 0
票据种类	转账支票	票据张数 1			
票据号码	23088622				
	复核 记账			开户银行签章	

交通银行上海分行 2023.08.31 转讫 (01)

此联是开户银行交给持票人的回单

图5-88 进账单回单联

交通银行
转账支票存根
30103122
23088622

附加信息

出票日期2023年08月31日

收款人：南台实业有限公司

金 额：￥2 205.00

用 途：包装费用

单位主管 会计

图5-89 转账支票存根

1100062650　　上海增值税专用发票　　№ 30961856　　1100062650　30961856

发票联　　开票日期：2023年08月31日

购买方	名称：德宝实业有限公司 纳税人识别号：913101096743221863 地址、电话：上海虹口区物华路300号 02188361559 开户行及账号：交通银行上海分行 06948908091001234523 1			密码区	03*3187<4/+8490<+95-59+7<243 4987<0-->>-6>525<693719->7*7 87*3187<4/+8490<+95708681380 9<712/<1+9016>6906++>84>93/-		
货物或应税劳务、服务名称	规格型号	单位	数量	单价	金额	税率	税额
精致陶瓷包装费		箱	50	39.0266	1951.33	13%	253.67
合计					¥1951.33		¥253.67
价税合计（大写）	⊗贰仟贰佰零伍元整				（小写）¥2205.00		
销售方	名称：南台实业有限公司 纳税人识别号：913101038768952044 地址、电话：上海顺昌路75号 02186780142 开户行及账号：中国工商银行上海分行 0200001009014413221			备注			

收款人：　　复核：　　开票人：张　　销售方：（章）

南台实业有限公司　913101038768952044　发票专用章

税总函【XXXX】XXX号 XXXXXXXX公司

第三联：发票联　购买方记账凭证

图5-90　增值税专用发票

【练习4】2023年7月25日，北京化工有限公司以现金支付销售部门差旅费，请根据背景单据编制记账凭证（凭证编号：143；制单：刘凯）。附原始单据：差旅费报销单、出租车票、火车票1、火车票2、增值税专用发票，如图5-91、图5-92、图5-93、图5-94、图5-95所示。

差旅费报销单

2023年07月25日

所属部门	销售部	姓名	刘清	出差天数	自07月21日至07月24日共4天
出差事由	销售	借旅支费	日期	金额¥	结算金额：¥1 960.00

出发月	出发日	到达月	到达日	起止地点	交通费	住宿费	伙食费	其他
7	21	7	21	北京-上海	515.00			
7	21	7	24	上海	90.00	840.00		
7	24	7	24	上海-北京	515.00			
合计				零拾零万壹仟玖佰陆拾零元零角零分 ¥1 960.00				

总经理：王靓瑛　财务经理：郑镭　部门经理：张利　会计：崔亮　出纳：张俊　报销人：刘清

图5-91　差旅费报销单

上海出租汽车专用发票
全国统一发票监制章
上海市
国家税务局监制
代码 231001301109
号码 41129346
监督电话： (021) 83326333
税务登记证号码：
913101148075214498
流水号：
36899537878948875
手写无效
车号 沪A8893
证号 12098784
日期 2023年7月21日
[redacted]
上车 20: 35
下车 21: 14
单价 3.00
里程 28.00
等候 00.05.00
金额 90.00
含电调费 0.0元
卡号 路桥费 0.0元
原额
余额
上海市出租汽车
发票专用章

图5-92 出租车票

Y008632123 京A售
北 京 K227次 上 海
Beijing Shanghai
2023年07月21日16:00开 12 车 06号
¥515.00元 硬座
限乘当日当次车
刘清
3603221989****006X
44726990030712 F070636

图5-93 火车票1

Y008632123 沪A售
上 海 K277次 北 京
Shanghai Beijing
2023年07月24日17:00开 11 车076号
¥515.00元 硬座
限乘当日当次车
刘清
3603221989****006X
44666000030712 F070636

图5-94 火车票2

1100062650　上海增值税专用发票　№ 30961856　1100062650 30961856

开票日期：2023年07月24日

购买方	名　称：北京化工有限公司 纳税人识别号：911101085905444591 地址、电话：北京海淀区西苑三里08号 01083847491 开户行及账号：交通银行北京分行 020000100901213644121
密码区	03*3187<4/+8490<+95-59+7<243 4987<0-->>-6>525<693719->7*7 87*3187<4/+8490<+95708681380 9<712/<1+9016>6906++>84>93/-

货物或应税劳务、服务名称	规格型号	单位	数量	单价	金额	税率	税额
住宿费					792.45	6%	47.55
合计					¥792.45		¥47.55
价税合计（大写）	⊗捌佰肆拾元整				（小写）¥840.00		

销售方	名　称：上海天缘大酒店 纳税人识别号：913101097247346742 地址、电话：上海市虹口区四川北路134号 02180525457 开户行及账号：交通银行上海分行 012066380910015674467
备注	上海天缘大酒店 913101097247346742 发票专用章

收款人：　复核：　开票人：王天龙　销售方：（章）

第三联：发票联　购买方记账凭证

图5-95　增值税专用发票

任务六　核算企业财务成果阶段业务

任务描述

学会核算企业利润和利润分配等经济业务。

知识储备

企业财务成果阶段是企业在一定会计期间实现了销售收入后，需要将当期的收入与费用相互配比，以计算确定企业在该会计期间的经营成果。企业在一定时期内生产经营活动的财务成果，表现为实现的利润或发生的亏损。企业取得经营成果后，还需要对利润进行分配等。企业利润根据管理的需要又可分为营业利润、利润总额和净利润。其计算公式为：

营业利润=营业收入−营业成本−税金及附加−销售费用−管理费用−研发费用−财务费用+其他收益+投资收益+公允价值变动收益−信用减值损失−资产减值损失+资产处置收益

利润总额=营业利润+营业外收入−营业外支出

净利润=利润总额−所得税费用

上述公式中，营业外收入是指企业确认与企业生产经营活动没有直接关系的各项收入，营业外支出是指企业发生的与企业生产经营活动无直接关系的各项支出。

利润分配指的是对净利润的分配，是利润形成后，对净利润的处置。依据《中华人民共和国公司法》的规定，公司分配当年税后利润时应按净利润的10%提取法定盈余公积，公司以前年度有亏损的，应当先用当年净利润弥补亏损。公司从税后利润中提取法定盈余公积后，经公司股东会或者股东大会决议，还可以从税后利润中提取任意盈余公积。盈余公积是指企业从税后利润中提取形成的、存留于企业内部、具有特定用途的收益积累。公司弥补亏损和提取盈余公积之后所剩余的利润，可向投资者分配。公司提取的盈余公积主要用于弥补公司亏损、扩大公司生产经营、转增公司资本金。

一、主要账户的设置

企业财务成果阶段涉及的主要账户，见表5-8。

表5-8 企业财务成果阶段涉及的主要账户

账户名称	账户性质	账户用途	账户结构	明细核算
财务费用	损益类	核算企业为筹集生产经营所需资金发生的筹资费用，包括利息支出（减利息收入）、银行相关的手续费等	借方登记企业发生的各项财务费用；贷方一般登记期末结转记入“本年利润”账户的金额；结转后无余额	按费用项目进行明细核算
投资收益	损益类	核算企业确认的投资收益或投资损失	贷方登记确认的各类投资收益；借方登记确认的各类投资损失以及期末转入“本年利润”账户的数额；结转后无余额	按投资项目进行明细核算
所得税费用	损益类	核算企业根据税法规定确认的应从当期利润总额中扣除的所得税费用	借方登记本期应负担的税费；贷方登记期末转入“本年利润”账户的数额；结转后无余额	只进行总分类核算，不进行明细核算
营业外收入	损益类	核算企业发生的各项营业外收入，主要包括处置非流动资产损毁报废收益、政府补助收入、捐赠收益等	贷方登记企业取得的各项营业外收入；借方登记期末转入“本年利润”账户的数额；结转后无余额	按营业外收入项目进行明细核算
营业外支出	损益类	核算企业发生的各项营业外支出，主要包括处置非流动资产损毁报废收益、公益性捐赠支出等	借方登记各项营业外支出的发生数；贷方登记期末转入“本年利润”账户的数额；结转后无余额	按营业外支出项目进行明细核算

续表

账户名称	账户性质	账户用途	账户结构	明细核算
应收股利	资产类	核算企业应收取的现金股利或利润	借方登记确认的现金股利或利润收入；贷方登记收到的现金股利或利润；期末存在借方余额，反映企业尚未收到的现金股利或利润	按投资单位进行明细核算
应收利息	资产类	核算企业债券投资应收取的利息	借方登记确认的债券利息收入；贷方登记收到的债券利息；期末存在借方余额，反映企业尚未收到的债券利息	按投资单位进行明细核算
其他货币资金	资产类	核算企业除现金、银行存款以外的其他各种货币资金的收支和结存情况	借方登记其他货币资金的增加；贷方登记其他货币资金的减少；期末余额在借方，反映企业实际持有的其他货币资金的金额	按照其他货币资金的种类设置明细科目进行核算
交易性金融资产	资产类	核算企业以交易为目的所持有的债券投资、股票投资、基金投资	借方登记交易性金融资产取得的成本等；贷方登记出售交易性金融资产时结转的成本等	应按照股票、债券、基金等投资种类进行明细核算
待处理财产损溢	资产类	核算企业在清查财产过程中查明的各种财产盘盈、盘亏和毁损的价值以及物资在运输途中发生的非正常短缺与损耗	借方登记企业财产物资盘亏及处理财产物资盘盈金额；贷方登记财产物资盘盈及处理财产物资盘亏金额。企业发生的财产物资损溢，应当查明原因，在期末结账前处理完毕，处理后本科目应无余额	按待处理流动资产损溢和待处理固定资产损溢进行明细核算
本年利润	所有者权益类	核算企业当期实现的净利润（或发生的净亏损）	贷方登记转入的各收益类账户的贷方余额；借方登记各成本、费用和支出类账户的借方余额。如期末存在贷方余额，则反映本年度自年初开始累计发生的净利润；如期末存在借方余额，则反映本年度自年初开始累计发生的净亏损。年末，将本账户的全部累计发生额转入“利润分配”账户	按构成项目进行明细核算

续表

账户名称	账户性质	账户用途	账户结构	明细核算
利润分配	所有者权益类	核算企业利润的分配（或亏损的弥补）和历年分配（或弥补）后的余额	借方登记利润分配数；贷方登记净利润转入数。如期末存在贷方余额，则反映历年累计未分配的利润；如期末存在借方余额，则反映历年累计的未弥补亏损	按“应付股利”“未分配利润”等账户进行明细核算
盈余公积	所有者权益类	核算企业（公司制）按照法律规定从净利润中提取的盈余公积	贷方登记盈余公积的提取数额；借方登记用盈余公积弥补亏损、转增注册资本的数额；期末存在贷方余额，反映企业的盈余公积结余数额	分别按“法定盈余公积”“任意盈余公积”账户进行明细核算
应付利息	负债类	核算企业按照合同约定应支付的借款利息	贷方登记资产负债表日企业按合同利率计算确定的应付未付利息；借方登记企业实际支付的利息；期末存在贷方余额，反映企业应付未付的利息	按贷款人进行明细核算
应付股利	负债类	核算企业向投资者分配的利润	贷方登记根据规定或协议计算出应分配给投资者的利润；借方登记支付的利润；期末存在贷方余额，反映企业应付未付的利润	按投资者进行明细核算

二、核算企业财务成果阶段业务

企业财务成果阶段核算的主要内容包括：结转各损益类账户；计算并结转所得税；结转净利润（或亏损）；提取盈余公积；向投资者分配股利；结转有关利润分配明细账户等。

【例5-49】2023年12月4日，公司购买特变电工股票3 000股，单价8.05元，手续费30元，以银行存款支付，该股票准备随时变现（凭证编号：06；附件：2张；制单：杨梅）。

步骤一：分析经济业务。

本业务引起交易性金融资产增加24 150元，记借方；投资收益减少30元，记借方；其他货币资金减少24 180元，记贷方。

步骤二：编制会计分录。

借：交易性金融资产——股票——特变电工（成本）　　24 150
　　投资收益　　30
　贷：其他货币资金——存出投资款　　24 180

步骤三：编制记账凭证（如图5-96所示）。

记账凭证

记字第 06 号

2023年12月04日

摘要	总账科目	明细科目	借方金额	贷方金额	√
取得股票投资	交易性金融资产	股票——特变电工（成本）	2415000		
	投资收益		3000		
	其他货币资金	存出投资款		2418000	
合计			￥2418000	￥2418000	

附单据 2 张

会计主管：　记账：　出纳：杨梅　复核：　制单：杨梅

图5-96　编制记账凭证

【例5-50】2023年12月10日，公司以银行存款支付招待费5 000元（凭证编号：22；附件：2张；制单：杨梅）。

步骤一：分析经济业务。

本业务引起管理费用增加5 000元，记借方；银行存款减少5 000元，记贷方。

步骤二：编制会计分录。

借：管理费用——招待费　　5 000
　贷：银行存款——交行江宁支行（33011809032591）　　5 000

步骤三：编制记账凭证（如图5-97所示）。

记账凭证

记字第 22 号

2023年12月10日

摘要	总账科目	明细科目	借方金额	贷方金额	√
支付招待费	管理费用	招待费	500000		
	银行存款	交行江宁支行33011809032591		500000	
合计			￥500000	￥500000	

附单据 2 张

会计主管：　记账：　出纳：杨梅　复核：　制单：杨梅

图5-97　编制记账凭证

【例5-51】2023年12月12日，公司以现金支付咨询服务费800元（凭证编号：26；附件：1张；制单：杨梅）。

步骤一：分析经济业务。

本业务引起管理费用增加800元，记借方；库存现金减少800元，记贷方。

步骤二：编制会计分录。

借：管理费用——咨询服务费　　800

　贷：库存现金　　800

步骤三：编制记账凭证（如图5-98所示）。

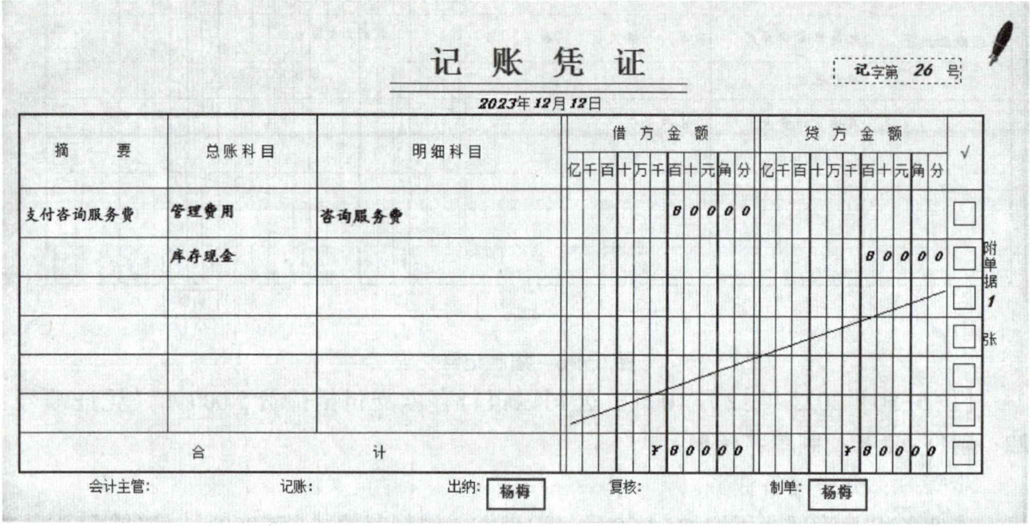

记账凭证

记字第 26 号

2023年12月12日

摘要	总账科目	明细科目	借方金额	贷方金额	√
支付咨询服务费	管理费用	咨询服务费	80000		
	库存现金			80000	
合计			¥80000	¥80000	

附单据 1 张

会计主管：　记账：　出纳：杨梅　复核：　制单：杨梅

图5-98　编制记账凭证

【例5-52】2023年12月19日，公司收到现金罚款200元（凭证编号：39；附件：1张；制单：杨梅）。

步骤一：分析经济业务。

本业务引起库存现金增加200元，记借方；营业外收入增加200元，记贷方。

步骤二：编制会计分录。

借：库存现金　　200

　贷：营业外收入——罚款收入　　200

步骤三：编制记账凭证（如图5-99所示）。

【例5-53】2023年12月20日，公司以银行存款支付捐款20 000元（凭证编号：40；附件：2张；制单：杨梅）。

步骤一：分析经济业务。

本业务引起营业外支出增加20 000元，记借方；银行存款减少20 000元，记贷方。

步骤二：编制会计分录。

借：营业外支出——捐款支出　　20 000

　贷：银行存款——交行江宁支行（33011809032591）　　20 000

记 账 凭 证

记字第 39 号

2023年12月19日

摘要	总账科目	明细科目	借方金额	贷方金额	√
收到罚款	库存现金		20000		
	营业外收入	罚款收入		20000	
合计			¥20000	¥20000	

附单据 1 张

会计主管：　记账：　出纳：杨梅　复核：　制单：杨梅

图5-99　编制记账凭证

步骤三：编制记账凭证（如图5-100所示）。

记 账 凭 证

记字第 40 号

2023年12月20日

摘要	总账科目	明细科目	借方金额	贷方金额	√
支付捐款	营业外支出	捐款支出	2000000		
	银行存款	交行江宁支行33011809032591		2000000	
合计			¥2000000	¥2000000	

附单据 2 张

会计主管：　记账：　出纳：杨梅　复核：　制单：杨梅

图5-100　编制记账凭证

【例5-54】2023年12月20日，平安银行宣告发放现金股利，公司确认股利收入1 280元（凭证编号：41；附件：1张；制单：孟军）。

步骤一：分析经济业务。

本业务引起应收股利增加1 280元，记借方；投资收益增加1 280元，记贷方。

步骤二：编制会计分录。

借：应收股利——平安银行　　1 280

　贷：投资收益　　1 280

步骤三：编制记账凭证（如图5-101所示）。

记 账 凭 证

记字第 41 号

2023年12月20日

摘要	总账科目	明细科目	借方金额（亿千百十万千百十元角分）	贷方金额（亿千百十万千百十元角分）	√
确认股利收入	应收股利	平安银行	128000		
	投资收益			128000	
合计			￥128000	￥128000	

附单据 1 张

会计主管：　记账：　出纳：　复核：　制单：孟军

图5-101　编制记账凭证

【例5-55】2023年12月21日，公司支付短期借款利息1 650元（凭证编号：43；附件：1张；制单：杨梅）。

步骤一：分析经济业务。

计算利息费用，具体计算过程如下：

利息费用=300 000×5.4%×30÷360+100 000×5.4%×20÷360=1 350+300=1 650（元）

本业务引起应付利息减少1 650元，记借方；银行存款减少1 650元，记贷方。

步骤二：编制会计分录。

借：应付利息——短期借款——交行江宁支行（30708711）　　1 350

　　　　　　——短期借款——交行江宁支行（77236031）　　300

　贷：银行存款——交行江宁支行（33011809032591）　　1 650

步骤三：编制记账凭证（如图5-102所示）。

记 账 凭 证

记字第 43 号

2023年12月21日

摘要	总账科目	明细科目	借方金额（亿千百十万千百十元角分）	贷方金额（亿千百十万千百十元角分）	√
支付利息	应付利息	短期借款——交行江宁支行（30708711）	135000		
		短期借款——交行江宁支行（77236031）	30000		
	银行存款	交行江宁支行33011809032591		165000	
合计			￥165000	￥165000	

附单据 1 张

会计主管：　记账：　出纳：杨梅　复核：　制单：杨梅

图5-102　编制记账凭证

【例5-56】2023年12月25日，公司收到平安银行发放的现金股利1 280元（凭证编号：44；附件：1张；制单：杨梅）。

步骤一：分析经济业务。

本业务引起其他货币资金增加1 280元，记借方；应收股利减少1 280元，记贷方。

步骤二：编制会计分录。

借：其他货币资金——存出投资款　　1 280

　贷：应收股利——平安银行　　1 280

步骤三：编制记账凭证（如图5-103所示）。

记 账 凭 证

记字第 44 号

2023年12月25日

摘要	总账科目	明细科目	借方金额（亿千百十万千百十元角分）	贷方金额（亿千百十万千百十元角分）	√
收到股利	其他货币资金	存出投资款	128000		
	应收股利	平安银行		128000	
合计			￥128000	￥128000	

附单据 1 张

会计主管：　记账：　出纳：杨梅　复核：　制单：杨梅

图5-103　编制记账凭证

【例5-57】2023年12月28日，公司出售月初持有的特变电工（股票代码：600089）股票4 000股，获得净收入50 000元（凭证编号：48；附件：1张；制单：杨梅）。

步骤一：分析经济业务。

本业务引起其他货币资金增加50 000元，记借方；交易性金融资产减少35 200元，记贷方；投资收益增加14 800元，记贷方。

步骤二：编制会计分录。

借：其他货币资金——存出投资款　　50 000

　贷：交易性金融资产——股票——特变电工（成本）　　35 200

　　　投资收益　　14 800

步骤三：编制记账凭证（如图5-104所示）。

【例5-58】2023年12月31日，公司经过盘点，发现雨刮器骨架盘盈20支，单位成本6元，总成本120元（凭证编号：56；附件：1张；制单：孟军）。

步骤一：分析经济业务。

本业务引起原材料增加120元，记借方；待处理财产盘盈120元，记贷方。

步骤二：编制会计分录。

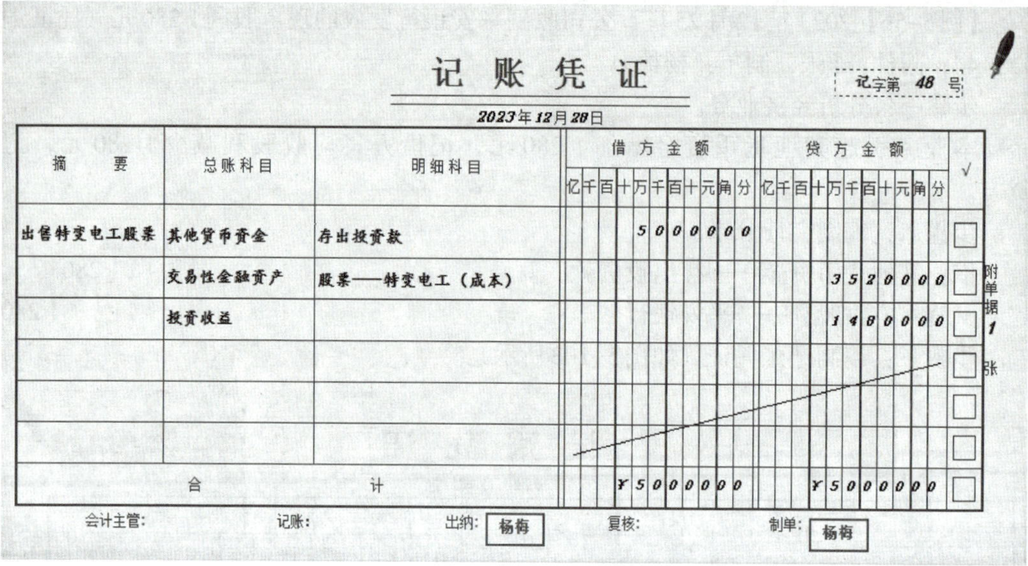

记账凭证

记字第 48 号

2023年12月28日

摘要	总账科目	明细科目	借方金额（亿千百十万千百十元角分）	贷方金额（亿千百十万千百十元角分）	√
出售特变电工股票	其他货币资金	存出投资款	5000000		
	交易性金融资产	股票——特变电工（成本）		3520000	
	投资收益			1480000	
合		计	¥5000000	¥5000000	

附单据 1 张

会计主管： 记账： 出纳：杨梅 复核： 制单：杨梅

图5-104 编制记账凭证

借：原材料——雨刮器骨架 120

贷：待处理财产损溢——待处理流动资产损溢 120

步骤三：编制记账凭证（如图5-105所示）。

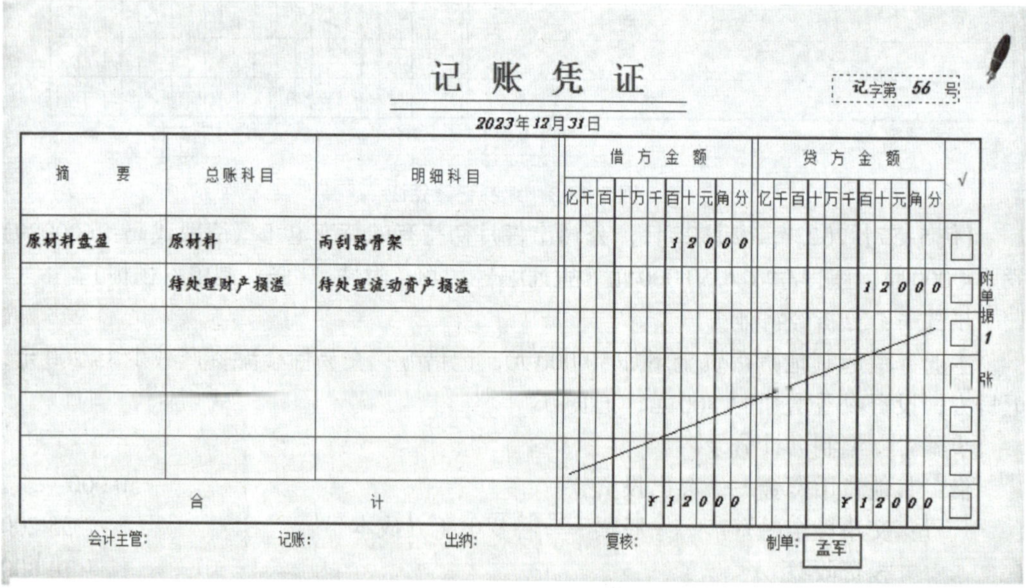

记账凭证

记字第 56 号

2023年12月31日

摘要	总账科目	明细科目	借方金额（亿千百十万千百十元角分）	贷方金额（亿千百十万千百十元角分）	√
原材料盘盈	原材料	雨刮器骨架	12000		
	待处理财产损溢	待处理流动资产损溢		12000	
合		计	¥12000	¥12000	

附单据 1 张

会计主管： 记账： 出纳： 复核： 制单：孟军

图5-105 编制记账凭证

【例5-59】2023年12月31日，公司处理盘盈雨刮器骨架120元，冲减管理费用（凭证编号：57；附件：1张；制单：孟军）。

步骤一：分析经济业务。

本业务引起管理费用减少120元，记贷方；转销盘盈，记“待处理财产损溢”账户的借方。

步骤二：编制会计分录。

借：待处理财产损溢——待处理流动资产损溢　　120

　贷：管理费用——盘盈利得　　120

步骤三：编制记账凭证（如图5-106所示）。

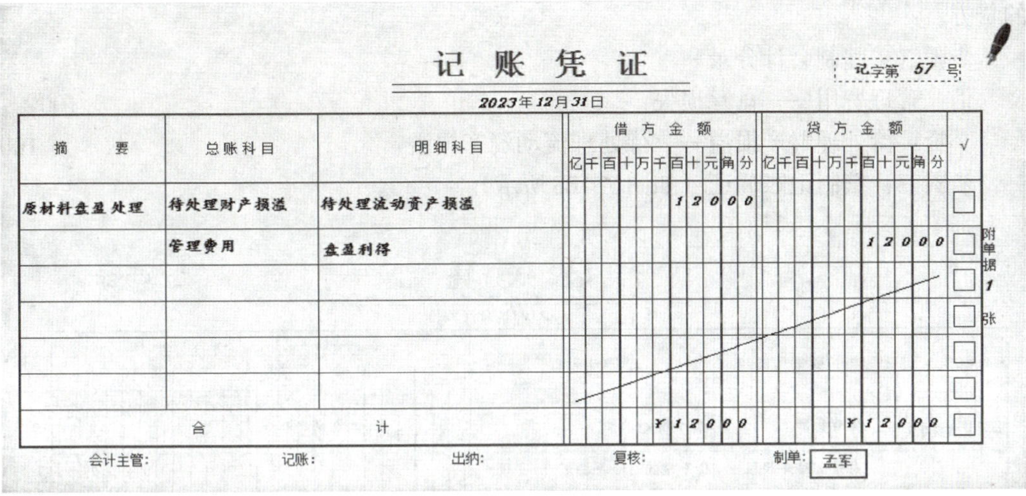

记 账 凭 证

记字第 57 号

2023年12月31日

摘要	总账科目	明细科目	借方金额	贷方金额	√
原材料盘盈处理	待处理财产损溢	待处理流动资产损溢	12000		
	管理费用	盘盈利得		12000	
合计			¥12000	¥12000	

附单据 1 张

会计主管：　记账：　出纳：　复核：　制单：孟军

图5-106　编制记账凭证

【例5-60】2023年12月31日，公司经过盘点，发现现金短缺100元（凭证编号：58；附件：1张；制单：杨梅）。

步骤一：分析经济业务。

本业务引起待处理财产盘亏100元，记借方；库存现金减少100元，记贷方。

步骤二：编制会计分录。

借：待处理财产损溢——待处理流动资产损溢　　100

　贷：库存现金　　100

步骤三：编制记账凭证（如图5-107所示）。

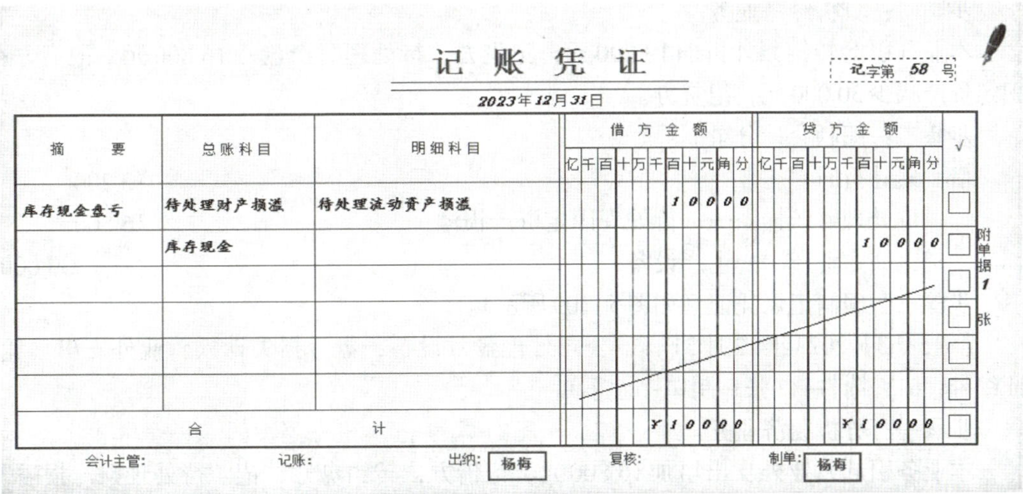

记 账 凭 证

记字第 58 号

2023年12月31日

摘要	总账科目	明细科目	借方金额	贷方金额	√
库存现金盘亏	待处理财产损溢	待处理流动资产损溢	10000		
	库存现金			10000	
合计			¥10000	¥10000	

附单据 1 张

会计主管：　记账：　出纳：杨梅　复核：　制单：杨梅

图5-107　编制记账凭证

【例5-61】2023年12月31日，公司处理现金短缺的100元，计入管理费用（凭证编号：59；附件：1张；制单：孟军）。

步骤一：分析经济业务。

本业务引起管理费用增加100元，记借方；转销盘亏，记“待处理财产损溢”账户的贷方。

步骤二：编制会计分录。

借：管理费用——盘亏损失　　100

　贷：待处理财产损溢——待处理流动资产损溢　　100

步骤三：编制记账凭证（如图5-108所示）。

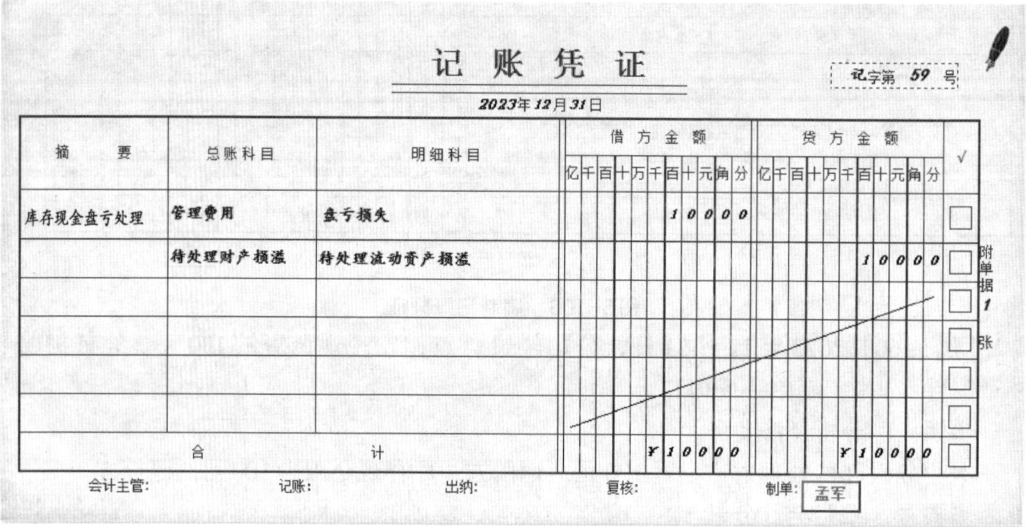

记账凭证

记字第 59 号

2023年12月31日

摘要	总账科目	明细科目	借方金额（亿千百十万千百十元角分）	贷方金额（亿千百十万千百十元角分）	√
库存现金盘亏处理	管理费用	盘亏损失	10000		
	待处理财产损溢	待处理流动资产损溢		10000	
合计			¥10000	¥10000	

附单据 1 张

会计主管：　记账：　出纳：　复核：　制单：孟军

图5-108　编制记账凭证

【例5-62】2023年12月31日，公司经过盘点，发现盘亏一台机器设备，原值30 000元，已提折旧13 200元（凭证编号：60；附件：1张；制单：孟军）。

步骤一：分析经济业务。

本业务引起转销累计折旧13 200元，记借方；待处理财产盘亏16 800元，记借方；固定资产减少30 000元，记贷方。

步骤二：编制会计分录。

借：累计折旧　　13 200

　　待处理财产损溢——待处理固定资产损溢　　16 800

　贷：固定资产——生产设备　　30 000

步骤三：编制记账凭证（如图5-109所示）。

【例5-63】2023年12月31日，公司处理盘亏设备，盘亏损失计入营业外支出（凭证编号：61；附件：1张；制单：孟军）。

步骤一：分析经济业务。

本业务引起营业外支出增加16 800元，记借方；转销盘亏，记“待处理财产损溢”账户的贷方。

记账凭证

2023年12月31日　　　　记字第 60 号

摘要	总账科目	明细科目	借方金额	贷方金额	√
固定资产盘亏	待处理财产损溢	待处理固定资产损溢	1680000		
	累计折旧		1320000		
	固定资产	生产设备		3000000	
合计			￥3000000	￥3000000	

附单据 1 张

会计主管：　记账：　出纳：　复核：　制单：孟军

图5-109　编制记账凭证

步骤二：编制会计分录。

借：营业外支出——盘亏损失　　16 800

　贷：待处理财产损溢——待处理固定资产损溢　　16 800

步骤三：编制记账凭证（如图5-110所示）。

记账凭证

2023年12月31日　　　　记字第 61 号

摘要	总账科目	明细科目	借方金额	贷方金额	√
固定资产盘亏处理	营业外支出	盘亏损失	1680000		
	待处理财产损溢	待处理固定资产损溢		1680000	
合计			￥1680000	￥1680000	

附单据 1 张

会计主管：　记账：　出纳：　复核：　制单：孟军

图5-110　编制记账凭证

【例5-64】2023年12月31日，公司确认国债利息收入750元（凭证编号：64；附件：1张；制单：孟军）。

步骤一：分析经济业务。

本业务引起应收利息增加750元，记借方；投资收益增加750元，记贷方。

步骤二：编制会计分录。

借：应收利息——国债　　750

　贷：投资收益　　750

步骤三：编制记账凭证（如图5-111所示）。

记账凭证

记字第 64 号

2023年12月31日

摘要	总账科目	明细科目	借方金额（亿千百十万千百十元角分）	贷方金额（亿千百十万千百十元角分）	√
确认国债利息收入	应收利息	国债	75000		
	投资收益			75000	
合计			￥75000	￥75000	

附单据 1 张

会计主管： 记账： 出纳： 复核： 制单：孟军

图 5-111 编制记账凭证

【例 5-65】2023 年 12 月 31 日，公司计提本月短期借款利息费用（凭证编号：65；附件：2 张；制单：孟军）。

步骤一：分析经济业务。

计算短期借款利息费用，具体计算过程如下：

短期借款利息费用=300 000×5.4%×31÷360+100 000×5.4%×31÷360=1 395+465=1 860（元）

本业务引起财务费用增加 1 860 元，记借方；应付利息增加 1 860 元，记贷方。

步骤二：编制会计分录。

借：财务费用——利息支出 1 860

贷：应付利息——短期借款——交行江宁支行（30708711） 1 395

——短期借款——交行江宁支行（77236031） 465

步骤三：编制记账凭证（如图 5-112 所示）。

记账凭证

记字第 65 号

2023年12月31日

摘要	总账科目	明细科目	借方金额（亿千百十万千百十元角分）	贷方金额（亿千百十万千百十元角分）	√
计提短期借款利息	财务费用	利息支出	186000		
费用	应付利息	短期借款—交行江宁支行（30708711）		139500	
	应付利息	短期借款—交行江宁支行（77236031）		46500	
合计			￥186000	￥186000	

附单据 2 张

会计主管： 记账： 出纳： 复核： 制单：孟军

图 5-112 编制记账凭证

【例5-66】2023年12月31日，公司计提长期借款利息费用（凭证编号：66；附件：1张；制单：孟军）。

步骤一：分析经济业务。

计算长期借款利息费用，具体计算过程如下：

长期借款利息费用=200 000×7.2%×31÷360=1 240（元）

本业务引起财务费用增加1 240元，记借方；应付利息增加1 240元，记贷方。

步骤二：编制会计分录。

借：财务费用——利息支出　　1 240

　贷：应付利息——长期借款——交行江宁支行（77236341）　　1 240

步骤三：编制记账凭证（如图5-113所示）。

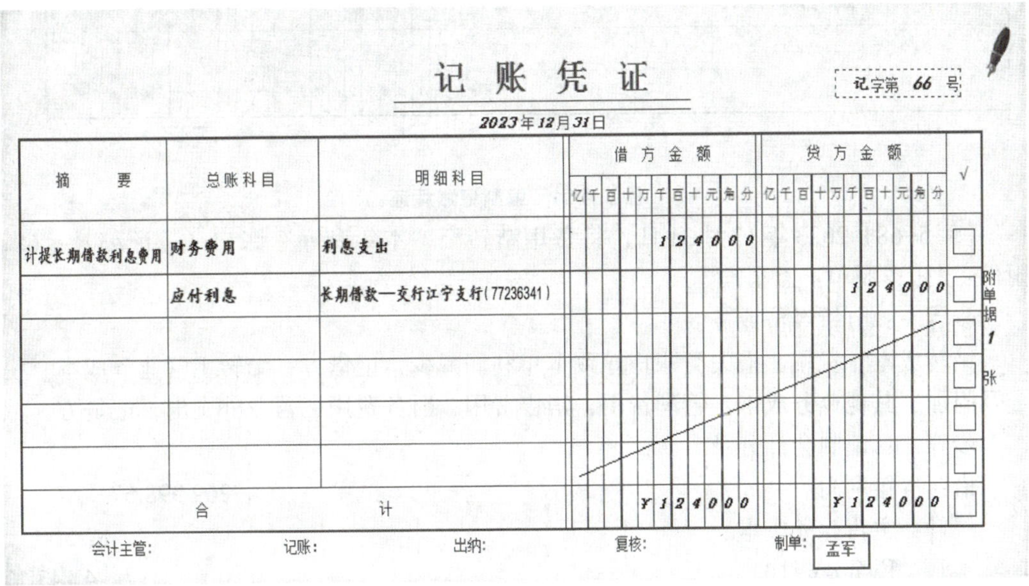

记账凭证

记字第 66 号

2023年12月31日

摘要	总账科目	明细科目	借方金额（亿千百十万千百十元角分）	贷方金额（亿千百十万千百十元角分）	√
计提长期借款利息费用	财务费用	利息支出	124000		
	应付利息	长期借款—交行江宁支行(77236341)		124000	
合计			￥124000	￥124000	

附单据 1 张

会计主管：　记账：　出纳：　复核：　制单：孟军

图5-113　编制记账凭证

【例5-67】2023年12月31日，将收入结转至“本年利润”账户（凭证编号：67；附件：1张；制单：孟军）。

步骤一：分析经济业务。

结转收入、收益、利得类账户导致本年利润增加，记贷方；结转主营业务收入、其他业务收入、投资收益、营业外收入，记借方。

步骤二：编制会计分录。

借：主营业务收入　　430 000

　　其他业务收入　　2 200

　　投资收益　　16 800

　　营业外收入　　200

　贷：本年利润　　449 200

步骤三：编制记账凭证（如图5-114所示）。

记账凭证

记字第 67 号

2023年12月31日

摘要	总账科目	明细科目	借方金额	贷方金额	√
结转收入、利得	主营业务收入		43000000		
	其他业务收入		220000		
	投资收益		1680000		
	营业外收入		20000		
	本年利润			44920000	
合计			￥44920000	￥44920000	

附单据 1 张

会计主管：　记账：　出纳：　复核：　制单：孟军

图5-114 编制记账凭证

【例5-68】2023年12月31日，将费用结转至“本年利润”账户（凭证编号：68；附件：2张；制单：孟军）。

步骤一：分析经济业务。

结转成本、费用、损失类账户导致本年利润减少，记借方；结转主营业务成本、税金及附加、其他业务成本、管理费用、销售费用、财务费用、营业外支出，记贷方。

步骤二：编制会计分录。

借：本年利润	269 998.57	
贷：主营业务成本		82 500
税金及附加		4 147.17
其他业务成本		2 000
管理费用		77 466.52
销售费用		63 981.88
财务费用		3 100
营业外支出		36 800

步骤三：编制记账凭证（如图5-115、图5-116所示）。

【例5-69】2023年12月31日，计提所得税费用226 050.36元（凭证编号：69；附件：1张；制单：孟军）。其中：1—11月份的利润总额为725 000元。

步骤一：分析经济业务。

（1）计算利润总额。

利润总额=449 200−269 998.57=179 201.43（元）

（2）计算所得税费用。

所得税费用=（179 201.43+725 000）×25%=226 050.36（元）

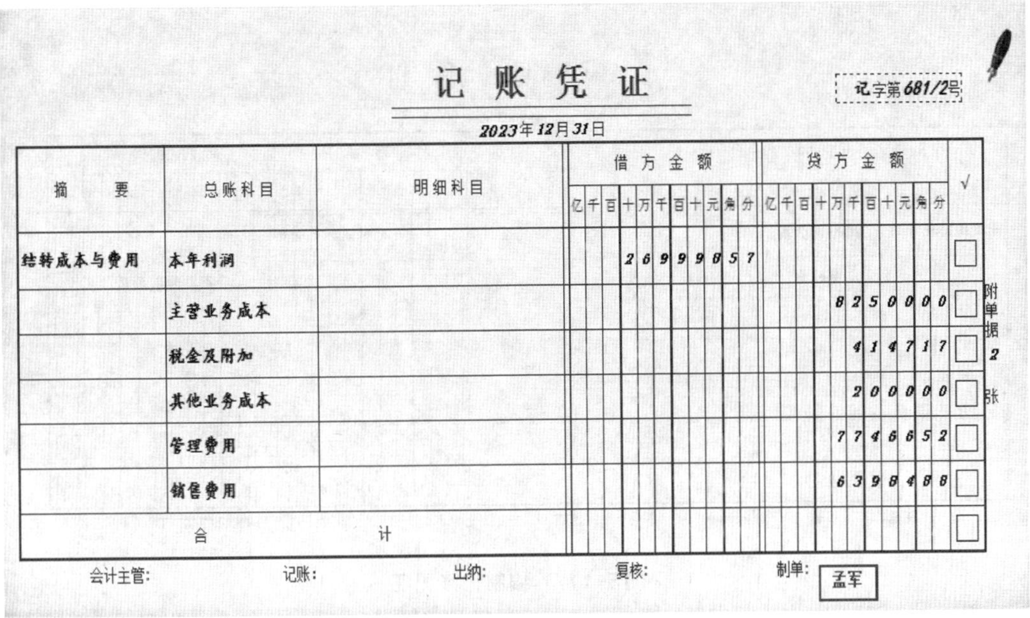

记账凭证

记字第681/2号

2023年12月31日

摘要	总账科目	明细科目	借方金额	贷方金额	√
结转成本与费用	本年利润		26999857		
	主营业务成本			8250000	
	税金及附加			414717	
	其他业务成本			200000	
	管理费用			7746652	
	销售费用			6398488	
合计					

附单据2张

会计主管:　记账:　出纳:　复核:　制单: 孟军

图5-115　编制记账凭证

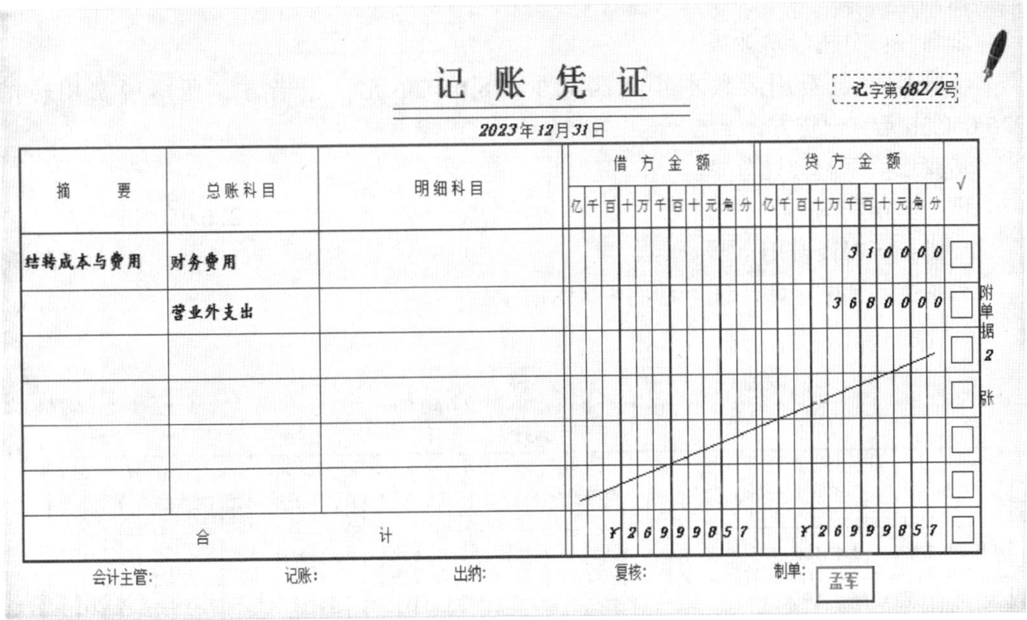

记账凭证

记字第682/2号

2023年12月31日

摘要	总账科目	明细科目	借方金额	贷方金额	√
结转成本与费用	财务费用			310000	
	营业外支出			3680000	
合计			¥26999857	¥26999857	

附单据2张

会计主管:　记账:　出纳:　复核:　制单: 孟军

图5-116　编制记账凭证

本业务引起所得税费用增加226 050.36元，记借方；应交税费增加226 050.36元，记贷方。

步骤二：编制会计分录。

借：所得税费用　226 050.36

　贷：应交税费——应交所得税　226 050.36

步骤三：编制记账凭证（如图5-117所示）。

记账凭证

记字第 69 号

2023年12月31日

摘要	总账科目	明细科目	借方金额（亿千百十万千百十元角分）	贷方金额（亿千百十万千百十元角分）	√
计提所得税费用	所得税费用		22605036		
	应交税费	应交所得税		22605036	
合计			¥22605036	¥22605036	

附单据 1 张

会计主管： 记账： 出纳： 复核： 制单：孟军

图5-117 编制记账凭证

【例5-70】2023年12月31日，结转所得税费用（凭证编号：70；附件：0张；制单：孟军）。

步骤一：分析经济业务。

结转所得税费用导致本年利润减少226 050.36元，记借方；所得税费用转销226 050.36元，记贷方。

步骤二：编制会计分录。

借：本年利润 226 050.36

　贷：所得税费用 226 050.36

步骤三：编制记账凭证（如图5-118所示）。

记账凭证

记字第 70 号

2023年12月31日

摘要	总账科目	明细科目	借方金额（亿千百十万千百十元角分）	贷方金额（亿千百十万千百十元角分）	√
结转所得税费用	本年利润		22605036		
	所得税费用			22605036	
合计			¥22605036	¥22605036	

附单据 0 张

会计主管： 记账： 出纳： 复核： 制单：孟军

图5-118 编制记账凭证

【例5-71】2023年12月31日，结转当年净利润（凭证编号：71；附件：0张；制单：孟军）。

步骤一：分析经济业务。

计算净利润，具体计算过程如下：

净利润=179 201.43+725 000−226 050.36=678 151.07（元）

本业务引起本年利润减少678 151.07元，记借方；利润分配增加678 151.07元，记贷方。

步骤二：编制会计分录。

借：本年利润　　　　678 151.07

　贷：利润分配——未分配利润　　　　678 151.07

步骤三：编制记账凭证（如图5-119所示）。

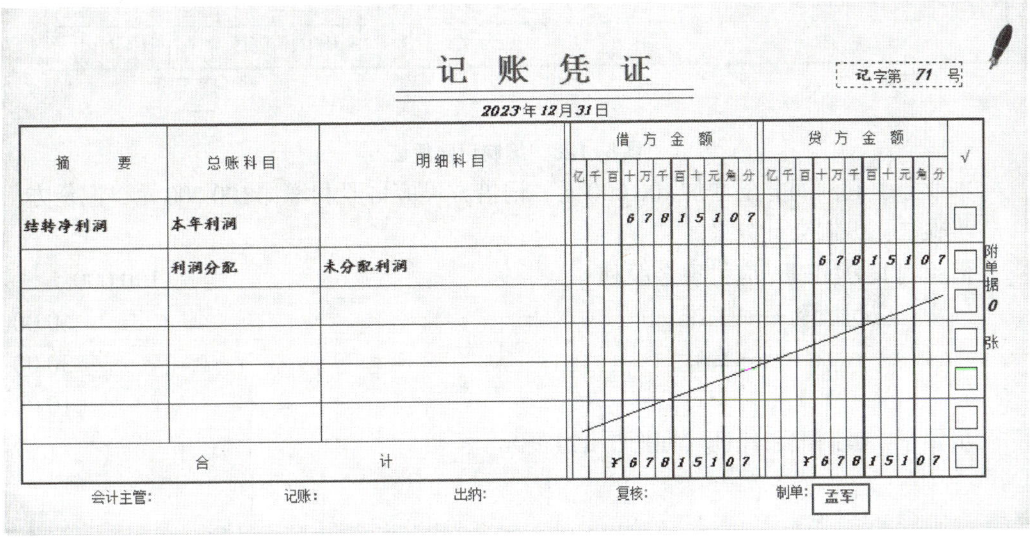

记 账 凭 证

记字第 71 号

2023年12月31日

摘要	总账科目	明细科目	借方金额（亿千百十万千百十元角分）	贷方金额（亿千百十万千百十元角分）	√
结转净利润	本年利润		67815107		
	利润分配	未分配利润		67815107	
合计			￥67815107	￥67815107	

附单据 0 张

会计主管：　记账：　出纳：　复核：　制单：孟军

图5-119 编制记账凭证

【例5-72】2023年12月31日，按全年净利润的10%计提法定盈余公积（公司无纳税调整）（凭证编号：72；附件：1张；制单：孟军）。

步骤一：分析经济业务。

本业务引起利润分配增加67 815.11元，记借方；盈余公积增加67 815.11元，记贷方。

步骤二：编制会计分录。

借：利润分配——提取法定盈余公积　　　　67 815.11

　贷：盈余公积——法定盈余公积　　　　67 815.11

步骤三：编制记账凭证（如图5-120所示）。

【例5-73】2023年12月31日，向投资者分配利润100 000元，其中王维分得60 000元、秦岭分得30 000元、李玲分得10 000元（凭证编号：73；附件：1张；制单：孟军）。

步骤一：分析经济业务。

记 账 凭 证

2023年12月31日　　记字第 72 号

摘要	总账科目	明细科目	借方金额	贷方金额	√
计提法定盈余公积	利润分配	提取法定盈余公积	6781511		
	盈余公积	法定盈余公积		6781511	
合计			￥6781511	￥6781511	

附单据 1 张

会计主管:　记账:　出纳:　复核:　制单: 孟军

图5-120　编制记账凭证

本业务引起利润分配增加100 000元，记借方；应付股利增加100 000元，记贷方。

步骤二：编制会计分录。

借：利润分配——应付现金股利　　100 000

　贷：应付股利——王维　　60 000

　　　　　　——秦岭　　30 000

　　　　　　——李玲　　10 000

步骤三：编制记账凭证（如图5-121所示）。

记 账 凭 证

2023年12月31日　　记字第 73 号

摘要	总账科目	明细科目	借方金额	贷方金额	√
分配利润	利润分配	应付现金股利	10000000		
	应付股利	王维		6000000	
	应付股利	秦岭		3000000	
	应付股利	李玲		1000000	
合计			￥10000000	￥10000000	

附单据 1 张

会计主管:　记账:　出纳:　复核:　制单: 孟军

图5-121　编制记账凭证

【例5-74】2023年12月31日，公司结平“利润分配”账户各明细账户余额（凭证编号：74；附件：0张；制单：孟军）。

步骤一：分析经济业务。

本业务结平“利润分配”账户下各明细账余额。

步骤二：编制会计分录。

借：利润分配——未分配利润　　167 815.11

　贷：利润分配——提取法定盈余公积　　67 815.11

　　　　　　——应付现金股利　　100 000

步骤三：编制记账凭证（如图5-122所示）。

记 账 凭 证

记字第 74 号

2023年12月31日

摘要	总账科目	明细科目	借方金额（亿千百十万千百十元角分）	贷方金额（亿千百十万千百十元角分）	√
结平利润分配各明	利润分配	未分配利润	16781511		
细账余额	利润分配	提取法定盈余公积		6781511	
		应付现金股利		10000000	
合计			¥16781511	¥16781511	

附单据 0 张

会计主管：　记账：　出纳：　复核：　制单：孟军

图5-122　编制记账凭证

【例5-75】2023年12月31日，公司结转未交增值税34 559.75元（凭证编号：75；附件：0张；制单：孟军）。

步骤一：分析经济业务。

本业务结平“应交税费——应交增值税”账户的余额，“应交税费——未交增值税”账户的贷方增加34 559.75元。

步骤二：编制会计分录。

借：应交税费——应交增值税（转出未交增值税）　　34 559.75

　贷：应交税费——未交增值税　　34 559.75

步骤三：编制记账凭证（如图5-123所示）。

记 账 凭 证

记字第 75 号

2023年12月31日

摘要	总账科目	明细科目	借方金额（亿千百十万千百十元角分）	贷方金额（亿千百十万千百十元角分）	✓
转出未交增值税	应交税费	应交增值税（转出未交增值税）	3455975		
	应交税费	未交增值税		3455975	
合计			￥3455975	￥3455975	

附单据 0 张

会计主管： 记账： 出纳： 复核： 制单：孟军

图5-123 编制记账凭证

任务实施

【练习1】2023年7月13日，江丰实业有限公司出售原材料，请根据背景单据编制记账凭证（凭证编号：066；制单：王林）。附原始单据：交通银行业务回单、增值税专用发票、销售单，如图5-124、图5-125、图5-126所示。

交通银行业务回单

2023年07月13日

凭证编号：07135683

付款人	全称	黎明实业有限公司	收款人	全称	江丰实业有限公司
	账号	009149080910016545678		账号	110872000400078622202
	开户行	交通银行北京分行		开户行	交通银行广州分行
大写金额	人民币（大写）捌万肆仟贰佰肆拾元整			十亿千百十万千百十元角分	￥8424000
用途	货款				
备注	业务种类			开户行盖章	
	原凭证种类				
	原凭证号码				
	原凭证金额			2019年07月13日	

交通银行广州分行 2023.07.13 转讫 (01)

图5-124 交通银行业务回单

4400131142

广东增值税专用发票

此联不作报销、扣税凭证使用

№ 60972926

4400131142
60972926

开票日期：2023年07月13日

购买方	名　　称：黎明实业有限公司 纳税人识别号：911101018876213572 地　址、电　话：北京东城区沿江西路爱群大厦首层 01082638504 开户行及账号：交通银行北京分行 009149080910016545678	密码区	03*3187<4/+8490<+95-59+7<243 4987<0-->>-6>525<693719->7*7 87*3187<4/+8490<+95708681380 9<712/<1+9016>6906++>84>93/-

货物或应税劳务、服务名称	规格型号	单位	数量	单价	金额	税率	税额
水泥		吨	180	414.1593	74548.67	13%	9691.33
合　计					￥74548.67		￥9691.33
价税合计（大写）	⊗捌万肆仟贰佰肆拾元整				（小写）￥84240.00		

销售方	名　　称：江丰实业有限公司 纳税人识别号：914401061933787703 地　址、电　话：广州天河区体育东路六运五街78号 02080549118 开户行及账号：交通银行广州分行 410872000400078522232	备注	江丰实业有限公司 914401061933787703 发票专用章

收款人：　　复核：　　开票人：陈艳　　销售方：（章）

第一联：记账联　销售方记账凭证

税总函【XXXX】XXX号 XXXXXXXX公司

图5-125　增值税专用发票

销售单

购货单位：黎明实业有限公司　　地址和电话：北京东城区沿江西路爱群大厦首层 01082638504　　单据编号：12891289

纳税识别号：911101018876213572　　开户行及账号：交通银行北京分行 009149080910016545678　　制单日期：2023年07月13日

编码	产品名称	规格	单位	单价	数量	金额	备注
01	水泥		吨	414.1593	180	74 548.67	不含税价
合计	人民币（大写）：柒万肆仟伍佰肆拾捌元陆角柒分					￥74 548.67	

会计联

总经理：高志　　销售经理：朱观祥　　经手人：李莹　　会计：雷鸣　　签收人：

图5-126　销售单

【练习2】2023年年2月18日，江丰实业有限公司结转出售多余生产用料的成本，请根据背景单据编制记账凭证（凭证编号：018；制单：王林）。附原始单据：出库单、材料销售成本计算单，如图5-127、图5-128所示。

出　库　单

出货单位：江丰实业有限公司　　2023年02月18日　　单号：

提货单位或领货部门	宏大公司	销售单号	12093551	发出仓库	第一仓库	出库日期	2023.02.18

编号	名称及规格	单位	数量 应发	数量 实发	单价	金额
01	纯棉白布	匹	180	180		
合　　计			180	180		

会计联

部门经理：刘雪　　会计：高志　　仓库：梦月　　经办人：李伟

图5-127　出库单

材料销售成本计算单

制表：江丰实业有限公司　　2023年02月18日　　单位：元

原材料名称	期初结存数量	本期采购数量	本期生产领用数量	期末结存数量	本期销售数量	单位成本（加权）	本期销售成本
纯棉白布	500	900	1 220	180	180	160.00	28 800

审核：刘威　　制单：孟军

图5-128　材料销售成本计算单

【练习3】2023年9月30日，君悦电子有限公司计提本季度的所得税，请根据背景单据编制记账凭证（凭证编号：316；制单：王林）。附原始单据：所得税计算表，如图5-129所示。

所得税计算表

2023年09月30日　　单位：元

项目	利润总额	税率	金额
利润总额	1 827 439.40		
所得税税率		25%	
所得税费用			456 859.85

君悦电子有限公司 财务专用章

图5-129　所得税计算表

【练习4】2023年12月31日，江丰实业有限公司结转本期损益，请根据背景单据编制结转收入利得的记账凭证（凭证编号：075；制单：王林）。附原始单据：损益类科目余额表，如图5-130所示。

损益类科目余额表

2023年12月31日

科目名称	本期累计借方发生额	本期累计贷方发生额	本年累计借方发生额	本年累计贷方发生额
主营业务收入		691 400.00		
其他业务收入		91 470.00		
营业外收入		13 190.00		
主营业务成本	527 600.00			
其他业务成本	58 710.00			
营业税金及附加	31 165.00			
管理费用	100 735.00			
营业外支出	17 760.00			

制表人：孟军

图5-130　损益类科目余额表

【练习5】2023年12月31日，江丰实业有限公司结转本期损益，请根据背景单据编制结转费用损失的记账凭证（凭证编号：076；制单：王林）。附原始单据同【练习4】。

【练习6】2023年12月31日，德宝实业有限公司实现税后净利润882 410.00元，请编制结转净利润的记账凭证（凭证编号：196；制单：王林）。

【练习7】2023年12月31日，德宝实业有限公司根据公司章程按税后净利润322 255.50元的10%计提法定盈余公积，请编制记账凭证（凭证编号：214；制单：王林）。

【练习8】2023年1月18日，君悦电子有限公司分配利润，请根据背景单据编制记账凭证。（凭证编号：089；制单：王林）。附原始单据：股东会决议，如图5-131所示。

股东会决议

股东于2023年01月18日在公司会议室召开定期股东会议。

本次股东会议已按《中华人民共和国公司法》及公司章程的有关规定通知全体股东参加会议。

本次股东会议的召集与召开程序、出席会议人员资格及表决程序符合《中华人民共和国公司法》及公司章程的有关规定，会议就利润分配事宜以投票的方式一致同意如下决议：

决定用可供分配的利润向全体股东派发红利，共计人民币1 240 000元（人民币壹佰贰拾肆万元整），按章程规定的比例分配。

股东：吴丽云
郑金龙
陈[illegible]生
周伟丽

君悦电子有限公司

图5-131　股东会决议

幽默一刻

在一次面试过程中，　位聪明又富有经验的会计应聘首席财务官的职位。面试他的是一名董事会成员和首席执行官。在面试中首席执行官突然问道：“请问3乘以7等于多少?”这名会计快速地思考然后答道“22”。面试结束后该会计走出来再计算了一遍，得出的答案是21，于是他失望地回家了。第二天早晨他接到了首席执行官的电话：“你好，你得到了这份工作。”会计感到很惊喜，他忍不住问道：“非常感谢，但是3乘以7是多少呢?”首席执行官告诉他：“在所有的应聘者中，你的答案最接近。”

思政案例

【案例】被告人桂林市某汽车销售有限公司原法定代表人朱某伙同被告人邓某（已判刑）通过签订虚构车辆总价值128万元，并出具该公司盖章的金额为128万元的虚假汽车销售发票，同时伪造邓某已经支付了首付款38.40万元的定价收据、达到被告人邓某不支付首付便向银行贷款89.60万元，而该车实际购车发票金额为59.34万元。后邓某将该车抵押、所得款项挥霍一空，车辆下落不明，被告人朱某及其公司使用虚假的证明文件骗取银行贷款，造成银行损失贷款本金88.60万元。

【分析】

1.“借款”是资金筹集业务之一也是最普遍的形式。可以嵌入“诚信”。个别企业为了私利，以欺骗手段取得银行或者其他金融机构贷款、票据承兑、信用证、保函等，给银行或者其他金融机构造成重大损失。这属于恶意骗贷。“民无信不立”，企业要想发展壮大，走得长远，信誉是保证。无论是个人还是经营企业，诚信都是立足之本。

2.向银行申请借款时需要核验个人信誉，查看个人征信报告。借款人到期一定要及时还款，否则会影响个人征信，对自己的生活以及工作都会产生较大的影响。

3.对于借款来说，向银行借款是比较稳妥的选择，不要去借高利贷，也不要借校园贷。目前深陷校园贷无法归还的学生还是经常发生的。同学们不能因为校园贷到账速度快，无须抵押等条件蒙蔽双眼、迷失心智。

【党的二十大报告学习内容】到二〇三五年，我国发展的总体目标是：经济实力、科技实力、综合国力大幅跃升，人均国内生产总值迈上新的大台阶，达到中等发达国家水平；实现高水平科技自立自强，进入创新型国家前列；建成现代化经济体系，形成新发展格局，基本实现新型工业化、信息化、城镇化、农业现代化；基本实现国家治理体系和治理能力现代化，全过程人民民主制度更加健全，基本建成法治国家、法治政府、法治社会；建成教育强国、科技强国、人才强国、文化强国、体育强国、健康中国，国家文化软实力显著增强；人民生活更加幸福美好，居民人均可支配收入再上新台阶，中等收入群体比重明显提高，基本公共服务实现均等化，农村基本具备现代生活条件，社会保持长期稳定，人的全面发展、全体人民共同富裕取得更为明显的实质性进展；广泛形成绿色生产生活方式，碳排放达峰后稳中有降，生态环境根本好转，美丽中国目标基本实现；国家安全体系和能力全面加强，基本实现国防和军队现代化。

项目六　登记会计账簿·认知对账结账

学习目标

★知识目标

•掌握会计账簿的概念

•熟悉会计账簿的种类

•熟悉会计账簿登记规则

•掌握对账的基本内容和结账的方法

•掌握会计账簿的保管

★能力目标

•会登记会计账簿

•会对账

•会更正错账

项目导学

会计账簿是会计资料的主要载体，设置和登记会计账簿是会计核算的专门方法之一，是连接会计凭证和会计报表的中间环节。

通过账簿的设置和登记，可以将会计凭证所反映的会计信息实时分类、汇总，全面连续地反映经济活动和财务收支情况，为编制会计报表、输出会计信息打好基础。

本项目的具体任务包括：

任务一　识别会计账簿

任务二　设置和启用会计账簿

任务三　登记会计账簿

任务四　对账和结账

任务五　更正错账

任务六　保管会计账簿

任务一 识别会计账簿

任务描述

掌握会计账簿的概念，识别会计账簿的种类，了解会计账簿的作用。

知识储备

一、会计账簿的概念

会计账簿，简称账簿，是指由一定格式的账页所组成，以经过审核的会计凭证为依据，全面、连续、系统地记录各项经济业务的簿籍。

审核无误的会计凭证（主要是记账凭证）作为记账依据，组成账簿的账页是相互联系的。设置和登记账簿是编制财务报表的基础，是连接会计凭证和财务报表的中间环节。

二、会计账簿的种类

会计核算中使用的账簿多种多样，不同类别的会计账簿可以提供不同的信息，满足不同的需要。

（一）账簿按用途分类

账簿的用途是指各种账簿的适用范围或使用过程中所具有的功能。账簿按用途可分为序时账簿、分类账簿、备查账簿，具体分类见表6-1。

表6-1 账簿按用途分类

账簿名称	定义	具体分类
序时账簿	又称日记账，是按照经济业务发生时间的先后顺序，逐日、逐笔登记的账簿。按其记录的内容，分为普通日记账和特种日记账	普通日记账是对全部经济业务按其发生时间的先后顺序逐日、逐笔登记的账簿。记账手续繁琐，很少使用
		特种日记账是对某一特定种类的经济业务按其发生时间的先后顺序逐日、逐笔登记的账簿，如库存现金日记账和银行存款日记账
分类账簿	是按照会计要素的具体类别而设置分类账户进行登记的账簿。按其反映经济业务的详略程度，分为总分类账簿和明细分类账簿	总分类账簿，又称总账，是根据总分类账户（一级账户）开设的，能够全面地反映企业的经济活动。用以总括反映经济业务，对明细账具有统御和控制作用
		明细分类账簿，又称明细账，是根据明细分类账户开设的，用来提供明细核算资料。明细账是对总账的补充和说明
备查账簿	又称辅助登记簿或补充登记簿，是指对某些在序时账簿和分类账簿中未能记载或记载不全的经济业务进行补充登记的账簿。备查账簿只是对其他账簿记录的一种补充，与其他账簿之间不存在严密的依存或勾稽关系（如应收票据贴现备查簿），可以根据企业的实际需要设置，没有固定的格式要求。备查账簿的登记依据不一定需要会计凭证，账簿的格式和登记方法与其他账簿不同。备查账簿注重用文字来表达某项交易或事项的发生情况	

（二）账簿按账页格式分类

账页的格式是针对账户金额栏目而言的。账簿按账页格式可分为两栏式账簿、三栏式账簿、多栏式账簿、数量金额式账簿、横线登记式账簿，具体分类见表6–2。

表6–2 账簿按账页格式分类

账簿名称	定义
两栏式账簿	是指只有借方和贷方两个金额栏目的账簿。实务中一般不用
三栏式账簿	是指设有借方、贷方和余额三个金额栏目的账簿
多栏式账簿	是指在账簿的两个金额栏目（借方和贷方）内，按需要分设若干专栏的账簿
数量金额式账簿	是指在账簿的借方、贷方和余额三个栏目内，每个栏目再分设数量、单价和金额三小栏，借以反映财产物资的实物数量和价值的账簿
横线登记式账簿	又称平行式账簿，是指将前后密切相关的经济业务登记在同一行里，以便检查每笔业务的发生和完成情况的账簿

（三）账簿按外形特征分类

账簿的外形特征是指账簿的外在表现形式。账簿按外形特征可分为订本式账簿、活页式账簿、卡片式账簿，具体分类及其优缺点见表6–3。

表6–3 账簿按外形特征分类及其优缺点

账簿名称	定义	优点	缺点
订本式账簿	简称订本账，是在启用前将编有顺序页码的一定数量的账页装订成册的账簿	使用订本式账簿可避免账页散失，防止抽换账页，确保账簿资料完整，易于归档保管	不能按需增减账页，容易造成预留账页过多或不够，也不便于会计人员分工记账
活页式账簿	简称活页账，是将一定数量的账页置于活页夹内，可根据记账内容的变化而随时增加或减少部分账页的账簿	记账时可根据实际需要，随时将空白账页装入账簿，或抽去不需要的账页，便于分工记账。当账簿登记完毕（通常是一个会计年度结束之后）时，将账页予以装订，加具封面，并给各个账页连续编号	账页易于散失或被故意抽换
卡片式账簿	简称卡片账，是将一定数量的卡片式账页存放于专设的卡片箱中，可以根据需要随时增添账页的账簿	比较灵活，可根据需要增添、调整，便于日常查阅，记载的内容也更具体	卡片容易丢失，使用时必须按顺序编号，应由专人保管

三、会计账簿的作用

1.记载和储存会计信息

账簿是重要的经济档案，它记载和储存会计主体在一定时期内的资产、负债和所有者权益的增减变动及期末结存情况，以及收入和费用的发生、净利润的实现和分配等所有会计信息。

2. 分类和汇总会计信息

通过账簿记录，可以对会计凭证所提供的大量、分散的会计核算资料进行整理、分类、汇总，将会计主体经济业务的具体情况全面、系统地反映出来。

3. 检查和校正会计信息

通过会计账簿之间的相互联系，可以检查会计主体的各项会计信息是否准确，并可以加以校正。通过对账簿资料的检查、分析，可以对资金使用是否合理，费用开支是否符合标准，利润的形成与分配是否符合规定等作出分析、评价。

4. 编报和输出会计信息

账簿记录为相关人员编制财务报表收集和整理了相关数据信息，也为会计信息使用者提供了必需的会计信息。

任务实施

【练习1】根据图6-1、图6-2所示，指出该账簿是序时账簿还是分类账簿，并分别指出序时账簿和分类账簿的优缺点。

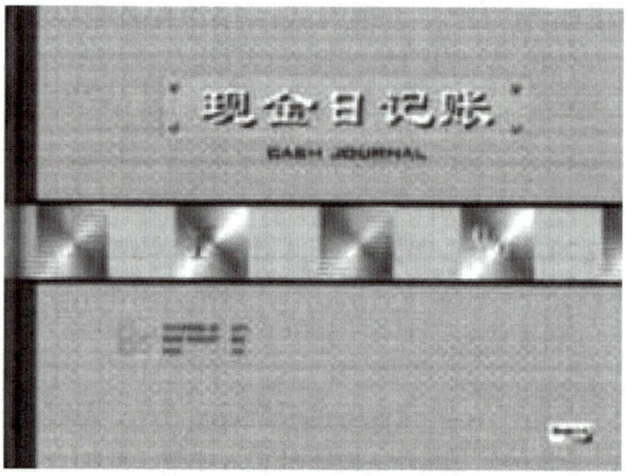

图6-1 库存现金日记账封面

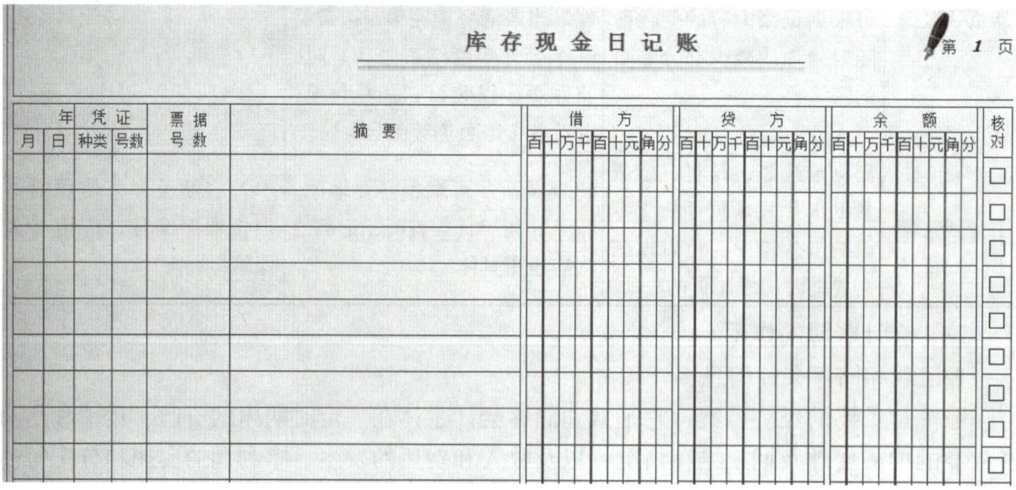

库存现金日记账　　第 1 页

年		凭证		票据号数	摘要	借方									贷方									余额									核对
月	日	种类	号数			百	十	万	千	百	十	元	角	分	百	十	万	千	百	十	元	角	分	百	十	万	千	百	十	元	角	分	
																																	□
																																	□
																																	□
																																	□
																																	□
																																	□
																																	□
																																	□
																																	□

图6-2 库存现金日记账账页

【练习2】根据图6-3、图6-4所示，指出该账簿是订本式账簿还是活页式账簿，并分别指出订本式账簿和活页式账簿的优缺点。

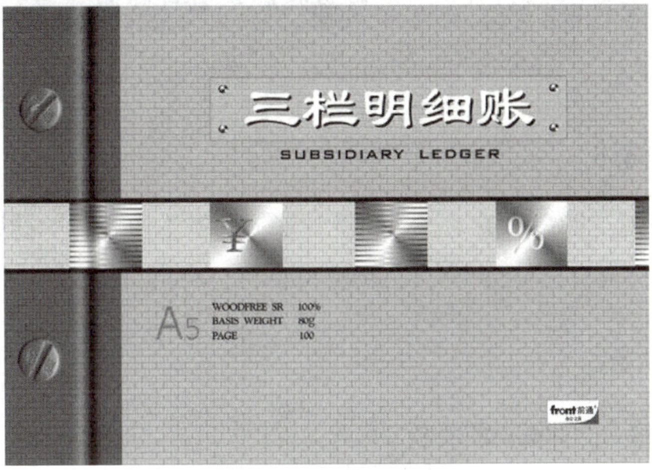

图6-3　三栏式明细账封面

固定资产明细分类账

账号	总页次
页次	

账户名称：＿＿＿＿　单　位：＿＿＿＿
固定资产编号：＿＿＿＿　存置处所：＿＿＿＿　残　值：＿＿＿＿元
固定资产名称：＿＿＿＿　耐用年限：＿＿＿＿　折旧率：每年＿＿%　每月＿＿%
规　格：＿＿＿＿　开始使用日期：＿＿＿＿　折旧额：每年＿＿元　每月＿＿元

防止使用日期	
恢复使用日期	

日期	凭证号数	摘要	数量	单价	原价或重置价格			已使用年数	折旧			净值
					借方	贷方	余额		借方	贷方	余额	

图6-4　固定资产明细分类账账页

任务二 设置和启用会计账簿

任务描述

了解会计账簿与账户的关系，认识会计账簿的基本内容，学会设置和启用会计账簿。

知识储备

一、会计账簿与会计账户的关系

会计科目是账户的名称。科目加上结构即为账户，账户存在于账簿之中，账簿中的每一个账页就是账户的具体存在形式和载体，没有账簿，账户就无法独立存在，而账簿序时、分类地记录经济业务，是在各个具体的账户中完成的。因此，账簿只是一个外在形式，账户才是账簿的真实内容，二者的关系是形式与内容的关系。

作为账户外在形式的账簿，总分类账簿是按一级会计科目设置的，明细分类账簿则是根据会计主体和经济业务的具体情况，比照相关规定自行设置的。

二、会计账簿的基本内容

会计账簿是由具有一定格式而又相互联系的账页所组成的。由于所记录的经济业务不同，因此账簿的外形、格式可以多种多样。但无论何种账簿，都应具备以下基本内容：

1.封面

封面主要填写会计账簿的名称（如总账、库存现金日记账、材料物资明细账、债权债务明细账等）和记账单位的名称，如图6-5、图6-6所示。

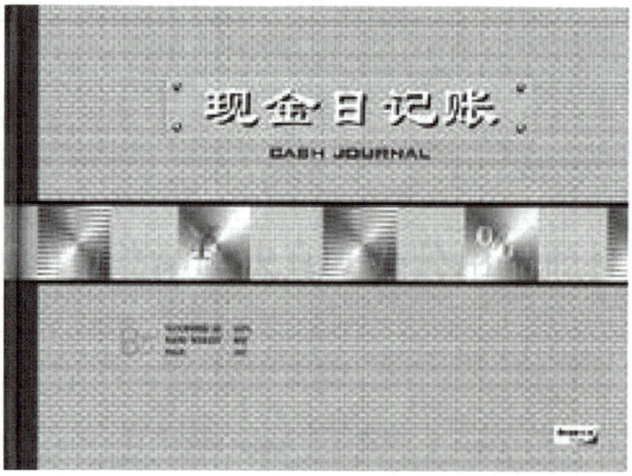

图6-5 库存现金日记账（订本式账簿）封面

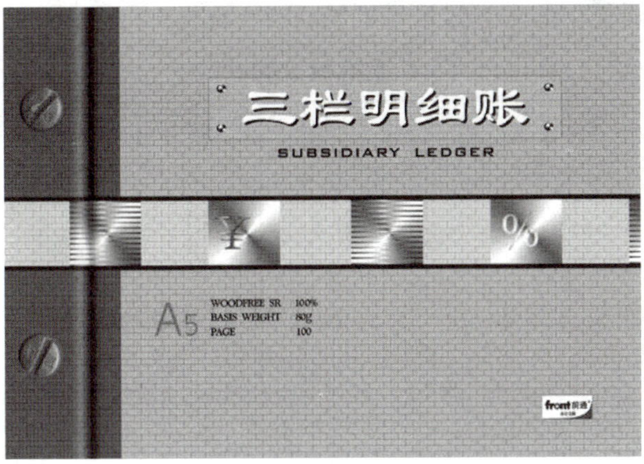

图6-6　三栏式明细账（活页式账簿）封面

2. 扉页

扉页主要列明“会计账簿使用登记表”（或“会计账簿经管人员一览表”）和“账簿目录表”。

会计账簿使用登记表主要填写会计账簿的启用日期、会计账簿页数、经管会计账簿人员姓名和签章、单位公章、会计账簿交接时间和有关交接人员的签章等。会计账簿启用及交接记录表的一般格式，如图6-7所示。

<table>
<tr><td colspan="13">账簿户用及交接记录</td></tr>
<tr><td colspan="2">单位名称</td><td colspan="9"></td><td colspan="2">单位盖章</td></tr>
<tr><td colspan="2">账簿名称</td><td colspan="7"></td><td>账簿页数</td><td></td><td colspan="2" rowspan="6"></td></tr>
<tr><td colspan="2">账簿编号</td><td colspan="9">总　　册　第　　册</td></tr>
<tr><td colspan="2">启 用 日 期</td><td colspan="9">年　月　日　至　年　月　日</td></tr>
<tr><td rowspan="3">经管人员</td><td colspan="6">主管</td><td colspan="4">记账</td></tr>
<tr><td colspan="4">姓名</td><td colspan="2">盖章</td><td colspan="2">姓名</td><td colspan="2">盖章</td></tr>
<tr><td colspan="4"></td><td colspan="2"></td><td colspan="2"></td><td colspan="2"></td></tr>
<tr><td rowspan="5">交接记录</td><td colspan="3">日期</td><td colspan="3">监交</td><td colspan="3">移交</td><td colspan="3">接管</td></tr>
<tr><td>年</td><td>月</td><td>日</td><td>职务</td><td>姓名</td><td>盖章</td><td>职务</td><td>姓名</td><td>盖章</td><td>职务</td><td>姓名</td><td>盖章</td></tr>
<tr><td></td><td></td><td></td><td></td><td></td><td></td><td></td><td></td><td></td><td></td><td></td><td></td></tr>
<tr><td></td><td></td><td></td><td></td><td></td><td></td><td></td><td></td><td></td><td></td><td></td><td></td></tr>
<tr><td></td><td></td><td></td><td></td><td></td><td></td><td></td><td></td><td></td><td></td><td></td><td></td></tr>
<tr><td>备注</td><td colspan="12"></td></tr>
</table>

图6-7　账簿启用及交接记录表

账簿目录表由记账人员按照已开设好的账户顺序填列，包括会计科目编号、科目名称和起讫页次（如图6-8所示）。由于活页式账簿可以随时添加账页，账户登记的起讫页次无法在账簿启用时确定，因此对其可以先填写账户名称（会计科目），待年终账簿装订归档时再按实际使用的账页数填写页码。

账簿目录表

编号	科目名称	起讫页码	编号	科目名称	起讫页码	编号	科目名称	起讫页码

图6-8 账簿目录表

3.账页

账页是账簿的主要内容，是用来记录具体经济业务的载体。账页一般都包括下列基本内容：账户名称或会计科目（一级科目和二级明细科目）；记账日期栏，包括年、月、日；凭证种类和号数栏；摘要栏；借、贷方金额及余额的方向栏、余额栏；页次（包括总页次和分户页次）。应交税费（增值税）明细账，如图6-9所示。

图6-9 应交税费（增值税）明细账账页

各种账页格式的结构、作用及适用范围，见表6-4。

三、会计账簿的设置和启用

（一）会计账簿的设置步骤

会计账簿设置，又称建账，根据《中华人民共和国会计法》和《会计基础工作规范》的规定，以及会计主体所处具体行业的要求和将来可能发生经济业务的情况，确定账簿种类、格式、内容及登记方法的活动。建账一般有四个步骤，下面以项目五中南京星光雨刮器有限公司为例，说明会计账簿设置步骤：

表6-4　　各种账页格式的结构、作用及适用范围

账页格式	结构	作用	适用范围
三栏式	借、贷、余三栏	反映某项资金的增加、减少和结余情况	只需进行金额核算的经济业务，如总分类账及应收账款明细账等
多栏式	在借、贷栏目下再分设若干专栏	详细具体地记载某一小类经济业务的活动情况	需要分项目反映具体的经济业务，如生产成本明细账、管理费用明细账、本年利润明细账等
数量金额式	在借、贷、余三栏下面再分设数量、单价、金额三个小项目	具体反映数量、单价、金额的具体情况	既需进行金额核算，又需进行数量核算的经济业务，如库存商品明细账、原材料明细账等
横线登记式	在同一张账页的同一行，记录某一项经济业务从发生到结束的有关内容	可以对照反映一项经济活动的来龙去脉	需要逐笔进行结算的经济业务，如其他应收款明细账、在途物资明细账等

第一步，根据该公司实际情况设置会计账簿体系，该公司会计核算所使用的会计账户见项目五中的表5-2。

第二步，至少预备以下各种账页（活页账页一般每100张装订成一册）：三栏、订本式总账账页1册；多栏、活页明细账账页2册（含增值税固定格式账页1册）；数量金额式、活页明细账账页2册（含固定资产固定格式账页1册）；三栏、活页明细账账页2册；三栏、订本式库存现金日记账、银行存款日记账各1册。

第三步，填写“会计账簿使用登记表”和“账簿目录表”。

订本式账簿的“账簿目录表”在启用时就可以填列，而活页式账簿的“账簿目录表”通常是在年末该账簿登记完毕后据实填列。

第四步，在预备的各种账册上建立总账账户及其对应的明细账账户，形成完整的账簿体系。

（二）各种账簿的设置

1. 总账账簿的设置

总账通常采用订本式三栏账簿，账页上印有固定的页码。设置时，在第1页的“会计科目名称”位置上标注“库存现金”字样（为保证账面整洁，一般是加盖科目印鉴）。留出足够该账户核算的页数后，依次将其他会计科目的名称标注到其他账页上。

南京星光雨刮器有限公司会计核算程序采用按月汇总的“科目汇总表账务处理程序”。假设每个账户每个月借、贷方都有发生额，12个月24行，加“上年结转”和“结转下年”以及“本年合计”3行，预留27行即可。为避免特殊情况（如发生空行或记账错误），可以在第3页标注表5-2中的第二个账户名称“银行存款”，后边以此类推。

2. 明细账簿的设置

（1）多栏式明细账的设置。

多栏式明细账适用于“生产成本”“制造费用”“管理费用”等账户。“应交税费——应交增值税”明细账有专门固定的账页，属于多栏式明细账。

（2）数量金额式明细账的设置。

数量金额式明细账适用于"原材料""库存商品"等账户。"固定资产"账户有专门固定的账页，也属于数量金额式账簿。

（3）三栏式明细账的设置。

三栏式明细账簿适用于除上述账户外的其他仅需对金额进行核算的账户，通常选用活页式账簿。为便于核对期末余额，一般将资产类账户设置在一册账簿中，将权益类账户设置在另一册账簿中。如果业务量大，可增加账簿册数，比如"应收账款"账户明细科目比较多，则可单独设置一册或多册账簿。

（三）会计账簿的启用规则

为了确保会计账簿记录的规范和完整，明确记账责任，在启用会计账簿时应遵守相应的规则。

（1）启用会计账簿时，在封面上写明单位名称和会计账簿名称。

（2）填写会计账簿扉页上的"会计账簿使用登记表"中关于会计账簿启用的记录内容，写明单位名称和会计账簿名称、会计账簿册数和页数、会计账簿启用日期、会计账簿经管人员等，并加盖公章。会计账簿经管人员包括单位主管、财务主管、复核人员和记账人员，均应载明姓名并加盖印章。

账簿扉页的右上角应粘贴印花税票，且税票上面需要画两条红色横线表示划线注销。

知识链接6-1

粘贴印花税票是为了完成印花税纳税义务。印花税票形如邮票，有多种面值，由国家统一印制，图6-10所示为面值100元的印花税票。

图6-10　印花税票

（3）启用订本式账簿，必须先编制号码，号码的编制年顺序应当从第一页起到最后一页止，不得跳页、缺号（大部分订本式会计账簿会直接印上页码，不需要填写）；使用活页式账簿，应当按照账户顺序编写账户页次号码，各账户编列号码后，应填写"账簿目录表"，并将账户名称页次登入目录内，粘贴索引纸（账户标签），写明账户名称，以便日后检索。

知识链接6-2

索引纸，又称口取纸，有红、蓝两种颜色，可以将二、三级明细科目登记在蓝色的口取纸上，将一级科目登记在红色的口取纸上，然后分别贴在对应账页的旁边，以方便查询、翻阅、登记等，但口取纸的位置应相对错位，方便查找。

（4）使用活页式账页，应当按账页顺序编号，并需定期装订成册，装订后再按实际使用的账页顺序编定页数，同时另加目录，记清每个账户的名称和页次。

（5）总账和明细账一般情况下无须一个科目设置一本账本，可以将账本分页使用。

任务实施

【练习1】选择适合下列账户的账簿格式，见表6-5。

表6-5　　填空表

账户名称	三栏式账簿	多栏式账簿	数量金额式账簿
应付账款			
应收账款			
原材料			
库存商品			
生产成本			
制造费用			

【练习2】选择适合下列账户的账簿格式，见表6-6。

表6-6　　填空表

账户名称	订本式账簿	活页式账簿	卡片式账簿
应收票据总账			
库存现金日记账			
银行存款日记账			
应收账款明细账			
应付账款明细账			
生产成本明细账			
固定资产明细账			

任务三　登记会计账簿

任务描述

掌握会计账簿的登记要求；掌握日记账、总账、明细账的登记方法；了解备查账的登记方法。

知识储备

一、会计账簿的登记要求

账簿的登记是会计核算的一个重要环节，为了保证账簿记录的正确性，必须根据审核无误的会计凭证登记会计账簿，并符合有关法律、行政法规和国家统一的会计准则制度的规定，主要有：（1）准确完整；（2）注明记账符号；（3）书写留空；（4）正常记账使用蓝黑墨水；（5）特殊记账使用红墨水；（6）顺序连续登记；（7）结出余额；（8）过次承前①；（9）不得涂改、刮擦、挖补。

账簿登记要求的具体操作如下：

（1）登记会计账簿时，应当将会计凭证日期、编号、业务内容摘要、金额和其他有关资料逐项记入账簿内，做到数字准确、摘要清楚、登记及时、字迹工整。登记完毕后，要在记账凭证上签名或者盖章，并注明已经登账的符号，表示已经记账，如图6-11所示。

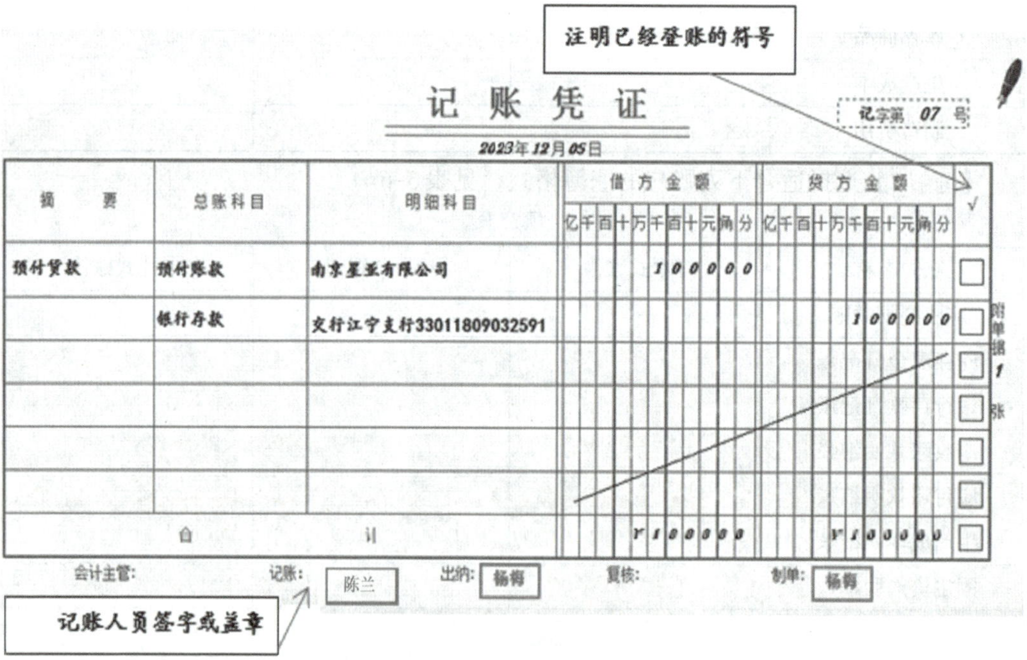

图6-11　已登账的记账凭证

（2）账簿中书写的文字和数字上面要留有适当空格，不要写满格，一般应占格距的1/2，如图6-12所示。

（3）登记账簿要用蓝黑墨水或者碳素墨水书写，不得使用圆珠笔（银行的复写账簿除外）或者铅笔书写。

① 每一账页登记完毕结转下页时，应结出本页合计数及余额，写在本页最后一行和下页第一行有关栏内，并在本页的“摘要”栏内注明“转次页”字样，在次页的“摘要”栏内注明“承前页”字样，也可以将本页合计数及余额只写在下页第一行有关栏内，并在“摘要”栏内注明“承前页”字样。

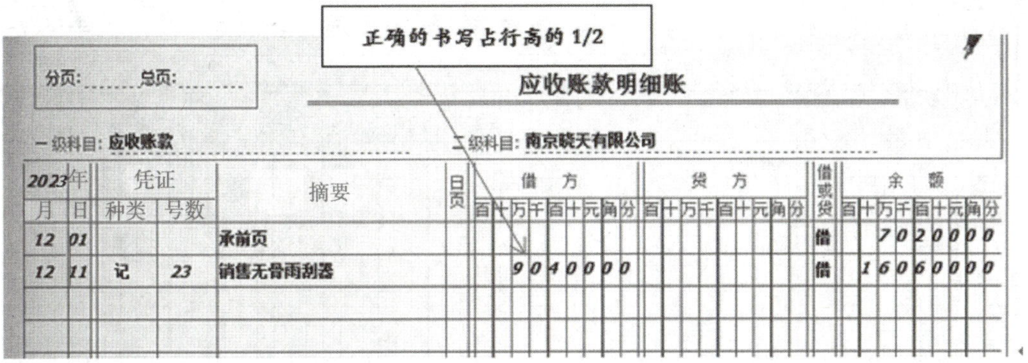

图6-12　书写规范的数字

知识链接6-3

可以用红色墨水记账的情况：①按照红字冲账的记账凭证，冲销错误记录；②在不设借贷等栏的多栏式账页中，登记减少数；③在三栏式账户的余额栏前，如未印明余额方向的，在余额栏内登记负数余额；④根据国家统一会计制度的规定可以用红字登记的其他会计记录。

（4）各种账簿按页次顺序连续登记，不得跳行、隔页。如发生跳行、隔页，则应当将空行、空页划线注销，注明“此行空白”“此页空白”字样，并由记账人员签章。空行账页的处理，如图6-13所示。

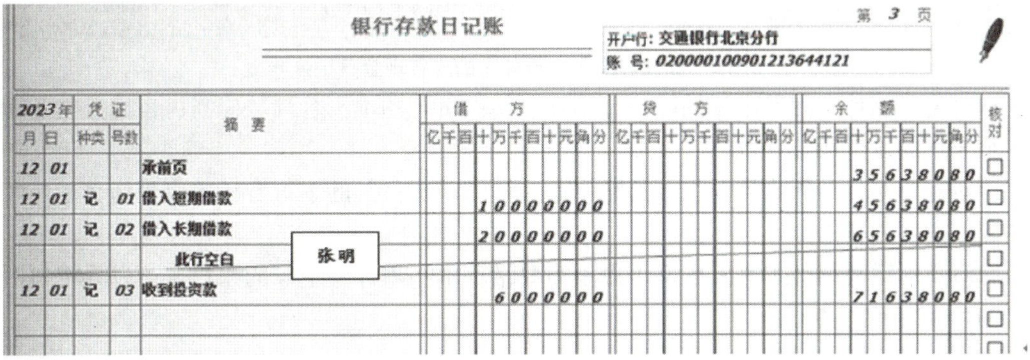

图6-13　空行账页的处理

发生空页时，比照图6-13，在空白页划红线注销。

（5）凡需要结出余额的账户，结出余额后，应当在“借或贷”栏内写明“借”或“贷”字样。没有余额的账户，应当在“借”或“贷”栏内写明“平”字样，并在余额栏内用“0”表示。库存现金日记账和银行存款日记账必须逐日结出余额。

具体处理见本书“任务四　对账和结账”中的结账方法。

（6）每一账页登记完毕结转下页时，应当结出本页合计数及余额，写在本页最后一行和下页第一行有关栏目内，并在摘要栏内注明“转次页”和“承前页”字样，如图6-14所示。

图6-14 标注转次页、承前页的库存现金日记账账页

对需要结计本月发生额的账户，结计“转次页”的本页合计数应当为自本月初起至本页末止的发生额合计数。

对需要结计本年累计发生额的账户，结计“转次页”的本页合计数应当为自本年年初起至本页末止的累计数。

对既不需要结计本月发生额，也不需要结计本年累计发生额的账户，可以只将每页末的余额结转到次页。

二、日记账的登记

设置日记账的目的是使经济业务的时间顺序清晰地反映在账簿记录中。如前所述，日记账按其所核算和监督经济业务的范围，可分为普通日记账和特种日记账。在我国，大多数企业一般只设特种日记账，如库存现金日记账和银行存款日记账。

（一）库存现金日记账的登记

库存现金日记账（通常称为现金日记账），是用来核算和监督库存现金日常收、付和结存情况的序时账簿，由出纳人员根据与现金收付有关的记账凭证，以及经济业务发生的时间顺序，逐日逐笔登记。

库存现金日记账必须使用订本式账簿，账页的格式有三栏式和多栏式两种，一般使用三栏式。根据项目五中南京星光雨刮器有限公司12月份的记账凭证登记库存现金日记账，如图6-15所示。

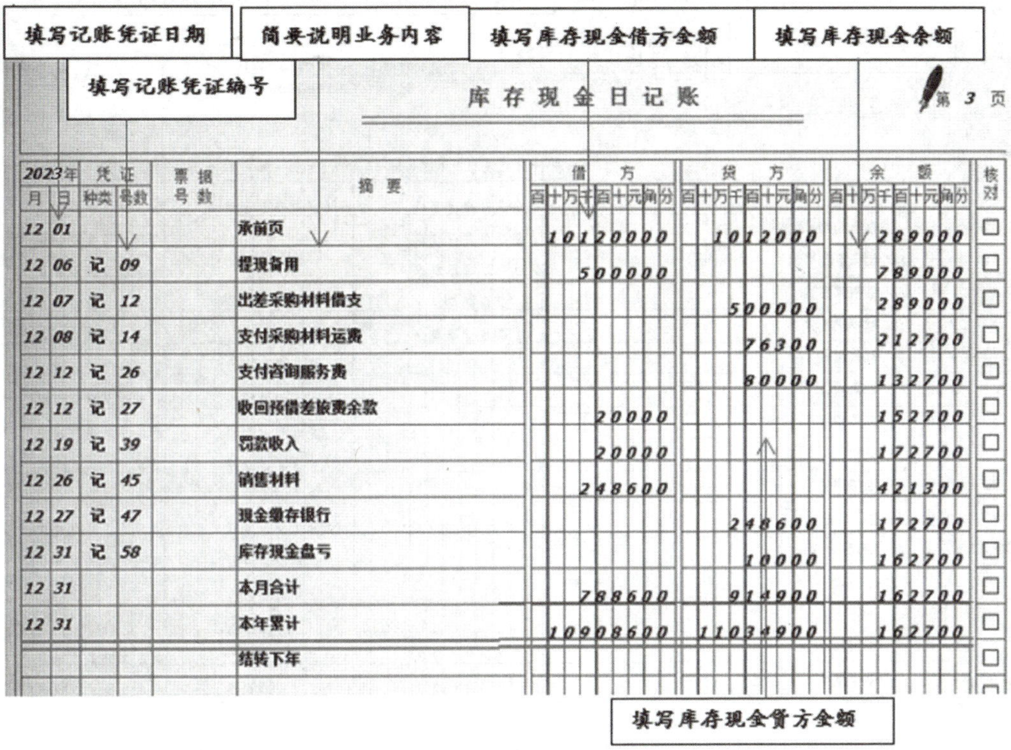

库存现金日记账　　第 3 页

2023年 月	日	凭证 种类	号数	票据号数	摘要	借方	贷方	余额	核对
12	01				承前页	10120000	1012000	289000	□
12	06	记	09		提现备用	500000		789000	□
12	07	记	12		出差采购材料借支		500000	289000	□
12	08	记	14		支付采购材料运费		76300	212700	□
12	12	记	26		支付咨询服务费		80000	132700	□
12	12	记	27		收回预借差旅费余款	20000		152700	□
12	19	记	39		罚款收入	20000		172700	□
12	26	记	45		销售材料	248600		421300	□
12	27	记	47		现金缴存银行		248600	172700	□
12	31	记	58		库存现金盘亏		10000	162700	□
12	31				本月合计	788600	914900	162700	□
12	31				本年累计	10908600	11034900	162700	□
					结转下年				□

图6-15　登记库存现金日记账

（二）银行存款日记账的登记

银行存款日记账是用来核算和监督银行存款每日的收入、支出和结余情况的账簿，应按企业在银行开立的账户和币种分别设置，每个银行账户设置一本日记账。由出纳人员根据与银行存款收付有关的记账凭证，以及经济业务发生的时间顺序，逐日逐笔登记。

银行存款日记账必须采用订本式账簿，账页格式有三栏式和多栏式两种，一般使用三栏式。根据项目五中南京星光雨刮器有限公司12月份的记账凭证登记银行存款日记账，如图6-16所示。

三、总分类账和明细分类账的登记

（一）总分类账的登记

总分类账是指按照总分类账户分类登记以提供总括会计信息的账簿。总分类账最常用的格式为三栏式，设有借方、贷方和余额三个金额栏目。

总分类账的登记方法因登记的依据不同而有所不同。经济业务少的小型单位的总分类账可以根据记账凭证逐笔登记；经济业务多的大中型单位的总分类账可以根据记账凭证汇总表（科目汇总表）或汇总记账凭证等定期登记。

图6-16 登记银行存款日记账

科目汇总表是根据每月发生的全部记账凭证，按科目作为归类标志进行编制的。表6-7是根据项目五中南京星光雨刮器有限公司12月份的记账凭证汇总编制的“2023年12月份科目汇总表”。

图6-17、图6-18和图6-19分别是南京星光雨刮器有限公司总账账簿中根据上述“2023年12月份科目汇总表”登记的“原材料”“应收账款”“生产成本”三个账页的图示。

表6-7 2023年12月份科目汇总表

自2023年12月1日至12月31日 单位：元

科目名称	借方发生额	贷方发生额
库存现金	7 886	9 149
银行存款	657 786	398 250.80
其他货币资金	51 280	24 180
交易性金融资产	24 150	35 200
应收票据	22 600	—
应收账款	90 400	81 900
预付账款	3 390	26 412.85
应收股利	1 280	1 280

续表

科目名称	借方发生额	贷方发生额
应收利息	750	—
其他应收款	5 000	5 000
在途物资	54 380	36 380
原材料	42 900	60 355
库存商品	196 541.60	82 500
周转材料	3 000	2 000
制造费用	42 747.80	42 747.80
生产成本	195 541.60	196 541.60
固定资产	76 549	30 000
累计折旧	13 200	4 140
待处理财产损溢	17 020	17 020
短期借款	—	100 000
应付票据	—	18 000
应付账款	—	36 692
预收账款	169 500	—
应付职工薪酬	169 309.20	183 063.80
应交税费	121 356	321 153.28
应付利息	1 650	3 100
应付股利	—	100 000
其他应付款	24 877	24 877
长期借款	—	200 000
实收资本	—	100 000
盈余公积	—	67 815.11
本年利润	1 174 200	449 200
利润分配	335 630.22	845 966.18
主营业务收入	430 000	430 000
其他业务收入	2 200	2 200
投资收益	16 800	16 800
营业外收入	200	200
主营业务成本	82 500	82 500
税金及附加	4 147.17	4 147.17
其他业务成本	2 000	2 000
管理费用	77 586.52	77 586.52
销售费用	63 984.88	63 984.88
财务费用	3 100	3 100
营业外支出	36 800	36 800
所得税费用	226 050.36	226 050.36
合　计	4 448 293.35	4 448 293.35

分页：14 总页：100

总分类账

科目:原材料

2023年		凭证		摘要	借方	贷方	借或贷	余额	√
月	日	字	号		亿千百十万千百十元角分	亿千百十万千百十元角分		亿千百十万千百十元角分	
11	30			承前页			借	2072500	
12	31			12月份科目汇总表	4290000	6035500	借	327000	
				结转下年					

图6-17　原材料总账账页

分页：8 总页：100

总分类账

科目:应收账款

2023年		凭证		摘要	借方	贷方	借或贷	余额	√
月	日	字	号		亿千百十万千百十元角分	亿千百十万千百十元角分		亿千百十万千百十元角分	
11	30			承前页			借	15210000	
12	31			12月份科目汇总表	9040000	8190000	借	16060000	
				结转下年					

图6-18　应收账款总账账页

分页：22 总页：100

总分类账

科目:生产成本

2023年		凭证		摘要	借方	贷方	借或贷	余额	√
月	日	字	号		亿千百十万千百十元角分	亿千百十万千百十元角分		亿千百十万千百十元角分	
11	30			承前页			借	200000	
12	31			12月份科目汇总表	19554160	19654160	借	100000	
				结转下年					

图6-19　生产成本总账账页

（二）明细分类账的登记

明细分类账是根据有关明细分类账户设置并登记的账簿，它能提供经济业务比较详细、具体的核算资料，以补充总账所提供核算资料的不足。明细分类账一般采用活页式账簿、卡片式账簿，常用格式主要有三栏式、多栏式、数量金额式、横线登记式，一般根据记账凭证和相应的原始凭证登记。

下面根据项目五中南京星光雨刮器有限公司12月份的有关记账凭证，讲解三栏式、数量金额式、多栏式明细分类账的登记。

1.三栏式明细账的登记

三栏式账页设有借方、贷方和余额三个栏目，用以分类核算各项经济业务，提供详细核算资料的账簿，其格式与三栏式总账格式相同。根据项目五中南京星光雨刮器有限公司12月份的23号记账凭证登记“应收账款——南京晓天有限公司”明细账，如图6-20所示。

分页:________ 总页:________

应收账款明细账

一级科目：应收账款　　二级科目：南京晓天有限公司

2023年 月	日	凭证 种类	号数	摘要	日页	借方（百十万千百十元角分）	贷方（百十万千百十元角分）	借或贷	余额（百十万千百十元角分）
				承前页		93500000	96480000	借	7020000
12	11	记	23	销售款未收		9040000		借	16060000
12	31			本月合计		9040000	0	借	16060000
12	31			本年累计		102540000	96480000	借	16060000

图6-20　应收账款明细账登记方法

注：23号记账凭证“主营业务收入”和“应交税费”账簿的登记省略。

2.数量金额式明细账的登记

数量金额式账页适用于既要进行金额核算，又要进行数量核算的账户，如原材料、库存商品等存货账户，其借方（收入）、贷方（发出）和余额（结存）都分别设有数量、单价和金额三个专栏。数量金额式账页提供了企业有关财产物资数量和金额的收、发、存的详细资料，从而能加强对财产物资的实物管理和使用监督，保证这些财产物资的安全完整。

项目五中南京星光雨刮器有限公司12月份编制反映天然橡胶入库、出库业务的记账凭证有19号凭证、29号凭证、32号凭证。

根据上述凭证，登记“原材料——天然橡胶”明细账，如图6-21所示。

原材料明细账

分页________ 总页________

最高存量 10000　　编号、名称 天然橡胶
最低存量 200　储备天数 10　存放地点 第一仓库　计量单位 千克　规格　类别 原材料

2023年 月	日	凭证字号	摘要	收入 数量	收入 单价	收入 金额（百十万千百十元角分）	付出 数量	付出 单价	付出 金额（百十万千百十元角分）	结存 数量	结存 单价	结存 金额（百十万千百十元角分）
11	30		承前页							475	15.00	712500
12	10	记字19	购入原材料	400	15.50	620000				875		1332500
12	12	记字29	发出的原材料				475	15.00	712500	400	15.50	620000
12	15	记字32	发出的原材料				300	15.50	465000	100	15.50	155000
12	31		本月合计	400	15.50	620000	775		1177500	100	15.50	155000
			结转下年									

图6-21　原材料明细账登记方法

注：其他账簿的登记省略。

3.多栏式明细账的登记

多栏式账页是将属于同一个总账科目的各个明细科目合并在一张账页上进行登记，

即在这种格式账页的借方或贷方金额栏内按照明细项目设若干专栏。这种格式适用于收入、成本、费用类科目的明细核算。

项目五中南京星光雨刮器有限公司12月份发生的与有骨雨刮器生产成本有关的记账凭证有29号凭证、32号凭证、42号凭证、50号凭证、51号凭证、54号凭证、55号凭证，共7张。

根据上述记账凭证及生产成本计算单等原始凭证，登记“生产成本——有骨雨刮器”明细账，如图6-22所示。

分页：______ 总页：______

生产成本明细账

二级科目：基本生产成本　　　　三级科目：有骨雨刮器

2023年 月	日	凭证字号	摘要	借方发生额	成本项目 直接材料	直接人工	制造费用	
11	30		月末余额	200000	120000	60000	20000	
12	12	记字29	领用材料	712500	712500			
12	15	记字32	领用材料	465000	465000			
12	20	记字42	领用材料	2880000	2880000			
12	30	记字50	计提工资	3996000		3996000		
12	30	记字51	计提“五险一金”	1670328		1670328		
12	31	记字54	分配制造费用	2564868			2564868	
12	31	记字55	结转完工产品成本	12388696	4117500	5696328	2574868	
12	31		本月合计	100000	60000	30000	10000	

图6-22　生产成本明细账登记方法

注：其他账簿的登记略。

知识链接6-4

若多栏式明细账不设置贷方栏或不设置借方栏，当发生冲减金额时，只能用红字进行登记。如果生产成本用多栏式明细账，当发生冲减成本及月末结转分配业务时，只能用红字在借方进行登记，表示冲减。对冲减成本及月末结转分配业务，应登记在生产成本总账的贷方。

（三）总分类账与明细分类账的平行登记

平行登记是指对所发生的每项经济业务都要以会计凭证为依据，记入总分类账的同时，记入其所属的明细分类账的方法。

总分类账对其所属的明细分类账起着统御和控制的作用。明细分类账对其所隶属的总分类账起着辅助作用。总分类账及其所属明细分类账的核算对象是相同的，它们所提供的核算资料互相补充，只有把二者结合起来，才能既总括又详细地反映同一核算内容。因此，总分类账和明细分类账必须平行登记。平行登记的要点及详细说明，见表6-8。

表6-8　　平行登记的要点及详细说明

平行登记要点	详细说明
双方登记	对于每一笔经济业务，既要在总分类账中进行登记，又要分别记入总分类账所属的各个明细分类账中
依据相同	总分类账与其所属的明细分类账都要依据相同的原始凭证或记账凭证来登记
期间一致	对同一笔经济业务总分类账及其所属的明细分类账的登记应该在同一个会计期间内
方向相同	将每一笔经济业务记入总分类账及其所属的明细分类账时，必须记在相同方向，即总分类账记借方，其所属的明细分类账也应记借方。同样，总分类账记贷方，其所属明细分类账也应记贷方
金额相等	记入总分类账的金额与记入其所属的明细分类账的金额的合计数必须相等

总分类账与明细分类账的平行登记依据下列公式进行试算平衡：

总分类账本期发生额=所属明细分类账本期发生额合计

总分类账期末余额=所属明细分类账期末余额合计

项目五中南京星光雨刮器有限公司12月份发生的与应收账款有关的记账凭证有23号凭证、33号凭证。

根据上述记账凭证对应收账款明细账进行平行登记，如图6-23、图6-24所示。

分页：　　总页：

应收账款明细账

一级科目：应收账款　　二级科目：南京晓天有限公司

2023年 月	日	凭证 种类	号数	摘要	日页	借方（百十万千百十元角分）	贷方（百十万千百十元角分）	借或贷	余额（百十万千百十元角分）
				承前页		93500000	96480000	借	7020000
12	11	记	23	销售款未收		9040000		借	16060000
12	31			本月合计		9040000		借	16060000
12	31			本年累计		102540000	96480000	借	16060000

图6-23　平行登记应收账款明细账1

分页：　　总页：

应收账款明细账

一级科目：应收账款　　二级科目：江苏开元有限公司

2023年 月	日	凭证 种类	号数	摘要	日页	借方（百十万千百十元角分）	贷方（百十万千百十元角分）	借或贷	余额（百十万千百十元角分）
12	01			承前页				借	8190000
12	15	记	33	收回货款			8190000	平	
12	31			本月合计			8190000	平	
12	31			本年累计		78500000	71720000	借	

图6-24　平行登记应收账款明细账2

月末根据科目汇总表（见表6-7），平行登记应收账款总分类账，如图6-25所示。

分页：8　总页：100

总分类账

科目:应收账款

2023年		凭证		摘要	借方（亿千百十万千百十元角分）	贷方（亿千百十万千百十元角分）	借或贷	余额（亿千百十万千百十元角分）	√
月	日	字	号						
11	30			承前页			借	15210000	□
12	31			12月份科目汇总表	9040000	8190000	借	16060000	□
				结转下年					□
									□

图6-25　平行登记应收账款总分类账

四、备查账簿的登记

备查账簿是辅助账簿。通过这种账簿可以为企业的经济活动、经营管理的需要提供必要的补充材料。例如，应收票据备查簿，如图6-26所示。企业也可以依据实际管理需要设置相应的格式和项目内容。

应收票据备查簿

种类	号数	出票日期	出票人	票面金额	到期日期	利率	付款人	承兑人	背书人	贴现			收回		注释	备注
										日期	贴现率	贴现额	日期	金额		

图6-26　应收票据备查簿

任务实施

【练习】根据项目五中南京星光雨刮器有限公司编制的记账凭证，完成以下任务：

1.判断哪些记账凭证需要登记库存现金日记账，并用下列库存现金日记账（如图6-27所示）进行账簿登记。

库存现金日记账　　第　页

年		凭证		票据号数	摘要	借方（百十万千百十元角分）	贷方（百十万千百十元角分）	余额（百十万千百十元角分）	核对
月	日	种类	号数						
					承前页				□
									□
									□
									□
									□
									□
									□
									□
									□
									□
									□
									□
									□
									□
									□
									□
									□
									□
					转次页				□

图6-27　库存现金日记账账页

2. 判断哪些记账凭证需要登记银行存款日记账，并用下列银行存款日记账（如图6-28所示）进行账簿登记。

银行存款日记账

第 页

开户行：

账 号：

年		凭证		摘要	借方											贷方											余额											核对
月	日	种类	号数		亿	千	百	十	万	千	百	十	元	角	分	亿	千	百	十	万	千	百	十	元	角	分	亿	千	百	十	万	千	百	十	元	角	分	
																																						□
																																						□
																																						□
																																						□
																																						□
																																						□
																																						□
																																						□
																																						□
																																						□
																																						□
																																						□
																																						□
																																						□
																																						□
																																						□
																																						□
																																						□
																																						□

图6-28 银行存款日记账账页

3. 在下列账页上登记应收账款明细账（如图6-29所示）。

分页：________ 总页：________

应收账款明细账

一级科目：____________ 二级科目：____________

年		凭证		摘要	日页	借方									贷方									借或贷	余额								
月	日	种类	号数			百	十	万	千	百	十	元	角	分	百	十	万	千	百	十	元	角	分		百	十	万	千	百	十	元	角	分

图6-29 应收账款明细账账页

任务四 对账和结账

任务描述

掌握对账的基本内容和结账的方法；会使用正确的方法对账、结账。

知识储备

一、对账

对账就是核对账目，是对账簿记录所进行的核对工作，是定期对会计账簿记录的有关数字与相关的会计凭证、库存实物、货币资金、有价证券、往来单位或者个人等进行相互核对，以保证账账相符、账证相符、账实相符的一项工作。对账的方法及具体内容，见表6-9。

表6-9 对账的方法及具体内容

<table>
<tr><th>对账方法</th><th colspan="2">具体内容</th></tr>
<tr><td>账证核对</td><td colspan="2">核对会计账簿的记录与原始凭证、记账凭证记录的时间、凭证字号、内容、金额是否一致，记账方向是否相符，做到账证相符
会计期末，如发现账账不符，则可以再将账簿记录与有关会计凭证进行核对，以保证账证相符</td></tr>
<tr><td rowspan="4">账账核对</td><td>总分类账簿之间的核对</td><td>将全部总分类账簿的本期借方发生额合计数与本期贷方发生额合计数进行核对；将全部总分类账簿的期末借方余额合计数与期末贷方余额合计数进行核对。从总体上检查总分类账簿记录的数据是否正确</td></tr>
<tr><td>总分类账簿与其所属的明细分类账簿的核对</td><td>检查总账和明细账双方记载的经济内容及记账方向是否一致，总账金额与其所属的明细账金额之和是否一致</td></tr>
<tr><td>总分类账簿与序时账簿的核对</td><td>将“库存现金日记账”“银行存款日记账”的期末余额与总分类账中“库存现金”“银行存款”的期末余额核对，检查总账与日记账记录是否相符</td></tr>
<tr><td>明细分类账簿之间的核对</td><td>将财会部门财产物资明细分类账的期末余额与相应的财产物资保管部门或使用部门的明细分类账、卡上记载的期末结存数额核对，检查其是否相符</td></tr>
<tr><td>账实核对</td><td colspan="2">①将“库存现金日记账”账面余额与库存现金实际库存数逐日核对是否相符；
②将“银行存款日记账”账面余额与银行对账单的余额定期核对是否相符；
③定期核对各种财产物资明细分类账账面余额与该项财产物资的实有数额是否相符；
④将有关债权债务明细账账面余额与对方单位的账面记录核对是否相符，即各种应收、应付款项的明细分类账账面余额与债权、债务的单位或个人进行核对</td></tr>
</table>

二、结账

结账是一项将账簿记录定期结算清楚的账务工作，在一定时期结束时（如月末、季末或年末），为了编制财务报表，需要进行结账，具体包括月结、季结和年结。也就是说，结账是为了总结某一个会计期间内经济活动的财务收支状况，据以编制财务会计报表，而对各种账簿的本期发生额和期末余额进行计算总结。结账的内容通常包括两个方面：一是结清各种损益类账户，并据以计算确定本期利润；二是结出各资产、负债和所有者权益账户的本期发生额合计数和期末余额。

（一）结账的基本程序

（1）将本期发生的各项经济业务全部登记入账。

（2）按照权责发生制调整有关账项，合理确定应计入本期的收入和费用。

（3）将各损益类账户余额全部转入“本年利润”账户，结平所有损益类账户。

（4）结出资产、负债和所有者权益类账户的本期发生额和期末余额，并转入下期。

上述工作完成后，可以根据总分类账和明细分类账的本期发生额和期末余额，分别进行试算平衡。

项目五中第66号凭证为公司计提长期借款利息费用的业务，该业务就是上述程序中的调整业务；第67号记账凭证就是程序中的结转损益业务。

（二）结账的方法

计算登记各种会计账簿本期发生额和期末余额的工作，一般按月进行，称为月结；年度终了，还应进行年终结账，称为年结。

期末结账主要采用划线结账法，即期末结出各账户的本期发生额和期末余额后，进行划线标记。

结账时，不同的账户记录应分别采取不同的方法，具体见表6-10。

表6-10 会计账簿结账方法

需要结账的账户	账户举例	具体操作
不需要按月结出本期发生额的账户	各项应收、应付款明细账和各项财产物资明细账等	每次记账以后都要随时结出余额，每月最后一笔余额为月末余额。月末余额就是本月最后一笔经济业务记录的同一行内余额，月末结账时，只需要在最后一笔经济业务记录之下划通栏单红线，不需要再次结出余额（如图6-30所示）
需要按月结出发生额的账户	库存现金日记账、银行存款日记账和收入、费用的明细账户等	每月结账时，要在最后一笔经济业务记录下面通栏划单红线，结出本月发生额和余额，在“摘要”栏内注明“本月合计”字样，并在下面划通栏单红线（如图6-16所示）
需要结出本年累计发生额的处理		每月结账时，应在“本月合计”行下结出自年初起至本月月末止的累计发生额，登记在本月发生额下面，在“摘要”栏内注明“本年累计”字样，并在下面划通栏单红线。12月末的“本年累计”就是全年累计发生额，全年累计发生额下面划通栏双红线（如图6-32所示）
平时只需结出月末余额的账户	总分类账	年度结账时，核对账目，将所有总账账户结出全年发生额和年末余额，在“摘要”栏内注明“本年合计”字样，并在合计数下划通栏双红线（如图6-31所示）

分页：________ 总页：________

应收账款明细账

一级科目：应收账款　　二级科目：南京晓天有限公司

2023年 月	日	凭证 种类	号数	摘要	日页	借方	贷方	借或贷	余额
				承前页		93500000	96480000	借	7020000
12	11	记	23	销售款未收		9040000		借	16060000
12	31			本月合计		9040000		借	16060000
12	31			本年累计		102540000	96480000	借	16060000

图6-30　应收账款明细账结账方法

分页：8　总页：100

总分类账

科目：应收账款

2023年 月	日	凭证 字	号	摘要	借方	贷方	借或贷	余额	√
11	30			承前页			借	15210000	□
12	31			12月份科目汇总表	9040000	8190000	借	16060000	□
				本年合计					□

图6-31　总分类账结账方法

年度终了结账时，有余额的账户，应将其余额结转至下年，并在摘要栏注明“结转下年”字样；在下一会计年度新建有关账户的第一行余额栏内填写上年结转的余额，并在摘要栏注明“上年结转”字样，使年末有余额账户的余额如实地反映在账户中，以免混淆有余额的账户和无余额的账户。年度终了结账的处理，如图6-32、图6-33所示。

银行存款日记账

第 13 页

开户行：交通银行江宁支行
账　号：33011809032591

2023年 月	日	凭证 种类	号数	摘要	借方	贷方	余额	核对
12	01			承前页	540800300	561330530	35638080	□
12	01	记	01	借入短期借款	100000000		45638080	□
12	01	记	02	借入长期借款	200000000		65638080	□
12	01	记	03	收到投资款	6000000		71638080	□
12	03	记	05	收到投资款	1000000		72638080	□
12	05	记	07	预付货款		100000	72538080	□
12	05	记	08	购入设备		5650000	66888080	□
12	06	记	09	提现备用		500000	66388080	□
12	06	记	10	支付工资		9431300	56956780	□
12	07	记	11	缴纳税费		6517000	50439780	□
12	07	记	13	购入原材料		1319840	49119940	□
12	09	记	16	支付办公费		5000000	44119940	□
				⋮				□
				⋮				□
12	31			本月合计	65778600	39825080	61591600	□
12	31			本年累计	606678900	601145600	61591600	□
				结转下年				□

图6-32　结转下年图示

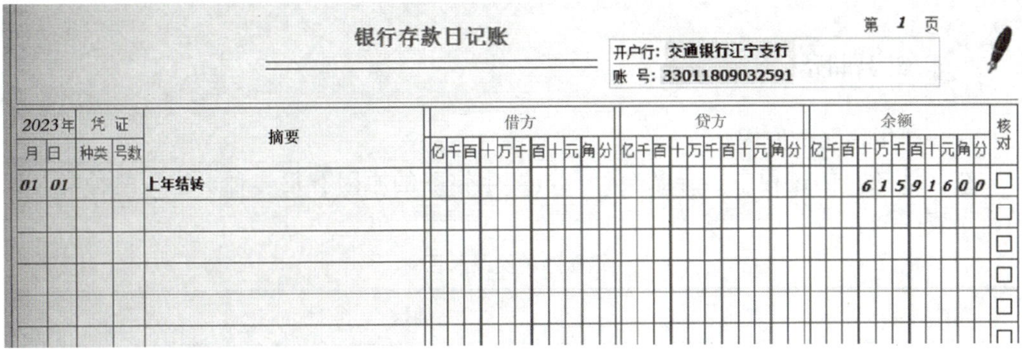

银行存款日记账

第 1 页

开户行：交通银行江宁支行

账 号：33011809032591

2023年 月	日	凭证 种类	号数	摘要	借方	贷方	余额	核对
01	01			上年结转			61591600	□
								□
								□
								□
								□

图6-33 上年结转图示

知识链接6-5

《会计基础工作规范》中对结账的相关规定：

第六十四条 各单位应当按照规定定期结账

（一）结账前，必须将本期内所发生的各项经济业务全部登记入账。

（二）结账时，应当结出每个账户的期末余额。需要结出当月发生额的，应当在“摘要”栏内注明“本月合计”字样，并在下面划通栏单红线。需要结出本年累计发生额的，应当在“摘要”栏内注明“本年累计”字样，并在下面划通栏单红线。12月末的“本年累计”就是全年累计发生额，在全年累计发生额下面划通栏双红线。年度终了结账时，所有总账账户都应当结出全年发生额和年末余额。

（三）年度终了，要把各账户的余额结转到下一会计年度，并在“摘要”栏注明“结转下年”字样。在下一会计年度新建有关会计账簿的第一行“余额”栏内填写上年结转的余额，并在“摘要”栏注明“上年结转”字样。

任务实施

【练习】对本项目任务三任务实施中所登记的库存现金日记账和应收账款明细账作出当月结账处理。

任务五 更正错账

任务描述

了解产生错账的原因，掌握查找错账的方法，学会选用正确的方法进行错账更正。

知识储备

一、产生错账的原因

在会计核算的过程中，导致会计人员产生错账的原因有很多种。错账的种类及原因，见表6-11。

表6-11 错账的种类及原因

错账种类	原因
记账方向错误	在记账时，账簿中借方与贷方的记载颠倒，把“借方”记成“贷方”或把“贷方”记成“借方”
漏记	在记账时将某一凭证中所反映的金额遗漏，未记入账簿
重记	对已经登记入账的金额又重复登记
记错科目	例如，在记账时把库存现金发生额记入“银行存款”账户
数字位数移位	在记账时，将数字位数移动，即以大写小（少写1个或几个“0”），或以小写大（多写1个或几个“0”）
数字位数颠倒	在记账时，将某一数字中相邻的两位数字颠倒登记入账。例如，邻数颠倒（如“69”记为“96”）、隔位数字倒置（如“306”记为“603”）
其他不规则错误	①会计准则运用错误：在会计凭证的填制、会计科目的设置、会计核算形式的选用、会计核算程序的设计等各个环节出现不符合《企业会计准则》等规定的错误 ②计算错误：由于确定计量单位、选择计算方法和运用计算公式错误，结账时发现数字写错，余额记错等导致数据不符

二、查找错账的方法

针对账簿记录的错误情况，通常有顺查法、逆查法、抽查法、偶合法、除九法等查找方法。

1.顺查法

顺查法，又称正查法，是按照原来账务处理的顺序从头到尾进行普遍查找的方法，即沿着“制证→过账→结账→试算”的账务处理程序，从头到尾进行的普遍检查。这种检查方法可以发现重记、漏记、错记科目、错记金额等错误。顺查法的流程，如图6-34所示。

图6-34 顺查法的流程

顺查法查找错账的基本程序，如图6-35所示。

图6-35 顺查法查找错账的基本程序

顺查法工作量大，需要的时间比较长。因此，在实际工作中，一般是在采用其他方法找不出错误的情况下才采用这种方法。

2. 逆查法

逆查法，又称反查法，是按照与原来账务处理程序相反的顺序，从尾到头检查的方法，即沿着“试算→结账→过账→制证”的账务处理程序检查。逆查法的流程，如图6-36所示。

图6-36 逆查法的流程

3. 抽查法

抽查法是指抽取账簿记录中的部分内容进行局部检查的方法。抽查法可根据差错的具体情况从账簿中选定需抽查的内容。例如，差错数字只在角位、分位，则可以缩小查找范围，专门查看角位、分位，其他的数字则不必一一检查。

4. 偶合法

偶合法是根据账簿记录差错中最常见的规律，根据差错的情况来推测原因进而查找差错的一种方法，主要用来查找带有规律性原因造成的差错，如漏记、重记、错记等。常用的有尾数检查法、差额检查法、差额除二法三种方法。偶合法的具体方法，见表6-12。

表6-12 偶合法的具体方法

具体方法	定义
尾数检查法	是指对于发生的差错只查找末位数，以提高查错效率的方法。这种方法适合于借、贷方金额其他位数都一致，而只有末位数出现差错的情况。检查时，只查“元、角、分”三位数字，可缩小查找范围
差额检查法	是指按照错账的差数查找错账的方法。算出不相等的差数，在有关账簿中查找与这个差数相同的数字，以确定是否重记或漏记
差额除二法	是指以差数除以2来查找错账的方法。当某个借方金额错记入贷方（或相反）时，出现错账的差数表现为错误数的2倍，将此差数用2去除，得出的商即是反向的金额

5.除九法

除九法是指将账账之间的差额除以9，如能被除尽，则根据取得的商数分析查找记账错误的方法。除九法能查找的记账错误有以下两种：一种是记账时将金额记错位数，即大小数错误。这种错误无论是多记金额，还是少记金额，其差额必然是较小数的9倍。另一种是金额相邻数字错位，即将金额的前后数字颠倒，由此而产生的差额也能被9除尽。

三、选用错账更正方法

对于查找出的错账，不得随意更改，必须按照专门的方法由原经办人进行更正。错账原因不同，采用的更正方法也不同。常用的更正错账的方法有划线更正法、红字更正法和补充登记法三种。

1.划线更正法

在结账前发现账簿记录有文字或数字错误，而记账凭证没有错误的，采用划线更正法。

项目五中【例5-4】的资料显示，2023年12月1日，公司取得期限6个月、年利率5.4%的银行借款100 000元。其正确的会计凭证，如图6-37所示。

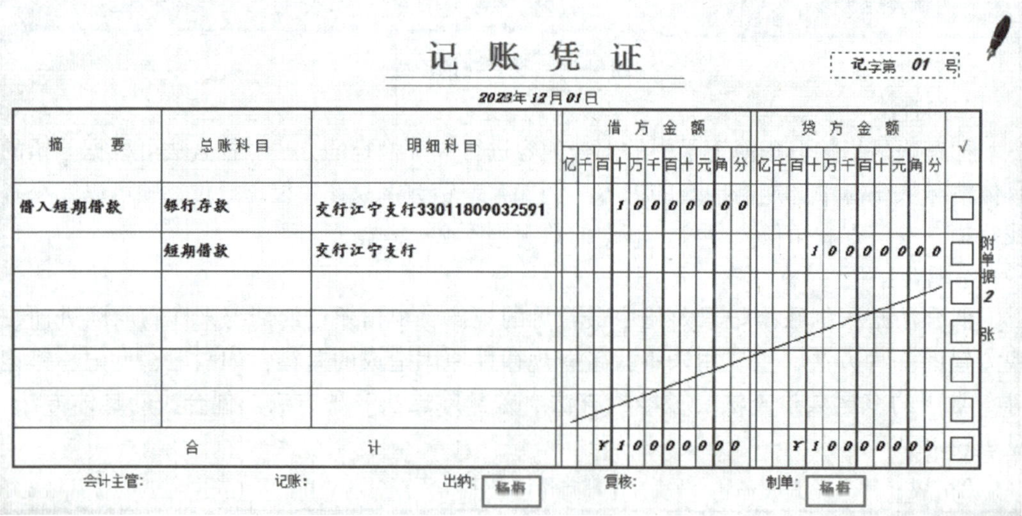
记账凭证

记字第 01 号

2023年12月01日

摘要	总账科目	明细科目	借方金额	贷方金额	√
借入短期借款	银行存款	交行江宁支行33011809032591	10000000		
	短期借款	交行江宁支行		10000000	
合计			￥10000000	￥10000000	

附单据 2 张

会计主管： 记账： 出纳：杨梅 复核： 制单：杨梅

图6-37 记账凭证

假设，出纳员杨梅在登记银行存款日记账时将借方金额误记为300 000元，而由会计陈兰登记的短期借款明细账没有错误。月末结账时，审核人秦岭发现了此错误，则秦岭应告知杨梅采用下列步骤进行更正：第一步，在错误的文字或全部数字正中画一条红线；第二步，将正确的文字或数字用蓝黑色墨水笔书写在被注销的文字或数字上端的空白处，并由记账人员在更正处签章。银行存款日记账更正情况（划线更正法），如图6-38所示。

2.红字更正法

红字更正法，又称红字冲销法，是指用红字冲销或冲减原有的错误记录的一种方法。适用于以下两种情形：

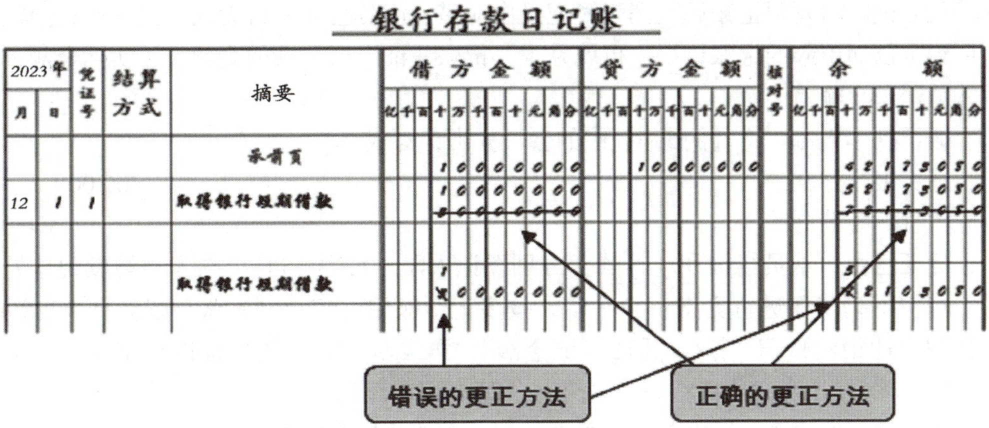

图6-38 银行存款日记账更正情况（划线更正法）

（1）记账后发现记账凭证中的应借、应贷会计科目有错误所引起的记账错误。如记账凭证上会计科目名称写错或应借、应贷的方向记错。

假设制单人杨梅将【例5-4】中的会计凭证误写成：

借：短期借款 100 000

贷：银行存款 100 000

该凭证分别由出纳员杨梅和会计陈兰登记入账。12月25日秦岭发现这处错误，应按下列步骤进行更正，如图6-39所示。

图6-39 红字更正法的步骤

更正错误的记账凭证由制单人杨梅编制，并由杨梅负责依据红字记账凭证更正银行存款日记账，会计陈兰负责依据红字记账凭证更正短期借款明细账。银行存款日记账更正情况（红字更正法1），如图6-40所示。

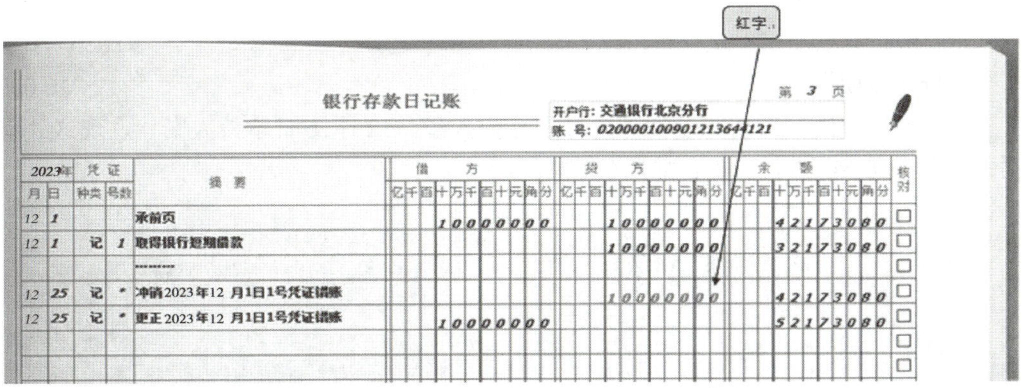

图6-40 银行存款日记账更正情况（红字更正法1）

（2）记账后发现记账凭证和账簿记录中应借、应贷会计科目无误，只是所记金额大于应记金额而引起的记账错误。也就是说，记账凭证上所记载的金额大于实际金额，造成账簿记录金额错误。

假设制单人孟军将【例5-4】中的会计凭证误写成：

借：银行存款　　300 000

　贷：短期借款　　300 000

凭证已由出纳员杨梅和会计陈兰分别登记入账。12月25日审核人秦岭发现这处错误，应按下列步骤进行更正：第一步，按多记金额用红字填制一张记账凭证，“摘要”栏注明“冲销×月×日×字×号凭证多记金额”；第二步，将上述凭证以红字金额登记入账，“摘要”栏注明“冲销×月×日×字×号凭证多记金额”。

更正错误的记账凭证由制单人孟军编制，出纳员杨梅负责依据红字记账凭证更正银行存款日记账，会计陈兰负责依据红字记账凭证更正短期借款明细账。银行存款日记账更正情况（红字更正法2），如图6-41所示。

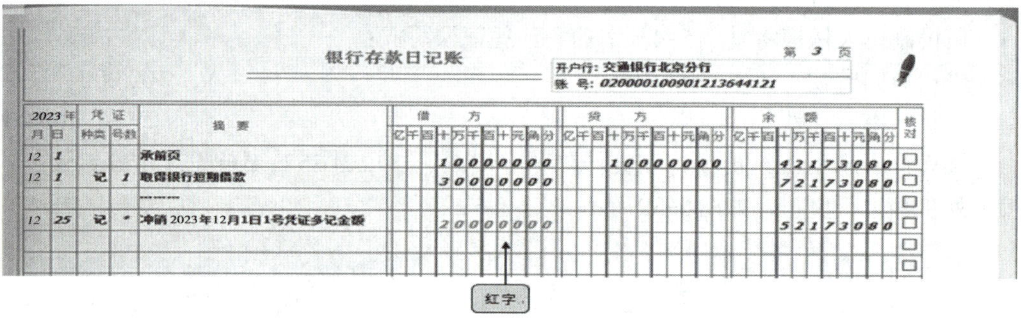

银行存款日记账　　第 3 页

开户行：交通银行北京分行
账 号：020000100901213644121

2023年 月	日	凭证 种类	号数	摘要	借方	贷方	余额	核对
12	1			承前页	10000000	10000000	42173080	□
12	1	记	1	取得银行短期借款	30000000		72173080	□
				………				□
12	25	记	*	冲销2023年12月1日1号凭证多记金额	20000000		52173080	□
								□
								□

图6-41　银行存款日记账更正情况（红字更正法2）

上述两种红字更正法的区别是，图6-40中红字冲销的是错误金额的全额，图6-41中红字冲销的是错误金额的差额。

3.补充登记法

记账后发现记账凭证和账簿记录中应借、应贷的会计科目无误，只是所记金额小于应记金额时，采用补充登记法。

假设制单人杨梅将【例5-4】中的会计凭证误写成：

借：银行存款　　10 000

　贷：短期借款　　10 000

凭证已由出纳员杨梅和会计陈兰分别登记入账。12月25日审核人秦岭发现这处错误，应按下列步骤进行更正，如图6-42所示。

图6-42　补充登记法的步骤

更正错误的记账凭证由制单人杨梅编制，并由杨梅负责依据蓝字记账凭证更正银行存款日记账，会计陈兰负责依据蓝字记账凭证更正短期借款明细账。银行存款日记账更正情况（补充登记法），如图6-43所示。

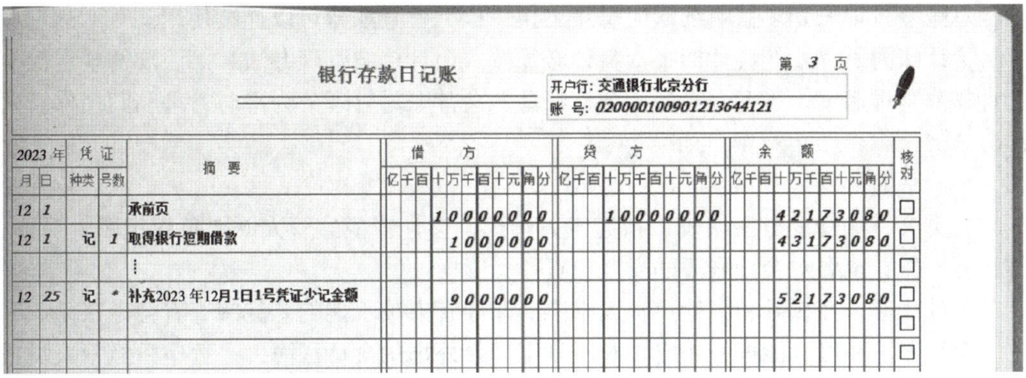

银行存款日记账

第 3 页

开户行：交通银行北京分行

账 号：020000100901213644121

2023年 月	日	凭证 种类	号数	摘要	借方	贷方	余额	核对
12	1			承前页	10000000	10000000	42173080	□
12	1	记	1	取得银行短期借款	1000000		43173080	□
				⋮				□
12	25	记	*	补充2023年12月1日1号凭证少记金额	9000000		52173080	□
								□
								□

图6-43　银行存款日记账更正情况（补充登记法）

需要说明的是：本项目账簿处理，仅是以某企业一个月的经济业务为例，而实际工作中经济业务是连续的。因此，图例的账页上所列示的“承前页”都是期初数额。如经济业务为12月份，则“承前页”行的数是12月份的期初数额，即11月份的期末余额数，相当于已经在上页做了11月份的“本月合计”和“本年累计”，并且做了“过次页”，本项目图例是承继上页继续记录经济业务。

任务实施

【练习】请为表6-13中的记账错误选择适用的更正方法。

表6-13　填空表

账簿记录错误原因			适用的更正方法
记账凭证正确，账簿记录错误			
记账凭证错误导致账簿记录错误	账户名称错误或借贷方向错误		
	金额错误	金额多记	
		金额少记	

任务六　保管会计账簿

任务描述

了解会计账簿平时管理和归档保管的相关规定，掌握会计账簿保管的方法。

知识储备

总账、日记账和多数明细账应每年更换一次，备查账簿可以连续使用。

会计账簿是重要的会计档案资料，必须按《会计档案管理办法》等法规的规定健全会计账簿管理制度，妥善保管各种会计账簿。会计账簿管理分为平时管理和归档保管两部分。

一、平时管理

各类会计账簿要分工明确，指定专人管理，会计账簿经管人既要负责记账、对账、结账等工作，也要对会计账簿的安全负责。

会计账簿未经领导和会计负责人批准，非经管人员不能随意翻阅查看会计账簿。

会计账簿一般不能携带外出，对经批准携带外出的会计账簿，一般应由经管人员或会计主管指定的专人负责办理。

会计账簿不能随意交与他人保管，以避免任意涂改会计账簿等问题的发生。

二、归档保管

年度终了，各种账户在结转下年、建立新账后，一般应将旧账集中统一管理。会计账簿暂由本单位财务会计部门保管一年，期满后，由本单位财务会计部门编造清册移交本单位的档案部门保管。

各种账簿应当按年度分类归档，编造目录，妥善保管。既保证在需要时迅速查阅，又保证各种账簿的安全和完整。整理装订的要求如下：

（1）归档前，对旧账进行整理，包括检查并补齐应办的手续，如改错盖章、注销空行及空页、结转余额等。

（2）撤出未使用的活页账空白账页和账夹，装订成册后，按实际使用的账页数填写各账页页码，同时登记“账簿目录表”上已填列的账户名称（会计科目）的使用页数，检查账页数是否齐全，序号排列是否连续。活页会计账簿一般按账户分类装订成册，一个账户装订成一册或数册。某些账户账页较少，也可以合并装订成一册。会计账簿要牢固、平整，不能有折角、错页、掉页、加空白纸等现象。

（3）装订完的旧账应编制目录并编号，账簿封面、扉页的内容应填写齐全。账簿编号为一年一编，编号顺序为总账、库存现金日记账、银行存款日记账、明细分类账。装订后经办人员、装订人员、会计主管人员在封口处签字或盖章。

因为本年发生的业务可能与上一年度发生联系，所以上一年度的会计资料可以暂时由财务部门保管一年，以便查询。期满之后，财务部门依据会计资料编制目录和移交清单后，移交单位档案保管部门。

各种账簿同会计凭证和会计报告一样，都是重要的经济档案，必须按照制度统一规定的保存年限妥善保管。根据《会计档案管理办法》的规定，总分类账、明细分类账、辅助账、日记账应保存30年。保管期满后，还要按照规定的审批程序经批准后才能销毁。

知识拓展

RPA财务机器人

RPA英文名称为Robotic Process Automation，中文译为机器人流程自动化。这里的机器人指的是虚拟机器人的一种商业软件，并不是实体物理机器人。RPA通过录屏、脚本等形式模拟人类的工作方式，从而执行那些基于规则、重复的业务流程，把人类从枯燥、繁琐的业务流程中解放出来，去做一些更有价值的工作。

财务RPA机器人适用的工作领域包括：（1）简单重复操作，如系统数据的录入、核对等；（2）量大易错业务，如每日大量的交易核对，大量费用单据的审核；（3）7×24小时工作模式，弥补人工操作容忍度低、峰值处理能力差的缺点。

由于RPA的技术优势，能将人们从重复、繁琐的工作中解放出来，提高工作效率，因此，RPA技术在财务领域得到了很多深度的应用。

任务实施

【练习】归纳保管会计账簿的基本内容和要求。

幽默一刻

某公司招聘会计，老王力荐自己的妻子。主任问："你怎么能证明你的爱人能胜任这项工作？"老王说："我们只要一吵架，什么陈年旧账，什么鸡毛蒜皮、芝麻小事，她都记得清清楚楚，无一遗漏。"

思政案例

【案例】隐匿会计账簿也犯法？

2005年2月5日至2016年4月，宋某某担任绍兴王朝大酒店有限公司法定代表人，负责该酒店财务事项。2016年3月起，原绍兴市地方税务局稽查局对绍兴王朝大酒店有限公司进行税务检查。检查发现该酒店不仅存在设立"小金库"的情况，还存在2004—2012年原始记账凭证缺失171本、记账用计算机硬盘破损无法恢复等情况。该局多次要求酒店提供账本，但酒店一直未提供。后该局于2016年11月16日将绍兴王朝大酒店有限公司涉嫌隐匿、故意销毁会计凭证、会计账簿的犯罪线索及相关证据移送公安机关，公安机关立案侦查后提交检察院审查起诉，检察院以"隐匿会计凭证、会计账簿罪"对绍兴王朝大酒店有限公司提起公诉，以"隐匿、故意销毁会计凭证、会计账簿罪"对宋某某提起公诉。

法院审理后认为，被告单位绍兴王朝大酒店有限公司为逃避查处拒不提供依法应当保存的会计凭证、会计账簿，情节严重，其行为已构成隐匿会计凭证、会计账簿罪。被告人宋某某是被告单位绍兴王朝大酒店有限公司隐匿会计凭证、会计账簿的直接负责的主管人员，其行为亦构成隐匿会计凭证、会计账簿罪。

按照《中华人民共和国刑法》第一百六十二条之一之规定，判决被告单位绍兴王朝大酒店有限公司犯隐匿会计凭证、会计账簿罪，判处罚金人民币十万元；被告人宋某某犯隐匿会计凭证、会计账簿罪，判处有期徒刑一年，并处罚金人民币十万元。

【分析】会计账簿作为重要的会计档案，是有明确的管理规定的。所有单位应严格按照要求进行管理和工作，会计从业人员应充分加强专业知识与法律的学习，提高自身职业道德和操守。

【党的二十大报告学习内容】健全宏观经济治理体系，发挥国家发展规划的战略导向作用，加强财政政策和货币政策协调配合，着力扩大内需，增强消费对经济发展的基础性作用和投资对优化供给结构的关键作用。健全现代预算制度，优化税制结构，完善财政转移支付体系。深化金融体制改革，建设现代中央银行制度，加强和完善现代金融监管，强化金融稳定保障体系，依法将各类金融活动全部纳入监管，守住不发生系统性风险底线。健全资本市场功能，提高直接融资比重。加强反垄断和反不正当竞争，破除地方保护和行政性垄断，依法规范和引导资本健康发展。

项目七　盘点企业家底·实施财产清查

学习目标

★知识目标

- 了解财产清查的概念
- 熟悉财产物资的盘存制度
- 熟悉财产清查的种类
- 掌握财产清查结果的账务处理方法

★能力目标

- 会编制银行存款余额调节表
- 会选择库存现金、银行存款及其他财产物资的清查方法
- 能够正确进行财产清查结果的账务处理

项目导学

企业对发生的每一笔经济业务，通过编制记账凭证并登记相关账簿来进行记录。在项目六中，我们已经学习了会计账簿的相关知识。在实际工作中，由于各种主客观原因，不免会遇到账簿记录与财产物资实际不相符的情况。为了保证账簿记录的真实、准确，以及财产物资的安全完整，必须建立财产清查制度，对各类各项财产物资进行清查核对。

本项目的具体任务包括：

任务一　认知财产清查基本知识

任务二　认知财产物资盘存制度

任务三　实施财产清查

任务四　进行财产清查结果账务处理

任务一 认知财产清查基本知识

任务描述

熟悉财产清查的概念，掌握财产清查的种类和范围，理解财产清查的意义。

微课
认知财产清查

知识储备

一、财产清查概念

财产清查是指通过对货币资金、实物资产和往来款项等财产物资进行盘点或核对，确定其账存数与实存数是否相符的一种专门方法。

企业应当建立健全财产物资清查制度，加强管理，以保证财产物资核算的真实性和完整性。具体而言，财产清查的意义主要有：保证账实相符，提高会计资料的准确性；切实保障各项财产物资的安全完整；加速资金周转，提高资金使用效益。

二、财产清查的种类

（一）按照清查范围分类

按照清查范围分类，可分为全面清查和局部清查，具体见表7–1。

表7–1 按照清查范围分类

种类	全面清查	局部清查
定义	是指对所有的财产进行全面的盘点和核对	是指根据需要只对部分财产进行盘点和核对
特点	全面、范围广、时间长	局部、范围小、时间短、针对性强
范围	企业编制年度财务会计报告前 单位撤销、分立、合并或改变隶属关系 开展清产核资 单位主要负责人调离	根据需要对各种存货、各类贵重物品、货币资金、债权、债务等进行清查

（二）按照清查时间分类

按照清查时间分类，可分为定期清查和不定期清查，具体见表7–2。

表7–2 按照清查时间分类

种类	定期清查	不定期清查
定义	是指按照预先计划安排的时间对财产进行的盘点和核对	是指事前不规定清查日期，而是根据特殊需要临时进行的盘点和核对
特点	一般是在年末、季末或月末进行	未规定时间、可随时进行
范围	全面清查、局部清查	更换出纳或相关物资保管员、单位主要负责人调离、发生自然灾害或意外等进行的清查；可以采用全面清查或局部清查

（三）按照清查执行系统分类

按照清查执行系统分类，可分为内部清查和外部清查，具体见表7-3。

表7-3 按照清查执行系统分类

种类	内部清查	外部清查
定义	是指由本单位内部自行组织清查工作小组所进行的财产清查	是指由上级主管部门、审计机关、司法部门、注册会计师根据国家有关规定或情况需要对本单位进行的财产清查
特点	大多数财产清查都是内部清查	进行外部清查时应有本单位相关人员参加
范围	全面清查或局部清查	可能是全面清查，也可能是局部清查

三、财产清查的一般程序

财产清查既是会计核算的一种专门方法，又是财产物资管理的一项重要制度。企业必须有计划、有组织地进行财产清查。财产清查一般包括以下程序：（1）建立财产清查组织；（2）培训清查人员；（3）确定清查对象、范围，明确清查任务；（4）制订清查方案；（5）先清查数量、核对账簿记录，后认定质量；（6）填制盘存清单；（7）根据盘存清单，填制实物、往来款项清查结果报告表。

任务实施

【练习】请将表7-4中的资料进行分类。

表7-4 填空表

资料	按清查时间分类	按清查范围分类
1.更换出纳时，对库存现金进行清查		
2.公司主要负责人调离工作岗位		
3.仓库发生火灾，对产品进行清查		
4.每日业务终了，对库存现金进行盘点核对		
5.编制年度财务会计报告前，进行财产清查		
6.银行存款日记账与银行对账单核对		
7.公司对往来账进行清查		
8.公司对贵重物品进行临时抽查		

任务二 认知财产物资盘存制度

任务描述

初步认知盘存制度，掌握不同盘存制度下计算发出物资和结存物资的数量和金额的方法。

微课

财产盘存制度

知识储备

企业财产物资的盘存制度是指确定各项财产物资账面结存数量的方法，具体包括实地盘存制和永续盘存制两种。

一、实地盘存制

实地盘存制，也称定期盘存制，是指平时根据会计凭证，对各项财产物资在账簿中只登记增加数，不登记减少数，期末根据实地盘点的结存数来倒推当月财产物资的减少数，再据以登记有关账簿的一种盘存制度。即：

本期发出数量=账面期初结存数量+本期账面增加合计数量−期末盘点实际结存数量

实地盘存制下账簿登记情况，见表7−5。

表7−5 原材料明细账（一）

2023年		摘要	收入			发出			结存		
月	日		数量（件）	单价（元）	金额（元）	数量（件）	单价（元）	金额（元）	数量（件）	单价（元）	金额（元）
4	1	上月结余							400	10	4 000
	5	入库	1 500	9	13 500						
	10	发出									
	17	入库	3 000	10	30 000						
	25	发出									
	30	合计	4 500		43 500						

假定期末通过实地盘点，结存材料的数量是2 500件，则：

本期原材料的发出数量=400+4 500−2 500=2 400（件）

采用实地盘存制，核算工作比较简单，工作量小。其缺点是不能随时反映财产物资减少数和结存数，无法及时掌握日常财产物资的溢缺情况，不利于财产物资的控制管理。该制度一般适用于价值低、品种多、进出频繁的商品或材料物资。

二、永续盘存制

永续盘存制，也称账面盘存制，是指根据会计凭证，逐日逐笔登记各项财产物资的增加或减少数，并随时结算出该项物资结存数的一种方法。即：

账面期末数量=账面期初结存数量+本期账面增加合计数量-本期账面发出合计数量

永续盘存制下账簿登记情况，见表7-6。

表7-6　　原材料明细账（二）

2023年		摘要	收入			发出			结存		
月	日		数量（件）	单价（元）	金额（元）	数量（件）	单价（元）	金额（元）	数量（件）	单价（元）	金额（元）
4	1	上月结余							400	10	4 000
	5	入库	1 500	9	13 500				1 900		
	10	发出				1 000			900		
	17	入库	3 000	10	30 000				3 900		
	25	发出				1 400			2 500		
	30	合计	4 500		43 500	2 400			2 500		

根据上例：

本期原材料的账面期末数量=400+4 500-2 400=2 500（件）

采用永续盘存制，可以随时反映出财产物资的增加、减少和结余情况；能与实际盘存数核对以反映财产物资的溢缺情况，有利于财产物资的管理控制，实际工作中广泛应用此方法。其缺点是明细分类核算工作量较大。

任务实施

【练习】请通过表7-7的库存商品明细账，判断南京星光雨刮器有限公司采用的是何种盘存制度。假定该公司期末通过实地盘点，结存的商品数量为500件。

表7-7　　库存商品明细账

产品名称：有骨雨刮器

2023年		摘要	收入			发出			结存		
月	日		数量（件）	单位成本（元）	金额（元）	数量（件）	单位成本（元）	金额（元）	数量（件）	单位成本（元）	金额（元）
3	1	上月结余							200	25	5 000
	5	入库	1 800	24	43 200						
	10	发出									
	17	入库	2 000	24	48 000						
	25	发出									
	31	合计	3 800		91 200				500		

温馨提示

财产物资账面结存金额=该财产物资的单位成本×各项财产物资的账面结存数量

其中，该项财产物资的单位成本可以采用先进先出法、加权平均法、个别计价法等方法进行计算。

任务三 实施财产清查

任务描述

学会针对不同清查对象，采用适当方法实施财产清查。

知识储备

由于企业的货币资金、实物、往来款项的特点各不相同，在进行财产清查时，应采用与其特点和管理要求相适应的方法。

一、货币资金的清查方法

（一）库存现金的清查

1.清查方法

库存现金的清查是采用实地盘点法确定库存现金的实存数，然后与库存现金日记账的账面余额相核对，确定账实是否相符。

2.清查步骤

第一步：盘点前，出纳员应将库存现金收支业务全部登记入账，并结出余额。

第二步：盘点时，为了明确经济责任，出纳员必须在场，会同盘点人员，共同清点出库存现金实有数，再与库存现金账面数核对。

温馨提示

在库存现金的清查过程中，除了核对账实是否相符，还要检查有无超过库存现金限额、白条抵库、坐支现金等违反现金管理制度规定的现象。

第三步：盘点后，应根据盘点的结果及与库存现金日记账核对的情况，填制“库存现金盘点报告表”。库存现金盘点报告表是重要的原始凭证，它既起到了确定实有数的作用，又起到了实有数与账面数对比的作用。“库存现金盘点报告表”应由盘点人和出纳员共同签章方能生效。“库存现金盘点报告表”的一般格式，见表7-8。

（二）银行存款的清查

1.清查方法

银行存款的清查是采用与开户银行核对账目的方法进行的，即将本单位银行存款日记账的账簿记录与开户银行转来的对账单进行核对，来查明银行存款的实有数额。银行存款的清查一般在月末进行。

表7-8

库存现金盘点报告表

年　月　日　　　　单位：元

实存金额	账存金额	对比结果		备注
		盘盈	盘亏	

盘点人（签章）：　　　　　　出纳员（签章）：

2.未达账项

将截至清查日所有银行存款的收付业务都登记入账后，对发生的错账、漏账应及时清查更正，再与银行的对账单逐笔核对。如果二者余额相符，通常说明没有错误；如果二者余额不相符，则可能是企业或银行一方或双方记账过程有错误或者存在未达账项。

未达账项是指企业与银行之间由于记账时间不一致而发生的一方已经入账，而另一方尚未入账的事项。

未达账项一般有以下四种类型：

（1）企业已收款已记账，银行未收款未记账的款项；

（2）企业已付款已记账，银行未付款未记账的款项；

（3）银行已收款已记账，企业未收款未记账的款项；

（4）银行已付款已记账，企业未付款未记账的款项。

微课

编制银行存款余额调节表

上述任何一种未达账项的存在，都会使得企业银行存款日记账账面余额与银行对账单余额不符。因此，在与银行对账时首先应查明是否存在未达账项。如果存在未达账项，就应该编制“银行存款余额调节表”，据以调节双方的账面余额，确定企业银行存款实有数。

3.银行存款余额调节表

银行存款余额调节表（见表7-9）是为了核对企业与其开户银行双方记录的企业银行存款账面余额而编制的，列示双方未达账项的一种表格。其检验公式为：

$$\text{企业银行存款日记账余额}+\text{银行已收企业未收账项}-\text{银行已付企业未付账项}=\text{银行对账单余额}+\text{企业已收银行未收账项}-\text{企业已付银行未付账项}$$

表7-9

银行存款余额调节表

年　月　日　　　　单位：元

项目	金额	项目	金额
企业银行存款日记账余额		银行对账单余额	
加：银行已收企业未收		加：企业已收银行未收	
减：银行已付企业未付		减：企业已付银行未付	
调节后存款余额		调节后存款余额	

4.清查步骤

第一步：将本单位银行存款日记账与银行对账单，以结算凭证的种类、号码和金额为依据，逐日逐笔进行核对。凡双方都有记录的，用铅笔在金额旁打上“√”。

第二步：找出未达账项（即银行存款日记账和银行对账单中未打“√”的款项）。

第三步：将日记账和对账单的月末余额及找出的未达账项填入“银行存款余额调节表”，并计算出调整后的余额。

第四步：将调整平衡的“银行存款余额调节表”，经主管会计签章后，呈报开户银行。

现举例说明银行存款清查的具体方法：

【例7-1】南京星光雨刮器有限公司2018年11月“银行存款日记账”期末余额为215 000元，银行对账单的余额为219 400元。11月25日～11月30日的“银行存款日记账”和银行提供的“银行对账单”，分别见表7-10和表7-11。

表7-10　银行存款日记账

存款种类：基本存款户　　第8页

2018年		凭证号		摘要	结算凭证		收入	支出	借或贷	结余	√
月	日	种类	号数		种类	号数					
11	25	记	29	销售多余材料	托收	3043	25 000		借	530 400	
	25	记	32	购入材料	转支	0701		12 000	借	518 400	
	26	记	35	提现	现支	0354		2 000	借	516 400	
	27	记	40	偿还货款	转支	0702		351 000	借	165 400	
	28	记	45	预收货款	电汇		20 000		借	185 400	
	29	记	50	收回货款	转支	3675	34 600		借	220 000	
	30	记	58	付培训费	转支	0703		5 000	借	215 000	

表7-11　银行对账单

户名：南京星光雨刮器有限公司　　账号：33011809032591

2018年		结算凭证			存入	支出	结余
月	日	现金支票	转账支票	其他			
11	24			托收	25 000		530 400
	25		0701			12 000	518 400
	26	0354				2 000	516 400
	27		0702			351 000	165 400
	28			托收	35 000		200 400
	28			汇兑	20 000		220 400
	30			委收		1 000	219 400

第一步：检查本单位11月25日～11月30日所发生的经济业务，已经全部过入“银行存款日记账”，经过复核，确定账簿记录是完整、准确的。

第二步：将银行提供的“银行对账单”与“银行存款日记账”账面记录进行逐笔核对，查明有以下未达账项：

（1）企业收回销售货款34 600元；银行尚未收到单据，没有入账。

（2）企业支付培训费5 000元；银行尚未收到单据，没有入账。

（3）银行代收外地公司货款35 000元，已划入企业存款账户；企业尚未收到有关凭证，没有入账。

（4）银行代扣电话费1 000元，已从企业存款账户划出；企业尚未收到有关凭证，没有入账。

第三步：编制“银行存款余额调节表”，见表7-12。

表7-12　银行存款余额调节表

2018年11月30日　单位：元

项目	金额	项目	金额
企业银行存款日记账余额	215 000	银行对账单余额	219 400
加：银行已收企业未收	35 000	加：企业已收银行未收	34 600
减：银行已付企业未付	1 000	减：企业已付银行未付	5 000
调节后存款余额	249 000	调节后存款余额	249 000

5.银行存款余额调节表的作用

（1）银行存款余额调节表是一种对账记录或对账工具，不能作为调整账面记录的依据，即不能根据银行存款余额调节表中的未达账项来调整银行存款账面记录，未达账项只有在收到有关凭证后才能进行有关的账务处理。

（2）调节后的余额如果相等，通常说明企业和银行的账面记录一般没有错误；该余额通常为企业可动用的银行存款实有数。

（3）调节后的余额如果不相等，通常表明一方或双方记账有误，需进一步追查，查明原因后予以更正和处理。

温馨提示

凡开设有几个银行户头以及开设有外币存款户头的单位，应分别按存款户头开设“银行存款日记账”。每月月底，应分别将各户头的“银行存款日记账”与“银行对账单”进行核对，并分别编制“银行存款余额调节表”。

二、实物资产的清查方法

实物资产主要包括存货、固定资产等。实物资产的清查就是对实物资产在数量和质量上所进行的清查。

1.清查方法

常见的清查方法有实地盘点法和技术推算盘点法两种。具体见表7-13。

2.清查步骤

第一步：为了明确经济责任，对实物资产清查时，实物资产的保管员必须在场，并参加盘点工作。

表7-13 实物资产清查方法

方法	实地盘点法	技术推算盘点法
内容	是指运用度、量、衡等工具，通过点数，逐一确定被清查实物实有数的一种方法	是指按照一定标准利用一定办法推算财产物资实存数的方法
适用范围	适用范围较广，大多数财产物资都可以采用这种方法	适应于大量成堆、单位价值比较低且不能逐项清点的物资，如露天堆放的燃料等
特点	盘点数字准确可靠，但工作量大	能大幅度减少工作量，但盘点数字的准确性较差

第二步：对各项财产物资盘点结果，应如实登记在盘存单（见表7-14）上，并由盘点人员和实物保管人员同时签章，作为各项财产物资实存数额的书面证明。

表7-14 盘存单

单位名称： 盘点时间： 编号：

财产类别： 存放地点： 金额单位：元

序号	名称	规格	计量单位	实存数量	单价	金额	备注

盘点人（签章）： 保管人（签章）：

第三步：盘点结束后，将盘存单的实存数额与账面结存数额核对。若发现某些财产物资账实不符，应填制实存账存对比表，也称盘盈或盘亏报告表（见表7-15），用以确定财产物资盘盈或盘亏的数额。"实存账存对比表"是财产清查的重要资料，是调整账簿记录的原始凭证，也是分析差异原因、明确经济责任的重要依据。

表7-15 实存账存对比表

单位名称： 年 月 日 金额单位：元

序号	名称	规格	计量单位	单价	实存		账存		盘盈		盘亏		备注
					数量	金额	数量	金额	数量	金额	数量	金额	

盘点人（签章）： 填表人（签章）： 单位负责人（签章）：

温馨提示

除了对财产物资的数量进行清查外，还应对财产物资的质量进行核查。在核查物资质量时，根据其特点可以采用物理或化学的方法进行检验。

三、往来款项的清查方法

往来款项主要包括应收、应付款项和预收、预付款项等。往来款项的清查一般采取发函询证的方法进行核对。具体清查步骤如下：

第一步：将本单位的往来账款核对清楚，确认总分类账与明细分类账的余额相符。

第二步：在保证往来账户记录完整正确的基础上，编制“往来款项对账单”，寄往各有关往来单位。“往来款项对账单”的格式一般为一式两联，其中一联作为回单，由对方单位核对后退回，盖章表示核对相符，如不相符，对方单位应在回单上说明情况，或者另抄账单退回，以便进一步核对。

第三步：收到上述回单后，应据此编制“往来款项清查表”，针对具体情况及时采取措施予以解决。

任务实施

【练习1】根据南京中山有限公司2023年6月30日给出的库存现金清查结果，编制库存现金盘点报告表，见表7-16（编号：0231；出纳员：吴宗茜；盘点人：余雪）。

表7-16　库存现金盘点报告表

年　　月　　日　　　　单位：元

实存金额	账存金额	对比结果		备注
		盘盈	盘亏	

盘点人（签章）：　　　　出纳员（签章）：

（1）“库存现金日记账”的账面结存数额为880元；

（2）库存现金实地清点数额为850元。

【练习2】根据南京中山有限公司2023年6月30日实物清查盘存单的部分数据，将盘存单（见表7-17）其他内容填写完整，并编制实存账存对比表，见表7-18（编号：2078；存放地点：1号仓库；财产类别：原材料及库存商品；保管人：李刚；盘点人：江夏；K材料账存数量：600千克；S303产品：1 200件；填表人：赵青；单位负责人：王琴）。

表7-17　盘存单

单位名称：　　　　盘点时间：　　　　编号：

财产类别：　　　　存放地点：　　　　金额单位：元

序号	名称	规格	计量单位	实存数量	单价	金额	备注
	K材料		千克	580	10.10		
	S303产品		件	1 210	260.00		

盘点人（签章）：　　　　保管人（签章）：

表7-18　　　　　　　　　　实存账存对比表

单位名称：　　　　　　　　　　年　月　日　　　　　　　　　　金额单位：元

序号	名称	规格	计量单位	单价	实存		账存		盘盈		盘亏		备注
					数量	金额	数量	金额	数量	金额	数量	金额	

盘点人（签章）：　　　　　填表人（签章）：　　　　　单位负责人（签章）：

【练习3】根据相关资料，编制银行存款余额调节表（要求：按顺序填写；凭证号填写标准：#0001或银付01；制单：王海）。附原始单据：银行对账单、银行存款日记账，如图7-1、图7-2所示。

交通银行对账单

页码：02

账号：1100[illegible]7609048708[illegible]012　　单位名称：北京南方股份有限公司　　币种：人民币

年份：20[illegible]

日期	摘要	凭证种类	凭证号码	借方发生额	贷方发生额	余额
1221	承前页					380 500.00
1222	付购货款	转支	#3603	80 500.00		300 000.00
1227	支付广告费	转支	#3605	40 000.00		260 000.00
1229	存款利息	特转	#1902		5 900.00	265 900.00
1229	收回贷款	委托收款	#1004		20 000.00	285 900.00
1230	收回贷款	委托收款	#1005		40 000.00	325 900.00
1231	贷款利息	特转	#1906	3 000.00		322 900.00

图7-1　银行对账单

银行存款日记账

第 23 页

开户行：交通银行北京分行

账　号：110007609048708091012

2023年 月	日	凭证 种类	号数	摘要	借方	贷方	余额	核对
12	21			承前页	8600000	7870000	38050000	□
12	21	银付	20	购入材料		8050000	30000000	□
12	26	银付	21	支付广告费		4000000	26000000	□
12	28	银收	18	收回货款	2023 2000000		28000000	□
12	30	银付	22	购办公用品		100000	27900000	□
12	30	银收	19	收回货款	4000000		31900000	□
12	31	银付	23	预付账款		5000000	26900000	□
12	31	银收	20	收回货款	1000000		27900000	□
12	31			本月合计	19500000	23150000	27900000	□
12	31			本年累计	195600000	215020000	27900000	□
12	31			结转下年			27900000	□
								□

图7-2　银行存款日记账

任务四　进行财产清查结果账务处理

任务描述

微课

财产清查结果的核算

根据“实存账存对比表”“库存现金盘点报告表”等原始凭证，学会对财产物资的盈亏进行账务处理。

知识储备

一、财产清查结果处理要求

财产清查后，会出现两种结果，即账实相符或不相符，具体见表7-19。

表7-19　财产清查的结果

种类		特点
相符		实存数等于账存数，财产物资质量没问题
不相符	盘盈	实存数大于账存数
	盘亏	实存数小于账存数
	毁损	实存数与账存数一致，但实存的财产物资有质量问题，不能正常使用

对于财产清查中发现的问题，如财产物资的盘盈、盘亏、毁损或其他各种损失，应核实情况，调查分析产生的原因，按照相关法律法规的规定，进行相应的处理。

财产清查结果处理的具体要求有：

（1）分析产生差异的原因和性质，提出处理建议；

（2）积极处理多余积压财产，清理往来款项；

（3）总结经验教训，建立和健全各项管理制度；

（4）及时调整账簿记录，保证账实相符。

二、财产清查结果的处理步骤和方法

（一）审批之前的处理

根据“库存现金盘点报告表”“实存账存对比表”等已经查实的资料，编制记账凭证，记入有关账簿，使账簿记录与实际盘存数相符。同时，将处理建议报股东大会或董事会，或经理（厂长）会议或类似机构批准。

（二）审批之后的处理

企业清查的各种财产的损益，应于期末前查明原因，并根据企业的管理权限，经股东大会或董事会，或经理（厂长）会议或类似机构批准后，在期末结账前处理完毕。企业应严格按照有关部门对财产清查结果提出的处理意见进行账务处理，编制记账凭证，登记有关账簿，并追回由于责任者原因造成的财产损失。

温馨提示

企业清查的各种财产的损益，如果在期末结账前尚未经批准，在对外提供财务报表时，应按上述规定进行处理，并在附注中作出说明；其后批准处理的金额与处理金额不一致的，调整财务报表相关项目的年初数。

三、财产清查结果的账务处理

（一）账户设置

为了反映和监督企业在财产清查过程中查明的各种财产物资盘盈、盘亏、毁损及其处理情况，应设置“待处理财产损溢”账户。该账户的具体核算内容可参照项目五。

（二）账务处理

1.库存现金盘盈、盘亏的账务处理

对库存现金清查的结果，应分情况处理：如属于违反库存现金管理的有关规定，应及时予以纠正。如属于账实不相符，应查明原因，并将短款或长款先记入“待处理财产损溢”账户。待查明原因后分情况进行处理：（1）属于记账差错的应及时予以更正；（2）无法查明原因的长款应记入“营业外收入”账户，无法查明原因的短款应记入“管理费用”账户；（3）可收回的保险赔偿和责任者赔偿的金额应记入“其他应收款”账户。

【例7-2】2023年3月3日，南京星光雨刮器有限公司在财产清查中，发现库存现金溢余50元。库存现金盘点报告表，见表7-20。（凭证编号：05；附件：1张；制单：杨梅）

表7-20 库存现金盘点报告表

2023年3月3日 单位：元

实存金额	账存金额	对比结果		备注
		盘盈	盘亏	
		50		原因待查

盘点人（签章）：陈兰 出纳员（签章）：杨梅

步骤一：分析经济业务。

本业务引起库存现金增加50元，记借方；待处理财产盘盈50元，记入“待处理财产损溢”账户的贷方。

步骤二：编制会计分录。

借：库存现金 50

　贷：待处理财产损溢——待处理流动资产损溢 50

步骤三：编制记账凭证（如图7-3所示）。

记 账 凭 证

记字第 05 号

2023年 03月03日

摘要	总账科目	明细科目	借方金额	贷方金额	√
现金盘盈	库存现金		5000		
	待处理财产损溢	待处理流动资产损溢		5000	
合计			￥5000	￥5000	

附单据 1 张

会计主管:　　记账:　　出纳: 杨梅　　复核:　　制单: 杨梅

图7-3　编制记账凭证

【例7-3】2023年3月4日，南京星光雨刮器有限公司经反复核查，形成的财产清查结果处理决定，如图7-4所示（凭证编号：08；附件：1张；制单：孟军）。

财产清查结果处理决定

财务科：

财产清查结果处理决定：

库存现金长款转作营业外收入。

南京星光雨刮器有限公司（盖章）

2023年3月4日

图7-4　财产清查结果处理决定

步骤一：分析经济业务。

本业务引起营业外收入增加50元，记贷方；转销待处理财产盘盈50元，记入“待处理财产损溢”账户的借方。

步骤二：编制会计分录。

借：待处理财产损溢——待处理流动资产损溢　　50

　贷：营业外收入——现金盘盈　　50

步骤三：编制记账凭证（如图7-5所示）。

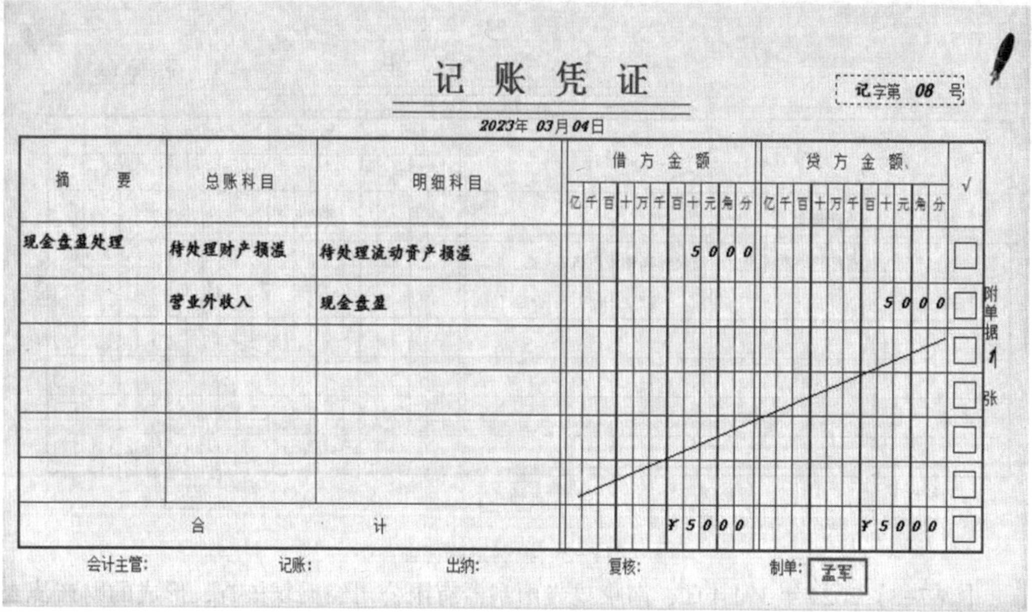

记账凭证

记字第 08 号

2023年 03月04日

摘要	总账科目	明细科目	借方金额	贷方金额	√
现金盘盈处理	待处理财产损溢	待处理流动资产损溢	5000		
	营业外收入	现金盘盈		5000	
合计			￥5000	￥5000	

附单据 1 张

会计主管： 记账： 出纳： 复核： 制单：孟军

图7-5 编制记账凭证

【例7-4】2023年4月20日，南京星光雨刮器有限公司在财产清查中，发现库存现金短缺400元。库存现金盘点报告表，见表7-21（凭证编号：20；附件：1张；制单：杨梅）。

表7-21 库存现金盘点报告表

2023年4月20日 单位：元

实存金额	账存金额	对比结果		备注
		盘盈	盘亏	
			400	原因待查

盘点人（签章）：陈兰 出纳员（签章）：杨梅

步骤一：分析经济业务。

本业务引起库存现金减少400元，记贷方；待处理财产盘亏400元，记入“待处理财产损溢”账户的借方。

步骤二：编制会计分录。

借：待处理财产损溢——待处理流动资产损溢 400

贷：库存现金 400

步骤三：编制记账凭证（如图7-6所示）。

记 账 凭 证

2023年04月20日　　　　记字第 20 号

摘要	总账科目	明细科目	借方金额（亿千百十万千百十元角分）	贷方金额（亿千百十万千百十元角分）	√
现金盘亏	待处理财产损溢	待处理流动资产损溢	40000		
	库存现金			40000	
合计			¥40000	¥40000	

附单据 1 张

会计主管：　记账：　出纳：杨梅　复核：　制单：杨梅

图 7-6　编制记账凭证

【例 7-5】2023 年 4 月 30 日，南京星光雨刮器有限公司经反复核查，形成的财产清查结果处理决定，如图 7-7 所示（凭证编号：40；附件：1 张；制单：孟军）。

财产清查结果处理决定

财务科：

财产清查结果处理决定：

库存现金短缺 400 元，其中 100 元应由出纳员赔偿，其余计入管理费用。

南京星光雨刮器有限公司（盖章）

2023 年 4 月 30 日

图 7-7　财产清查结果处理决定

步骤一：分析经济业务。

本业务引起其他应收款增加 100 元，记借方；管理费用增加 300 元，记借方；转销待处理财产盘亏 400 元，记入“待处理财产损溢”账户的贷方。

步骤二：编制会计分录。

借：其他应收款——杨梅　　100

　　管理费用——现金盘亏　　300

　贷：待处理财产损溢——待处理流动资产损溢　　400

步骤三：编制记账凭证（如图 7-8 所示）。

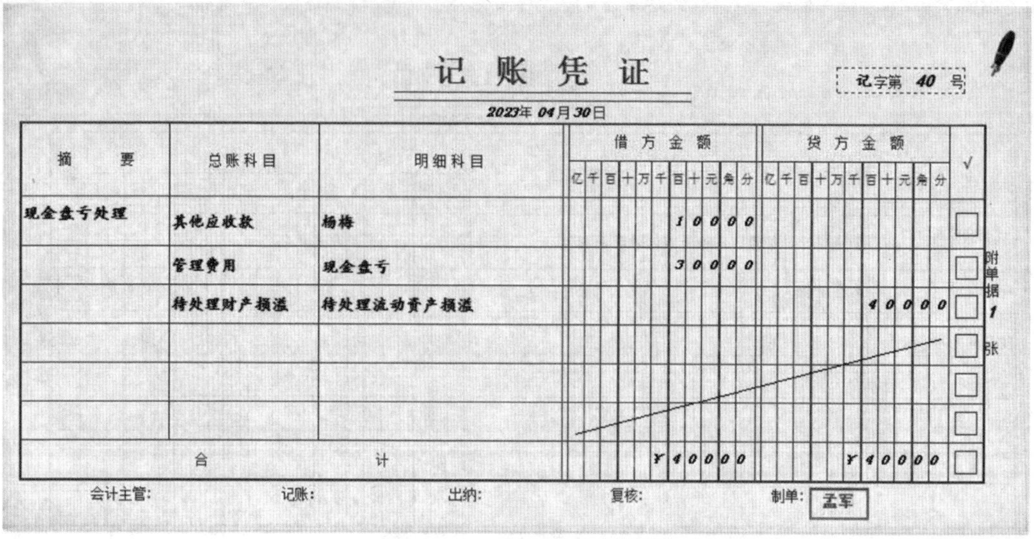

记 账 凭 证

记字第 40 号

2023年 04月30日

摘要	总账科目	明细科目	借方金额	贷方金额	√
现金盘亏处理	其他应收款	杨梅	10000		
	管理费用	现金盘亏	30000		
	待处理财产损溢	待处理流动资产损溢		40000	
合		计	￥40000	￥40000	

附单据 1 张

会计主管: 记账: 出纳: 复核: 制单: 孟军

图7-8 编制记账凭证

2.存货盘盈、盘亏和毁损的账务处理

（1）存货盘盈的账务处理。企业盘盈的各种材料、库存商品等存货，经查明是由于收发计量或核算上的误差等原因造成的，应及时办理存货入账的手续，调整存货的账面实存数，按盘盈存货的重置成本记入“待处理财产损溢”账户。

对于盘盈的存货，在查明原因并经有关部门批准后，计入管理费用。

（2）存货盘亏和毁损的账务处理。企业财产清查中发现的存货盘亏和毁损，在报经批准前，应按其成本转入“待处理财产损溢”账户，贷记存货类账户。

温馨提示

涉及增值税的，还应进行相应处理。在本教材中，暂不考虑增值税问题。

报经批准以后，按照残料价值，借记“原材料”等科目；按照可收回的保险赔偿或过失人赔偿，借记“其他应收款”账户；扣除残料价值和过失人的赔偿后的净损失，计入当期损益。其中属于收发计量差错、管理不善等原因造成的存货短缺，计入管理费用；属于自然灾害等非常原因造成的存货毁损，计入营业外支出。

【例7-6】2023年4月30日，南京星光雨刮器有限公司盘点财产物资，发现盘盈天然橡胶10千克，实际总成本150元，原因不明；盘亏雨刮器骨架10支，实际总成本60元，盘亏无骨雨刮器3套，实际总成本54元。原材料盘点报告表，见表7-22（凭证编号：42、43；附件：1张；制单：孟军）。

（1）盘盈原材料。

步骤一：分析经济业务。

本业务引起原材料增加150元，记借方；待处理财产盘盈150元，记入“待处理财产损溢”账户的贷方。

步骤二：编制会计分录。

借：原材料——天然橡胶 150

　贷：待处理财产损溢——待处理流动资产损溢 150

表7-22

原材料盘点报告表

2023年4月30日

单位名称：南京星光雨刮器有限公司　　　　金额单位：元

序号	名称	规格	计量单位	单价	实存		账存		盘盈		盘亏		备注
					数量	金额	数量	金额	数量	金额	数量	金额	
1	天然橡胶		千克						10	150			
2	雨刮器骨架		支								10	60	
3	无骨雨刮器		套								3	54	

盘点人（签章）：李良　　　　会计（签章）：陈兰

步骤三：编制记账凭证（如图7-9所示）。

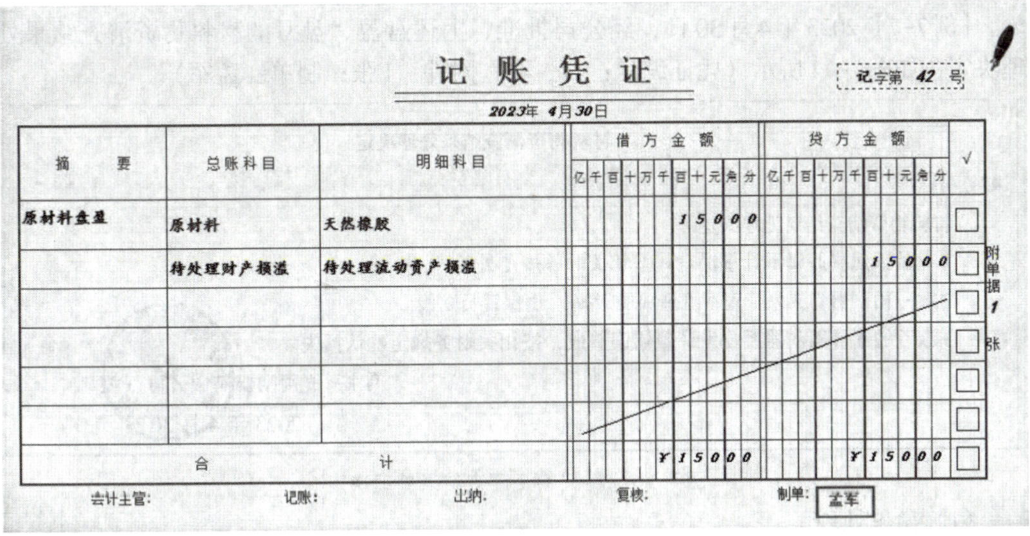
记账凭证

记字第 42 号

2023年 4月30日

摘要	总账科目	明细科目	借方金额	贷方金额	√
原材料盘盈	原材料	天然橡胶	15000		
	待处理财产损溢	待处理流动资产损溢		15000	
合计			¥15000	¥15000	

附单据 1 张

会计主管：　记账：　出纳：　复核：　制单：孟军

图7-9　编制记账凭证

（2）盘亏原材料。

步骤一：分析经济业务。

本业务引起原材料减少60元，记贷方；库存商品减少54元，记贷方；待处理财产盘亏114元，记入“待处理财产损溢”账户的借方。

步骤二：编制会计分录。

借：待处理财产损溢——待处理流动资产损溢　　114

　　贷：原材料——雨刮器骨架　　60

　　　　库存商品——无骨雨刮器　　54

步骤三：编制记账凭证（如图7-10所示）。

记 账 凭 证

记字第 43 号

2023年 04月30日

摘要	总账科目	明细科目	借方金额	贷方金额	√
原材料盘亏和库存商品盘亏	待处理财产损溢	待处理流动资产损溢	11400		
	原材料	雨刮器骨架		6000	
	库存商品	无骨雨刮器		5400	
合计			¥11400	¥11400	

附单据 同记42 张

会计主管: 记账: 出纳: 复核: 制单: 孟军

图7-10 编制记账凭证

【例7-7】2023年4月30日，经公司批准，上述盘盈、盘亏的材料物资清查结果处理决定，如图7-11所示（凭证编号：44、45；附件：1张；制单：孟军）。

材料物资清查结果处理决定

财务科:

材料物资清查结果处理决定:

1.盘盈天然橡胶属于计量误差，按相关财务规定处理。

2.盘亏雨刮器骨架系管理不善造成的毁损，由保管员赔偿。

3.盘亏的无骨雨刮器系收发计量错误造成，按相关财务规定确认损失。

南京星光雨刮器有限公司（盖章）

2023年4月30日

图7-11 材料物资清查结果处理决定

（1）盘盈处理。

步骤一：分析经济业务。

本业务引起转销待处理财产盘盈150元，记入“待处理财产损溢”账户的借方；管理费用减少150元，记贷方。

步骤二：编制会计分录。

借：待处理财产损溢——待处理流动资产损溢 150

贷：管理费用——原材料盘盈 150

步骤三：编制记账凭证（如图7-12所示）。

（2）盘亏处理。

步骤一：分析经济业务。

本业务引起其他应收款增加60元，记借方；管理费用增加54元，记借方；转销待处理财产盘亏114元，记入“待处理财产损溢”账户的贷方。

记 账 凭 证

记字第 44 号

2023年 04月30日

摘要	总账科目	明细科目	借方金额	贷方金额	√
原材料盘盈处理	待处理财产损溢	待处理流动资产损溢	15000		
	管理费用	原材料盘盈		15000	
合计			￥15000	￥15000	

附单据 1 张

会计主管：　记账：　出纳：　复核：　制单：孟军

图7-12　编制记账凭证

步骤二：编制会计分录。

借：其他应收款——李良　　60

　　管理费用——存货盘亏　　54

　贷：待处理财产损溢——待处理流动资产损溢　　114

步骤三：编制记账凭证（如图7-13所示）。

记 账 凭 证

记字第 45 号

2023年 04月30日

摘要	总账科目	明细科目	借方金额	贷方金额	√
原材料盘亏和库存商品盘亏处理	其他应收款	李良	6000		
	管理费用	存货盘亏	5400		
	待处理财产损溢	待处理流动资产损溢		11400	
合计			￥11400	￥11400	

附单据 同记44 张

会计主管：　记账：　出纳：　复核：　制单：孟军

图7-13　编制记账凭证

3.固定资产盘盈和盘亏的账务处理

（1）固定资产盘盈的账务处理。

对于企业在清查中盘盈的固定资产，按照同类或类似固定资产的市场价格或评估价值扣除按照该项固定资产新旧程度估计的折旧后的余额，借记“固定资产”账户，贷记“以前年度损益调整”账户。

（2）固定资产盘亏的账务处理。

企业发生固定资产盘亏时，按盘亏固定资产的净值，借记“待处理财产损溢”账户，按已计提的累计折旧，借记“累计折旧”账户，按固定资产的原价，贷记“固定资产”账户。报经批准转销后转入“营业外支出”账户的借方。

任务实施

【练习1】2023年12月31日，北京南方股份有限公司进行财产清查，在清查中发现：库存现金短缺100元，请根据背景单据编制记账凭证（凭证编号：171；制单：王林）。附原始单据：库存现金盘点表，如图7-14所示。

库存现金盘点表

编号 12

2023 年 12 月 31 日　　单位：元

账存金额	实存金额	盘盈	盘亏	备注
5 280.00	5 180.00		100.00	

监盘人（签章）：王靓瑛　　盘点人（签章）：马峰

图7-14　库存现金盘点表

【练习2】2023年12月31日，承接【练习1】，北京南方股份有限公司经审查无法查明盘亏100元现金的原因，请根据背景单据编制记账凭证（凭证编号：172；制单：王林）。附原始单据：关于库存现金盘亏处理意见，如图7-15所示。

关于库存现金盘亏处理意见

对于本次现金盘亏无法查明具体原因，故将本次损失壹佰元计入当期损益。

北京南方股份有限公司

审批人：赵洲翔

2023年12月31日

图7-15　关于库存现金盘亏处理意见

【练习3】2023年12月31日，北京南方股份有限公司进行财产清查，请根据背景单据编制记账凭证（凭证编号：173；制单：王林）。附原始单据：原材料盘点报告表，如图7-16所示。

原材料盘点报告表

单位名称：北京南方股份有限公司　　2023年12月31日　　金额单位：元

编号	类别及名称	计量单位	单价	实存		账存		对比结果				备注
								盘盈		盘亏		
				数量	金额	数量	金额	数量	金额	数量	金额	
12	X3型涂料	桶	350.00	200	70 000.00	205	71 750.00			5	1 750.00	

第一联财务联

监盘人：谢鸣　　盘点人：廖剑玮　　（第12页共12页）

图7-16　原材料盘点报告表

【练习4】2023年12月31日，承接【练习3】，处理盘亏材料，请根据背景单据编制记账凭证（凭证编号：174；制单：王林）。附原始单据：关于材料盘亏处理报告，如图7-17所示。

关于材料盘亏处理报告

北京南方股份有限公司根据2019年12月31日原材料盘点报告表，X3型涂料盘亏5桶，单价350元，总计1 750元。经查明，短缺原因为保管人员王光显失职造成的，责令其赔偿损失金额壹仟元，其余部分计入当期损益。

申请人：王嘉译

仓管员：王光显

保管部门主管：张淑芳

财务主管：李丽亚

总经理：赵洲翔

北京南方股份有限公司

2019年12月31日

图7-17　关于材料盘亏处理报告

【练习5】2023年12月31日，北京南方股份有限公司进行财产清查，在清查中发现盘亏机床一台，请根据背景单据编制审批前的记账凭证（凭证编号：175；制单：王林）。附原始单据：固定资产盘盈盘亏报告表，如图7-18所示。

固定资产盘盈盘亏报告表

2023年12月31日　　　　金额单位：元

固定资产编号	固定资产名称	盘盈				盘亏				
		数量	原价	估计折旧额	估计净值	数量	原价	已提折旧额	已提减值准备	净值
025	机床					1	24 800.00	12 000.00	0	12 800.00
合计						1	24 800.00	12 000.00	0	12 800.00
差异原因										
资产管理部门建议处理意见										
单位主管部门批复处理意见										

第一联 会计联

单位主管：　　财务经理：　　资产管理部门：唐邦桂　　制单：王海

图7-18　固定资产盘盈盘亏报告表

【练习6】2023年12月31日，承接【练习5】，经查明原因是自然灾害造成的，北京保险公司同意赔款8 000元，请根据背景单据编制审批后的记账凭证（凭证编号：176；制单：王林）。附原始单据：固定资产盘亏处理意见，如图7-19所示。

固定资产盘亏处理意见

公司进行固定资产清查时，发现少了一台机床，其原值贰万肆仟捌佰元，已提折旧壹万贰仟元，账面余额为壹万贰仟捌佰元。经查明系发生自然火灾所致，且北京保险公司已同意赔偿捌仟元，余肆仟捌佰元经决定计入当期损益。

北京南方股份有限公司

审批人：赵洲翔

2023年12月31日

图7-19　固定资产盘亏处理意见

【练习7】2023年12月31日，北京力峰五金制造有限公司进行全面财产清查，请根据背景单据编制审批前的记账凭证（凭证编号：097；制单：马明）。附原始单据：原材料盘点报告表，如图7-20所示。

原材料盘点报告表

单位名称：北京力峰五金制造有限公司　　2023年12月31日　　金额单位：元

编号	类别及名称	计量单位	单价	实存		账存		对比结果				备注
				数量	金额	数量	金额	盘盈		盘亏		
								数量	金额	数量	金额	
01	钢轴	个	22.00	1 200	26 400.00	1 160	25 520.00	40	880.00			
02	导轨	个	18.00	1 000	18 000.00	1 000	18 000.00					

第一联财务联

监盘人：陈奕欣　　盘点人：张嵩　　（第 12 页共 12 页）

图7-20　原材料盘点报告表

【练习8】2023年12月31日，承接【练习7】，北京力峰五金制造有限公司对盘盈原材料进行处理，请根据背景单据编制审批后的记账凭证（凭证编号：098；制单：马明）。附原始单据：原材料盘盈处理报告，如图7-21所示。

原材料盘盈处理报告

北京力峰五金制造有限公司根据2023年12月31日原材料盘点报告表，钢抽材料盘盈40个，单价22元，总计880元。现已查明，盘盈的材料是由于收发计量错误造成的，计入当期损益。

申请人：张鹏举

仓管员：李文军

保管部门主管：刘刚

财务主管：张勇

总经理：王靓瑛

北京力峰五金制造有限公司

2023年12月31日

图7-21　原材料盘盈处理报告

【练习9】2023年12月31日，北京力峰五金制造有限公司进行全面财产清查，盘盈一台车床。经评估，该设备八成新，且同类产品的市场价格为120 000元，请根据背景单据编制审批前的记账凭证（凭证编号：099；制单：马明）。附原始单据：固定资产盘盈盘亏报告表，如图7-22所示。

固定资产盘盈盘亏报告表

2023年12月31日　　金额单位：元

固定资产编号	固定资产名称	盘盈				盘亏				
		数量	原价	估计折旧额	估计净值	数量	原价	已提折旧额	已提减值准备	净值
1002	车床	1			96 000.00					
合计		1			96 000.00					
差异原因										
资产管理部门建议处理意见										
单位主管部门批复处理意见										

第一联 会计联

单位主管：　　财务经理：　　资产管理部门：张明明　　制单：崔亮

图7-22　固定资产盘盈盘亏报告表

【练习10】2023年12月31日，承接【练习9】，请根据背景单据编制审批后的记账凭证（凭证编号：100；制单：马明）。附原始单据：固定资产盘盈处理意见，如图7-23所示。

固定资产盘盈处理意见

公司进行固定资产清查时，盘盈一台车床。经评估，该设备同类产品市场价格为拾贰万元，设备八成新。因无法查明原因，经决定计入前期损益。

审批人：王靓瑛

2023年12月31日

图7-23　固定资产盘盈处理意见

【练习11】2023年12月31日，北京力峰五金制造有限公司进行全面财产清查，请根据背景单据编制审批前的记账凭证（凭证编号：101；制单：马明）。附原始单据：库存现金盘点表，如图7-24所示。

库存现金盘点表

编号 45

2023 年 12 月 31 日　　　　单位：元

账存金额	实存金额	盘盈	盘亏	备注
5 870.00	5 970.00	100.00		

监盘人（签章）：郑芳芳　　　　盘点人（签章）：张磊

图 7-24　库存现金盘点表

【练习 12】2023 年 12 月 31 日，承接【练习 11】，北京力峰五金制造有限公司对盘盈现金进行处理，请根据背景单据编制审批后的记账凭证（凭证编号：102；制单：马明）。附原始单据：现金盘盈处理报告，如图 7-25 所示。

现金盘盈处理报告

北京力峰五金制造有限公司根据 2023 年 12 月 31 日库存现金盘点表，现金盘盈壹佰元。因无法查明原因，经决定计入当期损益。

申请人：张磊

会计：郑芳芳

财务主管：张勇

总经理：王睍瑛

北京力峰五金制造有限公司

2023 年 12 月 31 日

图 7-25　现金盘盈处理报告

幽默一刻

一家声誉不佳的银行招聘会计主任，面试时只有一道考题："一加一等于几？"所有抢着回答的人均没有被录取，只有一个默不作声的应征者入选了。原来，他等人们散去之后，关上门窗，凑到经理的耳边回答："你看应该是多少？"

思政案例

【案例】李云会计专业毕业后，来到一家企业担任现金出纳工作。工作中爱岗敬业、勤勤恳恳，可最近差点因为一件事导致“饭碗”不保。原因是李云收到一笔2万元现金回款，但因为工作繁忙，就先锁在了企业的保险柜中，没有来得及存入银行。后来李云所在的企业因为要支付一笔现金1.8万元，李云就直接从2万元的现金支付了1.8万元。财务经理知晓后批评了李云，说他这种行为属于坐支现金，是违反《现金管理暂行条例》的。

【分析】虽然坐支现金很节省时间，但是其影响却不容小觑。对于财务人员来说，发生坐支现金，就意味着现金管理的混乱，很容易使库存现金和日记账发生错误，从而导致错账、漏账等账实不符的现象。从企业角度讲，坐支现金不利于企业财务管理与核算，更有可能为企业偷税、漏税创造契机。从社会角度讲，这样不利于国家对企业进行有效的监控，很容易产生贪污腐败等不良之风。

【党的二十大报告学习内容】教育、科技、人才是全面建设社会主义现代化国家的基础性、战略性支撑。必须坚持科技是第一生产力、人才是第一资源、创新是第一动力，深入实施科教兴国战略、人才强国战略、创新驱动发展战略，开辟发展新领域新赛道，不断塑造发展新动能新优势。

我们要坚持教育优先发展、科技自立自强、人才引领驱动，加快建设教育强国、科技强国、人才强国，坚持为党育人、为国育才，全面提高人才自主培养质量，着力造就拔尖创新人才，聚天下英才而用之。

项目八　依据会计账簿·编制财务报表

学习目标

★知识目标

- 了解财务报表基础知识
- 认知财务报表的概念和种类

★能力目标

- 掌握资产负债表的编制方法
- 掌握利润表的编制方法

项目导学

企业会计凭证的编制和会计账簿的登记，全面、系统地反映了企业的生产经营活动。然而，通过上述核算，在会计账簿中归集的信息是零星的、分散的，为了集中地向会计信息的使用者提供与企业相关的财务信息，必须将分散在账簿中的资料进行归类、整理、分析，然后定期编制企业财务报表。本项目将学习资产负债表和利润表的编制要求和方法。

本项目的具体任务包括：

任务一　认知财务报表

任务二　编制资产负债表

任务三　编制利润表

任务一 认知财务报表

微课

认知财务会计报告

任务描述

了解财务报表基础知识；掌握财务报表的概念和种类。

知识储备

一、财务报表的概念与分类

（一）财务报表的概念

财务报表是对企业财务状况、经营成果和现金流量的结构性描述。它是企业根据日常会计核算资料归集、加工和汇总后形成的，是企业会计核算的最终成果，也是会计核算工作的总结。一套完整的财务报表应当包括资产负债表、利润表、现金流量表、所有者权益变动表和附注。

（二）财务报表的种类

财务报表的种类，见表8-1。

表8-1 财务报表的种类

划分标准	分类	具体内容
编报内容	资产负债表	反映企业特定日期所拥有的资产、需偿还的债务以及投资者拥有的净资产情况
	利润表	反映企业一定会计期间内的经营成果，即盈利或亏损的情况，表明企业运用所拥有的资产的获利能力
	现金流量表	反映企业在一定会计期间内现金和现金等价物流入和流出的情况
	所有者权益变动表	反映构成所有者权益的各组成部分当期的增减变动情况
	附注	是对在资产负债表、利润表、现金流量表和所有者权益变动表等报表中列示项目的文字描述或明细资料，以及对未能在这些报表中列示项目的说明
编报期间	年度报表	是指企业每年年末编报的财务报表，包括资产负债表、利润表、现金流量表、所有者权益变动表和附注
	中期报表	是以短于一个完整会计年度的报表期间为基础编制的财务报表，包括月报、季报、半年报等

二、财务报表编制的基本要求

（一）以持续经营为基础编制

企业应当以持续经营为基础，根据实际发生的交易和事项，按照《企业会计准则》

进行确认和计量，在此基础上编制财务报表。

（二）按正确的会计基础编制

除现金流量表按收付实现制原则编制外，企业应当按照权责发生制原则编制财务报表。

（三）至少按年编制财务报表

企业至少应当按年编制财务报表。年度财务报表涵盖的期间短于1年的，应当披露财务报表涵盖的期间、短于1年的原因以及财务报表数据不具有可比性的事实。

（四）项目列报遵守重要性原则

重要性是指在合理预期下，财务报表某项目的省略或错报会影响使用者据此作出经济决策的，该项目具有重要性。性质或功能不同的项目，应当在财务报表中单独列报，但不具有重要性的项目除外。

（五）保持各个会计期间财务报表项目列报的一致性

财务报表项目的列报应当在各个会计期间保持一致，除《企业会计准则》要求改变财务报表项目的列报或企业经营业务的性质发生重大变化后，变更财务报表项目的列报能够提供更可靠、更相关的会计信息外，不得随意变更。

（六）各项目之间的金额不得相互抵销

财务报表中的资产项目和负债项目的金额、收入项目和费用项目的金额、直接计入当期利润的利得项目和损失项目的金额不得相互抵销，但其他会计准则另有规定的除外。

（七）至少应当提供所有列报项目上一个可比会计期间的比较数据

当期财务报表的列报，至少应当提供所有列报项目上一个可比会计期间的比较数据，以及与理解财务报表相关的说明，但其他会计准则另有规定的除外。

（八）应当在报表的显著位置披露编报企业的名称等重要信息

企业应当在报表的显著位置（如表首）至少披露下列各项：（1）编报企业的名称；（2）资产负债表日或财务报表涵盖的期间；（3）人民币金额单位。

三、财务报表编制前的准备工作

（1）严格审核会计账簿的记录和有关资料。

（2）进行全面财产清查，核实债务，并按规定程序报批，进行相应的会计处理。

（3）按规定的结账日进行结账，结出有关会计账簿的发生额和余额，并核对各会计账簿之间的余额。

（4）检查相关的会计核算是否按照国家统一会计制度的规定进行。

（5）检查是否存在因会计差错、会计政策变更等原因需要调整前期或本期相关项目的情况等。

任务实施

【练习】简述企业财务报表的种类。

幽默一刻

一个穿着博士毕业袍、戴博士方帽的人拎着手提箱来到一家会计师事务所，问工作人员：“我找不到工作，可不可以把我付出的学费算作投资失败而免税？”

任务二　编制资产负债表

任务描述

依据会计账簿资料，编制资产负债表。

微课

编制资产负债表

知识储备

一、资产负债表的概念与作用

（一）资产负债表的概念

资产负债表是指反映企业在某一特定日期的财务状况的财务报表。资产负债表是依据“资产=负债+所有者权益”恒等式，按照一定的分类标准和顺序，将企业在一定日期的全部资产、负债和所有者权益项目进行适当分类、汇总、排列后编制而成的。

（二）资产负债表的作用

（1）可以提供某一日期资产的总额及其结构，表明企业拥有或控制的资源及其分布情况。

（2）可以提供某一日期负债的总额及其结构，表明企业未来需要用多少资产或劳务清偿债务及清偿时间。

（3）可以反映所有者所拥有的权益，据以判断资本保值增值的情况以及对负债的保障程度。

二、资产负债表列报总体要求

1.分类别列报

资产负债表应当按照资产、负债和所有者权益三大类别进行分类列报。

2.资产和负债按流动性列报

资产和负债应当按照流动性分为流动资产和非流动资产、流动负债和非流动负债列示。

3.列报相关的合计、总计项目

资产负债表中的资产类至少应当列示流动资产和非流动资产的合计项目；负债类至少应当列示流动负债和非流动负债的合计项目；所有者权益类应当列示所有者权益的合计项目。

资产负债表应当分别列示资产总计项目和负债与所有者权益之和的总计项目，并且这二者的金额应当相等。

三、资产负债表的格式

资产负债表的格式主要有账户式和报告式两种。我国企业资产负债表采用账户式结构，见表8-2。

表8-2 资产负债表 会企01表

编制单位： 年 月 日 单位：元

资产	期末余额	上年年末余额	负债和所有者权益（或股东权益）	期末余额	上年年末余额
流动资产：			流动负债：		
货币资金			短期借款		
交易性金融资产			交易性金融负债		
衍生金融资产			衍生金融负债		
应收票据			应付票据		
应收账款			应付账款		
应收款项融资			预收款项		
预付款项			合同负债		
其他应收款			应付职工薪酬		
存货			应交税费		
合同资产			其他应付款		
持有待售资产			持有待售负债		
一年内到期的非流动资产			一年内到期的非流动负债		
其他流动资产			其他流动负债		
流动资产合计			流动负债合计		
非流动资产：			非流动负债：		
债权投资			长期借款		
其他债权投资			应付债券		
长期应收款			其中：优先股		
长期股权投资			永续债		
其他权益工具投资			租赁负债		
其他非流动金融资产			长期应付款		

续表

资产	期末余额	上年年末余额	负债和所有者权益（或股东权益）	期末余额	上年年末余额
投资性房地产			预计负债		
固定资产			递延收益		
在建工程			递延所得税负债		
生产性生物资产			其他非流动负债		
油气资产			非流动负债合计		
使用权资产			负债合计		
无形资产			所有者权益（或股东权益）：		
开发支出			实收资本（或股本）		
商誉			其他权益工具		
长期待摊费用			其中：优先股		
递延所得税资产			永续债		
其他非流动资产			资本公积		
非流动资产合计			减：库存股		
			其他综合收益		
			专项储备		
			盈余公积		
			未分配利润		
			所有者权益（或股东权益）合计		
资产总计			负债和所有者权益（或股东权益）总计		

资产负债表由表头和表体两部分组成。表头部分应列明报表名称、编表单位名称、资产负债表日和人民币金额单位；表体部分反映资产、负债和所有者权益的内容。其中，表体部分是资产负债表的主体和核心，各项资产、负债按流动性排列，所有者权益项目按稳定性排列。

账户式资产负债表中的资产各项目的总计等于负债和所有者权益各项目的总计，即资产负债表左方和右方平衡。因此，通过账户式资产负债表，可以反映资产、负债、所有者权益之间的内在关系，即“资产=负债+所有者权益”。

四、资产负债表的编制方法

我国《企业会计准则》规定，会计报表应采取前后期对比的方式编制。资产负债表由期末余额和上年年末余额两个栏目组成。

(一)“期末余额”栏的填列方法

资产负债表“期末余额”栏内各项数字，一般应根据资产类、负债类和所有者权益类科目的期末余额填列，具体方法归纳如下：

1.根据某个总账账户的期末余额直接填列

在编制资产负债表时，根据有关账户期末余额直接填列到资产负债表中的有关项目中，包括“应付职工薪酬”“短期借款”“实收资本”“资本公积”“盈余公积”等项目。一般情况下，资产类项目直接根据其总账账户的期末借方余额填列，负债类与所有者权益类项目根据其总账账户的期末贷方余额填列。

【例8-1】南京星光雨刮器有限公司2023年10月1日向银行借入6个月期限借款300 000元，12月1日向银行借入6个月期限借款100 000元。

在资产负债表中，“短期借款”项目是根据“短期借款”账户期末余额直接填列，则：

该公司2023年12月31日的资产负债表中“短期借款”项目的金额 = 300 000 + 100 000 = 400 000（元）

2.根据若干个总账账户的期末余额分析计算填列

根据若干个总账账户的期末余额分析计算填列的项目主要有“货币资金”“存货”“未分配利润”等项目。

【例8-2】南京星光雨刮器有限公司2023年12月31日结账后，“库存现金”账户余额为1 627元，“银行存款”账户余额为615 916元，“其他货币资金”账户余额为117 100元。

在资产负债表中，“货币资金”项目是根据“库存现金”和“银行存款”两个总账账户的期末余额加“其他货币资金”账户期末余额后的金额填列，则：

该公司2023年12月31日的资产负债表中“货币资金”项目的金额=1 627+615 916+117 100=734 643（元）

3.根据有关总账所属明细账的期末余额分析计算填列

根据有关总账所属的明细账的期末余额分析计算填列的项目主要有“应收账款”“预付款项”“应付账款”“预收款项”等项目。

(1)“应收账款”项目，应根据“应收账款”账户及“预收账款”账户所属明细账的期末借方余额的合计数填列。

(2)“预付款项”项目，应根据“预付账款”账户及“应付账款”账户所属明细账的期末借方余额的合计数填列。

(3)“应付账款”项目，应根据“应付账款”账户及“预付账款”账户所属明细账的期末贷方余额的合计数填列。

(4)“预收款项”项目，应根据“预收账款”账户及“应收账款”账户所属明细账的期末贷方余额的合计数填列。

【例8-3】南京星光雨刮器有限公司2023年12月31日结账后，有关账户余额，见表8-3。

该公司2023年12月31日的资产负债表中，相关项目的金额为：

“应收账款”项目金额=160 600 +19 500 = 180 100（元）

“预付款项”项目金额=18 977.15元

“应付账款”项目金额=130 292元

“预收款项”项目金额=0

表8-3 有关账户余额 单位：元

账户名称	明细账中的借方余额	明细账中的贷方余额
应收账款	160 600	
预付账款	18 977.15	
应付账款		130 292
预收账款	19 500	

4.根据有关总账及其明细账的期末余额分析计算填列

根据有关总账及其明细账的期末余额分析计算填列的项目为“长期借款”项目。如“长期借款”项目应根据“长期借款”总账账户的期末余额扣除“长期借款”总账所属的明细账中反映的将于1年内（含1年）到期的长期借款部分分析计算填列。

【例8-4】南京星光雨刮器有限公司2023年12月31日总分类账的期末余额，见表8-4。

表8-4 总分类账的期末余额

2023年12月31日 单位：元

账户名称	期末借方余额	期末贷方余额
库存现金	1 627	
银行存款	615 916	
其他货币资金	117 100	
交易性金融资产	64 150	
应收票据	42 600	
应收账款	160 600	
预付账款	18 977.15	
应收利息	750	
其他应收款	6 000	
在途物资	18 000	
原材料	3 270	
库存商品	218 041.60	
周转材料	3 000	
长期股权投资	60 000	
生产成本	1 000	
固定资产	1 246 549	

续表

账户名称	期末借方余额	期末贷方余额
累计折旧		139 980
在建工程	797 400	
短期借款		400 000
应付票据		38 000
应付账款		130 292
预收账款	19 500	
应付职工薪酬		183 063.80
应交税费		264 967.28
应付利息		1 900
应付股利		100 000
其他应付款		36 877
长期借款		200 000
实收资本		1 300 000
盈余公积		80 615.11
利润分配		518 785.56
合计	3 394 480.75	3 394 480.75

【例8-5】承【例8-4】，根据总分类账户期末余额，编制南京星光雨刮器有限公司2023年12月31日资产负债表，见表8-5。

表8-5 资产负债表 会企01表

编制单位：南京星光雨刮器有限公司 2023年12月31日 单位：元

资产	期末余额	上年年末余额	负债和所有者权益（或股东权益）	期末余额	上年年末余额
流动资产：			流动负债：		
货币资金	734 643		短期借款	400 000	
交易性金融资产	64 150		交易性金融负债		
衍生金融资产			衍生金融负债		
应收票据	42 600		应付票据	38 000	
应收账款	180 100		应付账款	130 292	
应收款项融资			预收款项		

续表

资产	期末余额	上年年末余额	负债和所有者权益（或股东权益）	期末余额	上年年末余额
预付款项	18 977.15		合同负债		
其他应收款	6 750		应付职工薪酬	183 063.80	
存货	243 311.60		应交税费	264 967.28	
合同资产			其他应付款	138 777	
持有待售资产			持有待售负债		
一年内到期的非流动资产			一年内到期的非流动负债		
其他流动资产			其他流动负债		
流动资产合计	1 290 531.75		流动负债合计	1 155 100.08	
非流动资产：			非流动负债：		
债权投资			长期借款	200 000	
其他债权投资			应付债券		
长期应收款			其中：优先股		
长期股权投资	60 000		永续债		
其他权益工具投资			租赁负债		
其他非流动金融资产			长期应付款		
投资性房地产			预计负债		
固定资产	1 106 569		递延收益		
在建工程	797 400		递延所得税负债		
生产性生物资产			其他非流动负债		
油气资产			非流动负债合计	200 000	
使用权资产			负债合计	1 355 100.08	
无形资产			所有者权益（或股东权益）：		
开发支出			实收资本（或股本）	1 300 000	
商誉			其他权益工具		
长期待摊费用			其中：优先股		
递延所得税资产			永续债		
其他非流动资产			资本公积		

续表

资产	期末余额	上年年末余额	负债和所有者权益（或股东权益）	期末余额	上年年末余额
非流动资产合计	1 963 969		减：库存股		
			其他综合收益		
			专项储备		
			盈余公积	80 615.11	
			未分配利润	518 785.56	
			所有者权益（或股东权益）合计	1 899 400.67	
资产总计	3 254 500.75		负债和所有者权益（或股东权益）总计	3 254 500.75	

公司法定代表人：王维　　　　主管会计工作负责人：　　　　会计机构负责人：秦岭

知识链接8-1

资产负债表“期末余额”各具体项目的填列方法如下：

（1）“货币资金”项目，反映企业库存现金、银行存款、其他货币资金的合计数。本项目应根据“库存现金”、“银行存款”和“其他货币资金”账户的期末余额的合计数填列。

（2）“交易性金融资产”项目，反映资产负债表日企业分类为以公允价值计量且其变动计入当期损益的金融资产，以及企业持有的指定为以公允价值计量且其变动计入当期损益的金融资产的期末账面价值。本项目应根据“交易性金融资产”账户的相关明细账户的期末余额填列。自资产负债表日起超过一年到期且预期持有超过一年的以公允价值计量且其变动计入当期损益的非流动金融资产的期末账面价值，在“其他非流动金融资产”项目反映。

（3）“应收票据”项目，反映资产负债表日以摊余成本计量的、企业因销售商品、提供服务等经营活动收到的商业汇票，包括银行承兑汇票和商业承兑汇票。本项目应根据“应收票据”账户的期末余额，减去“坏账准备”账户中相关坏账准备期末余额后的金额填列。

（4）“应收账款”项目，反映资产负债表日以摊余成本计量的、企业因销售商品、提供服务等经营活动应收取的款项。本项目应根据“应收账款”账户和“预收账款”账户所属明细账的期末余额合计数减“坏账准备——应收账款”账户的余额填列。

（5）“应收款项融资”项目，反映资产负债表日以公允价值计量且其变动计入其他综合收益的应收票据和应收账款等。

（6）“其他应收款”项目，应根据“应收利息”、“应收股利”和“其他应收款”账户的期末余额合计数，减去“坏账准备”账户中相关坏账准备期末余额后的金额填列。其中“应收利息”仅反映相关金融工具已到期可收取但于资产负债表日尚未收到的利息。基于实际利率法计提的金融工具的利息应包含在相应金融工具的账面余额中。

(7)“持有待售资产”项目，反映资产负债表日企业划分为持有待售类别的非流动资产及划分为持有待售类别的处置组中的流动资产和非流动资产的期末账面价值。本项目应根据“持有待售资产”账户的期末余额，减去“持有待售资产减值准备”账户的期末余额后的金额填列。

(8)“债权投资”项目，反映资产负债表日企业以摊余成本计量的长期债权投资的期末账面价值。本项目应根据“债权投资”账户的相关明细账户期末余额，减去“债权投资减值准备”账户中相关减值准备的期末余额后的金额填列。自资产负债表日起一年内到期的长期债权投资的期末账面价值，在“一年内到期的非流动资产”项目中反映。企业购入的以摊余成本计量的一年内到期的债权投资的期末账面价值，在“其他流动资产”项目中反映。

(9)“其他债权投资”项目，反映资产负债表日企业分类为以公允价值计量且其变动计入其他综合收益的长期债权投资的期末账面价值。本项目应根据“其他债权投资”账户的相关明细账户的期末余额填列。自资产负债表日起一年内到期的长期债权投资的期末账面价值，在“一年内到期的非流动资产”项目中反映。企业购入的以公允价值计量且其变动计入其他综合收益的一年内到期的债权投资的期末账面价值，在“其他流动资产”项目中反映。

(10)“其他权益工具投资”项目，反映资产负债表日企业指定为以公允价值计量且其变动计入其他综合收益的非交易性权益工具投资的期末账面价值。本项目应根据“其他权益工具投资”账户的期末余额填列。

(11)“固定资产”项目，反映资产负债表日企业固定资产的期末账面价值和企业尚未清理完毕的固定资产清理净损益。本项目应根据“固定资产”账户的期末余额，减去“累计折旧”和“固定资产减值准备”、“固定资产清理”账户的期末余额后的金额填列。

(12)“在建工程”项目，反映资产负债表日企业尚未达到预定可使用状态的在建工程的期末账面价值和企业为在建工程准备的各种物资的期末账面价值。本项目应根据“在建工程”账户的期末余额，减去“在建工程减值准备”账户的期末余额后的金额，以及“工程物资”账户的期末余额，减去“工程物资减值准备”账户的期末余额后的金额填列。

(13)“使用权资产”项目，反映资产负债表日承租人企业持有的使用权资产的期末账面价值。本项目应根据“使用权资产”账户的期末余额，减去“使用权资产累计折旧”和“使用权资产减值准备”账户的期末余额后的金额填列。

(14)“一年内到期的非流动资产”项目，通常反映预计自资产负债表日起一年内变现的非流动资产。对于按照相关会计准则采用折旧（或摊销、折耗）方法进行后续计量的固定资产、使用权资产、无形资产和长期待摊费用等非流动资产，折旧（或摊销、折耗）年限（或期限）只剩一年或不足一年的，或预计在一年内（含一年）进行折旧（或摊销、折耗）的部分，不得归类为流动资产，仍在各非流动资产项目中填列，不转入“一年内到期的非流动资产”项目。

（15）“短期借款”项目，反映企业借入尚未偿还的一年期以下（含一年）的借款。本项目应根据“短期借款”账户的期末余额填列。

（16）“交易性金融负债”项目，反映资产负债表日企业承担的交易性金融负债，以及企业持有的指定为以公允价值计量且其变动计入当期损益的金融负债的期末账面价值。本项目应根据“交易性金融负债”账户的相关明细账户的期末余额填列。

（17）“应付票据”项目，反映资产负债表日以摊余成本计量的、企业因购买材料、商品和接受服务等经营活动开出、承兑的商业汇票，包括银行承兑汇票和商业承兑汇票。本项目应根据“应付票据”账户的期末余额填列。

（18）“应付账款”项目，反映资产负债表日以摊余成本计量的、企业因购买材料、商品和接受服务等经营活动应支付的款项。本项目应根据“应付账款”和“预付账款”账户的相关明细账户的期末贷方余额的合计数填列。

（19）“应付职工薪酬”项目，反映企业应付未付的职工薪酬。本项目应根据“应付职工薪酬”账户的期末贷方余额填列。

（20）“应交税费”项目，反映企业期末未缴、多缴或未抵扣的各种税费。本项目应根据“应交税费”账户的期末贷方余额填列。例如，“应交税费”账户期末为借方余额，以“-”号填列。但是“应交税费”账户下的“应交增值税”、“未交增值税”、“待抵扣进项税额”、“待认证进项税额”和“增值税留抵税额”等明细账户期末借方余额，应根据情况在资产负债表中的“其他流动资产”或“其他非流动资产”项目列示；“应交税费——待转销项税额”等明细账户期末贷方余额，应根据情况在资产负债表中的“其他流动负债”或“其他非流动负债”项目列示；“应交税费”账户下的“未交增值税”、“简易计税”、“转让金融商品应交增值税”和“代扣代交增值税”等明细账户期末贷方余额，应在资产负债表中的“应交税费”项目列示。

（21）“其他应付款”项目，应根据“应付利息”、“应付股利”和“其他应付款”账户的期末余额的合计数填列。其中“应付利息”账户仅反映相关金融工具已到期应支付但于资产负债表日尚未支付的利息。基于实际利率法计提的金融工具的利息应包含在相应金融工具的账面余额中。

（22）“持有待售负债”项目，反映资产负债表日企业处置组中与划分为持有待售类别的资产直接相关的负债的期末账面价值。本项目应根据“持有待售负债”账户的期末余额填列。

（23）“租赁负债”项目，反映资产负债表日承租人企业尚未支付的租赁付款额的期末账面价值。本项目应根据“租赁负债”账户的期末余额填列。自资产负债表日起一年内到期应予以清偿的租赁负债的期末账面价值，在“一年内到期的非流动负债”项目中反映。

（24）“长期应付款”项目，反映资产负债表日企业除长期借款和应付债券以外的其他各种长期应付款项的期末账面价值。本项目应根据“长期应付款”账户的期末余额，减去相关的“未确认融资费用”账户的期末余额后的金额，以及“专项应付款”账户的期末余额填列。

(25)“递延收益”项目，反映摊销期限只剩一年或不足一年的，或预计在一年内(含一年)进行摊销的部分，不得归类为流动负债，仍在各项目中填列，不转入“一年内到期的非流动负债”项目。

(26)“合同资产”和“合同负债”项目，反映企业按照《企业会计准则第 14 号——收入》(财会〔2017〕22 号)的相关规定，并根据本企业履行履约义务与客户付款之间的关系，在资产负债表中列示合同资产或合同负债。“合同资产”和“合同负债”项目，应分别根据“合同资产”账户、“合同负债”账户的相关明细账户的期末余额填列。同一合同下的合同资产和合同负债，应当以净额列示。其中净额为借方余额的，应当根据其流动性在“合同资产”或“其他非流动资产”项目中填列，已计提减值准备的，还应减去“合同资产减值准备”账户中相关的期末余额后的金额填列；净额为贷方余额的，应当根据其流动性在“合同负债”或“其他非流动负债”项目中填列。

(27)“其他流动资产”和“其他非流动资产”项目，反映企业按照《企业会计准则第 14 号——收入》(财会〔2017〕22 号)的相关规定：①确认为资产的合同取得成本的，应当根据“合同取得成本”账户的明细账户初始确认时摊销期限是否超过一年或一个正常营业周期，在“其他流动资产”或“其他非流动资产”项目中填列；已计提减值准备的，还应减去“合同取得成本减值准备”账户中相关的期末余额后的金额填列。②确认为资产的合同履约成本的，应当根据“合同履约成本”账户的明细账户初始确认时摊销期限是否超过一年或一个正常营业周期，在“存货”或“其他非流动资产”项目中填列；已计提减值准备的，还应减去“合同履约成本减值准备”账户中相关的期末余额后的金额填列。③确认为资产的应收退货成本的，应当根据“应收退货成本”账户是否在一年或一个正常营业周期内出售，在“其他流动资产”或“其他非流动资产”项目中填列。④确认为预计负债的应付退货款的，应当根据“预计负债”账户下的“应付退货款”明细账户是否在一年或一个正常营业周期内清偿，在“其他流动负债”或“预计负债”项目中填列。

(28)“预计负债”项目，反映企业按照《企业会计准则第 22 号——金融工具确认和计量》(财会〔2017〕7 号)的相关规定，对贷款承诺、财务担保合同等项目计提的损失准备，应当在“预计负债”项目中填列。

(29)“实收资本”项目，反映企业各投资者实际投入构成注册资本的资本总额。本项目应根据“实收资本”账户的期末余额填列。

(30)“其他权益工具”项目，反映资产负债表日企业发行在外的除普通股以外分类为权益工具的金融工具的期末账面价值。对资产负债表日企业发行的金融工具：分类为金融负债的，应在“应付债券”项目填列，对优先股和永续债，还应在“应付债券”项目下的“优先股”项目和“永续债”项目分别填列；分类为权益工具的，应在“其他权益工具”项目填列，对优先股和永续债，还应在“其他权益工具”项目下的“优先股”项目和“永续债”项目分别填列。

(31)“资本公积”项目，反映企业资本公积的期末余额。本项目应根据“资本公积”账户的期末余额填列。

（32）“其他综合收益”项目，反映企业其他综合收益的期末余额。本项目应根据“其他综合收益”账户的期末余额填列。

（33）“专项储备”项目，反映高危行业企业按国家规定提取的安全生产费的期末账面价值。本项目应根据“专项储备”账户的期末余额填列。

（34）“盈余公积”项目，反映企业盈余公积的期末余额。本项目应根据“盈余公积”账户的期末余额填列。

（35）“未分配利润”项目，反映企业尚未分配的利润。本项目应根据“本年利润”账户和“利润分配”账户的余额计算填列。未弥补的亏损，在本项目内以“-”号填列。

（二）“上年年末余额”栏的填列方法

“上年年末余额”栏内各项数字，通常根据上年年末资产负债表的“期末余额”栏内的数字填列，并且与上年年末资产负债表“期末余额”栏一致。如果企业上一年度资产负债表规定的项目名称和内容与本年度不一致，应当对上年年末资产负债表相关项目的名称和数字按照本年度的规定进行调整，填入“上年年末余额”栏。

任务实施

【练习】根据北京极光工业公司2023年12月31日相关资料编制资产负债表。附原始单据：账户余额表、账户余额的明细资料，如图8-1、图8-2所示。

账户余额表

编制单位：北京极光工业公司　　2023年12月31日　　单位：元

会计科目	12月末借方余额	会计科目	12月末贷方余额
库存现金	2 358.00	短期借款	20 000.00
银行存款	4 898 398.48	应付账款	288 252.00
交易性金融资产	15 000.00	应付票据	41 343.00
应收账款	28 600.00	预收账款	70 000.00
应收票据	58 720.00	应付职工薪酬	117 423.30
预付账款	4 400.00	应交税费	231 605.87
库存商品	140 800.00	应付利息	70.00
固定资产	431 860.00	长期借款	209 080.00
无形资产	137 400.00	实收资本	1 200 000.00
投资性房地产	1 220 000.00	资本公积	4 010 000.00
递延所得税资产	500.00	盈余公积	93 135.34
		利润分配	527 766.97
		坏账准备	2 000.00
		累计折旧	107 160.00
		累计摊销	20 200.00

图8-1　账户余额表

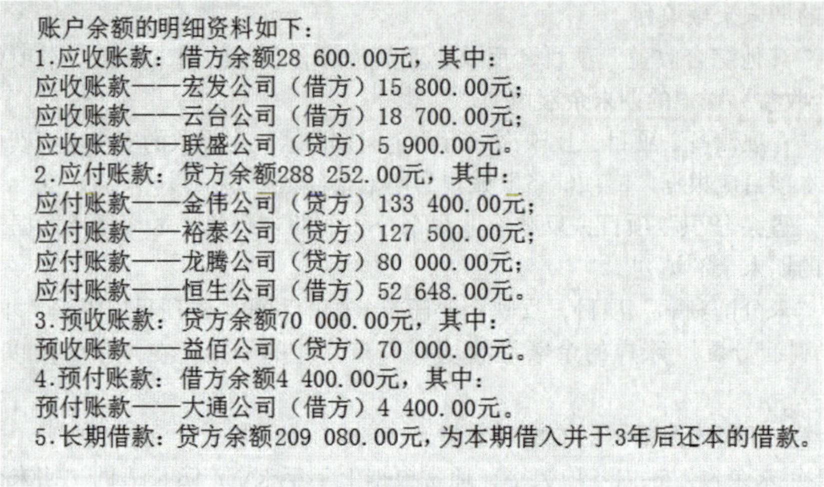
账户余额的明细资料如下：
1.应收账款：借方余额28 600.00元，其中：
应收账款——宏发公司（借方）15 800.00元；
应收账款——云台公司（借方）18 700.00元；
应收账款——联盛公司（贷方）5 900.00元。
2.应付账款：贷方余额288 252.00元，其中：
应付账款——金伟公司（贷方）133 400.00元；
应付账款——裕泰公司（贷方）127 500.00元；
应付账款——龙腾公司（贷方）80 000.00元；
应付账款——恒生公司（借方）52 648.00元。
3.预收账款：贷方余额70 000.00元，其中：
预收账款——益佰公司（贷方）70 000.00元。
4.预付账款：借方余额4 400.00元，其中：
预付账款——大通公司（借方）4 400.00元。
5.长期借款：贷方余额209 080.00元，为本期借入并于3年后还本的借款。

图8-2 账户余额的明细资料

任务三 编制利润表

任务描述

依据会计账簿资料，编制利润表。

微课 编制利润表

知识储备

一、利润表的概念与作用

（一）利润表的概念

利润表是指反映企业在一定会计期间的经营成果的财务报表。

（二）利润表的作用

1.反映企业一定会计期间收入的实现情况；

2.反映企业一定会计期间费用的耗费情况；

3.反映企业经济活动成果的实现情况，据以判断资本保值增值等情况。

二、利润表的列示要求

1.企业在利润表中应当对费用按照功能分类，分为从事经营业务发生的成本、管理费用、销售费用、财务费用和研发费用等。

2.企业利润表至少应当单独列示反映下列信息项目：营业收入、营业成本、税金及附加、销售费用、管理费用、财务费用、所得税费用和净利润。

三、利润表的格式

利润表的格式主要有单步式和多步式。按照《企业会计准则》的规定，我国企业的利润表采用多步式，见表8-6。

表8-6 利润表 会企02表

编制单位： 年度 单位：元

项目	本期金额	上期金额
一、营业收入		
减：营业成本		
税金及附加		
销售费用		
管理费用		
研发费用		
财务费用		
其中：利息费用		
利息收入		
加：其他收益		
投资收益（损失以“-”号填列）		
其中：对联营企业和合营企业的投资收益		
以摊余成本计量的金融资产终止确认收益（损失以“-”号填列）		
净敞口套期收益（损失以“-”号填列）		
公允价值变动收益（损失以“-”号填列）		
信用减值损失（损失以“-”号填列）		
资产减值损失（损失以“-”号填列）		
资产处置收益（损失以“-”号填列）		
二、营业利润（亏损以“-”号填列）		
加：营业外收入		
减：营业外支出		
三、利润总额（亏损总额以“-”号填列）		
减：所得税费用		

续表

项目	本期金额	上期金额
四、净利润（净亏损以“–”号填列）		
（一）持续经营净利润（净亏损以“–”号填列）		
（二）终止经营净利润（净亏损以“–”号填列）		
五、其他综合收益的税后净额		
（一）不能重分类进损益的其他综合收益		
1.重新计量设定受益计划变动额		
2.权益法下不能转损益的其他综合收益		
3.其他权益工具投资公允价值变动		
4.企业自身信用风险公允价值变动		
⋮		
（二）将重分类进损益的其他综合收益		
1.权益法下可转损益的其他综合收益		
2.其他债权投资公允价值变动		
3.金融资产重分类计入其他综合收益的金额		
4.其他债权投资信用减值准备		
5.现金流量套期储备		
6.外币财务报表折算差额		
⋮		
六、综合收益总额		
七、每股收益		
（一）基本每股收益		
（二）稀释每股收益		

利润表包括表头和表体两部分。表头部分应列明报表名称、编表单位名称、利润表涵盖的会计期间和人民币金额单位；表体部分反映形成经营成果的各个项目和计算过程。

多步式利润表的相关数据计算如下：

第一层次：

营业利润 = 营业收入 − 营业成本 − 税金及附加 − 销售费用 − 管理费用 − 研发费用 − 财务费用 + 其他收益 + 投资收益 + 公允价值变动收益 − 信用减值损失 − 资产减值损失 + 资产处置收益

第二层次：

利润总额=营业利润+营业外收入–营业外支出

第三层次：

净利润=利润总额–所得税费用

四、利润表的编制方法

（一）“本期金额”栏的填列方法

1.利润表各项目的内容及其填列方法

（1）“营业收入”项目，反映企业经营业务所取得的收入总额。本项目应根据“主营业务收入”账户加“其他业务收入”账户的发生额填列。

（2）“营业成本”项目，反映企业经营业务发生的实际成本。本项目应根据“主营业务成本”账户加“其他业务成本”账户的发生额填列。

（3）“税金及附加”项目，反映企业经营主要业务应负担的消费税、城市维护建设税、教育费附加、资源税、房产税、城镇土地使用税、车船税、印花税等。本项目应根据“税金及附加”账户的发生额填列。

（4）“销售费用”项目，反映企业在销售商品过程中发生的费用。本项目应根据“销售费用”账户的发生额填列。

（5）“管理费用”项目，反映企业发生的管理费用。本项目应根据“管理费用”账户的发生额填列。

（6）“研发费用”项目，反映企业在研究与开发过程中发生的费用化支出，以及计入管理费用的自行开发无形资产的摊销。本项目应根据“管理费用”账户下的“研究费用”明细账户的发生额，以及“管理费用”账户下的“无形资产摊销”明细账户的发生额分析填列。

（7）“财务费用”项目下的“利息费用”项目，反映企业为筹集生产经营所需资金等而发生的应予费用化的利息支出。本项目应根据“财务费用”账户的相关明细账户的发生额分析填列。本项目作为“财务费用”项目的其中项，以正数填列。

（8）“财务费用”项目下的“利息收入”项目，反映企业按照相关会计准则确认的应冲减财务费用的利息收入。本项目应根据“财务费用”账户的相关明细账户的发生额分析填列。本项目作为“财务费用”项目的其中项，以正数填列。

（9）“其他收益”项目，反映计入其他收益的政府补助，以及其他与日常活动相关且计入其他收益的项目。本项目应根据“其他收益”账户的发生额分析填列。企业作为个人所得税的扣缴义务人，根据《中华人民共和国个人所得税法》收到的扣缴税款手续费，应作为其他与日常活动相关的收益在该项目中填列。

（10）“以摊余成本计量的金融资产终止确认收益”项目，反映企业因转让等情形导致终止确认以摊余成本计量的金融资产而产生的利得或损失。本项目应根据“投资收益”账户的相关明细账户的发生额分析填列。如为损失，则以“–”号填列。

（11）“净敞口套期收益”项目，反映净敞口套期下被套期项目累计公允价值变动转入当期损益的金额或现金流量套期储备转入当期损益的金额。本项目应根据“净敞口套期损益”账户的发生额分析填列。如为套期损失，则以“–”号填列。

（12）“信用减值损失”项目，反映企业按照《企业会计准则第22号——金融工具确认和计量》（财会〔2017〕7号）的要求计提的各项金融工具信用减值准备所确认的信用损失。本项目应根据“信用减值损失”账户的发生额填列。

（13）“资产处置收益”项目，反映企业出售划分为持有待售的非流动资产（金融工具、长期股权投资和投资性房地产除外）或处置组（子公司和业务除外）时确认的处置利得或损失，以及处置未划分为持有待售的固定资产、在建工程、生产性生物资产及无形资产而产生的处置利得或损失。债务重组中因处置非流动资产（金融工具、长期股权投资和投资性房地产除外）产生的利得或损失和非货币性资产交换中换出非流动资产（金融工具、长期股权投资和投资性房地产除外）产生的利得或损失也包括在本项目内。本项目应根据“资产处置损益”账户的发生额分析填列。如为处置损失，则以“-”号填列。

（14）“营业利润”项目，反映企业当期主营业务和其他业务实现的利润。本项目应根据营业收入、其他收益和投资收益，扣除营业成本、税金及附加、销售费用、管理费用、研发费用和财务费用后的净额填列。如为亏损，则以“-”号填列。

（15）“营业外收入”项目，反映企业发生的除营业利润以外的收益，主要包括与企业日常活动无关的政府补助、盘盈利得、捐赠利得（企业接受股东或股东的子公司直接或间接的捐赠，经济实质属于股东对企业的资本性投入的除外）等。本项目应根据“营业外收入”账户的发生额填列。

（16）“营业外支出”项目，反映企业发生的除营业利润以外的支出，主要包括公益性捐赠支出、非常损失、盘亏损失、非流动资产毁损报废损失等。本项目应根据“营业外支出”账户的发生额填列。“非流动资产毁损报废损失”通常包括因自然灾害发生毁损、已丧失使用功能等而报废清理所产生的损失。企业在不同交易中形成的非流动资产毁损报废利得和损失不得相互抵销，应分别在“营业外收入”项目和“营业外支出”项目进行填列。

（17）“利润总额”项目，反映企业实现的利润总额。如为亏损，则以“-”号填列。

（18）“所得税费用”项目，反映企业按规定从本期应纳税所得额中扣除的所得税费用。本项目应根据“所得税费用”账户的发生额填列。

（19）“净利润”项目，反映企业实现的净利润。本项目应根据应纳税所得额扣除所得税费用后的金额填列。如为净亏损，则以“-”号填列。

（20）“持续经营净利润”和“终止经营净利润”项目，分别反映净利润中与持续经营相关的净利润和与终止经营相关的净利润。如为净亏损，则以“-”号填列。这两个项目应按照《企业会计准则第42号——持有待售的非流动资产、处置组和终止经营》的相关规定分别列报。

（21）“其他权益工具投资公允价值变动”项目，反映企业指定为以公允价值计量且其变动计入其他综合收益的非交易性权益工具投资发生的公允价值变动。本项目应根据“其他综合收益”账户的相关明细账户的发生额分析填列。

（22）“企业自身信用风险公允价值变动”项目，反映企业指定为以公允价值计量且其变动计入当期损益的金融负债，由企业自身信用风险变动引起的公允价值变动而计入其他综合收益的金额。本项目应根据“其他综合收益”账户的相关明细账户的发生额分析填列。

（23）“其他债权投资公允价值变动”项目，反映企业分类为以公允价值计量且其变动计入其他综合收益的债权投资发生的公允价值变动。企业将一项以公允价值计量且其变动计入其他综合收益的金融资产重分类为以摊余成本计量的金融资产，或重分类为以公允价值计量且其变动计入当期损益的金融资产时，之前计入其他综合收益的累计利得或损失从其他综合收益中转出的金额作为该项目的减项。本项目应根据“其他综合收益”账户下的相关明细账户的发生额分析填列。

（24）“金融资产重分类计入其他综合收益的金额”项目，反映企业将一项以摊余成本计量的金融资产重分类为以公允价值计量且其变动计入其他综合收益的金融资产时，计入其他综合收益的原账面价值与公允价值之间的差额。本项目应根据“其他综合收益”账户下的相关明细账户的发生额分析填列。

（25）“其他债权投资信用减值准备”项目，反映企业按照《企业会计准则第22号——金融工具确认和计量》（财会〔2017〕7号）第十八条分类为以公允价值计量且其变动计入其他综合收益的金融资产的损失准备。本项目应根据“其他综合收益”账户下的“信用减值准备”明细账户的发生额填列。

（26）“现金流量套期储备”项目，反映企业套期工具产生的利得或损失中属于套期有效的部分。本项目应根据“其他综合收益”账户下的“套期储备”明细账户的发生额填列。

2.具体填列方法归纳

（1）收入类项目的填列

收入类项目大多是根据收入类账户期末结转前贷方发生额减去借方发生额后的差额填列。若差额为负数，则以“-”号填列，如“营业收入”项目。

（2）费用类项目的填列

费用类项目大多是根据费用类账户期末结转前借方发生额减去贷方发生额后的差额填列。若差额为负数，则以“-”号填列，如“管理费用”项目。

（3）自然计算项目的填列

利润表中有些项目，应通过表中有关项目自然计算后的金额填列。如“营业利润”“利润总额”“净利润”等项目。需要指出的是，“营业利润”项目如为亏损，则以“-”号填列；“利润总额”项目如为亏损，则以“-”号填列；“净利润”项目如为净亏损，则也以“-”号填列。

另外，月度利润表与年度利润表的编制方法有所不同。

月度利润表的“本期金额”栏，反映各项目的本月实际发生数；“上期金额”栏的数字，可根据上月利润表的“本期金额”栏的数字，填入相应的项目内。

在编报年度利润表时，“本期金额”栏反映各项目自年初起至本月月末止的累计发生数。“上期金额”栏内填列上一年全年累计实际发生数，从而与“本期金额”栏各项目进行比较。

【例8-6】南京星光雨刮器有限公司2023年12月结账前损益类账户发生额，见表8-7。

表8-7 损益类账户发生额

2023年12月 单位：元

账户名称	本期发生额	
	借方	贷方
主营业务收入		430 000
其他业务收入		2 200
投资收益	30	16 830
营业外收入		200
主营业务成本	82 500	
其他业务成本	2 000	
税金及附加	4 147.17	
销售费用	63 984.88	
财务费用	3 100	
管理费用	77 586.52	120
营业外支出	36 800	
所得税费用	226 050.36	

【例8-7】沿用【例8-6】的有关资料，根据损益类账户发生额资料，编制南京星光雨刮器有限公司2023年12月份的利润表，见表8-8。

表8-8 利润表 会企02表

编制单位：南京星光雨刮器有限公司 2023年12月 单位：元

项目	本期金额	上期金额
一、营业收入	432 200	
减：营业成本	84 500	
税金及附加	4 147.17	
销售费用	63 984.88	
管理费用	77 466.52	
研发费用		
财务费用	3 100	
其中：利息费用	3 100	

续表

项目	本期金额	上期金额
利息收入		
加：其他收益		
投资收益（损失以“-”号填列）	16 800	
其中：对联营企业和合营企业的投资收益		
以摊余成本计量的金融资产终止确认收益（损失以“-”号填列）		
净敞口套期收益（损失以“-”号填列）		
公允价值变动收益（损失以“-”号填列）		
信用减值损失（损失以“-”号填列）		
资产减值损失（损失以“-”号填列）		
资产处置收益（损失以“-”号填列）		
二、营业利润（亏损以“-”号填列）	215 801.43	
加：营业外收入	200	
减：营业外支出	36 800	
三、利润总额（亏损总额以“-”号填列）	179 201.43	
减：所得税费用	226 050.36	
四、净利润（净亏损以“-”号填列）	-46 848.93	
（一）持续经营净利润（净亏损以“-”号填列）		
（二）终止经营净利润（净亏损以“-”号填列）		
五、其他综合收益的税后净额	0	
（一）不能重分类进损益的其他综合收益		
1.重新计量设定受益计划变动额		
2.权益法下不能转损益的其他综合收益		
3.其他权益工具投资公允价值变动		
4.企业自身信用风险公允价值变动		
⋮		

续表

项目	本期金额	上期金额
（二）将重分类进损益的其他综合收益		
1.权益法下可转损益的其他综合收益		
2.其他债权投资公允价值变动		
3.金融资产重分类计入其他综合收益的金额		
4.其他债权投资信用减值准备		
5.现金流量套期储备		
6.外币财务报表折算差额		
⋮		
六、综合收益总额	−46 838.93	
七、每股收益		
（一）基本每股收益		
（二）稀释每股收益		

利润表中各项目金额计算如下：

（1）营业利润=营业收入−营业成本−税金及附加−销售费用−管理费用−财务费用+投资收益
=432 200−84 500−4 147.17−63 984.88−77 466.52−3 100+16 800=215 801.43（元）

（2）利润总额=营业利润+营业外收入−营业外支出=215 801.43+200−36 800=179 201.43（元）

（3）净利润=利润总额−所得税费用=179 201.43−226 050.36=−46 848.93（元）

（二）“上期金额”栏的填列方法

“上期金额”栏应根据上年该期利润表“本期金额”栏内所列数字填列。如果上年该期利润表规定的各个项目的名称和内容与本期不一致，则应对上年该期利润表各项目的名称和数字按本期的规定进行调整，填入利润表“上期金额”栏内。

知识拓展

财务共享服务中心

财务共享服务中心（Financial Shared Service Center，简称FSSC），是近年来出现并流行的会计和报告业务管理方式。它是将不同国家、地点的实体的会计业务拿到一个SSC（共享服务中心）来记账和报告。财务共享服务中心是企业集中式管理模式在财务管理上的最新应用，其目的在于通过一种有效的运作模式来解决大型集团公司财务职能建设中的重复投入和效率低下的弊端。

任务实施

【练习】根据相关资料编制新艺贸易有限公司2023年12月份的利润表。附原始单据：损益类账户发生额，如图8-3所示。

损益类账户发生额

2023年12月　　单位：元

账户名称	本期发生额	
	借方	贷方
主营业务收入		59 488 788
其他业务收入		1 338 000
营业外收入		34 500
主营业务成本	41 800 600	
其他业务成本	825 000	
税金及附加	3 420 500	
销售费用	2 440 200	
财务费用	118 300	
管理费用	4 523 000	
营业外支出	84 500	
所得税费用	1 768 324	

图8-3　损益类账户发生额

幽默一刻

话说就职于普华永道的两人出差，客户到机场接机后，东张西望地问："你们人都到齐了吗？"两人说："齐了呀。"客户说："不对啊，不是一共三个人吗？"两人奇怪，问道："怎么会，就我们，没别人了啊？"客户说："不是还有个叫'普华永道'的日本人吗？"

思政案例

*ST国药虚假记载营业收入

【案例】2010年和2011年，*ST国药连续两年亏损，公司股票交易被证券交易所实行退市风险警示。此后，*ST国药2012年年度报告披露的营业收入为4 918万元。2013年年度报告披露营业收入为11 141万元。经查年度报告披露的营业收入数据存在虚假。

原来，为避免退市，满足维持上市资格所需的营业收入等财务条件，*ST国药控股股东武汉新一代科技有限公司的母公司仰帆公司系上海市城镇工业合作联社成员单位。

2012年3、4月份，*ST国药董事滕祖昌、朱忠良与联社主任丁某某联系，请丁某某帮*ST国药增加营业收入。丁某某安排联社下属公司上海公合实业有限公司（以下简称公合实业）帮助*ST国药开展钢材贸易以增加营业收入。2012年5月，*ST国药设立子公司上海鄂欣实业有限公司具体开展钢材贸易业务。鄂欣实业相关业务主要由龚某、周某、黄某、陈某、林某负责执行，公合实业相关业务主要由龚某（公合实业总经理）和一名副总经理负责执行。*ST国药的黄某与公合实业的龚某系夫妻，根据《上市公司信息披露管理办法》（证监会令第40号）第七十一条的规定，公合实业为*ST国药关联法人。2012年9月至2013年10月，鄂欣实业与公合实业或公合实业安排的第三方公司发生20笔钢材销售业务，累计确认收入144 201 093.66元。经查，鄂欣实业参与的钢材贸易，没有真实的货物和货物流；签订的钢材购销合同所附的提货单，未标示提货所必须的钢材编号，无法提货；钢材购销合同列示的存放钢材的部分第三方仓库表示未存放过相关钢材。据此，鄂欣实业发生的上述钢材销售业务不应当确认收入。

【分析】会计信息质量要求第一条就是可靠性，*ST国药这种行为属于完全虚构收入和利润，伪造利润表数据，违背了会计信息质量要求，也违背财务报表编制要求。会计报表，是会计主体对外提供的反映会计主体财务状况和经营成果的会计报表,财务报表的可靠性并不等于其真实性，其内涵要丰富得多，但真实性是底线，会计从业人员一定要有这样的底线思维和意识。

【党的二十大报告学习内容】加快发展方式绿色转型。推动经济社会发展绿色化、低碳化是实现高质量发展的关键环节。加快推动产业结构、能源结构、交通运输结构等调整优化。实施全面节约战略，推进各类资源节约集约利用，加快构建废弃物循环利用体系。完善支持绿色发展的财税、金融、投资、价格政策和标准体系，发展绿色低碳产业，健全资源环境要素市场化配置体系，加快节能降碳先进技术研发和推广应用，倡导绿色消费，推动形成绿色低碳的生产方式和生活方式。

项目九　运用账务处理程序·提高会计核算效率

学习目标

★知识目标

- 理解账务处理程序的含义
- 熟悉三种不同的账务处理程序
- 掌握记账凭证账务处理程序和科目汇总表账务处理程序

★能力目标

- 会根据企业的实际情况选择合适的账务处理程序
- 能运用记账凭证账务处理程序和科目汇总表账务处理程序处理企业经济业务

项目导学

企业在生产经营活动中，对每个月发生的经济业务都要填制会计凭证、登记账簿、编制财务报表。会计工作具有流程化的特点，是一项管理工作。会计凭证、会计账簿、会计报表之间的结合方式不同，就会形成不同的账务处理程序。

本项目的具体任务包括：

任务一　认知账务处理程序

任务二　运用记账凭证账务处理程序

任务三　运用科目汇总表账务处理程序

任务四　运用汇总记账凭证账务处理程序

任务一 认知账务处理程序

任务描述

掌握账务处理程序的概念，了解账务处理程序的种类。

知识储备

一、账务处理程序的概念

账务处理程序是指会计凭证、会计账簿、财务报表相结合的方式，包括账簿组织和记账程序。账簿组织是指会计凭证和账簿的种类、格式，会计凭证与账簿之间的联系方法；记账程序是指由填制、审核原始凭证到填制、审核记账凭证，登记日记账、明细分类账和总分类账，编制财务报表的工作程序和方法。

二、账务处理程序的种类

企业常用的账务处理程序主要有记账凭证账务处理程序、科目汇总表账务处理程序和汇总记账凭证账务处理程序。它们之间的主要区别在于登记总分类账的依据和方法不同。

（一）记账凭证账务处理程序

记账凭证账务处理程序是指对发生的经济业务，先根据原始凭证或汇总原始凭证编制记账凭证，再直接根据记账凭证登记总分类账的一种账务处理程序。

（二）科目汇总表账务处理程序

科目汇总表账务处理程序，又称记账凭证汇总表账务处理程序，是指根据记账凭证定期编制科目汇总表，再根据科目汇总表登记总分类账的一种账务处理程序。

（三）汇总记账凭证账务处理程序

汇总记账凭证账务处理程序是指根据原始凭证或原始凭证汇总表编制记账凭证，定期根据记账凭证分类编制汇总收款凭证、汇总付款凭证和汇总转账凭证，再根据汇总记账凭证登记总分类账的一种账务处理程序。

三、合理选择账务处理程序的意义

1.有利于规范会计工作，保证会计信息加工过程的严密性，提高会计信息质量。

2.有利于保证会计记录的完整性和正确性，增强会计信息的可靠性。

3.有利于减少不必要的会计核算环节，提高会计工作效率，保证会计信息的及时性。

任务实施

【练习】根据项目五中南京星光雨刮器有限公司的相关资料，选择适合该公司的账务处理程序。

任务二 运用记账凭证账务处理程序

任务描述

掌握记账凭证账务处理程序的步骤、特点、优缺点和适用范围。

知识储备

一、记账凭证账务处理程序的一般步骤

（1）根据原始凭证，填制汇总原始凭证（也称“原始凭证汇总表”）。

（2）根据原始凭证或汇总原始凭证，填制收款凭证、付款凭证和转账凭证，也可以填制通用记账凭证。

（3）根据收款凭证和付款凭证，登记库存现金日记账和银行存款日记账。

（4）根据原始凭证、汇总原始凭证和记账凭证，登记各种明细分类账。

（5）根据记账凭证逐笔登记总分类账。

（6）期末，将库存现金日记账、银行存款日记账和明细分类账的余额与总分类账的余额核对相符。

（7）期末，根据总分类账和明细分类账的记录，编制财务报表。

二、记账凭证账务处理程序的内容

1.特点

记账凭证账务处理程序的特点是直接根据记账凭证对总分类账进行逐笔登记。

2.优缺点

记账凭证账务处理程序的优点是简单明了，易于理解，总分类账可以较详细地反映经济业务的发生情况；缺点是登记总分类账的工作量较大。

3.适用范围

记账凭证账务处理程序适用于规模较小，经济业务量较少的单位。

任务实施

【练习】根据项目五中南京星光雨刮器有限公司2023年6月份编制的记账凭证，逐笔登记“应交税费”总分类账。

任务三 运用科目汇总表账务处理程序

任务描述

熟悉科目汇总表的编制方法，掌握科目汇总表账务处理程序的步骤、特点、优缺点和适用范围。

知识储备

一、科目汇总表的编制方法

科目汇总表又称记账凭证汇总表，是企业定期对全部记账凭证进行汇总后，按照不同的会计科目分别列示各账户借方发生额和贷方发生额的一种汇总凭证。科目汇总表的编制方法是，根据一定时期内的全部记账凭证，按照会计科目进行归类，定期汇总出每一个账户的借方发生额和贷方发生额，填写在科目汇总表的相关栏目内。科目汇总表可每月编制一张，按旬进行汇总，也可每旬汇总一次，编制一张。任何格式的科目汇总表，都只反映各个账户的借方本期发生额和贷方本期发生额，不反映各个账户之间的对应关系。

二、科目汇总表账务处理程序的一般步骤

（1）根据原始凭证，填制汇总原始凭证。

（2）根据原始凭证或汇总原始凭证，填制收款凭证、付款凭证和转账凭证，也可以填制通用记账凭证。

（3）根据收款凭证和付款凭证，登记库存现金日记账和银行存款日记账。

（4）根据原始凭证、汇总原始凭证和记账凭证，登记各种明细分类账。

（5）根据各种记账凭证，编制科目汇总表。

（6）根据科目汇总表，登记总分类账。

（7）期末，将库存现金日记账、银行存款日记账和明细分类账的余额与总分类账的余额核对相符。

（8）期末，根据总分类账和明细分类账的记录，编制财务报表。

三、科目汇总表账务处理程序的内容

1.特点

科目汇总表账务处理程序的特点是先将所有记账凭证汇总编制成科目汇总表，然后再根据科目汇总表登记总分类账。

2.优缺点

科目汇总表财务处理程序的优点是减轻了登记总分类账的工作量，易于理解，方便学习，并可做到试算平衡；缺点是不能反映各个账户之间的对应关系，不利于对账目进行检查。

3.适用范围

科目汇总表账务处理程序适用于经济业务较多的单位。

任务实施

【练习】根据项目六中的南京星光雨刮器有限公司2023年6月份编制的科目汇总表，登记“应交税费”总分类账。

任务四 运用汇总记账凭证账务处理程序

任务描述

熟悉汇总记账凭证的编制方法，掌握汇总记账凭证账务处理程序的步骤、特点、优缺点和适用范围。

知识储备

一、汇总记账凭证的编制方法

汇总记账凭证是指对一段时期内同类记账凭证进行定期汇总而编制的记账凭证。汇总记账凭证可以分为汇总收款凭证、汇总付款凭证和汇总转账凭证，三种凭证有不同的编制方法。

1.汇总收款凭证的编制方法

汇总收款凭证应分别按“库存现金”和“银行存款”账户的借方进行编制。汇总收款凭证是在对各账户对应的贷方分类之后，进行汇总编制。总分类账根据各汇总收款凭证的合计数进行登记，分别记入“库存现金”“银行存款”总分类账户的借方，并将汇总收款凭证上各账户贷方的合计数分别记入有关总分类账户的贷方。汇总收款凭证格式，如图9-1所示。

2.汇总付款凭证的编制方法

汇总付款凭证应分别按“库存现金”和“银行存款”账户的贷方进行编制。汇总付款凭证是在对各账户对应的借方分类之后，进行汇总编制。总分类账根据各汇总付款凭证的合计数进行登记，分别记入“库存现金”“银行存款”总分类账户的贷方，并将汇总付款凭证上各账户借方的合计数分别记入有关总分类账户的借方。汇总付款凭证格式，如图9-2所示。

汇总收款凭证

借方科目： 年 月 汇收第 号

贷方科目	金额			
	1日~10日 收款凭证第 号 至第 号	11日~20日 收款凭证第 号 至第 号	21日~31日 收款凭证第 号 至第 号	合计

图9-1 汇总收款凭证

汇总付款凭证

贷方科目： 年 月 汇付第 号

借方科目	金额			
	1日~10日 付款凭证第 号 至第 号	11日~20日 付款凭证第 号 至第 号	21日~31日 付款凭证第 号 至第 号	合计

图9-2 汇总付款凭证

3.汇总转账凭证的编制方法

汇总转账凭证通常根据所设置账户的贷方进行编制。汇总转账凭证是在对所设置账户相对应的借方账户分类之后，进行汇总编制。总分类账根据各汇总转账凭证的合计数进行登记，分别记入有关对应账户的总分类账户的贷方，并将汇总转账凭证上各账户借方的合计数分别记入有关总分类账户的借方。汇总转账凭证格式，如图9-3所示。

值得注意的是，由于汇总转账凭证应按每一贷方科目设置，为便于汇总，编制转账凭证时，可以是“一借一贷”的会计分录或“一贷多借”的会计分录，但不得编制“一借多贷”或“多借多贷”的会计分录。若遇“一借多贷”或“多借多贷”的会计分录，需分解为简单的会计分录编制转账凭证。

如果在1个月内某一贷方账户的转账凭证不多，可不编制汇总转账凭证，直接根据单个的转账凭证登记总分类账。

二、汇总记账凭证账务处理程序的一般步骤

（1）根据原始凭证，填制汇总原始凭证。

（2）根据原始凭证或汇总原始凭证，填制收款凭证、付款凭证和转账凭证，也可以填制通用记账凭证。

汇总转账凭证

贷方科目：　　　　　　　　　　年　　月　　　　　　　　　　汇转第　　号

借方科目	金额			
	1日~10日 转账凭证第　号 至第　号	11日~20日 转账凭证第　号 至第　号	21日~31日 转账凭证第　号 至第　号	合计

图9-3　汇总转账凭证

（3）根据收款凭证和付款凭证，登记库存现金日记账和银行存款日记账。

（4）根据原始凭证、汇总原始凭证和记账凭证，登记各种明细分类账。

（5）根据各种记账凭证，编制有关汇总记账凭证。

（6）根据各种汇总记账凭证，登记总分类账。

（7）期末，将库存现金日记账、银行存款日记账和明细分类账的余额与总分类账的余额核对相符。

（8）期末，根据总分类账和明细分类账的记录，编制财务报表。

三、汇总记账凭证账务处理程序的内容

1.特点

汇总记账凭证账务处理程序的特点是先根据记账凭证编制汇总记账凭证，再根据汇总记账凭证登记总分类账。

2.优缺点

汇总记账凭证账务处理程序的优点是减轻了登记总分类账的工作量；缺点是当转账凭证较多时，编制汇总转账凭证的工作量大，并且每个贷方账户都编制汇总转账凭证，不利于会计核算的日常分工。

3.适用范围

汇总记账凭证账务处理程序适用于规模较大、经济业务较多的单位。

知识拓展

财务云

财务云是将共享服务管理模式与云计算、大数据、人工智能、物联网等新技术深度融合，与相关平台实现互联互通，促进财务“新生态”的建立，为用户提供开箱即用的全方位财务数字化服务。

财务云具有以下功能：

1.提供“业财资税档表”一站式服务

具体内容包含：事项申请、审批、商旅服务、智能报账、全面预算、财务共享、资金管理、税务管理、会计核算、财务报表、电子档案等主要应用，并与商旅、银行、税务局、社交等平台实现互联互通，注重财务管控与服务并重，推动管理会计落地，构建财经大数据，打造智能财务，推动财务数字化转型。

2.构建财经大数据

基于财务云提供的一站式服务，企业可以在财务云上，对内外部全量、异构、多类型的数据进行采集、整合、处理、分析并展现，构建财经大数据，搭建决策支持与风险管控平台，实时监控预警企业财务情况，整合挖掘数据价值，创新业务应用，为企业赋能，为员工服务，为管理层提供决策支持。

3.深度融合新兴技术

财务云通常基于微服务、容器化、分布式等云原生技术，支持私有云、公有云、混合云部署，满足弹性拓展和计算的要求，应用支持多终端接入，具备影像和档案的数字化能力，融合智能识别、智能审核、机器学习、RPA、财税语义理解等智能服务，实现流程智能和数据智能，支撑财务应用的智能交互、流程自动化与决策预测等智能化场景。

4.虚拟化与泛化

（1）财务的虚拟化是指通过云计算、大数据、人工智能、物联网等新技术搭建的数字化财务云平台，实现了财务管理载体（组织、场所、人员等）的虚拟化，打破地域、空间和传统意义上核算主体的约束和局限，加速财务物理世界向数字孪生进化。

（2）财务的泛化是指借助财务云，企业可以得到更广泛、更及时的数据，财务能力将真正成为各个业务岗位的泛化能力，人人懂经营、人人会决策。未来人人都可以配备个人的虚拟财务助理，赋能管理人员和业务人员直接对业务数据进行价值分析并做出合适的决策。

任务实施

【练习】根据项目四中任务四“任务实施”里的收款凭证、付款凭证、转账凭证，编制库存现金汇总收款凭证、银行存款汇总付款凭证、原材料汇总转账凭证。

幽默一刻

玛丽刚到一家公司当会计，老板对她说：“当会计最重要的是细心，你看，这些账目至少要算过三遍，再拿给我看。”

于是，玛丽就在办公桌旁算了好长时间，下午她来到老板的办公室，十分愉快地说：“我已经把这些账目认真地算过五遍了！”老板听了十分高兴，满意地说道：“很好，你是个很有责任心的会计。”玛丽听了，立即拿起账目说：“你看，五个不同的计算结果都在这里了。”

思政案例

严密的账务处理程序

请同学们仔细观察这张账务处理流程图（如图9-4所示），你感受到了什么？

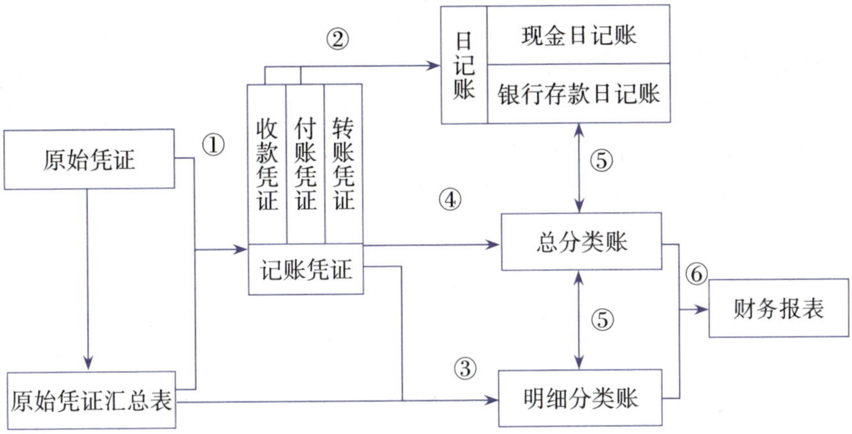

图9-4 账务处理流程图

【分析】我想我们可以从这张基本的账务处理程序流程图中体会和领悟到两点内涵：(1) 会计工作的严密逻辑性。从原始凭证到记账凭证到三大账簿再到报表，是一个基本的会计工作循环，而在这个循环中，数据是环环相扣的，在传递的过程中严格按照借贷记账法的规则在关联账户中结转，最终形成了报表数据，并且数据是可追可查的。(2) 会计工作的规范性。会计工作对规范性的要求非常高，1996年6月17日财政部财会字19号发布《会计基础工作规范》，并于2019年进行了修订，规定了企事业单位必须按照规范的处理程序进行工作。以此为要求，会计从业人员特别需要注重职业操守，坚守会计职业道德。

项目十　认知会计资料·保管会计档案

学习目标

★知识目标

•了解会计档案的概念和基本内容

•熟悉会计档案的归档和保管要求

•掌握不同会计档案的保管期限

•熟悉会计档案的查阅、复制登记制度

•知悉会计档案的销毁程序

★能力目标

•会办理会计资料保管手续，能编制会计档案保管清册

•会办理会计资料交接手续，能编制会计档案移交清册

项目导学

会计档案是记录和反映单位经济业务的重要历史资料和证据。企业对于形成的会计凭证、会计账簿、财务报表等会计资料都要归档保管。

本项目的具体任务包括：

任务一　认知会计档案

任务二　掌握会计档案的归档保管、使用和销毁办法

任务一 认知会计档案

任务描述

熟悉会计档案的概念，了解会计档案的作用，了解会计档案的种类及分类方法，掌握会计档案的基本内容。

知识储备

一、会计档案的概念和作用

（一）会计档案的概念

会计档案是指会计凭证、会计账簿和财务会计报告等会计核算的专业材料，是会计活动的客观产物，是记录和反映一个单位经济业务的重要史料和证据。会计档案是国家档案的重要组成部分，也是各单位的重要档案。

（二）会计档案的作用

（1）会计档案是检查各单位遵守财经纪律情况的客观依据。

（2）会计档案是各单位总结经营管理经验的重要参考资料。利用会计档案提供的过去经济活动的史料，有助于单位预测经济前景、制定经营决策、编制财务预算、制订成本计划。

（3）利用会计档案资料，可以为解决经济纠纷，处理遗留的经济事务提供依据。

（4）会计档案在经济学的研究活动中发挥着重要的作用。

二、会计档案的基本内容

会计档案的内容一般是指会计凭证、会计账簿、会计报表和其他会计核算资料四个部分，具体内容如下：

（1）会计凭证，包括自制原始凭证、外来原始凭证、原始凭证汇总表、记账凭证（收款凭证、付款凭证、转账凭证）、记账凭证汇总表等。

（2）会计账簿，包括按会计科目设置的总分类账、各类明细分类账、库存现金日记账、银行存款日记账、辅助登记备查簿等。

（3）会计报表，包括资产负债表、利润表、现金流量表等。

（4）其他会计核算资料，属于经济业务范畴，与会计核算、会计监督紧密相关，由会计部门负责办理的有关数据资料。例如，经济合同、银行对账单、银行存款余额调节表、财务数据统计资料、财务清查汇总资料、核定资金定额的数据资料、会计档案移交清册、会计档案保管清册、会计档案销毁清册等。实行会计电算化单位存贮在磁性介质上的会计数据、程序文件及其他会计核算资料均应视同会计档案一并管理。

三、会计档案的分类方法

会计档案要按照会计档案形成规律和本身的特点，结合本单位实际情况，采取以下方法分类：

（1）按年度—名称分类法，即把一年度形成的会计档案按报表、账簿、凭证分成三大类，然后分别组成保管单位案卷。这种方法适用于会计档案较少的单位。

（2）按年度—保管期限分类法，即把一个年度形成的会计档案按保管期限分开，然后再按报表、账簿、凭证分别组成案卷。这种方法一般适用于会计档案数量较多的单位。

（3）有几种不同性质的会计档案的单位可采取年度—性质分类法。把一个年度的会计档案先按不同性质分开，然后再按报表、账簿、凭证分别组成案卷。

任务实施

【练习】请判断表10-1中的会计资料属于哪类档案。（在对应的方框内打√）

表10-1 填空表

会计资料 / 档案类别	会计凭证类	会计账簿类	财务会计报告类	其他会计资料类
汇总收款凭证				
固定资产卡片				
月度资产负债表				
银行对账单				
财务报表附注				
科目汇总表				
会计档案保管清册				

任务二 掌握会计档案的归档保管、使用和销毁办法

任务描述

熟悉会计档案的归档和保管要求，了解会计档案的归档程序，掌握会计档案的保管期限，知悉会计档案的查阅和复制规定，了解会计档案的销毁程序。

知识储备

一、会计档案的归档和保管

（一）会计档案的归档和保管要求

（1）会计部门或经办的会计人员，年度结束后，应将会计资料整理、立卷、归档。当年的会计档案在会计年度终了后，可暂由财务部门保管1年。期满后，移交本单位的档案机构统一保管。移交时应编制会计档案移交清册，对会计档案的数量、内容、完整程度和利用价值情况等附必要的说明。移交时，交接双方要逐一清点核对，以分清责任和防止差错，确保案卷编号不乱，简单明了，正确完整。会计档案移交清册，见表10-2。

表10-2　会计档案移交清册

编号	文件名称	起止卷号	应保管期限	已保管期限	保管地点及其他

移交单位：　　　　移交人：　　　　接收单位：　　　　接收人：

（2）会计档案管理人员负责全部会计档案的整理、立卷、保管、调阅、销毁等一系列工作。

（3）对会计档案应当科学管理，做到妥善保管、存放有序、查找方便。同时，严格执行安全和保密制度，不得随意堆放，严防毁损、散失和泄密。

（4）机构变动或档案管理人员调动时，应办理交接手续，由原管理人员编制会计档案移交清册，将全部案卷逐一点交，接管人员逐一接收。

（二）会计档案的保管期限

会计档案按保管期限可分为永久会计档案和定期会计档案。

定期会计档案的保管期限一般分为10年和30年。会计档案的保管期限，从会计年度终了后的第一天算起。各类会计档案的具体保管期限按照《会计档案管理办法》的规定执行，各单位不得擅自变更。企业和其他组织会计档案保管期限，见表10-3。

二、会计档案的使用

各单位应建立健全会计档案查阅、复制登记制度。具体应做到：

（1）会计档案要设专室、专柜、专人进行管理，要进行系统的会计档案分类、编号、排列、上架，建立会计档案清册和借阅登记清册，为日后使用提供方便。

（2）各单位保存的会计档案应积极为本单位或外单位提供、利用。本单位内部查阅会计档案，必须经主管会计工作的负责人批准；外单位查阅会计档案，要持有单位正式介绍信，并经本单位主管会计工作的负责人批准，才能查阅。

表10-3　　企业和其他组织会计档案保管期限

序号	档案名称	保管期限	备注
一	会计凭证类		
1	原始凭证	30年	
2	记账凭证	30年	
二	会计账簿类		
3	总账	30年	
4	明细账	30年	
5	日记账	30年	
6	固定资产卡片		固定资产报废清理后保管5年
7	其他辅助性账簿	30年	
三	财务会计报告类		
8	月、季度财务会计报告	10年	
9	年度财务会计报告（决算）	永久	
四	其他会计资料类		
10	银行余额调节表	10年	
11	银行对账单	10年	
12	纳税申报表	10年	
13	会计档案移交清册	30年	
14	会计档案保管清册	永久	
15	会计档案销毁清册	永久	
16	会计档案鉴定意见书	永久	

（3）查阅会计档案的人员，不得在案卷中标画，不得拆散原卷册，更不得抽换。

（4）查阅会计档案的人员，不得将会计档案携带出外，特殊情况下需要复制会计档案的，必须经财务负责人或单位领导批准后方可复制，并办理登记手续。

三、会计档案的销毁

会计档案保管期满需要销毁时，可以按照以下程序销毁：

（1）由本单位档案机构提出销毁意见，编制会计档案销毁清册，见表10-4。

表 10-4　　　　　　　　　　　　会计档案销毁清册

单位名称：　　　　　　　　　　　　年　　月　　日

档案名称	卷号	册数	起止年度	应保管年限	已保管年限
主管部门审批：			本单位领导意见：		
会计机构意见：			档案部门意见：		
监销人员签名或签章：			销毁人员签名：		

（2）将已编制好的销毁清册及销毁意见报单位负责人审核，单位负责人审核后在会计档案销毁清册上签署意见。

（3）一般企业在销毁会计档案时，应当由档案机构和会计机构共同派人监销。

（4）监销人员在销毁会计档案前，应当按照会计档案销毁清册所列内容清点核对所要销毁的会计档案；销毁后，应当在会计档案销毁清册上签名盖章，并将监销情况报告本单位负责人。

需要注意的是，对于保管期满但未结清的债权债务原始凭证，以及涉及其他未了事项的原始凭证，不得销毁，应单独抽出，另行立卷，由档案部门保管到未了事项完结时为止。单独抽出立卷的会计档案，应当在会计档案销毁清册和会计档案保管清册中列明。

正在项目建设期间的建设单位，其保管期满的会计档案不得销毁。

任务实施

【练习】请判断表 10-5 中会计档案的保管期限。

表 10-5　　　　　　　　　　　　会计档案的保管期限

会计档案种类	保管年限	会计档案种类	保管年限
库存现金日记账		年度现金流量表	
季度利润表		会计档案移交清册	
汇总付款凭证		会计档案销毁清册	
银行存款余额调节表		原始凭证	

幽默一刻

有三个工程师和三个会计一起去外地开会，上火车时三个会计买了三张车票，而三个工程师却只买了一张车票，会计们很不解，工程师们却说："上了车你们就明白了。"火车刚一开动，三个工程师就挤进了车厢内的厕所，列车员开始检票，最后走到了厕所外边，她敲了一下门说："检票！"然后门开了一条小缝，从里面递出一张车票……

从外地开完会后，在返回的时候会计们觉得工程师们的方法很不错，于是这次他们也只买了一张车票，而这次工程师们却一张票也没有买，会计们又很不解，工程师们还是说："上了车你们就明白了。"上车之后三个会计挤进了车厢一边的厕所，而三个工程师挤进了车厢另一边的厕所。

火车开动不久，一个工程师从厕所里走出来，到了会计们的厕所外，敲了一下门说："检票！"

思政案例

【案例】四川省大竹县中医院收费员周某，在担任收费员期间，利用工作之便，截留其经手的病人预交款2.1万元，用于购买足球彩票。为逃避院内查处，周某窜至医院财务科，欲盗取其领取的票据存根记录，但因资料太多无法找到，便用随身携带的打火机点燃档案柜内的会计档案。后经清点，档案柜内的2002年至2003年会计凭证220余册及相关的账簿、报表、合同等资料均被烧毁，涉及流动资金4 450多万元。该案由大竹县检察院提出公诉，县法院审理后，以故意销毁会计凭证罪判处周某有期徒刑3年，缓刑4年，并处罚金3万元。

【分析】

1.任何单位在完成经济业务手续和记账后，必须将会计凭证按规定的立卷归档制度形成会计档案资料，妥善保管，防止丢失，不得任意销毁，以便日后随时查阅。

2.没有规矩、不成方圆。同学们在校需要遵守学校的校级校规，走上社会，需要遵守国家法律制度，做一个守法的公民。

【党的二十大报告学习内容】青年强，则国家强。当代中国青年生逢其时，施展才干的舞台无比广阔，实现梦想的前景无比光明。全党要把青年工作作为战略性工作来抓，用党的科学理论武装青年，用党的初心使命感召青年，做青年朋友的知心人、青年工作的热心人、青年群众的引路人。广大青年要坚定不移听党话、跟党走，怀抱梦想又脚踏实地，敢想敢为又善作善成，立志做有理想、敢担当、能吃苦、肯奋斗的新时代好青年，让青春在全面建设社会主义现代化国家的火热实践中绽放绚丽之花。

主要参考文献

［1］郑在柏．基础会计［M］．3版．苏州：苏州大学出版社，2018.
［2］周会林．基础会计［M］．3版．北京：机械工业出版社，2020.
［3］江苏省会计从业资格考试研究编审组．会计基础［M］．北京：经济科学出版社，2016.
［4］周会林，徐晓云．手工会计实务［M］．南京：江苏凤凰教育出版社，2018.